ALEX

Fils naturel de l'écrivain Alexandre Dumas, Alexandre
Dumas fils est né à Paris en 1824. Il a surtout écrit
pour le théâtre, mettant en scène les préoccupations
sociales de son époque. On lui doit notamment *La
Dame aux Camélias* (1852), *Le Fils naturel* (1858),
ou encore *Monsieur Alphonse* (1874). Soucieux du
droit des femmes et des enfants, il s'est particulièrement investi dans les questions qui touchent à la
séduction, au divorce et à l'adultère. Il est décédé en
1895 à Marly-Le-Roi.

DU MÊME AUTEUR
CHEZ POCKET

DANS LA COLLECTION « CLASSIQUES »

LA DAME AUX CAMÉLIAS

POCKET CLASSIQUES

collection créée par Claude AZIZA

Alexandre DUMAS fils

LA DAME AUX CAMÉLIAS

*Introduction et commentaires
d'Henri BÉHAR*

© Pocket 1994, pour la préface, les commentaires
et le dossier historique et littéraire.

© Pocket, 1998, pour « Au fil du texte » *in* « Les clés de l'œuvre ».

ISBN 978-2-266-19992-6

SOMMAIRE

* Pour approfondir votre lecture, *Au fil du texte* vous propose une
sélection commentée :
    • de morceaux « classiques » devenus incontournables, signalés
      par ➡◆ (droit au but).
    • d'extraits représentatifs de l'œuvre, signalés par ↪ (en flânant).

PRÉFACE

Lorsque j'ai écrit cette histoire, en quelques jours, je ne me doutais pas que j'allais laisser un chef-d'œuvre. C'est là que la postérité, semblable à la fille de Pharaon, a recueilli le nouveau-né tout nu, tout frais, tout souriant, ne demandant qu'à vivre, au milieu même du courant qui l'entraînait vers l'oubli. Il n'y a eu qu'à le dépouiller des herbes et du limon de son berceau flottant, à le tremper dans une eau nouvelle, théâtre puis opéra, et il s'est mis à courir à l'immortalité en chantant comme un véritable enfant de l'amour qu'il était. Depuis lors, ce fut à qui lui ferait fête, à qui lui donnerait un vêtement, une parure pour aider son éternelle jeunesse : Sarah Bernhardt, Eleonora Duse, Greta Garbo, Maria Callas...

Notre époque est profondément ignorante. Ce qu'elle saurait le mieux, si elle était capable de savoir quelque chose, ce serait qu'elle ne sait rien. À cette ignorance, elle ajoute, pour plus de sûreté, une ferme résolution de ne vouloir rien apprendre. À part quelques artistes, quelques écrivains, quelques amateurs, quelques critiques et quelques professeurs, personne ne connaît ce dont chacun parle comme s'il en était rebattu.

Bazile et Prudhomme vont dire qu'ils espéraient qu'on en avait fini avec ces apologies du vice et du libertinage, qui n'ont que trop porté leurs fruits, et auxquelles on doit cette peinture des mœurs interlopes qui infecte la littérature contemporaine. Ils sont, en effet, de ceux qui croient ou feignent de croire que c'est la peinture des vices et des passions qui fait naître ou propage les passions et les vices ; tandis que, tout au contraire, c'est parce qu'il y a des vices et des passions, *qu'il se trouve des écrivains pour les peindre. Le médecin qui voit un malade et qui constate qu'il est phtisique ne fait pas pour cela l'éloge de la phtisie. Il fait même tout ce qu'il peut pour la combattre.*

Peut-on, en bonne conscience, accuser ce livre d'avoir aidé à démoraliser le dix-neuvième siècle ? Ce serait absurde. Lisez le livre, pendant que vous y êtes, et vous reconnaîtrez bien vite qu'il a été, en littérature, un des symptômes naturels et logiques de la décomposition morale et sociale du siècle où il a vu le jour. Il en est né comme ces animalcules aux mille couleurs que le microscope découvre aujourd'hui dans les cadavres, et qui sont la génération spontanée de la pourriture, la vie de la mort.

Un livre de l'ordre et de la valeur de celui-ci n'a pas seulement ses incidents, ses passions, ses caractères, sa forme, il a aussi son atmosphère propre dans laquelle se meuvent et sans laquelle ne pourraient vivre ses personnages. Cette atmosphère se compose de l'époque et des mœurs particulières dont l'auteur subit la pression, le plus souvent à son insu. Transportez le roman de La Dame aux camélias, *tel qu'il est, dans un autre temps et dans d'autres mœurs, il n'a plus sa raison d'être. Les sentiments qu'il peint, et qui font partie du cœur humain, c'est-à-dire de ce qui est* de même *éternellement resteront vrais, mais les faits vous choqueront à chaque moment par leur invraisemblance. C'est vous qui êtes forcés de vous transporter en esprit dans l'époque et dans les habitudes où ce livre a paru pour le bien sentir et le bien juger. Mais, en vous y transportant, il vous est permis, il vous est même commandé, pour peu que vous ayez des dispositions à vous rendre compte des effets et des causes, il vous est permis d'examiner cette époque et ces habitudes, et de rechercher comment ce qui était alors a produit, en mourant, ce qui est aujourd'hui.*

J'ai donc écrit ce livre avec toute la candeur *d'un écrivain du dix-neuvième siècle. Je n'ai songé ni à faire de l'immoralité, ni à faire de la morale, quoi que j'en aie* dit ; je n'ai pas cru corriger, pas plus que je n'ai voulu corrompre. J'ai écrit une histoire dont la plupart des faits se sont passés comme je les raconte, histoire qui m'a charmé, qui m'a ému, dont j'ai peut-être été le héros, dans certaines parties, et qui doit vous charmer et vous émouvoir à votre tour, quelques-uns du moins, depuis près d'un siècle et demi. J'ai peint ce que j'ai vu, ce que j'ai éprouvé. C'était comme ça, j'ai dit : c'est comme ça ; et j'ai fait un chef-d'œuvre. C'est le meilleur moyen, du reste ; il est vrai que c'est le plus difficile.

Or ce que je vois et peins si naïvement est monstrueux. J'eus mieux fait de le taire alors, disait le censeur. Pourquoi ? Cela aurait-il empêché que cela fût ? C'était à cette société d'être autrement, l'écrivain eût dit autre chose. J'ai été à la fois romancier et historien ; j'étais dans mon droit et j'ai fait mon devoir. Quiconque a reçu du ciel la faculté de bien voir et de bien dire doit dire ce qu'il voit, et rien ne l'en empêchera ; c'est plus fort que les autres, c'est plus fort que lui. Ceux que cela gêne sont des drôles ; ceux que cela choque sont des sots. Il n'y a de livres malsains que les livres mal faits. Un chef-d'œuvre n'est jamais dangereux et il est toujours utile. Le tout c'est de savoir le lire.

Fils d'un homme de lettres, j'ai touché à tous les mondes. Ce que je raconte est donc le résumé des mœurs diverses que j'ai observées et dont je ne fais ni l'apologie ni la satire, mais la peinture fidèle et colorée, d'où il résulte que, de mon temps, les mœurs étaient partout également dévoyées. Mais j'étais tellement habitué au blanc, au rouge, aux mouches et à la poudre dont cette société se couvre, que rien ne me choquait et que je prenais tout ce badigeonnage pour les couleurs mêmes de la nature. Si j'avais trempé une éponge dans l'eau, et que j'en avais débarbouillé mes modèles, j'aurais reculé épouvanté en reconnaissant qu'ils étaient morts et en putréfaction depuis longtemps. C'était un peu trop fort pour moi, et ce n'était pas cela que j'avais à faire. Ce n'était pas un scalpel que j'enfonçais dans cette société, c'était un miroir que je lui présentais. Si abaissée que soit une époque, il lui faut toujours un rayon d'idéal ; Marguerite Gautier est l'idéal de cette décadence ; c'est l'idylle du mauvais lieu. Le vice a atteint, durant cette période, une telle unanimité, une telle perfection, qu'il en devient émouvant, sentimental. Il a même une virginité. Et le châtiment dont Marguerite est frappée, ce n'est pas la morale qui le lui impose, c'est la société, arbitraire, injuste même, qui avait perdu le droit de la frapper en glorifiant en haut ce qu'elle condamnait en bas.

Quant à toi, Marguerite, tu es bien de tous les temps. Tu es la jeunesse, tu es la sensualité, tu es l'instinct, tu es le plaisir, l'éternelle tentation de l'homme. Tu as même aimé autant qu'une femme comme toi pouvait aimer, jusqu'au sacrifice. Et c'est de cette éternelle souffrance qu'est faite notre éternelle pitié. Car qui ne t'a pas aimée, Marguerite, n'est pas allé jusqu'au fond de l'amour ; et c'est abominable à constater, mais qui n'aime pas comme Armand Duval, c'est-à-dire, le cas échéant, jusqu'à la tromperie et jusqu'au déshonneur, ne peut pas dire qu'il aime.

Mais, Marguerite, pour qu'on t'adore, qu'on te chante, qu'on t'encense et qu'on t'immortalise, il faut que tu meures jeune, en pleine beauté et en pleine passion, comme je t'ai fait mourir, moi qui t'ai chantée. T'obstines-tu à vivre, tu es encombrante et ignoble. Si la puissance de la volupté est éternelle, l'empire de celle qui la donne est de courte durée.

« Oui, oui, c'était ainsi, mon cher moraliste, quand je m'appelais Marguerite Gautier, et que j'étais assez malade pour aimer Armand ; mais les temps sont bien changés. Ce ne serait pas la peine que le monde durât si longtemps, s'il devait être toujours le même. On apprend tous les jours quelque chose. L'homme moderne a fait sa révolution, sans penser d'ailleurs ni à moi ni aux autres femmes. Que les autres femmes s'arrangent comme elles voudront, moi je me suis tirée *d'affaire. J'ai suivi le mouvement de mon siècle : j'ai appliqué la science à l'industrie. Je n'ai pas tardé à comprendre que je faisais un métier de dupe en servant d'abord au plaisir et en subissant ensuite les outrages d'une société qui ne croit ni aux serments qu'elle fait, ni à la morale qu'elle prêche, ni à la religion qu'elle pratique, ni aux institutions qu'elle défend. Le peu de cœur que j'avais et dont j'étais victime, je l'ai pour jamais étouffé. Quand j'ai eu bien constaté que l'homme était aussi ingrat que passionné, aussi cruel que faible, je me suis faite impitoyable. La beauté n'a plus été que mon amorce, et la volupté que mon moyen. Je ne perds plus mon sang-froid une minute.*

« Ah ! l'Homme, tu veux jouir, aux dépens de mon corps, de ma pudeur, de ma vie, et tu crois que cela ne te coûtera rien. Quelques émotions, quelques soupirs, quelques présents, quelques larmes, et tu serais quitte. Ce n'est pas assez ! Puisque tu veux du plaisir, je t'en fournirai ; mais tu me le payeras non seulement de ta fortune, mais de tes muscles, de ta raison, de ton sang, de ton honneur, de ton âme. »

Alexandre Dumas fils... et Henri Béhar.

INTRODUCTION

Alexandre Dumas fils a écrit, en janvier 1875, une préface pour une édition de luxe de *Manon Lescaut* où il semblait tellement parler pour lui-même que j'ai cru utile de reproduire son propre texte[1], moyennant quelques menues adaptations, en changeant seulement le nom des protagonistes. Puissent ses mânes me le pardonner !

À cinquante ans, il a toujours toutes les indulgences pour Manon, comme, à vingt-quatre ans, il les avait pour Marguerite. Pour lui, le problème de la moralité de l'œuvre littéraire ne se pose pas avec de tels récits qui ont l'accent de l'ingénuité. L'expression du sentiment, du cœur, est un invariant de toute la littérature, produisant toujours le même effet sur les lecteurs de toutes les époques. En revanche, le contexte social variant, il est normal de réécrire l'histoire pour l'adapter au public de sa propre époque. Dumas examine le succès intemporel de *Manon Lescaut* sous l'angle artistique, et c'est en artiste obsédé par un chef-d'œuvre inimitable mais transposable qu'il a décidé de composer, en 1848, l'histoire de *La Dame aux camélias* à partir de ce modèle, de la même façon que Picasso refera bien plus tard, à sa manière, *Les Ménines* de Vélasquez. Ce qui est une façon de rendre hommage aux maîtres d'autrefois, tout en assurant sa propre autonomie et en marquant la pérennité de l'art.

Dès le début de *La Dame aux camélias*, le narrateur se place sous les auspices du livre antérieur, pris comme objet de médiation, de vénération et de transmission culturelle. On ne comprend pas pourquoi il pousse les enchères si fort (dix fois la mise à prix, alors que l'usage

---

1. C'est-à-dire la *Préface* ci-dessus, pp. 5-9.

est de ne pas dépasser le quadruple) pour un livre relié
portant une suscription manuscrite qui n'est même pas
de l'auteur, s'il n'y avait déjà là la matérialisation d'une
émotion constamment éprouvée pour ce roman, comme
le pressentiment d'une obscure identité entre Manon
et Marguerite. Ce livre, chèrement acquis, va sceller la
relation d'amitié — et même de jumelage — entre
Armand Duval et le narrateur, à qui celui-là fera don
de son histoire en échange du volume convoité parce
qu'il porte les traces matérielles de son amour passionné, tant dans la dédicace que dans les annotations
marginales de Marguerite et l'empreinte de ses larmes.
Ainsi, le héros fait de Marguerite Gautier une seconde
Manon, dont tout son discours tend à démontrer la
supériorité, sur tous les plans.

Quant à Dumas fils, il se coule dans le moule de
l'abbé Prévost, reprenant la technique du récit enchâssé
et de la confidence orale fidèlement retranscrite. Dans le
détail, la transposition est systématique, tant dans la
distribution des personnages (Prudence Duvernoy joue
le rôle du frère de Manon, Duval Père celui de G.M.)
que dans la continuité des aventures, jusqu'au rêve d'un
bonheur champêtre et régénérateur à Bougival, équivalent de Chaillot dans *Manon Lescaut*.

Pourtant, réécriture ne signifie pas imitation servile.
Dumas transpose l'histoire à son époque, en s'y impli-
quant lui-même. La lettre de cachet, les duels, le meurtre impuni ne seraient plus compris sous le règne de
Louis-Philippe. Le père ne saurait songer à un enlève-
ment, aussi procède-t-il par la pression verbale puis la
persuasion, qui réussit d'autant mieux qu'à la différence de Manon, Marguerite ne rêve que sacrifice. Si
Armand Duval est victime des apparences et ne par-
vient pas à décoder le sens des larmes maculant *Manon
Lescaut*, au contraire de Des Grieux, il se montre
jaloux, méfiant, voire cruel, s'abaissant, en quelque
sorte, pour mieux exalter la grandeur de Marguerite.
À la fin, celle-ci meurt seule, comme tout le monde,
alors que Manon s'éteint dans les bras de Des Grieux.

Il faut le retour du fils prodigue et l'exhumation pathétique pour que le lecteur soit convaincu des sentiments véritables et profonds qu'Armand Duval portait à sa maîtresse.

Peut-être cette complication narrative est-elle nécessitée par l'incrédulité d'une époque abreuvée de romanesque, sinon de romantisme. Dumas s'en justifie en alléguant les précédents illustres, d'Hugo à Musset en passant par son propre père, qui, tous, sacrifient au motif de la courtisane rachetée par l'amour, auxquels il emprunte à son tour bien des éléments narratifs, tout en récusant leur légèreté au nom de la vérité (voir dossier, p. 367). C'est-à-dire sa vérité à lui. Celle d'une époque matérialiste, comme disait Barbey d'Aurevilly, qui n'accepte plus la maladie comme un fléau de Dieu, pour qui la souffrance est injuste dès lors qu'il y a sacrifice et abnégation, de sorte que la courtisane prend à nos yeux figure de martyre.

Au vrai, Dumas fils n'en a jamais terminé avec *Manon*. Alors qu'il se trouvait, en 1851, à Myslowitz, à la frontière de la Pologne russe, attendant vainement un passeport qui lui aurait permis de rejoindre la femme adultère qui s'était donnée à lui, la comtesse Lydie Nesselrode, belle-fille du ministre des Affaires étrangères de Russie, il écrivit un délicieux récit, d'allure extrêmement moderne pour l'époque (et que l'on devrait bien rééditer), *Le Régent Mustel*. Dans ce roman, il imagine que les véritables protagonistes de *Manon Lescaut*, *Paul et Virginie* et *Werther* ne sont pas morts, comme l'ont fait croire les romanciers. Il les amène à se rencontrer dans un petit village d'Allemagne où leurs destins croisés changent de cours. Des Grieux s'éprend de Virginie ; éconduit, il se suicide. Werther accompagne sa Charlotte déportée en Amérique comme autrefois Manon, où elle meurt. Manon aime Paul et, à l'instar de Virginie, périt en mer. Seuls Paul et Virginie prolongent une vie de vertu sur l'île de leur enfance. En d'autres termes, cette plaisante réécriture aboutit à faire de Manon une copie, le double parfait et pur d'une Marguerite Gautier qui n'aurait pas connu la déchéance sociale.

Cette variation sur trois thèmes donnés par l'abbé Prévost, Bernardin de Saint-Pierre et Goethe, montre bien que Dumas fils, plutôt qu'un moraliste et un défenseur de la famille légale (ce qu'il deviendra par la suite), est avant tout un romancier, à la recherche d'une nouvelle formule artistique. C'est bien ce qu'il fait pour son coup d'éclat, *La Dame aux camélias*, dont on n'a guère conscience qu'en 1848 elle préfigure, par le ton, le réalisme d'un Flaubert. Ne serait-ce que par l'explication, d'un goût que chacun qualifiera à son gré, du surnom donné à Marguerite Gautier, dont le narrateur feint, ingénument, de ne pas comprendre pourquoi elle portait des camélias rouges pendant cinq jours chaque mois, alors que le reste du temps ils étaient blancs. Polissant son texte et le repolissant sans cesse, Dumas écrira en 1872 : « On ne disait qu'en riant la raison de cette intermittence que je signale sans tenir à l'expliquer. » Une telle prise en compte d'une réalité menstruelle, voulue par Dumas fils puisqu'il est l'inventeur de ce surnom qu'on ne connaissait pas à Marie Duplessis, son modèle véritable, signifie, emblématiquement, un réglage nouveau de la littérature romantique. On en trouvera de nombreux exemples, certes moins contrastés, en lisant de près le texte du roman et en relevant les oxymores : « cloaque splendide », « cette fille [au sens de putain] était un ange », etc. Dumas a le constant souci, sinon de parfaire son style qu'il avait conscience de ne pas dominer, du moins d'écrire pour sa génération. Ce qui explique la suppression des descriptions et les nombreuses corrections de détail auxquelles il se livre entre l'édition originale de 1848 et celle de 1852, ici reproduite. Contrairement à l'usage, je n'ai pas repris la dernière édition revue et corrigée par l'auteur selon de nouveaux principes éthiques et esthétiques, en 1872, par trop éloignée de la spontanéité originale.

Il est vrai que l'édition princeps se ressent d'une certaine hâte, due à la rapidité d'écriture. Ce qui ne veut pas dire absence de composition. Récemment, la critique (cf. bibliographie, Georges Jacques) a montré comment cette édition, comprenant vingt-sept chapitres, était rigoureusement construite sur une symétrie prenant pour axe le chapitre XIV, celui de la rupture.

Contrairement aux apparences, la formule nouvelle d'Alexandre Dumas fils tient moins à la vénalité de l'héroïne, à la valeur chiffrée attribuée à chaque objet, à son aliénation sociale (pour parler comme Roland Barthes), à sa réification (« Nous ne sommes plus des êtres, mais des choses », dit-elle chap. XV), ni même à ce qu'elle recherche un compromis impossible entre ses aspirations idéales et sa situation réelle (les notations de ce genre sont bien plus nombreuses dans *Manon Lescaut*), mais à la constante dénonciation des ambiguïtés de la société parisienne. Celle-ci admet comme un merveilleux spectacle la courtisane de haut vol, mais ne lui accorde ni indépendance, ni liberté, ni propriété de son corps et de ses sentiments.

De fait, les deux bourgeois que sont, chacun à leur manière, les Duval, se trompent constamment sur Marguerite. Le père en ne soupçonnant ni sa situation matérielle ni son amour ; le fils en ne pressentant pas son abnégation. On a beaucoup trop parlé, jusqu'à présent, des clés du roman, de son aspect autobiographique, sur quoi il me faudra bien revenir. Mais on n'a pas assez fait observer que le prétexte au nom duquel Marguerite sacrifie son amour ne pouvait provenir de la réalité. Ce n'est, à l'évidence, pas l'auteur des *Trois Mousquetaires* qui aurait pu interdire à son fils de fréquenter Marie Duplessis. Il a raconté d'une façon savoureuse dans ses *Causeries* comment celui-ci lui fit faire la connaissance de la véritable Dame aux camélias, qui, si on l'en croit, les aurait volontiers mis tous deux dans son lit. Ce n'est pas davantage le duc de Gramont, le père du duc de Guiche, l'un de ces roués du Jockey-Club, qui lança Marie Duplessis dans le monde, dont l'absence de sentiment était manifeste (et la bêtise

encore plus, ce dont la France entière allait avoir la
preuve en 1870 lorsque, ministre des Affaires étrangères de Napoléon III, il déclara la guerre à la Prusse).
Il est clair que l'obstacle horriblement bourgeois que
Duval père fait valoir à Marguerite, sous prétexte
que sa fille ne pourrait se marier tant que son frère
vivrait avec elle, est de la seule invention d'Alexandre
Dumas fils. Piètre motif, qui passe malgré tout dans le
roman, en ce qu'il fait partie d'une stratégie des larmes.

Le problème n'est pas de savoir combien de fois les
personnages pleurent dans cet ouvrage (soixante-dix-
neuf, a-t-on dénombré). Encore faut-il qu'ils parviennent à faire partager leurs sentiments par les lecteurs.
Or, et c'est là le miracle de la littérature, on pleure toujours à la lecture de *La Dame aux camélias,* comme
au spectacle. Quel que soit le jugement que l'on porte
sur les moyens employés, le fait est que l'auteur par-
vient à ses fins, toujours pour les mêmes raisons, pro-
prement littéraires. Car s'il n'est pas le premier à faire
entrer la maladie dans la scène romanesque, il est sans
doute celui qui en tire le meilleur effet, à cause de sa
sobriété. Chacun sait que la tuberculose pulmonaire,
ou la phtisie, comme on disait à l'époque, faisait des
ravages dans toutes les classes de la société. Loin d'y
trouver la solution du drame, il en fait une donnée
initiale. D'emblée le couple amour-mort, qui occupe
massivement le devant de la scène dans le roman du
XIXᵉ siècle, nous est donné comme indissolublement
lié. Se sachant vouée à une disparition prochaine, Marguerite veut vivre avec plus d'intensité, en raison inver-
sement proportionnelle à son espérance de vie, et, bien
entendu, elle se détruit davantage. Outre la beauté
qu'elle donnait aux femmes par l'intensité fiévreuse du
regard, la coloration des pommettes, la pâleur du corps,
on croyait aussi, alors, que la tuberculose exacerbait
l'érotisme, les facultés génésiques, comme disait la
médecine du temps. D'où la violence, à peine dissimu-
lée, de ses transports amoureux, dont Armand Duval
se targue comme d'un triomphe sur l'accoutumance de

la professionnelle. À un moment où l'on ignorait tout de la maladie (et même de sa contagiosité), on peut croire en effet que l'amour partagé, le bon air, le calme et la verdure auront un effet curatif. Rémission illusoire, puisque le mal physique poursuit son chemin, indépendamment de toute autre considération. Mais il n'en va pas de même dans l'esprit des personnages (et du lecteur), persuadés que la rupture morale est cause d'une recrudescence morbide. Où il est démontré que Marguerite Gautier meurt injustement d'amour, comme toutes les grandes héroïnes.

Non content de s'inscrire en faux contre une idée des plus profondément reçues de son temps, Alexandre Dumas fils va de nouveau décevoir le lecteur en refusant à la courtisane le rachat de sa faute initiale par l'amour ou par le repentir. Plus exactement, il montre que ces deux voies conduisent à la même impasse tragique. L'amour fou, dans son état, c'est la mort assurée. Quant à l'abnégation de soi, loin de conduire à la paix et au repos, elle l'oblige à la dissimulation. Elle en subit un affront tout aussi cruel qu'injuste. C'est parce que le repentir ne reçoit pas sa juste récompense que le lecteur prend pitié de la Dame aux camélias. En somme, la purgation des passions ne peut être efficace que si l'on est frustré dans ses attentes. Voilà pourquoi les bons sentiments ne sont jamais récompensés.

Voilà aussi pourquoi le roman connut un immense succès, qui dure encore, en dépit de la condescendance que lui vouent les historiens de la littérature et les critiques patentés. À cet égard, l'article de Roland Barthes, dans *Mythologies*, est un modèle du genre, illustrant parfaitement le divorce entre le goût prétendu des doctes et celui du public. En digne émule de son père, Alexandre Dumas fils était plus sensible au succès populaire qu'aux propos critiques. Aussi songea-t-il très tôt à tirer une pièce de son roman, dans la mesure où le théâtre (outre les moyens financiers qu'il pouvait procurer) était alors le lieu de la consécration et de la reconnaissance immédiate des écrivains. Il a raconté

(voir « Note sur le drame », p. 373) comment il s'en
remit d'abord à un professionnel de la chose, Antony
Béraud, et comment, mécontent du résultat, il s'y colla
lui-même, en 1849. À l'exemple de son père, en une
semaine, il composa la pièce que l'on va lire. Bon sang
ne saurait mentir ! L'explication par l'hérédité en·vaut
bien d'autres, mais je crois plutôt à l'imprégnation par
l'exemple, au besoin de se faire un nom, et surtout à
la longue maturation, à la réflexion sur les principes
esthétiques qui devaient le guider, dont il s'est bien
gardé de parler. La facilité apparente n'est qu'une
commodité pour ne pas révéler les secrets de la fabri-
cation. Or Dumas avait, du moins implicitement, des
idées très arrêtées sur le théâtre à venir, puisqu'il refusait les recettes des bons faiseurs !

Le roman et la pièce étant imprimés ici à la suite,
on pourra aisément les comparer et en déduire ce que
Dumas jugeait bon pour la scène de son temps. On
s'aidera, au besoin, de l'analyse conduite par Jacques
Robichez (voir bibliographie) qui étudie les transformations stylistiques, tendant à la concentration des
effets, tout en préservant les bienséances théâtrales (le
mot « amants » n'y est jamais prononcé, à cause de
la censure). Et aussi les modifications structurelles,
l'auteur ne conservant que la partie dialoguée du
roman, ajoutant un couple adventice suggéré par
Béraud, et surtout adoptant un déroulement linéaire
alors que le roman maintient le suspense, dont Armand
Duval n'a l'explication que rétrospectivement par les
lettres de Marguerite. Le roman, par sa complexité, sa
formule nouvelle d'un romantisme réaliste, est peut-
être supérieur. Mais on n'admirera pas moins l'extrême
simplicité de l'adaptation théâtrale, et surtout son
extraordinaire efficacité. Au premier acte Armand
rencontre Marguerite. Au deuxième il manifeste sa
jalousie. Au troisième Marguerite se sacrifie. Au quatrième Armand persécute Marguerite. Au cinquième
acte, c'est l'apothéose, la mort en direct, dans les bras
d'Armand. Tout nous est montré, toute l'action relève

des seuls personnages, de la force de leurs paroles et de leurs attitudes. On peut regretter que le dramaturge sacrifie aux conventions théâtrales par une réconciliation finale. C'était le prix à payer pour avoir accès à la scène. Et encore, puisque la censure n'a pas manqué de faire des objections, qui n'ont été levées que sur l'intervention d'un ministre de coup d'État (voir Dossier, p. 368), comme l'explique Dumas. Ne croyons pas la censure aveugle. Au contraire, elle avait très bien vu ce qui faisait scandale, même pour une République. À preuve cet extrait du premier rapport :

« Cette pièce est la mise en scène de la vie fiévreuse sans retenue et sans pudeur de ces femmes galantes sacrifiant tout, même leur santé, aux enivrements du plaisir, du luxe et de la vanité, et finissant parfois, dans leur satiété, par trouver un cœur dont elles suivent les entraînements jusqu'aux plus extrêmes excès du dévouement et de l'abnégation de soi-même. Telle est Marguerite, surnommée la Dame aux camélias parce qu'elle n'aime et ne porte que cette fleur sans parfum. [...]

« Cette analyse, quoique fort incomplète sous le double rapport des incidents et des détails scandaleux qui animent l'action, suffira néanmoins pour indiquer tout ce que cette pièce a de choquant au point de vue de la morale et de la pudeur publiques.

« C'est un tableau dans lequel le choix des personnages et la crudité des couleurs dépassent les limites les plus avancées de la tolérance théâtrale. Ce qui ajoute encore à l'inconvenance du sujet et de la mise en scène, c'est qu'ils ne font que reproduire la vie d'une femme galante morte récemment et qui a fourni à un romancier et à un spirituel critique (Janin) un livre et une biographie devenus populaires et qui expliquent tout ce que certaines situations et certains détails pourraient avoir d'indécision.

Refus d'autorisation [1]. »

---

1. Document de la collection Jules Claretie, conservé au fonds Rondel de la bibliothèque de l'Arsenal, reproduit par Louis Allard dans la *Revue d'histoire du théâtre*, 1955, n° III-IV, pp. 329-330.

En somme, le scandale n'est pas tant de peindre la
vie d'une femme galante, mais que celle-ci ait existé
réellement ! Ici nous abordons aux rivages mythiques.
C'est parce qu'on a pu mettre un nom réel sur la péri-
phrase « la Dame aux camélias », comme l'a bien vu
Dumas lui-même (cf. dossier, p. 367 *sq.*), que l'œuvre
littéraire a pris son essor, et, réciproquement, que le
souvenir de Marie Duplessis est toujours commémoré.
Ainsi la littérature s'alimente de la vie, et la vie de la
littérature. Certes, la liaison, somme toute banale, de
la courtisane avec Dumas fils n'aurait pu donner prise
au mythe si celui-ci n'y avait ajouté les ingrédients et
les obstacles littéraires auxquels j'ai fait référence. Mais
la femme réelle apportait sa jeunesse, sa dignité inac-
coutumée (elle qui était issue du milieu le plus modeste)
et le scandale insupportable entre tous de sa mort en
pleine ascension. Il faut mentionner aussi le rôle très
important joué par l'opéra, *La Traviata*, qui, en sim-
plifiant encore plus l'intrigue, a donné davantage
de corps au mythe, désormais porté par la musique de
Verdi. L'ensemble des transformations opérées à partir du roman souligne l'universalité des éléments (les
mythèmes) qui entrent en jeu dans ce processus de
mythisation, en éliminant l'aspect phraseur du texte,
son côté péniblement bourgeois et vériste.

On ne retient plus que le jeu cruel de l'amour et de
la mort. De la mort inscrite dans l'amour. De la purification de l'amour par la mort, entraînant la compas-
sion du public qui reporte toute la culpabilité du drame
sur les hommes incapables de comprendre le sacrifice
de la putain au grand cœur, et qui déplore les obstacles mis par la société à la régénération par l'amour.
Le paradoxe est qu'en vieillissant, plus Alexandre
Dumas fils a multiplié les garanties de bonne bourgeoisie et de moralité, plus sa *Dame aux camélias* s'est éloignée des circonstances de la création pour devenir un
archétype de la femme sacrifiée sur l'autel de l'amour.
Cependant, il est bon de revenir au texte initial du
roman pour voir combien tout cela était impossible sans

la sympathie mutuelle qui s'établit entre le narrateur et Armand Duval, au point qu'ils parviennent à une identification totale, étant tous deux les doubles complémentaires de l'écrivain, exprimant ses fantasmes et son ambivalence fondamentale.

C'est à bon droit que Dumas parle de légende et d'archéologie à propos de cette œuvre. Sa rencontre avec le public n'aurait pu avoir lieu s'il n'y avait eu un catalyseur dont il est difficile de mesurer l'efficacité. Je veux parler de la révolution de 1848 et de son détournement par le prince-président. Certes, Dumas fils n'a rien d'un révolutionnaire, et son œuvre ne porte guère les aspirations des classes opprimées. Mais elle plaide pour une compréhension humaine plus profonde, pour une réconciliation des cœurs de bonne volonté, ce qui était au fond du « printemps de liberté » que connut toute l'Europe de cette année-là. La reprise en main qui suivit inclina le public à se reporter sur les œuvres de l'esprit, pour y déverser ses émotions et ses larmes. Toutes proportions gardées, ne s'est-il pas passé quelque chose du même ordre quand, en 1970, les mêmes jeunes gens qui s'étaient, en mai 1968, portés sur les barricades de la rue Gay-Lussac, s'émurent de *Love Story* (le livre et le film d'Erich Segal) ? Les ingrédients sont les mêmes : l'étudiant riche épouse la pauvre Jenny en bravant l'hostilité de ses parents. Tous deux vivraient heureux dans une chaumière si la leucémie n'emportait la jeune femme...

Les peuples privés de leur histoire réservent leurs larmes pour les belles histoires douloureuses.

LA DAME AUX CAMÉLIAS

ROMAN[1]

1. Édition de 1852.

I

Mon avis est qu'on ne peut créer des personnages que lorsque l'on a beaucoup étudié les hommes, comme on ne peut parler une langue qu'à la condition de l'avoir sérieusement apprise.

N'ayant pas encore l'âge où l'on invente, je me contente de raconter.

J'engage donc le lecteur à être convaincu de la réalité de cette histoire dont tous les personnages, à l'exception de l'héroïne, vivent encore.

D'ailleurs, il y a à Paris des témoins de la plupart des faits que je recueille ici, et qui pourraient les confirmer, si mon témoignage ne suffisait pas. Par une circonstance particulière, seul je pouvais les écrire, car seul j'ai été le confident des derniers détails sans lesquels il eût été impossible de faire un récit intéressant et complet.

Or, voici comment ces détails sont parvenus à ma connaissance. — Le 12 du mois de mars 1847, je lus, dans la rue Laffitte*, une grande affiche jaune annonçant une vente de meubles et de riches objets de curiosité. Cette vente avait lieu après décès. L'affiche ne nommait pas la personne morte, mais la vente devait se faire rue d'Antin, n° 9, le 16, de midi à cinq heures.

L'affiche portait en outre que l'on pourrait, le 13 et le 14, visiter l'appartement et les meubles.

J'ai toujours été amateur de curiosités. Je me promis

---

1. Les mots avec un astérisque renvoient au dossier historique et littéraire : « Dictionnaire », pp. 346-354.

de ne pas manquer cette occasion, sinon d'en acheter, du moins d'en voir.

Le lendemain, je me rendis rue d'Antin, n° 9.

Il était de bonne heure, et cependant il y avait déjà dans l'appartement des visiteurs et même des visiteuses, qui, quoique vêtues de velours, couvertes de cachemires et attendues à la porte par leurs élégants coupés, regardaient avec étonnement, avec admiration même, le luxe qui s'étalait sous leurs yeux.

Plus tard je compris cette admiration et cet étonnement, car m'étant mis aussi à examiner, je reconnus aisément que j'étais dans l'appartement d'une femme entretenue. Or, s'il y a une chose que les femmes du monde désirent voir, et il y avait là des femmes du monde, c'est l'intérieur de ces femmes, dont les équipages éclaboussent chaque jour le leur, qui ont, comme elles et à côté d'elles, leur loge à l'Opéra* et aux Italiens*, et qui étalent, à Paris, l'insolente opulence de leur beauté, de leurs bijoux et de leurs scandales.

Celle chez qui je me trouvais était morte : les femmes les plus vertueuses pouvaient donc pénétrer jusque dans sa chambre. La mort avait purifié l'air de ce cloaque* splendide, et d'ailleurs elles avaient pour excuse, s'il en était besoin, qu'elles venaient à une vente sans savoir chez qui elles venaient. Elles avaient lu des affiches, elles voulaient visiter ce que ces affiches promettaient et faire leur choix à l'avance ; rien de plus simple ; ce qui ne les empêchait pas de chercher, au milieu de toutes ces merveilles, les traces de cette vie de courtisane dont on leur avait fait, sans doute, de si étranges récits.

Malheureusement les mystères étaient morts avec la déesse, et, malgré toute leur bonne volonté, ces dames ne surprirent que ce qui était à vendre depuis le décès, et rien de ce qui se vendait du vivant de la locataire.

Du reste, il y avait de quoi faire des emplettes. Le mobilier était superbe. Meubles de bois de rose et de Boule*, vases de Sèvres et de Chine, statuettes de Saxe*, satin, velours et dentelle, rien n'y manquait.

Je me promenai dans l'appartement et je suivis les

nobles curieuses qui m'y avaient précédé. Elles entrèrent dans une chambre tendue d'étoffe perse, et j'allais y entrer aussi, quand elles en sortirent presque aussitôt en souriant comme si elles eussent eu honte de cette nouvelle curiosité. Je n'en désirai que plus vivement pénétrer dans cette chambre. C'était le cabinet de toilette, revêtu de ses plus minutieux détails, dans lesquels paraissait s'être développée au plus haut point la prodigalité de la morte.

Sur une grande table, adossée au mur, table de trois pieds de large sur six de long, brillaient tous les trésors d'Aucoc* et d'Odiot*. C'était là une magnifique collection, et pas un de ces mille objets, si nécessaires à la toilette d'une femme comme celle chez qui nous étions, n'était en autre métal qu'or ou argent. Cependant cette collection n'avait pu se faire que peu à peu, et ce n'était pas le même amour qui l'avait complétée.

Moi qui ne m'effarouchais pas à la vue du cabinet de toilette d'une femme entretenue, je m'amusais à en examiner les détails, quels qu'ils fussent, et je m'aperçus que tous ces ustensiles magnifiquement ciselés portaient des initiales variées et des couronnes différentes.

Je regardais toutes ces choses dont chacune me représentait une prostitution de la pauvre fille, et je me disais que Dieu avait été clément pour elle, puisqu'il n'avait pas permis qu'elle en arrivât au châtiment ordinaire, et qu'il l'avait laissée mourir dans son luxe et sa beauté, avant la vieillesse, cette première mort des courtisanes.

En effet, quoi de plus triste à voir que la vieillesse du vice, surtout chez la femme ? Elle ne renferme aucune dignité et n'inspire aucun intérêt. Ce repentir éternel, non pas de la mauvaise route suivie, mais des calculs mal faits et de l'argent mal employé, est une des plus attristantes choses que l'on puisse entendre. J'ai connu une ancienne femme galante à qui il ne restait plus de son passé qu'une fille presque aussi belle que, au dire de ses contemporains, avait été sa mère. Cette pauvre enfant à qui sa mère n'avait jamais dit : « Tu es ma fille », que pour lui ordonner de nourrir sa vieillesse comme elle-même avait nourri son enfance, cette pauvre créature se nommait Louise, et, obéissant à sa mère, elle se livrait sans volonté, sans passion, sans plaisir, comme elle eût fait un métier si l'on eût songé à lui en apprendre un.

La vue continuelle de la débauche, une débauche précoce, alimentée par l'état continuellement maladif de cette fille, avaient éteint en elle l'intelligence du mal et du bien que Dieu lui avait donnée peut-être, mais qu'il n'était venu à l'idée de personne de développer.

Je me rappellerai toujours cette jeune fille, qui passait sur les boulevards presque tous les jours à la même heure. Sa mère l'accompagnait sans cesse, aussi assidûment qu'une vraie mère eût accompagné sa vraie fille. J'étais bien jeune alors, et prêt à accepter pour moi la facile morale de mon siècle. Je me souviens cependant que la vue de cette surveillance scandaleuse m'inspirait le mépris et le dégoût.

Joignez à cela que jamais visage de vierge n'eut un pareil sentiment d'innocence, une pareille expression de souffrance mélancolique.

On eût dit une figure de la Résignation.

Un jour, le visage de cette fille s'éclaira. Au milieu des débauches dont sa mère tenait le programme, il sembla à la pécheresse que Dieu lui permettait un bonheur. Et pourquoi, après tout, Dieu qui l'avait faite sans force, l'aurait-il laissée sans consolation, sous le poids douloureux de sa vie ? Un jour donc, elle s'aperçut qu'elle était enceinte, et ce qu'il y avait en elle de chaste encore tressaillit de joie. L'âme a d'étranges refuges. Louise courut annoncer à sa mère cette nouvelle qui la rendait si joyeuse. C'est honteux à dire, cependant nous ne faisons pas ici de l'immoralité à plaisir, nous racontons un fait vrai, que nous ferions peut-être mieux de taire, si nous ne croyions qu'il faut de temps en temps révéler les martyres de ces êtres, que l'on condamne sans les entendre, que l'on méprise sans les juger ; c'est honteux, disons-nous, mais la mère répondit à sa fille qu'elles n'avaient déjà pas trop pour deux et qu'elles n'auraient pas assez pour trois ; que de pareils enfants sont inutiles et qu'une grossesse est du temps perdu.

Le lendemain, une sage-femme, que nous signalons seulement comme l'amie de la mère, vint voir Louise qui resta quelques jours au lit, et s'en releva plus pâle et plus faible qu'autrefois.

Trois mois après, un homme se prit de pitié pour elle et entreprit sa guérison morale et physique ; mais la dernière secousse avait été trop violente, et Louise mourut des suites de la fausse couche qu'elle avait faite.

La mère vit encore : comment ? Dieu le sait.

Cette histoire m'était revenue à l'esprit pendant que je contemplais les nécessaires* d'argent, et un certain temps s'était écoulé, à ce qu'il paraît, dans ces réflexions, car il n'y avait plus dans l'appartement que moi et un gardien qui, de la porte, examinait avec attention si je ne dérobais rien.

Je m'approchai de ce brave homme à qui j'inspirais de si graves inquiétudes.

« Monsieur, lui dis-je, pourriez-vous me dire le nom de la personne qui demeurait ici ?

— Mˡˡᵉ Marguerite Gautier. »

Je connaissais cette fille de nom et de vue.

« Comment ! dis-je au gardien, Marguerite Gautier est morte ?

— Oui, monsieur.

— Et quand cela ?

— Il y a trois semaines, je crois.

— Et pourquoi laisse-t-on visiter l'appartement ?

— Les créanciers ont pensé que cela ne pouvait que faire monter la vente. Les personnes peuvent voir d'avance l'effet que font les étoffes et les meubles ; vous comprenez, cela encourage à acheter.

— Elle avait donc des dettes ?

— Oh ! monsieur, en quantité.

— Mais la vente les couvrira sans doute ?

— Et au-delà.

— À qui reviendra le surplus, alors ?

— À sa famille.

— Elle a donc une famille ?

— À ce qu'il paraît.

— Merci, monsieur. »

Le gardien, rassuré sur mes intentions, me salua, et je sortis.

« Pauvre fille ! » me disais-je en rentrant chez moi, elle a dû mourir bien tristement, car, dans son monde, on n'a d'amis qu'à la condition qu'on se portera bien. Et malgré moi je m'apitoyais sur le sort de Marguerite Gautier.

Cela paraîtra peut-être ridicule à bien des gens, mais j'ai une indulgence inépuisable pour les courtisanes, et je ne me donne même pas la peine de discuter cette indulgence.

Un jour, en allant prendre un passeport à la préfecture, je vis dans une des rues adjacentes une fille que deux gendarmes emmenaient. J'ignore ce qu'avait fait cette fille, tout ce que je puis dire, c'est qu'elle pleurait à chaudes larmes en embrassant un enfant de quelques mois dont son arrestation la séparait. Depuis ce jour, je n'ai plus su mépriser une femme à première vue.

II

La vente était pour le 16.

Un jour d'intervalle avait été laissé entre les visites et la vente pour donner aux tapissiers le temps de déclouer les tentures, rideaux, etc.

À cette époque, je revenais de voyage. Il était assez naturel que l'on ne m'eût pas appris la mort de Marguerite comme une de ces grandes nouvelles que ses amis apprennent toujours à celui qui revient dans la capitale des nouvelles. Marguerite était jolie, mais autant la vie recherchée de ces femmes fait de bruit, autant leur mort en fait peu. Ce sont de ces soleils qui se couchent comme ils se sont levés, sans éclat. Leur mort, quand elles meurent jeunes, est apprise de tous leurs amants en même temps, car à Paris presque tous les amants d'une fille connue vivent en intimité. Quelques souvenirs s'échangent à son sujet, et la vie des uns et des autres continue sans que cet incident la trouble même d'une larme.

Aujourd'hui quand on a vingt-cinq ans, les larmes deviennent une chose si rare qu'on ne peut les donner à la première venue. C'est tout au plus si les parents qui paient pour être pleurés le sont en raison du prix qu'ils y mettent.

Quant à moi, quoique mon chiffre ne se retrouvât sur aucun des nécessaires de Marguerite, cette indulgence instinctive, cette pitié naturelle que je viens d'avouer tout à l'heure me faisaient songer à sa mort plus longtemps qu'elle ne méritait peut-être que j'y songeasse.

Je me rappelais avoir rencontré Marguerite très souvent aux Champs-Élysées, où elle venait assidûment, tous les jours, dans un petit coupé bleu attelé de deux magnifiques chevaux bais, et avoir alors remarqué en elle une distinction peu commune à ses semblables, distinction que rehaussait encore une beauté vraiment exceptionnelle.

Ces malheureuses créatures sont toujours, quand elles sortent, accompagnées on ne sait de qui.

Comme aucun homme ne consent à afficher publiquement l'amour nocturne qu'il a pour elles, comme elles ont horreur de la solitude, elles emmènent ou celles qui, moins heureuses, n'ont pas de voiture, ou quelques-unes de ces vieilles élégantes dont rien ne motive l'élégance, et à qui l'on peut s'adresser sans crainte, quand on veut avoir quelques détails que ce soient sur la femme qu'elles accompagnent.

Il n'en était pas ainsi pour Marguerite. Elle arrivait aux Champs-Élysées toujours seule, dans sa voiture, où elle s'effaçait le plus possible, l'hiver enveloppée d'un grand cachemire, l'été vêtue de robes fort simples ; et quoiqu'il y eût sur sa promenade favorite bien des gens qu'elle connût, quand par hasard elle leur souriait, le sourire était visible pour eux seuls, et une duchesse eût pu sourire ainsi.

Elle ne se promenait pas du rond-point à l'entrée des Champs-Élysées, comme le font et le faisaient toutes ses collègues. Ses deux chevaux l'emportaient rapidement au Bois*. Là, elle descendait de voiture, marchait pendant une heure, remontait dans son coupé, et rentrait chez elle au grand trot de son attelage.

Toutes ces circonstances, dont j'avais quelquefois été le témoin, repassaient devant moi et je regrettais la mort de cette fille comme on regrette la destruction totale d'une belle œuvre.

Or, il était impossible de voir une plus charmante beauté que celle de Marguerite.

Grande et mince jusqu'à l'exagération, elle possédait au suprême degré l'art de faire disparaître cet oubli de la nature par le simple arrangement des choses qu'elle revêtait. Son cachemire, dont la pointe touchait à terre, laissait échapper de chaque côté les larges volants d'une robe de soie, et l'épais manchon, qui cachait ses mains et qu'elle appuyait contre sa poitrine, était entouré de plis si habilement ménagés, que l'œil n'avait rien à redire, si exigeant qu'il fût, au contour des lignes.

La tête, une merveille, était l'objet d'une coquetterie particulière. Elle était toute petite, et sa mère, comme dirait de Musset, semblait l'avoir faite ainsi pour la faire avec soin.

Dans un ovale d'une grâce indescriptible, mettez des yeux noirs surmontés de sourcils d'un arc si pur qu'il semblait peint ; voilez ces yeux de grands cils qui, lorsqu'ils s'abaissaient, jetaient de l'ombre sur la teinte rose des joues ; tracez un nez fin, droit, spirituel, aux narines un peu ouvertes par une aspiration ardente vers la vie sensuelle ; dessinez une bouche régulière, dont les lèvres s'ouvraient gracieusement sur des dents blanches comme du lait ; colorez la peau de ce velouté qui couvre les pêches qu'aucune main n'a touchées, et vous aurez l'ensemble de cette charmante tête.

Les cheveux noirs comme du jais, ondés naturellement ou non, s'ouvraient sur le front en deux larges bandeaux, et se perdaient derrière la tête, en laissant voir un bout des oreilles, auxquelles brillaient deux diamants d'une valeur de quatre à cinq mille francs chacun.

Comment sa vie ardente laissait-elle au visage de Marguerite l'expression virginale, enfantine même qui la caractérisait, c'est ce que nous sommes forcé de constater sans le comprendre.

Marguerite avait d'elle un merveilleux portrait fait par Vidal*, le seul homme dont le crayon pouvait la reproduire. J'ai eu depuis sa mort ce portrait pendant quelques jours à ma disposition, et il était d'une si étonnante ressemblance qu'il m'a servi à donner les renseignements pour lesquels ma mémoire ne m'eût peut-être pas suffi.

Parmi les détails de ce chapitre, quelques-uns ne me sont parvenus que plus tard, mais je les écris tout de suite pour n'avoir pas à y revenir, lorsque commencera l'histoire anecdotique de cette femme.

Marguerite assistait à toutes les premières représentations et passait toutes ses soirées au spectacle ou au bal. Chaque fois que l'on jouait une pièce nouvelle, on était sûr de l'y voir, avec trois choses qui ne la quittaient jamais, et qui occupaient toujours le devant de sa loge de rez-de-chaussée : sa lorgnette, un sac de bonbons et un bouquet de camélias.

Pendant vingt-cinq jours du mois, les camélias étaient blancs, et pendant cinq ils étaient rouges ; on n'a jamais su la raison de cette variété de couleurs, que je signale sans pouvoir l'expliquer, et que les habitués des théâtres où elle allait le plus fréquemment et ses amis avaient remarquée comme moi.

On n'avait jamais vu à Marguerite d'autres fleurs que des camélias. Aussi chez Mme Barjon, sa fleuriste, avait-on fini par la surnommer la Dame aux Camélias, et ce surnom lui était resté.

Je savais en outre, comme tous ceux qui vivent dans un certain monde, à Paris, que Marguerite avait été la maîtresse des jeunes gens les plus élégants, qu'elle le disait hautement, et qu'eux-mêmes s'en vantaient, ce qui prouvait qu'amants et maîtresse étaient contents l'un de l'autre.

Cependant, depuis trois ans environ, depuis un voyage à Bagnères*, elle ne vivait plus, disait-on, qu'avec un vieux duc étranger, énormément riche et qui avait essayé de la détacher le plus possible de sa vie passée, ce que du reste elle avait paru se laisser faire d'assez bonne grâce.

Voici ce qu'on m'a raconté à ce sujet.

Au printemps de 1842, Marguerite était si faible, si changée que les médecins lui ordonnèrent les eaux, et qu'elle partit pour Bagnères.

Là, parmi les malades, se trouvait la fille de ce duc, laquelle avait non seulement la même maladie, mais encore le même visage que Marguerite, au point qu'on eût pu les prendre pour les deux sœurs. Seulement la jeune duchesse était au troisième degré de la phtisie*, et peu de jours après l'arrivée de Marguerite, elle succombait.

Un matin le duc, resté à Bagnères comme on reste sur le sol qui ensevelit une partie du cœur, aperçut Marguerite au détour d'une allée.

Il lui sembla voir passer l'ombre de son enfant et, marchant vers elle, il lui prit les mains, l'embrassa en pleurant, et, sans lui demander qui elle était, implora la permission de la voir et d'aimer en elle l'image vivante de sa fille morte.

Marguerite, seule à Bagnères avec sa femme de chambre, et d'ailleurs n'ayant aucune crainte de se compromettre, accorda au duc ce qu'il lui demandait.

Il se trouvait à Bagnères des gens qui la connaissaient, et qui vinrent officiellement avertir le duc de la véritable position de mademoiselle Gautier. Ce fut un coup pour le vieillard, car là cessait la ressemblance avec sa fille, mais il était trop tard. La jeune femme était devenue un besoin de son cœur et son seul prétexte, sa seule excuse de vivre encore.

Il ne lui fit aucun reproche, il n'avait pas le droit de lui en faire, mais il lui demanda si elle se sentait capable de changer de vie, lui offrant en échange de ce sacrifice toutes les compensations qu'elle pourrait désirer. Elle promit.

Il faut dire qu'à cette époque, Marguerite, nature enthousiaste, était malade. Le passé lui apparaissait comme une des causes principales de sa maladie, et une sorte de superstition lui fit espérer que Dieu lui laisserait la beauté et la santé, en échange de son repentir et de sa conversion.

En effet, les eaux, les promenades, la fatigue naturelle et le sommeil l'avaient à peu près rétablie quand vint la fin de l'été.

Le duc accompagna Marguerite à Paris, où il continua de venir la voir comme à Bagnères.

Cette liaison, dont on ne connaissait ni la véritable origine, ni le véritable motif, causa une grande sensation ici, car le duc, connu par sa grande fortune, se faisait connaître maintenant par sa prodigalité.

On attribua au libertinage, fréquent chez les vieillards riches, ce rapprochement du vieux duc et de la jeune femme. On supposa tout, excepté ce qui était.

Cependant le sentiment de ce père pour Marguerite avait une cause si chaste, que tout autre rapport que des rapports de cœur avec elle lui eût semblé un inceste, et jamais il ne lui avait dit un mot que sa fille n'eût pu entendre.

Loin de nous la pensée de faire de notre héroïne autre chose que ce qu'elle était. Nous dirons donc que tant qu'elle était restée à Bagnères, la promesse faite au duc n'avait pas été difficile à tenir, et qu'elle avait été tenue ; mais une fois de retour à Paris, il avait semblé à cette fille habituée à la vie dissipée, aux bals, aux orgies même, que sa solitude, troublée seulement par les visites périodiques du duc, la ferait mourir d'ennui, et les souffles brûlants de sa vie d'autrefois passaient à la fois sur sa tête et sur son cœur.

Ajoutez que Marguerite était revenue de ce voyage plus belle qu'elle n'avait jamais été, qu'elle avait vingt ans, et que la maladie endormie, mais non vaincue, continuait à lui donner ces désirs fiévreux qui sont presque toujours le résultat des affections de poitrine.

Le duc eut donc une grande douleur le jour où ses amis, sans cesse aux aguets pour surprendre un scandale de la part de la jeune femme avec laquelle il se compromettait, disaient-ils, vinrent lui dire et lui prouver qu'à l'heure où elle était sûre de ne pas le voir venir, elle recevait des visites, et que ces visites se prolongeaient souvent jusqu'au lendemain.

Interrogée, Marguerite avoua tout au duc, lui conseillant, sans arrière-pensée, de cesser de s'occuper d'elle, car elle ne se sentait pas la force de tenir les engagements pris, et ne voulait pas recevoir plus longtemps les bienfaits d'un homme qu'elle trompait.

Le duc resta huit jours sans paraître, ce fut tout ce qu'il put faire, et, le huitième jour, il vint supplier

Marguerite de l'admettre encore, lui promettant de l'accepter telle qu'elle serait, pourvu qu'il la vît, et lui jurant que, dût-il mourir, il ne lui ferait jamais un reproche.

Voilà où en étaient les choses trois mois après le retour de Marguerite, c'est-à-dire en novembre ou décembre 1842.

III

Le 16, à une heure, je me rendis rue d'Antin.

De la porte cochère on entendait crier les commissaires-priseurs.

L'appartement était plein de curieux.

Il y avait là toutes les célébrités du vice élégant, sournoisement examinées par quelques grandes dames qui avaient pris encore une fois le prétexte de la vente, pour avoir le droit de voir de près des femmes avec qui elles n'auraient jamais eu occasion de se retrouver, et dont elles enviaient peut-être en secret les faciles plaisirs.

Mme la duchesse de F... coudoyait Mlle A..., une des plus tristes épreuves de nos courtisanes modernes ; Mme la marquise de T... hésitait pour acheter un meuble sur lequel enchérissait Mme D..., la femme adultère la plus élégante et le plus connue de notre époque ; le duc d'Y..., qui passe à Madrid pour se ruiner à Paris, à Paris pour se ruiner à Madrid, et qui, somme toute, ne dépense même pas son revenu, tout en causant avec Mme M..., une de nos plus spirituelles conteuses qui veut bien de temps en temps écrire ce qu'elle dit et signer ce qu'elle écrit, échangeait des regards confidentiels avec Mme de N..., cette belle promeneuse des Champs-Élysées, presque toujours vêtue de rose ou de bleu et qui fait traîner sa voiture par deux grands chevaux noirs, que Tony* lui a vendus dix mille francs et... qu'elle lui a payés ; enfin Mlle R... qui se fait avec son seul talent le double de ce que les femmes du monde se font avec leur dot, et le triple de ce que les autres se font avec leurs amours, était, malgré le froid, venue faire quelques emplettes, et ce n'était pas elle qu'on regardait le moins.

Nous pourrions citer encore les initiales de bien des gens réunis dans ce salon, et bien étonnés de se trouver ensemble ; mais nous craindrions de lasser le lecteur.

Disons seulement que tout le monde était d'une gaieté folle, et que parmi toutes celles qui se trouvaient là, beaucoup avaient connu la morte, et ne paraissaient pas s'en souvenir.

On riait fort ; les commissaires criaient à tue-tête ; les marchands qui avaient envahi les bancs disposés devant les tables de vente essayaient en vain d'imposer silence, pour faire leurs affaires tranquillement. Jamais réunion ne fut plus variée, plus bruyante.

Je me glissai humblement au milieu de ce tumulte attristant quand je songeais qu'il avait lieu près de la chambre où avait expiré la pauvre créature dont on vendait les meubles pour payer les dettes. Venu pour examiner plus que pour acheter, je regardais les figures des fournisseurs qui faisaient vendre, et dont les traits s'épanouissaient chaque fois qu'un objet arrivait à un prix qu'ils n'eussent pas espéré.

Honnêtes gens qui avaient spéculé sur la prostitution de cette femme, qui avaient gagné cent pour cent sur elle, qui avaient poursuivi de papiers timbrés les derniers moments de sa vie, et qui venaient après sa mort recueillir les fruits de leurs honorables calculs en même temps que les intérêts de leur honteux crédit.

Combien avaient raison les anciens qui n'avaient qu'un même Dieu pour les marchands et pour les voleurs !

Robes, cachemires, bijoux se vendaient avec une rapidité incroyable. Rien de tout cela ne me convenait, et j'attendais toujours.

Tout à coup j'entendis crier :

« Un volume, parfaitement relié, doré sur tranche, intitulé : ''Manon Lescaut*''. *Il y a quelque chose d'écrit sur la première page* : Dix francs.

— Douze, dit une voix après un silence assez long.

— Quinze », dis-je.

Pourquoi ? Je n'en sais rien. Sans doute pour ce *quelque chose d'écrit*.

« Quinze, répéta le commissaire-priseur.

— Trente », fit le premier enchérisseur d'un ton qui semblait défier qu'on mît davantage.

Cela devenait une lutte.

« Trente-cinq ! criai-je alors du même ton.

— Quarante.

— Cinquante.

— Soixante.

— Cent. »

J'avoue que si j'avais voulu faire de l'effet, j'aurais complètement réussi, car à cette enchère un grand silence se fit, et l'on me regarda pour savoir quel était ce monsieur qui paraissait si résolu à posséder ce volume.

Il paraît que l'accent donné à mon dernier mot avait convaincu mon antagoniste : il préféra donc abandonner un combat qui n'eût servi qu'à me faire payer ce volume dix fois sa valeur, et, s'inclinant, il me dit fort gracieusement, quoique un peu tard :

« Je cède, monsieur. »

Personne n'ayant plus rien dit, le livre me fut adjugé.

Comme je redoutais un nouvel entêtement que mon amour-propre eût peut-être soutenu, mais dont ma bourse se fût certainement trouvée très mal, je fis inscrire mon nom, mettre de côté le volume, et je descendis. Je dus donner beaucoup à penser aux gens qui, témoins de cette scène, se demandèrent sans doute dans quel but j'étais venu payer cent francs un livre que je pouvais avoir partout pour dix ou quinze francs au plus.

Une heure après j'avais envoyé chercher mon achat.

Sur la première page était écrite à la plume, et d'une écriture élégante, la dédicace du donataire de ce livre. Cette dédicace portait ces seuls mots :

Manon à Marguerite,
Humilité.

Elle était signée : Armand Duval.

Que voulait dire ce mot : Humilité ?

Manon reconnaissait-elle dans Marguerite, par l'opinion de ce M. Armand Duval, une supériorité de débauche ou de cœur ?

La seconde interprétation était la plus vraisemblable, car la première n'eût été qu'une impertinente franchise que n'eût pas acceptée Marguerite, malgré son opinion sur elle-même.

Je sortis de nouveau et je ne m'occupai plus de ce livre que le soir lorsque je me couchai.

Certes, *Manon Lescaut* est une touchante histoire dont pas un détail ne m'est inconnu, et cependant lorsque je trouve ce volume sous ma main, ma sympathie pour lui m'attire toujours, je l'ouvre et pour la centième fois je revis avec l'héroïne de l'abbé Prévost. Or, cette héroïne est tellement vraie, qu'il me semble l'avoir connue. Dans ces circonstances nouvelles, l'espèce de comparaison faite entre elle et Marguerite donnait pour moi un attrait inattendu à cette lecture, et mon indulgence s'augmenta de pitié, presque d'amour pour la pauvre fille à l'héritage de laquelle je devais ce volume. Manon était morte dans un désert, il est vrai, mais dans les bras de l'homme qui l'aimait avec toutes les énergies de l'âme, qui, morte, lui creusa une fosse, l'arrosa de ses larmes et y ensevelit son cœur ; tandis que Marguerite, pécheresse comme Manon, et peut-être convertie comme elle, était morte au sein d'un luxe somptueux, s'il fallait en croire ce que j'avais vu, dans le lit de son passé, mais aussi au milieu de ce désert du cœur, bien plus aride, bien plus vaste, bien plus impitoyable que celui dans lequel avait été enterrée Manon.

Marguerite, en effet, comme je l'avais appris de quelques amis informés des dernières circonstances de sa vie, n'avait pas vu s'asseoir une réelle consolation à son chevet, pendant les deux mois qu'avait duré sa lente et douloureuse agonie.

Puis de Manon et de Marguerite ma pensée se reportait sur celles que je connaissais et que je voyais s'ache-

miner en chantant vers une mort presque toujours inva-
riable.

Pauvres créatures ! Si c'est un tort de les aimer, c'est
bien le moins qu'on les plaigne. Vous plaignez l'aveugle qui n'a jamais vu les rayons du jour, le sourd qui
n'a jamais entendu les accords de la nature, le muet
qui n'a jamais pu rendre la voix de son âme, et, sous
un faux prétexte de pudeur, vous ne voulez pas plaindre cette cécité du cœur, cette surdité de l'âme, ce
mutisme de la conscience qui rendent folle la malheureuse affligée et qui la font malgré elle incapable de voir
le bien, d'entendre le Seigneur et de parler la langue
pure de l'amour et de la foi.

Hugo a fait *Marion Delorme**, Musset a fait *Bernerette**, Alexandre Dumas a fait *Fernande**, les penseurs
et les poètes de tous les temps ont apporté à la courtisane l'offrande de leur miséricorde, et quelquefois un
grand homme les a réhabilitées de son amour et même
de son nom. Si j'insiste ainsi sur ce point, c'est que
parmi ceux qui vont me lire, beaucoup peut-être sont
déjà prêts à rejeter ce livre, dans lequel ils craignent
de ne voir qu'une apologie du vice et de la prostitution, et l'âge de l'auteur contribue sans doute encore
à motiver cette crainte. Que ceux qui penseraient ainsi
se détrompent, et qu'ils continuent, si cette crainte seule
les retenait.

Je suis tout simplement convaincu d'un principe qui
est que : pour la femme à qui l'éducation n'a pas ensei-
gné le bien, Dieu ouvre presque toujours deux sentiers
qui l'y ramènent ; ces sentiers sont la douleur et
l'amour. Ils sont difficiles ; celles qui s'y engagent s'y
ensanglantent les pieds, s'y déchirent les mains, mais
elles laissent en même temps aux ronces de la route les
parures du vice et arrivent au but avec cette nudité dont
on ne rougit pas devant le Seigneur.

Ceux qui rencontrent ces voyageuses hardies doivent
les soutenir et dire à tous qu'ils les ont rencontrées, car
en le publiant ils montrent la voie.

Il ne s'agit pas de mettre tout bonnement à l'entrée

de la vie deux poteaux, portant l'un cette inscription : *Route du bien*, l'autre cet avertissement : *Route du mal*, et de dire à ceux qui se présentent : « Choisissez » ; il faut, comme le Christ, montrer des chemins qui ramènent de la seconde route à la première ceux qui s'étaient laissé tenter par les abords ; et il ne faut pas surtout que le commencement de ces chemins soit trop douloureux, ni paraisse trop impénétrable.

Le christianisme est là avec sa merveilleuse parabole de l'enfant prodigue pour nous conseiller l'indulgence et le pardon. Jésus était plein d'amour pour ces âmes blessées par les passions des hommes, et dont il aimait à panser les plaies en tirant le baume qui devait les guérir des plaies elles-mêmes. Ainsi, il disait à Madeleine : « Il te sera beaucoup remis parce que tu as beaucoup aimé », sublime pardon qui devait éveiller une foi sublime.

Pourquoi nous ferions-nous plus rigides que le Christ ? Pourquoi, nous en tenant obstinément aux opinions de ce monde qui se fait dur pour qu'on le croie fort, rejetterions-nous avec lui des âmes saignantes souvent de blessures par où, comme le mauvais sang d'un malade, s'épanche le mal de leur passé, et n'attendant qu'une main amie qui les panse et leur rende la convalescence du cœur ?

C'est à ma génération que je m'adresse, à ceux pour qui les théories de M. de Voltaire n'existent heureusement plus, à ceux qui, comme moi, comprennent que l'humanité est depuis quinze ans dans un de ses plus audacieux élans. La science du bien et du mal est à jamais acquise ; la foi se reconstruit, le respect des choses saintes nous est rendu, et si le monde ne se fait pas tout à fait bon, il se fait du moins meilleur. Les efforts de tous les hommes intelligents tendent au même but, et toutes les grandes volontés s'attellent au même principe : soyons bons, soyons jeunes, soyons vrais ! Le mal n'est qu'une vanité, ayons l'orgueil du bien, et surtout ne désespérons pas. Ne méprisons pas la femme qui n'est ni mère, ni fille, ni épouse. Ne réduisons pas

l'estime à la famille, l'indulgence à l'égoïsme. Puisque
le ciel est plus en joie pour le repentir d'un pécheur que
pour cent justes qui n'ont jamais péché, essayons de
réjouir le ciel. Il peut nous le rendre avec usure. Laissons sur notre chemin l'aumône de notre pardon à ceux
que les désirs terrestres ont perdus, que sauvera peut-
être une espérance divine, et, comme disent les bonnes
vieilles femmes quand elles conseillent un remède de
leur façon, si cela ne fait pas de bien, cela ne peut pas
faire de mal.

Certes, il doit paraître bien hardi à moi de vouloir
faire sortir ces grands résultats du mince sujet que je
traite ; mais je suis de ceux qui croient que tout est dans
peu. L'enfant est petit, et il renferme l'homme ; le cerveau est étroit, et il abrite la pensée ; l'œil n'est qu'un
point, et il embrasse des lieues.

IV

Deux jours après, la vente était complètement terminée. Elle avait produit cent cinquante mille francs.

Les créanciers s'en étaient partagé les deux tiers, et la famille, composée d'une sœur et d'un petit neveu, avait hérité du reste.

Cette sœur avait ouvert de grands yeux quand l'homme d'affaires lui avait écrit qu'elle héritait de cinquante mille francs.

Il y avait six ou sept ans que cette jeune fille n'avait vu sa sœur, laquelle avait disparu un jour sans que l'on sût, ni par elle ni par d'autres, le moindre détail sur sa vie depuis le moment de sa disparition.

Elle était donc arrivée en toute hâte à Paris et l'étonnement de ceux qui connaissaient Marguerite avait été grand quand ils avaient vu que son unique héritière était une grosse et belle fille de campagne qui jusqu'alors n'avait jamais quitté son village.

Sa fortune se trouva faite d'un seul coup, sans qu'elle sût même de quelle source lui venait cette fortune inespérée.

Elle retourna, m'a-t-on dit depuis, à sa campagne, emportant de la mort de sa sœur une grande tristesse que compensait néanmoins le placement à quatre et demi qu'elle venait de faire.

Toutes ces circonstances répétées dans Paris, la ville mère du scandale, commençaient à être oubliées et j'oubliais même à peu près en quoi j'avais pris part à ces événements, quand un nouvel incident me fit connaître toute la vie de Marguerite et m'apprit des détails si touchants, que l'envie me prit d'écrire cette histoire et que je l'écris.

Depuis trois ou quatre jours l'appartement, vide de tous ses meubles vendus, était à louer, quand on sonna un matin chez moi.

Mon domestique, ou plutôt mon portier qui me servait de domestique, alla ouvrir et me rapporta une carte, en me disant que la personne qui la lui avait remise désirait me parler.

Je jetai les yeux sur cette carte et j'y lus ces deux mots : *Armand Duval*.

Je cherchai où j'avais déjà vu ce nom, et je me rappelai la première feuille du volume de *Manon Lescaut*.

Que pouvait me vouloir la personne qui avait donné ce livre à Marguerite ? Je dis de faire entrer tout de suite celui qui attendait.

Je vis alors un jeune homme blond, grand, pâle, vêtu d'un costume de voyage qu'il semblait ne pas avoir quitté depuis quelques jours et ne s'être même pas donné la peine de brosser en arrivant à Paris, car il était couvert de poussière.

M. Duval, fortement ému, ne fit aucun effort pour cacher son émotion, et ce fut des larmes dans les yeux et un tremblement dans la voix qu'il me dit :

« Monsieur, vous excuserez, je vous prie, ma visite et mon costume ; mais outre qu'entre jeunes gens on ne se gêne pas beaucoup, je désirais tant vous voir aujourd'hui, que je n'ai pas même pris le temps de descendre à l'hôtel où j'ai envoyé mes malles et je suis accouru chez vous craignant encore, quoiqu'il soit de bonne heure, de ne pas vous rencontrer. »

Je priai M. Duval de s'asseoir auprès du feu, ce qu'il fit tout en tirant de sa poche un mouchoir avec lequel il cacha un moment sa figure.

« Vous ne devez pas comprendre, reprit-il en soupirant tristement, ce que vous veut ce visiteur inconnu, à pareille heure, dans une pareille tenue et pleurant comme il le fait.

« Je viens tout simplement, monsieur, vous demander un grand service.

— Parlez, monsieur, je suis tout à votre disposition.

— Vous avez assisté à la vente de Marguerite Gautier ? »

À ce mot, l'émotion dont ce jeune homme avait triomphé un instant fut plus forte que lui, et il fut forcé de porter les mains à ses yeux.

« Je dois vous paraître bien ridicule, ajouta-t-il, excusez-moi encore pour cela, et croyez que je n'oublierai jamais la patience avec laquelle vous voulez bien m'écouter.

— Monsieur, répliquai-je, si le service que je parais pouvoir vous rendre doit calmer un peu le chagrin que vous éprouvez, dites-moi vite à quoi je puis vous être bon, et vous trouverez en moi un homme heureux de vous obliger. »

La douleur de M. Duval était sympathique, et malgré moi j'aurais voulu lui être agréable.

Il me dit alors :

« Vous avez acheté quelque chose à la vente de Marguerite ?

— Oui, monsieur, un livre.

— *Manon Lescaut* ?

— Justement.

— Avez-vous encore ce livre ?

— Il est dans ma chambre à coucher. »

Armand Duval, à cette nouvelle, parut soulagé d'un grand poids et me remercia comme si j'avais déjà commencé à lui rendre un service en gardant ce volume.

Je me levai alors, j'allai dans ma chambre prendre le livre et je le lui remis.

« C'est bien cela, fit-il en regardant la dédicace de la première page et en feuilletant, c'est bien cela. »

Et deux grosses larmes tombèrent sur les pages.

« Eh bien, monsieur, dit-il en relevant la tête sur moi, en n'essayant même plus de me cacher qu'il avait pleuré et qu'il était près de pleurer encore, tenez-vous beaucoup à ce livre ?

— Pourquoi, monsieur ?

— Parce que je viens vous demander de me le céder.

— Pardonnez-moi ma curiosité, dis-je alors ; mais c'est donc vous qui l'avez donné à Marguerite Gautier ?

— C'est moi-même.

— Ce livre est à vous, monsieur, reprenez-le, je suis heureux de pouvoir vous le rendre.

— Mais, reprit M. Duval avec embarras, c'est bien le moins que je vous en donne le prix que vous l'avez payé.

— Permettez-moi de vous l'offrir. Le prix d'un seul volume dans une vente pareille est une bagatelle, et je ne me rappelle plus combien j'ai payé celui-ci.

— Vous l'avez payé cent francs.

— C'est vrai, fis-je, embarrassé à mon tour, comment le savez-vous ?

— C'est bien simple, j'espérais arriver à Paris à temps pour la vente de Marguerite, et je ne suis arrivé que ce matin. Je voulais absolument avoir un objet qui vînt d'elle et je courus chez le commissaire-priseur lui demander la permission de visiter la liste des objets vendus et les noms des acheteurs. Je vis que ce volume avait été acheté par vous, je me résolus à vous prier de me le céder, quoique le prix que vous y aviez mis me fît craindre que vous n'eussiez attaché vous-même un souvenir quelconque à la possession de ce volume. »

En parlant ainsi, Armand paraissait évidemment craindre que je n'eusse connu Marguerite comme lui l'avait connue.

Je m'empressai de le rassurer.

« Je n'ai connu M\ue Gautier que de vue, lui dis-je ; sa mort m'a fait l'impression que fait toujours sur un jeune homme la mort d'une jolie femme qu'il avait du plaisir à rencontrer. J'ai voulu acheter quelque chose à sa vente et je me suis entêté à renchérir sur ce volume, je ne sais pourquoi, pour le plaisir de faire enrager un monsieur qui s'acharnait dessus et semblait me défier de l'avoir. Je vous le répète donc, monsieur, ce livre est à votre disposition et je vous prie de nouveau de l'accepter pour que vous ne le teniez pas de moi comme je le tiens d'un commissaire-priseur, et pour qu'il soit

entre nous l'engagement d'une connaissance plus longue et de relations plus intimes.

— C'est bien, monsieur, me dit Armand en me tendant la main et en serrant la mienne, j'accepte et je vous
serai reconnaissant toute ma vie. »

J'avais bien envie de questionner Armand sur Marguerite, car la dédicace du livre, le voyage du jeune
homme, son désir de posséder ce volume piquaient ma
curiosité ; mais je craignais en questionnant mon visiteur de paraître n'avoir refusé son argent que pour avoir
le droit de me mêler de ses affaires.

On eût dit qu'il devinait mon désir, car il me dit :
« Vous avez lu ce volume ?

— En entier.

— Qu'avez-vous pensé des deux lignes que j'ai écrites ?

— J'ai compris tout de suite qu'à vos yeux la pauvre
fille à qui vous aviez donné ce volume sortait de la caté-
gorie ordinaire, car je ne voulais pas ne voir dans ces
lignes qu'un compliment banal.

— Et vous aviez raison, monsieur. Cette fille était
un ange. Tenez, me dit-il, lisez cette lettre. »

Et il me tendit un papier qui paraissait avoir été relu
bien des fois.

Je l'ouvris, voici ce qu'il contenait :

« Mon cher Armand, j'ai reçu votre lettre, vous êtes
resté bon et j'en remercie Dieu. Oui, mon ami, je suis
malade, et d'une de ces maladies qui ne pardonnent
pas ; mais l'intérêt que vous voulez bien prendre encore
à moi diminue beaucoup ce que je souffre. Je ne vivrai
sans doute pas assez longtemps pour avoir le bonheur
de serrer la main qui a écrit la bonne lettre que je viens
de recevoir et dont les paroles me guériraient, si quelque chose pouvait me guérir. Je ne vous verrai pas, car
je suis tout près de la mort, et des centaines de lieues
vous séparent de moi. Pauvre ami ! votre Marguerite
d'autrefois est bien changée, et il vaut peut-être mieux
que vous ne la revoyiez plus que de la voir telle qu'elle
est. Vous me demandez si je vous pardonne ; oh ! de

grand cœur, ami, car le mal que vous avez voulu me faire n'était qu'une preuve de l'amour que vous aviez pour moi. Il y a un mois que je suis au lit, et je tiens tant à votre estime que chaque jour j'écris le journal de ma vie, depuis le moment où nous nous sommes quittés jusqu'au moment où je n'aurai plus la force d'écrire.

« Si l'intérêt que vous prenez à moi est réel, Armand, à votre retour, allez chez Julie Duprat. Elle vous remettra ce journal. Vous y trouverez la raison et l'excuse de ce qui s'est passé entre nous. Julie est bien bonne pour moi ; nous causons souvent de vous ensemble. Elle était là quand votre lettre est arrivée, nous avons pleuré en la lisant.

« Dans le cas où vous ne m'auriez pas donné de vos nouvelles, elle était chargée de vous remettre ces papiers à votre arrivée en France. Ne m'en soyez pas reconnaissant. Ce retour quotidien sur les seuls moments heureux de ma vie me fait un bien énorme, et si vous devez trouver dans cette lecture l'excuse du passé, j'y trouve, moi, un continuel soulagement.

« Je voudrais vous laisser quelque chose qui me rappelât toujours à votre esprit, mais tout est saisi chez moi, et rien ne m'appartient.

« Comprenez-vous, mon ami ? je vais mourir, et de ma chambre à coucher j'entends marcher dans le salon le gardien que mes créanciers ont mis là pour qu'on n'emporte rien et qu'il ne me reste rien dans le cas où je ne mourrais pas. Il faut espérer qu'ils attendront la fin pour vendre.

« Oh ! les hommes sont impitoyables ! ou plutôt, je me trompe, c'est Dieu qui est juste et inflexible.

« Eh bien, cher aimé, vous viendrez à ma vente, et vous achèterez quelque chose, car si je mettais de côté le moindre objet pour vous et qu'on l'apprît, on serait capable de vous attaquer en détournement d'objets saisis.

« Triste vie que celle que je quitte !

« Que Dieu serait bon, s'il permettait que je vous

revisse avant de mourir ! Selon toutes probabilités,
adieu, mon ami ; pardonnez-moi si je ne vous en écris
pas plus long, mais ceux qui disent qu'ils me guériront
m'épuisent de saignées, et ma main se refuse à écrire
davantage.

« MARGUERITE GAUTIER. »

En effet, les derniers mots étaient à peine lisibles.

Je rendis cette lettre à Armand qui venait de la relire
sans doute dans sa pensée comme moi je l'avais lue sur
le papier, car il me dit en le reprenant :

« Qui croirait jamais que c'est une fille entretenue
qui a écrit cela ! » Et tout ému de ses souvenirs, il considéra quelque temps l'écriture de cette lettre qu'il finit
par porter à ses lèvres.

« Et quand je pense, reprit-il, que celle-ci est morte
sans que j'aie pu la revoir et que je ne la reverrai
jamais ; quand je pense qu'elle a fait pour moi ce
qu'une sœur n'eût pas fait, je ne me pardonne pas de
l'avoir laissée mourir ainsi.

« Morte ! morte ! en pensant à moi, en écrivant et
en disant mon nom, pauvre chère Marguerite ! »

Et Armand, donnant un libre cours à ses pensées et
à ses larmes, me tendait la main et continuait :

« On me trouverait bien enfant, si l'on me voyait me
lamenter ainsi sur une pareille morte ; c'est que l'on
ne saurait pas ce que je lui ai fait souffrir à cette femme,
combien j'ai été cruel, combien elle a été bonne et rési-
gnée. Je croyais qu'il m'appartenait de lui pardonner,
et aujourd'hui, je me trouve indigne du pardon qu'elle
m'accorde. Oh ! je donnerais dix ans de ma vie pour
pleurer une heure à ses pieds. »

Il est toujours difficile de consoler une douleur que
l'on ne connaît pas, et cependant j'étais pris d'une si
vive sympathie pour ce jeune homme, il me faisait avec
tant de franchise le confident de son chagrin, que je
crus que ma parole ne lui serait pas indifférente, et je
lui dis :

« N'avez-vous pas des parents, des amis ? espérez,

voyez-les, et ils vous consoleront, car moi, je ne puis que vous plaindre.

— C'est juste, dit-il en se levant et en se promenant à grands pas dans ma chambre, je vous ennuie. Excusez-moi, je ne réfléchissais pas que ma douleur doit vous importer peu, et que je vous importune d'une chose qui ne peut et ne doit vous intéresser en rien.

— Vous vous trompez au sens de mes paroles, je suis tout à votre service ; seulement je regrette mon insuffisance à calmer votre chagrin. Si ma société et celle de mes amis peuvent vous distraire, si enfin vous avez besoin de moi en quoi que ce soit, je veux que vous sachiez bien tout le plaisir que j'aurai à vous être agréable.

— Pardon, pardon, me dit-il, la douleur exagère les sensations. Laissez-moi rester quelques minutes encore, le temps de m'essuyer les yeux, pour que les badauds de la rue ne regardent pas comme une curiosité ce grand garçon qui pleure. Vous venez de me rendre bien heureux en me donnant ce livre ; je ne saurai jamais comment reconnaître ce que je vous dois.

— En m'accordant un peu de votre amitié, dis-je à Armand, et en me disant la cause de votre chagrin. On se console, en racontant ce qu'on souffre.

— Vous avez raison ; mais aujourd'hui j'ai trop besoin de pleurer, et je ne vous dirais que des paroles sans suite. Un jour, je vous ferai part de cette histoire, et vous verrez si j'ai raison de regretter la pauvre fille. Et maintenant, ajouta-t-il en se frottant une dernière fois les yeux et en se regardant dans la glace, dites-moi que vous ne me trouvez pas trop niais, et permettez-moi de revenir vous voir. »

Le regard de ce jeune homme était bon et doux ; je fus au moment de l'embrasser.

Quant à lui, ses yeux commençaient de nouveau à se voiler de larmes ; il vit que je m'en apercevais, et il détourna son regard de moi.

« Voyons, lui dis-je, du courage.

— Adieu », me dit-il alors.

Et faisant un effort inouï pour ne pas pleurer, il se sauva de chez moi plutôt qu'il n'en sortit.

Je soulevai le rideau de ma fenêtre, et je le vis remonter dans le cabriolet qui l'attendait à la porte ; mais à peine y était-il qu'il fondit en larmes et cacha son visage dans son mouchoir.

V

Un assez long temps s'écoula sans que j'entendisse parler d'Armand, mais en revanche il avait souvent été question de Marguerite.

Je ne sais pas si vous l'avez remarqué, il suffit que le nom d'une personne qui paraissait devoir vous rester inconnue ou tout au moins indifférente soit prononcé une fois devant vous, pour que des détails viennent peu à peu se grouper autour de ce nom, et pour que vous entendiez alors tous vos amis vous parler d'une chose dont ils ne vous avaient jamais entretenu auparavant. Vous découvrez alors que cette personne vous touchait presque, vous vous apercevez qu'elle a passé bien des fois dans votre vie sans être remarquée ; vous trouvez dans les événements que l'on vous raconte une coïncidence, une affinité réelles avec certains événements de votre propre existence. Je n'en étais pas positivement là avec Marguerite, puisque je l'avais vue, rencontrée, et que je la connaissais de visage et d'habitudes ; cependant, depuis cette vente, son nom était revenu fréquemment à mes oreilles, et dans la circonstance que j'ai dite au dernier chapitre, ce nom s'était trouvé mêlé à un chagrin si profond, que mon étonnement en avait grandi, en augmentant ma curiosité.

Il en était résulté que je n'abordais plus mes amis auxquels je n'avais jamais parlé de Marguerite, qu'en disant :

« Avez-vous connu une nommée Marguerite Gautier ?

— La Dame aux Camélias ?

— Justement.

— Beaucoup ! »

Ces : Beaucoup ! étaient quelquefois accompagnés

de sourires incapables de laisser aucun doute sur leur signification.

« Eh bien, qu'est-ce que c'était que cette fille-là ? continuais-je.

— Une bonne fille.

— Voilà tout ?

— Mon Dieu ! oui, plus d'esprit et peut-être un peu plus de cœur que les autres.

— Et vous ne savez rien de particulier sur elle ?

— Elle a ruiné le baron de G...

— Seulement ?

— Elle a été la maîtresse du vieux duc de...

— Était-elle bien sa maîtresse ?

— On le dit : en tout cas, il lui donnait beaucoup d'argent. »

Toujours les mêmes détails généraux.

Cependant j'aurais été curieux d'apprendre quelque chose sur la liaison de Marguerite et d'Armand.

Je rencontrai un jour un de ceux qui vivent continuellement dans l'intimité des femmes connues. Je le questionnai.

« Avez-vous connu Marguerite Gautier ? »

Le même *beaucoup* me fut répondu.

« Quelle fille était-ce ?

— Belle et bonne fille. Sa mort m'a fait une grande peine.

— N'a-t-elle pas eu un amant nommé Armand Duval ?

— Un grand blond ?

— Oui.

— C'est vrai.

— Qu'est-ce que c'était que cet Armand ?

— Un garçon qui a mangé avec elle le peu qu'il avait, je crois, et qui a été forcé de la quitter. On dit qu'il en a été fou.

— Et elle ?

— Elle l'aimait beaucoup aussi, dit-on toujours, mais comme ces filles-là aiment. Il ne faut pas leur demander plus qu'elles ne peuvent donner.

— Qu'est devenu Armand ?

— Je l'ignore. Nous l'avons très peu connu. Il est resté cinq ou six mois avec Marguerite, mais à la campagne. Quand elle est revenue, il est parti.

— Et vous ne l'avez pas revu depuis ?

— Jamais. »

Moi non plus je n'avais pas revu Armand. J'en étais arrivé à me demander si, lorsqu'il s'était présenté chez moi, la nouvelle récente de la mort de Marguerite n'avait pas exagéré son amour d'autrefois et par conséquent sa douleur, et je me disais que peut-être il avait déjà oublié avec la morte la promesse faite de revenir me voir.

Cette supposition eût été assez vraisemblable à l'égard d'un autre, mais il y avait eu dans le désespoir d'Armand des accents sincères, et passant d'un extrême à l'autre, je me figurai que le chagrin s'était changé en maladie, et que si je n'avais pas de ses nouvelles, c'est qu'il était malade et peut-être bien mort.

Je m'intéressais malgré moi à ce jeune homme. Peut-être dans cet intérêt y avait-il de l'égoïsme ; peut-être avais-je entrevu sous cette douleur une touchante histoire de cœur, peut-être enfin mon désir de la connaître était-il pour beaucoup dans le souci que je prenais du silence d'Armand.

Puisque M. Duval ne revenait pas chez moi, je résolus d'aller chez lui. Le prétexte n'était pas difficile à trouver ; malheureusement je ne savais pas son adresse, et parmi tous ceux que j'avais questionnés, personne n'avait pu me la dire.

Je me rendis rue d'Antin. Le portier de Marguerite savait peut-être où demeurait Armand. C'était un nouveau portier. Il l'ignorait comme moi. Je m'informai alors du cimetière où avait été enterrée mademoiselle Gautier. C'était le cimetière Montmartre.

Avril avait reparu, le temps était beau, les tombes ne devaient plus avoir cet aspect douloureux et désolé que leur donne l'hiver ; enfin, il faisait déjà assez chaud pour que les vivants se souvinssent des morts et les visitassent. Je me rendis au cimetière, en me disant : À la seule inspection de la tombe de Marguerite, je verrai bien si la douleur d'Armand existe encore, et j'apprendrai peut-être ce qu'il est devenu.

J'entrai dans la loge du gardien, et je lui demandai si le 22 du mois de février une femme nommée Marguerite Gautier n'avait pas été enterrée au cimetière Montmartre.

Cet homme feuilleta un gros livre où sont inscrits et numérotés tous ceux qui entrent dans ce dernier asile, et me répondit qu'en effet le 22 février, à midi, une femme de ce nom avait été inhumée.

Je le priai de me faire conduire à la tombe, car il n'y a pas moyen de se reconnaître, sans cicérone, dans cette ville des morts qui a ses rues comme la ville des vivants. Le gardien appela un jardinier à qui il donna les indications nécessaires et qui l'interrompit en disant : « Je sais, je sais… Oh ! la tombe est bien facile à reconnaître, continua-t-il en se tournant vers moi.

— Pourquoi ? lui dis-je.

— Parce qu'elle a des fleurs bien différentes des autres.

— C'est vous qui en prenez soin ?

— Oui, monsieur, et je voudrais que tous les parents eussent soin des décédés comme le jeune homme qui m'a recommandé celle-là. »

Après quelques détours, le jardinier s'arrêta et me dit :

« Nous y voici. »

En effet, j'avais sous les yeux un carré de fleurs qu'on n'eût jamais pris pour une tombe, si un marbre blanc portant un nom ne l'eût constaté.

Ce marbre était posé droit, un treillage de fer limitait le terrain acheté, et ce terrain était couvert de camélias blancs.

« Que dites-vous de cela ? me dit le jardinier.

— C'est très beau.

— Et chaque fois qu'un camélia se fane, j'ai ordre de le renouveler. »

— Et qui vous a donné cet ordre ?

— Un jeune homme qui a bien pleuré, la première fois qu'il est venu ; un ancien à la morte, sans doute, car il paraît que c'était une gaillarde, celle-là. On dit qu'elle était très jolie. Monsieur l'a-t-il connue ?

— Oui.

— Comme l'autre, me dit le jardinier avec un sourire malin.

— Non, je ne lui ai jamais parlé.

— Et vous venez la voir ici ; c'est bien gentil de votre part, car ceux qui viennent voir la pauvre fille n'encombrent pas le cimetière.

— Personne ne vient donc ?

— Personne, excepté ce jeune monsieur qui est venu une fois.

— Une seule fois ?

— Oui, monsieur.

— Et il n'est pas revenu depuis ?

— Non, mais il reviendra à son retour.

— Il est donc en voyage ?

— Oui.

— Et vous savez où il est ?

— Il est, je crois, chez la sœur de Mlle Gautier.

— Et que fait-il là ?

— Il va lui demander l'autorisation de faire exhumer la morte, pour la faire mettre autre part.

— Pourquoi ne la laisserait-il pas ici ?

— Vous savez, monsieur, que pour les morts on a des idées. Nous voyons cela tous les jours, nous autres. Ce terrain n'est acheté que pour cinq ans, et ce jeune homme veut une concession à perpétuité et un terrain plus grand ; dans le quartier neuf ce sera mieux.

— Qu'appelez-vous le quartier neuf ?

— Les terrains nouveaux que l'on vend maintenant, à gauche. Si le cimetière avait toujours été tenu comme maintenant, il n'y en aurait pas un pareil au monde ; mais il y a encore bien à faire avant que ce soit tout à fait comme ce doit être. Et puis les gens sont si drôles.

— Que voulez-vous dire ?

— Je veux dire qu'il y a des gens qui sont fiers jusqu'ici. Ainsi, cette demoiselle Gautier, il paraît qu'elle
a fait un peu la vie, passez-moi l'expression. Maintenant, la pauvre demoiselle, elle est morte ; et il en reste
autant que de celles dont on n'a rien à dire et que nous
arrosons tous les jours ; eh bien, quand les parents des
personnes qui sont enterrées à côté d'elle ont appris qui
elle était, ne se sont-ils pas imaginé de dire qu'ils
s'opposeraient à ce qu'on la mît ici, et qu'il devrait y
avoir des terrains à part pour ces sortes de femmes
comme pour les pauvres. A-t-on jamais vu cela ? Je
les ai joliment relevés, moi ; des gros rentiers qui ne
viennent pas quatre fois l'an visiter leurs défunts, qui
apportent leurs fleurs eux-mêmes, et voyez quelles
fleurs ! qui regardent à un entretien pour ceux qu'ils
disent pleurer, qui écrivent sur leurs tombes des larmes
qu'ils n'ont jamais versées, et qui viennent faire les difficiles pour le voisinage. Vous me croirez si vous voulez, monsieur, je ne connaissais pas cette demoiselle,
je ne sais pas ce qu'elle a fait ; eh bien, je l'aime, cette
pauvre petite, et j'ai soin d'elle, et je lui passe les camélias au plus juste prix. C'est ma morte de prédilection.
Nous autres, monsieur, nous sommes bien forcés
d'aimer les morts, car nous sommes si occupés que nous
n'avons presque pas le temps d'aimer autre chose. »

Je regardais cet homme, et quelques-uns de mes lecteurs comprendront, sans que j'aie besoin de le leur
expliquer, l'émotion que j'éprouvais à l'entendre.

Il s'en aperçut sans doute, car il continua :

« On dit qu'il y avait des gens qui se ruinaient pour
cette fille-là, et qu'elle avait des amants qui l'adoraient ;
eh bien, quand je pense qu'il n'y en a pas un qui vienne
lui acheter une fleur seulement, c'est cela qui est curieux
et triste. Et encore, celle-ci n'a pas à se plaindre, car
elle a sa tombe, et s'il n'y en a qu'un qui se souvienne
d'elle, il fait les choses pour les autres. Mais nous avons
ici de pauvres filles du même genre et du même âge
qu'on jette dans la fosse commune, et cela me fend le
cœur quand j'entends tomber leurs pauvres corps dans

la terre. Et pas un être ne s'occupe d'elles, une fois qu'elles sont mortes ! Ce n'est pas toujours gai, le métier que nous faisons, surtout tant qu'il nous reste un peu de cœur. Que voulez-vous ? c'est plus fort que moi. J'ai une belle grande fille de vingt ans et, quand on apporte ici une morte de son âge je pense à elle, et, que ce soit une grande dame ou une vagabonde, je ne peux pas m'empêcher d'être ému.

« Mais je vous ennuie sans doute avec mes histoires et ce n'est pas pour les écouter que vous voilà ici. On m'a dit de vous amener à la tombe de Mlle Gautier, vous y voilà, puis-je vous être bon encore à quelque chose ?

— Savez-vous l'adresse de M. Armand Duval ? demandai-je à cet homme.

— Oui, il demeure rue de... c'est là du moins que je suis allé toucher le prix de toutes les fleurs que vous voyez.

— Merci, mon ami. »

Je jetai un dernier regard sur cette tombe fleurie, dont malgré moi j'eusse voulu sonder les profondeurs pour voir ce que la terre avait fait de la belle créature qu'on lui avait jetée, et je m'éloignai tout triste.

« Est-ce que monsieur veut voir M. Duval ? reprit le jardinier qui marchait à côté de moi.

— Oui.

— C'est que je suis bien sûr qu'il n'est pas encore de retour, sans quoi je l'aurais déjà vu ici.

— Vous êtes donc convaincu qu'il n'a pas oublié Marguerite ?

— Non seulement j'en suis convaincu, mais je parierais que son désir de la changer de tombe n'est que le désir de la revoir.

— Comment cela ?

— Le premier mot qu'il m'a dit en venant au cimetière a été : "Comment faire pour la voir encore ?" Cela ne pouvait avoir lieu que par le changement de tombe, et je l'ai renseigné sur toutes les formalités à remplir pour obtenir ce changement, car vous savez que pour transférer les morts d'un tombeau dans un autre, il faut les reconnaître, et la famille seule peut autoriser cette opération à laquelle doit présider un commissaire de police. C'est pour avoir cette autorisation que M. Duval est allé chez la sœur de Mlle Gautier et sa première visite sera évidemment pour nous. »

Nous étions arrivés à la porte du cimetière ; je remerciai de nouveau le jardinier en lui mettant quelques pièces de monnaie dans la main et je me rendis à l'adresse qu'il m'avait donnée.

Armand n'était pas de retour.

Je laissai un mot chez lui, le priant de me venir voir dès son arrivée, ou de me faire dire où je pourrais le trouver.

Le lendemain, au matin, je reçus une lettre de Duval, qui m'informait de son retour, et me priait de passer chez lui, ajoutant qu'épuisé de fatigue, il lui était impossible de sortir.

VI

Je trouvai Armand dans son lit.

En me voyant il me tendit sa main brûlante.

« Vous avez la fièvre, lui dis-je.

— Ce ne sera rien, la fatigue d'un voyage rapide, voilà tout.

— Vous venez de chez la sœur de Marguerite ?

— Oui, qui vous l'a dit ?

— Je le sais, et vous avez obtenu ce que vous vouliez ?

— Oui, encore ; mais qui vous a informé du voyage et du but que j'avais en le faisant ?

— Le jardinier du cimetière.

— Vous avez vu la tombe ? »

C'est à peine si j'osais répondre, car le ton de cette phrase me prouvait que celui qui me l'avait dite était toujours en proie à l'émotion dont j'avais été le témoin, et que chaque fois que sa pensée ou la parole d'un autre le reporterait sur ce douloureux sujet, pendant longtemps encore cette émotion trahirait sa volonté.

Je me contentai donc de répondre par un signe de tête.

« Il en a eu bien soin ? » continua Armand.

Deux grosses larmes roulèrent sur les joues du malade qui détourna la tête pour me les cacher. J'eus l'air de ne pas les voir et j'essayai de changer la conversation.

« Voilà trois semaines que vous êtes parti », lui dis-je.

Armand passa la main sur ses yeux et me répondit :

« Trois semaines juste.

— Votre voyage a été long.

— Oh ! je n'ai pas toujours voyagé, j'ai été malade

quinze jours, sans quoi je fusse revenu depuis longtemps ; mais à peine arrivé là-bas, la fièvre m'a pris
et j'ai été forcé de garder la chambre.

— Et vous êtes reparti sans être guéri.

— Si j'étais resté huit jours de plus dans ce pays, j'y
serais mort.

— Mais maintenant que vous voilà de retour, il faut
vous soigner ; vos amis viendront vous voir. Moi, tout
le premier, si vous me le permettez.

— Dans deux heures, je me lèverai.

— Quelle imprudence !

— Il le faut.

— Qu'avez-vous donc à faire de si pressé ?

— Il faut que j'aille chez le commissaire de police.

— Pourquoi ne chargez-vous pas quelqu'un de cette
mission qui peut vous rendre plus malade encore ?

— C'est la seule chose qui puisse me guérir. Il faut
que je la voie. Depuis que j'ai appris sa mort, et surtout depuis que j'ai vu sa tombe, je ne dors plus. Je
ne peux pas me figurer que cette femme que j'ai quittée
si jeune et si belle est morte. Il faut que je m'en assure
par moi-même. Il faut que je voie ce que Dieu a fait
de cet être que j'ai tant aimé, et peut-être le dégoût du
spectacle remplacera-t-il le désespoir du souvenir ; vous
m'accompagnerez, n'est-ce pas... si cela ne vous ennuie
pas trop ?

— Que vous a dit sa sœur ?

— Rien. Elle a paru fort étonnée qu'un étranger voulût acheter un terrain et faire faire une tombe à Marguerite, et elle m'a signé tout de suite l'autorisation que
je lui demandais.

— Croyez-moi, attendez pour cette translation que
vous soyez bien guéri.

— Oh ! je serai fort, soyez tranquille. D'ailleurs je
deviendrais fou, si je n'en finissais au plus vite avec
cette résolution dont l'accomplissement est devenu un
besoin de ma douleur. Je vous jure que je ne puis être
calme que lorsque j'aurai vu Marguerite. C'est peut-
être une soif de la fièvre qui me brûle, un rêve de mes

insomnies, un résultat de mon délire ; mais dussé-je me faire trappiste, comme M. de Rancé, après avoir vu, je verrai.

— Je comprends cela, dis-je à Armand, et je suis tout à vous ; avez-vous vu Julie Duprat ?

— Oui. Oh ! je l'ai vue le jour même de mon premier retour.

— Vous a-t-elle remis les papiers que Marguerite lui avait laissés pour vous ?

— Les voici. »

Armand tira un rouleau de dessous son oreiller, et l'y replaça immédiatement.

« Je sais par cœur ce que ces papiers renferment, me dit-il. Depuis trois semaines je les ai relus dix fois par jour. Vous les lirez aussi, mais plus tard, quand je serai plus calme et quand je pourrai vous faire comprendre tout ce que cette confession révèle de cœur et d'amour.

« Pour le moment, j'ai un service à réclamer de vous.

— Lequel ?

— Vous avez une voiture en bas ?

— Oui.

— Eh bien, voulez-vous prendre mon passeport et aller demander à la poste restante s'il y a des lettres pour moi ? Mon père et ma sœur ont dû m'écrire à Paris, et je suis parti avec une telle précipitation que je n'ai pas pris le temps de m'en informer avant mon départ. Lorsque vous reviendrez, nous irons ensemble prévenir le commissaire de police de la cérémonie de demain. »

Armand me remit son passeport, et je me rendis rue Jean-Jacques-Rousseau.

Il y avait deux lettres au nom de Duval, je les pris et je revins.

Quand je reparus, Armand était tout habillé et prêt à sortir.

« Merci, me dit-il en prenant ses lettres. Oui, ajouta-t-il après avoir regardé les adresses, oui, c'est de mon père et de ma sœur. Ils ont dû ne rien comprendre à mon silence. »

Il ouvrit les lettres, et les devina plutôt qu'il ne les lut, car elles étaient de quatre pages chacune, et au bout d'un instant il les avait repliées.

« Partons, me dit-il, je répondrai demain. »

Nous allâmes chez le commissaire de police, à qui Armand remit la procuration de la sœur de Marguerite.

Le commissaire lui donna en échange une lettre d'avis pour le gardien du cimetière ; il fut convenu que la translation aurait lieu le lendemain, à dix heures du matin, que je viendrais le prendre une heure auparavant, et que nous nous rendrions ensemble au cimetière.

Moi aussi, j'étais curieux d'assister à ce spectacle, et j'avoue que la nuit je ne dormis pas.

À en juger par les pensées qui m'assaillirent, ce dut être une longue nuit pour Armand.

Quand le lendemain à neuf heures j'entrai chez lui, il était horriblement pâle, mais il paraissait calme.

Il me sourit et me tendit la main.

Ses bougies étaient brûlées jusqu'au bout, et, avant de sortir, Armand prit une lettre fort épaisse, adressée à son père, et confidente sans doute de ses impressions de la nuit.

Une demi-heure après nous arrivions à Montmartre.

Le commissaire nous attendait déjà.

On s'achemina lentement dans la direction de la tombe de Marguerite. Le commissaire marchait le premier, Armand et moi nous le suivions à quelques pas.

De temps en temps je sentais tressaillir convulsivement le bras de mon compagnon, comme si des frissons l'eussent parcouru tout à coup. Alors, je le regardais ; il comprenait mon regard et me souriait, mais depuis que nous étions sortis de chez lui, nous n'avions pas échangé une parole.

Un peu avant la tombe, Armand s'arrêta pour essuyer son visage qu'inondaient de grosses gouttes de sueur.

Je profitai de cette halte pour respirer, car moi-même j'avais le cœur comprimé comme dans un étau.

D'où vient le douloureux plaisir qu'on prend à ces

sortes de spectacles ! Quand nous arrivâmes à la tombe, le jardinier avait retiré tous les pots de fleurs, le treillage de fer avait été enlevé, et deux hommes piochaient la terre.

Armand s'appuya contre un arbre et regarda.

Toute sa vie semblait être passée dans ses yeux.

Tout à coup une des deux pioches grinça contre une pierre.

À ce bruit Armand recula comme à une commotion électrique, et me serra la main avec une telle force qu'il me fit mal.

Un fossoyeur prit une large pelle et vida peu à peu la fosse ; puis, quand il n'y eut plus que les pierres dont on couvre la bière, il les jeta dehors une à une.

J'observais Armand, car je craignais à chaque minute que ses sensations qu'il concentrait visiblement ne le brisassent ; mais il regardait toujours ; les yeux fixes et ouverts comme dans la folie, et un léger tremblement des joues et des lèvres prouvait seul qu'il était en proie à une violente crise nerveuse.

Quant à moi, je ne puis dire qu'une chose, c'est que je regrettais d'être venu.

Quand la bière fut tout à fait découverte, le commissaire dit aux fossoyeurs :

« Ouvrez. »

Ces hommes obéirent, comme si c'eût été la chose du monde la plus simple.

➥ La bière était en chêne, et ils se mirent à dévisser la paroi supérieure qui faisait couvercle. L'humidité de la terre avait rouillé les vis et ce ne fut pas sans efforts que la bière s'ouvrit. Une odeur infecte s'en exhala, malgré les plantes aromatiques dont elle était semée.

« Ô mon Dieu ! mon Dieu ! » murmura Armand, et il pâlit encore.

Les fossoyeurs eux-mêmes se reculèrent.

Un grand linceul blanc couvrait le cadavre dont il dessinait quelques sinuosités. Ce linceul était presque complètement mangé à l'un des bouts, et laissait passer un pied de la morte.

➥ Voir *Au fil du texte*, p. X.

J'étais bien près de me trouver mal, et à l'heure où j'écris ces lignes, le souvenir de cette scène m'apparaît encore dans son imposante réalité.

« Hâtons-nous », dit le commissaire.

Alors un des deux hommes étendit la main, se mit à découdre le linceul, et, le prenant par le bout, découvrit brusquement le visage de Marguerite.

C'était terrible à voir, c'est horrible à raconter.

Les yeux ne faisaient plus que deux trous, les lèvres avaient disparu, et les dents blanches étaient serrées les unes contre les autres. Les longs cheveux noirs et secs étaient collés sur les tempes et voilaient un peu les cavités vertes des joues, et cependant je reconnaissais dans ce visage le visage blanc, rose et joyeux que j'avais vu si souvent.

Armand, sans pouvoir détourner son regard de cette figure, avait porté son mouchoir à sa bouche et le mordait.

Pour moi, il me sembla qu'un cercle de fer m'étreignait la tête, un voile couvrit mes yeux, des bourdonnements m'emplirent les oreilles, et tout ce que je pus faire fut d'ouvrir un flacon que j'avais apporté à tout hasard et de respirer fortement les sels qu'il renfermait.

Au milieu de cet éblouissement, j'entendis le commissaire dire à M. Duval :

« Reconnaissez-vous ?

— Oui, répondit sourdement le jeune homme.

— Alors fermez et emportez », dit le commissaire.

Les fossoyeurs rejetèrent le linceul sur le visage de la morte, fermèrent la bière, la prirent chacun par un bout et se dirigèrent vers l'endroit qui leur avait été désigné.

Armand ne bougeait pas. Ses yeux étaient rivés à cette fosse vide ; il était pâle comme le cadavre que nous venions de voir... On l'eût dit pétrifié.

Je compris ce qui allait arriver lorsque la douleur diminuerait par l'absence du spectacle, et par conséquent ne le soutiendrait plus.

Je m'approchai du commissaire.

« La présence de monsieur, lui dis-je en montrant Armand, est-elle nécessaire encore ?

— Non, me dit-il, et même je vous conseille de l'emmener, car il paraît malade.

— Venez, dis-je alors à Armand en lui prenant le bras.

— Quoi ? fit-il en me regardant comme s'il ne m'eût pas reconnu.

— C'est fini, ajoutai-je, il faut vous en aller, mon ami, vous êtes pâle, vous avez froid, vous vous tuerez avec ces émotions-là.

— Vous avez raison, allons-nous-en », répondit-il machinalement, mais sans faire un pas.

Alors je le saisis par le bras et je l'entraînai.

Il se laissait conduire comme un enfant, murmurant seulement de temps à autre :

« Avez-vous vu les yeux ? »

Et il se retournait comme si cette vision l'eût rappelé.

Cependant sa marche devint saccadée ; il semblait ne plus avancer que par secousses ; ses dents claquaient, ses mains étaient froides, une violente agitation nerveuse s'emparait de toute sa personne.

Je lui parlai, il ne me répondit pas.

Tout ce qu'il pouvait faire, c'était de se laisser conduire.

À la porte nous retrouvâmes une voiture. Il était temps.

À peine y eut-il pris place, que le frisson augmenta et qu'il eut une véritable attaque de nerfs, au milieu de laquelle la crainte de m'effrayer lui faisait murmurer en me pressant la main :

« Ce n'est rien, ce n'est rien, je voudrais pleurer. »

Et j'entendais sa poitrine se gonfler, et le sang se portait à ses yeux, mais les larmes n'y venaient pas.

Je lui fis respirer le flacon qui m'avait servi, et quand nous arrivâmes chez lui, le frisson seul se manifestait encore.

Avec l'aide du domestique, je le couchai, je fis allumer un grand feu dans sa chambre, et je courus chercher mon médecin à qui je racontai ce qui venait de se passer.

Il accourut.

Armand était pourpre, il avait le délire, et bégayait des mots sans suite, à travers lesquels le nom seul de Marguerite se faisait entendre distinctement.

« Eh bien ? dis-je au docteur quand il eut examiné le malade.

— Eh bien, il a une fièvre cérébrale ni plus ni moins, et c'est bien heureux, car je crois, Dieu me pardonne, qu'il serait devenu fou. Heureusement la maladie physique tuera la maladie morale, et dans un mois il sera sauvé de l'une et de l'autre peut-être. »

VII

Les maladies comme celle dont Armand avait été atteint ont cela d'agréable qu'elles tuent sur le coup ou se laissent vaincre très vite.

Quinze jours après les événements que je viens de raconter, Armand était en pleine convalescence, et nous étions liés d'une étroite amitié. À peine si j'avais quitté sa chambre tout le temps qu'avait duré sa maladie.

Le printemps avait semé à profusion ses fleurs, ses feuilles, ses oiseaux, ses chansons, et la fenêtre de mon ami s'ouvrait gaiement sur son jardin dont les saines exhalaisons montaient jusqu'à lui.

Le médecin avait permis qu'il se levât, et nous restions souvent à causer, assis auprès de la fenêtre ouverte à l'heure où le soleil est le plus chaud, de midi à deux heures.

Je me gardais bien de l'entretenir de Marguerite, craignant toujours que ce nom ne réveillât un triste souvenir endormi sous le calme apparent du malade ; mais Armand, au contraire, semblait prendre plaisir à parler d'elle, non plus comme autrefois, avec des larmes dans les yeux, mais avec un doux sourire qui me rassurait sur l'état de son âme.

J'avais remarqué que, depuis sa dernière visite au cimetière, depuis le spectacle qui avait déterminé en lui cette crise violente, la mesure de la douleur morale semblait avoir été comblée par la maladie, et que la mort de Marguerite ne lui apparaissait plus sous l'aspect du passé. Une sorte de consolation était résultée de la certitude acquise, et pour chasser l'image sombre qui se représentait souvent à lui, il s'enfonçait dans les souvenirs heureux de sa liaison avec Marguerite, et ne semblait plus vouloir accepter que ceux-là.

Le corps était trop épuisé par l'atteinte et même par la guérison de la fièvre pour permettre à l'esprit une émotion violente, et la joie printanière et universelle dont Armand était entouré reportait malgré lui sa pensée aux images riantes.

Il s'était toujours obstinément refusé à informer sa famille du danger qu'il courait et, lorsqu'il avait été sauvé, son père ignorait encore sa maladie.

Un soir, nous étions restés à la fenêtre plus tard que de coutume ; le temps avait été magnifique et le soleil s'endormait dans un crépuscule éclatant d'azur et d'or. Quoique nous fussions dans Paris, la verdure qui nous entourait semblait nous isoler du monde, et à peine si de temps en temps le bruit d'une voiture troublait notre conversation.

« C'est à peu près à cette époque de l'année et le soir d'un jour comme celui-ci que je connus Marguerite », me dit Armand, écoutant ses propres pensées et non ce que je lui disais.

Je ne répondis rien.

Alors, il se retourna vers moi, et me dit :

« Il faut pourtant que je vous raconte cette histoire ; vous en ferez un livre auquel on ne croira pas, mais qui sera peut-être intéressant à faire.

— Vous me conterez cela plus tard, mon ami, lui dis-je, vous n'êtes pas encore assez bien rétabli.

— La soirée est chaude, j'ai mangé mon blanc de poulet, me dit-il en souriant ; je n'ai pas de fièvre, nous n'avons rien à faire, je vais tout vous dire.

— Puisque vous le voulez absolument, j'écoute.

— C'est une bien simple histoire, ajouta-t-il alors, et que je vous raconterai en suivant l'ordre des événements. Si vous en faites quelque chose plus tard, libre à vous de la conter autrement. »

Voici ce qu'il me raconta, et c'est à peine si j'ai changé quelques mots à ce touchant récit.

Oui, reprit Armand, en laissant retomber sa tête sur le dos de son fauteuil, oui, c'était par une soirée comme celle-ci ! J'avais passé ma journée à la campagne avec un de mes amis, Gaston R... Le soir nous étions revenus à Paris, et ne sachant que faire, nous étions entrés au théâtre des Variétés*.

Pendant un entracte nous sortîmes, et, dans le corridor, nous vîmes passer une grande femme que mon ami salua.

« Qui saluez-vous donc là ? lui demandai-je.

— Marguerite Gautier, me dit-il.

— Il me semble qu'elle est bien changée, car je ne l'ai pas reconnue, dis-je avec une émotion que vous comprendrez tout à l'heure.

— Elle a été malade ; la pauvre fille n'ira pas loin. »

Je me rappelle ces paroles comme si elles m'avaient été dites hier.

Il faut que vous sachiez, mon ami, que depuis deux ans la vue de cette fille, lorsque je la rencontrais, me causait une impression étrange.

Sans que je susse pourquoi, je devenais pâle et mon cœur battait violemment. J'ai un de mes amis qui s'occupe de sciences occultes, et qui appellerait ce que j'éprouvais l'affinité des fluides* ; moi, je crois tout simplement que j'étais destiné à devenir amoureux de Marguerite, et que je le pressentais.

Toujours est-il qu'elle me causait une impression réelle, que plusieurs de mes amis en avaient été témoins, et qu'ils avaient beaucoup ri en reconnaissant de qui cette impression me venait.

La première fois que je l'avais vue, c'était place de la Bourse, à la porte de Susse. Une calèche découverte y stationnait, et une femme vêtue de blanc en était descendue. Un murmure d'admiration avait accueilli son entrée dans le magasin. Quant à moi, je restai cloué à ma place, depuis le moment où elle entra jusqu'au moment où elle sortit. À travers les vitres, je la regardai choisir dans la boutique ce qu'elle venait y acheter. J'aurais pu entrer, mais je n'osais. Je ne savais quelle était cette femme, et je craignais qu'elle ne devinât la cause de mon entrée dans le magasin et ne s'en offensât. Cependant je ne me croyais pas appelé à la revoir.

Elle était élégamment vêtue ; elle portait une robe de mousseline tout entourée de volants, un châle de l'Inde carré aux coins brodés d'or et de fleurs de soie, un chapeau de paille d'Italie et un unique bracelet, grosse chaîne d'or dont la mode commençait à cette époque.

Elle remonta dans sa calèche et partit.

Un des garçons du magasin resta sur la porte, suivant des yeux la voiture de l'élégante acheteuse. Je m'approchai de lui et le priai de me dire le nom de cette femme.

« C'est Mlle Marguerite Gautier », me répondit-il.

Je n'osai pas lui demander l'adresse, et je m'éloignai.

Le souvenir de cette vision, car c'en était une véritable, ne me sortit pas de l'esprit comme bien des visions que j'avais eues déjà et je cherchais partout cette femme blanche si royalement belle.

À quelques jours de là, une grande représentation eut lieu à l'Opéra-Comique*. J'y allai. La première personne que j'aperçus dans une loge d'avant-scène de la galerie fut Marguerite Gautier.

Le jeune homme avec qui j'étais la reconnut aussi, car il me dit, en me la nommant :

« Voyez donc cette jolie fille. »

En ce moment, Marguerite lorgnait de notre côté, elle aperçut mon ami, lui sourit et lui fit signe de venir lui faire visite.

« Je vais lui dire bonsoir, me dit-il, et je reviens dans un instant. »

Je ne pus m'empêcher de lui dire : « Vous êtes bien heureux !

— De quoi ?

— D'aller voir cette femme.

— Est-ce que vous en êtes amoureux ?

— Non, dis-je en rougissant, car je ne savais vraiment pas à quoi m'en tenir là-dessus ; mais je voudrais bien la connaître.

— Venez avec moi, je vous présenterai.

— Demandez-lui-en d'abord la permission.

— Ah ! pardieu, il n'y a pas besoin de se gêner avec elle ; venez. »

Ce qu'il disait là me faisait peine. Je tremblais d'acquérir la certitude que Marguerite ne méritait pas ce que j'éprouvais pour elle.

Il y a dans un livre d'Alphonse Karr*, intitulé : *Am Rauchen*, un homme qui suit, le soir, une femme très élégante, et dont, à la première vue, il est devenu amoureux, tant elle est belle. Pour baiser la main de cette femme, il se sent la force de tout entreprendre, la volonté de tout conquérir, le courage de tout faire. À peine s'il ose regarder le bas de jambe coquet qu'elle dévoile pour ne pas souiller sa robe au contact de la terre. Pendant qu'il rêve à tout ce qu'il ferait pour posséder cette femme, elle l'arrête au coin d'une rue et lui demande s'il veut monter chez elle.

Il détourne la tête, traverse la rue et rentre tout triste chez lui.

Je me rappelais cette étude, et moi qui aurais voulu souffrir pour cette femme, je craignais qu'elle ne m'acceptât trop vite et ne me donnât trop promptement un amour que j'eusse voulu payer d'une longue attente ou d'un grand sacrifice. Nous sommes ainsi, nous autres hommes ; et il est bien heureux que l'imagination laisse cette poésie aux sens, et que les désirs du corps fassent cette concession aux rêves de l'âme.

Enfin, on m'eût dit : « Vous aurez cette femme ce soir, et vous serez tué demain », j'eusse accepté. On m'eût dit : « Donnez dix louis, et vous serez son amant », j'eusse refusé et pleuré, comme un enfant qui voit s'évanouir au réveil le château entrevu la nuit.

Cependant, je voulais la connaître ; c'était un moyen,

et même le seul, de savoir à quoi m'en tenir sur son compte.

Je dis donc à mon ami que je tenais à ce qu'elle lui accordât la permission de me présenter, et je rôdai dans les corridors, me figurant qu'à partir de ce moment elle allait me voir, et que je ne saurais quelle contenance prendre sous son regard.

Je tâchai de lier à l'avance les paroles que j'allais lui dire.

Quel sublime enfantillage que l'amour !

Un instant après mon ami redescendit.

« Elle nous attend, dit-il.

— Est-elle seule ? demandai-je.

— Avec une autre femme.

— Il n'y a pas d'hommes ?

— Non.

— Allons. »

Mon ami se dirigea vers la porte du théâtre.

« Eh bien, ce n'est pas par là, lui dis-je.

— Nous allons chercher des bonbons. Elle m'en a demandé. »

Nous entrâmes chez un confiseur du passage de l'Opéra.

J'aurais voulu acheter toute la boutique, et je regardais même de quoi l'on pouvait composer le sac, quand mon ami demanda :

« Une livre de raisins glacés.

— Savez-vous si elle les aime ?

— Elle ne mange jamais d'autres bonbons, c'est connu.

« Ah ! continua-t-il quand nous fûmes sortis, savez-vous à quelle femme je vous présente ? Ne vous figurez pas que c'est à une duchesse, c'est tout simplement à une femme entretenue, tout ce qu'il y a de plus entretenue, mon cher ; ne vous gênez donc pas, et dites tout ce qui vous passera par la tête.

— Bien, bien », balbutiai-je, et je le suivis, en me disant que j'allais me guérir de ma passion.

Quand j'entrai dans la loge, Marguerite riait aux éclats.

J'aurais voulu qu'elle fût triste.

Mon ami me présenta. Marguerite me fit une légère inclination de tête, et dit :

« Et mes bonbons ?

— Les voici. »

En les prenant elle me regarda. Je baissai les yeux, je rougis.

Elle se pencha à l'oreille de sa voisine, lui dit quelques mots tout bas, et toutes deux éclatèrent de rire.

Bien certainement j'étais la cause de cette hilarité ; mon embarras en redoubla. À cette époque, j'avais pour maîtresse une petite bourgeoise fort tendre et fort sentimentale, dont le sentiment et les lettres mélancoloiques me faisaient rire. Je compris le mal que j'avais dû lui faire par celui que j'éprouvais, et pendant cinq minutes je l'aimai comme jamais on n'aima une femme.

Marguerite mangeait ses raisins sans plus s'occuper de moi.

Mon introducteur ne voulut pas me laisser dans cette position ridicule.

« Marguerite, fit-il, il ne faut pas vous étonner si M. Duval ne vous dit rien, vous le bouleversez tellement qu'il ne trouve pas un mot.

— Je crois plutôt que monsieur vous a accompagné ici parce que cela vous ennuyait d'y venir seul.

— Si cela était vrai, dis-je à mon tour, je n'aurai pas prié Ernest de vous demander la permission de me présenter.

— Ce n'était peut-être qu'un moyen de retarder le moment fatal. »

Pour peu que l'on ait vécu avec les filles du genre de Marguerite, on sait le plaisir qu'elles prennent à faire de l'esprit à faux et à taquiner les gens qu'elles voient pour la première fois. C'est sans doute une revanche des humiliations qu'elles sont souvent forcées de subir de la part de ceux qu'elles voient tous les jours.

Aussi faut-il pour leur répondre une certaine habitude de leur monde, habitude que je n'avais pas ; puis, l'idée que je m'étais faite de Marguerite m'exagéra sa plaisanterie. Rien ne m'était indifférent de la part de cette femme. Aussi je me levai en lui disant, avec une altération de voix qu'il me fut impossible de cacher complètement :

« Si c'est là ce que vous pensez de moi, madame, il ne me reste plus qu'à vous demander pardon de mon indiscrétion, et à prendre congé de vous en vous assurant qu'elle ne se renouvellera pas. »

Là-dessus, je saluai et je sortis.

À peine eus-je fermé la porte, que j'entendis un troisième éclat de rire. J'aurais bien voulu que quelqu'un me coudoyât en ce moment.

Je retournai à ma stalle.

On frappa le lever de la toile.

Ernest revint auprès de moi.

« Comme vous y allez ! me dit-il en s'asseyant ; elles vous croient fou.

— Qu'a dit Marguerite, quand j'ai été parti ?

— Elle a ri, et m'a assuré qu'elle n'avait jamais rien vu d'aussi drôle que vous. Mais il ne faut pas vous tenir pour battu ; seulement ne faites pas à ces filles-là l'honneur de les prendre au sérieux. Elles ne savent pas ce que c'est que l'élégance et la politesse ; c'est comme les chiens auxquels on met des parfums, ils trouvent que cela sent mauvais et vont se rouler dans le ruisseau.

— Après tout, que m'importe ? dis-je en essayant de prendre un ton dégagé, je ne reverrai jamais cette femme, et si elle me plaisait avant que je la connusse, c'est bien changé maintenant que je la connais.

— Bah ! je ne désespère pas de vous voir un jour dans le fond de sa loge, et d'entendre dire que vous vous ruinez pour elle. Du reste, vous aurez raison, elle est mal élevée, mais c'est une jolie maîtresse à avoir. »

Heureusement, on leva le rideau et mon ami se tut. Vous dire ce que l'on jouait me serait impossible. Tout ce que je me rappelle, c'est que de temps en temps je levais les yeux sur la loge que j'avais si brusquement

quittée, et que des figures de visiteurs nouveaux s'y suc-
cédaient à chaque instant.

Cependant, j'étais loin de ne plus penser à Marguerite. Un autre sentiment s'emparait de moi. Il me semblait que j'avais son insulte et mon ridicule à faire
oublier ; je me disais que, dussé-je dépenser ce que je
possédais, j'aurais cette fille et prendrais de droit la
place que j'avais abandonnée si vite.

Avant que le spectacle fût terminé, Marguerite et son
amie quittèrent leur loge.

Malgré moi, je quittai ma stalle.

« Vous vous en allez ? me dit Ernest.

— Oui.

— Pourquoi ? »

En ce moment, il s'aperçut que la loge était vide.

« Allez, allez, dit-il, et bonne chance, ou plutôt meilleure chance. »

Je sortis.

J'entendis dans l'escalier des frôlements de robes et
des bruits de voix. Je me mis à l'écart et je vis passer,
sans être vu, les deux femmes et les deux jeunes gens
qui les accompagnaient.

Sous le péristyle* du théâtre se présenta à elles un
petit domestique.

« Va dire au cocher d'attendre à la porte du café
Anglais*, dit Marguerite, nous irons à pied jusque-là. »

Quelques minutes après, en rôdant sur le boulevard,
je vis à une fenêtre d'un des grands cabinets du restaurant, Marguerite, appuyée sur le balcon, effeuillant un
à un les camélias de son bouquet.

Un des deux hommes était penché sur son épaule et
lui parlait tout bas.

J'allai m'installer à la Maison-d'Or*, dans les salons
du premier étage, et je ne perdis pas de vue la fenêtre
en question.

À une heure du matin, Marguerite remontait dans
sa voiture avec ses trois amis.

Je pris un cabriolet et je la suivis.

La voiture s'arrêta rue d'Antin, n° 9.

Marguerite en descendit et entra seule chez elle.

C'était sans doute un hasard, mais ce hasard me rendit bien heureux.

À partir de ce jour, je rencontrai souvent Marguerite au spectacle, aux Champs-Élysées. Toujours même gaieté chez elle, toujours même émotion chez moi.

Quinze jours se passèrent cependant sans que je la revisse nulle part. Je me trouvai avec Gaston à qui je demandai de ses nouvelles.

« La pauvre fille est bien malade, me répondit-il.

— Qu'a-t-elle donc ?

— Elle a qu'elle est poitrinaire*, et que, comme elle a fait une vie qui n'est pas destinée à la guérir, elle est dans son lit et qu'elle se meurt. »

Le cœur est étrange ; je fus presque content de cette maladie.

J'allai tous les jours savoir des nouvelles de la malade, sans cependant m'inscrire, ni laisser ma carte. J'appris ainsi sa convalescence et son départ pour Bagnères.

Puis le temps s'écoula, l'impression, sinon le souvenir, parut s'effacer peu à peu de mon esprit. Je voyageai ; des liaisons, des habitudes, des travaux prirent la place de cette pensée, et lorsque je songeais à cette première aventure, je ne voulais voir ici qu'une de ces passions comme on en a lorsque l'on est tout jeune, et dont on rit peu de temps après.

Du reste, il n'y aurait pas eu de mérite à triompher de ce souvenir, car j'avais perdu Marguerite de vue depuis son départ, et, comme je vous l'ai dit, quand elle passa près de moi, dans le corridor des Variétés*, je ne la reconnus pas.

Elle était voilée, il est vrai ; mais si voilée qu'elle eût été, deux ans plus tôt, je n'aurais pas eu besoin de la voir pour la reconnaître : je l'aurais devinée.

Ce qui n'empêcha pas mon cœur de battre quand je sus que c'était elle ; et les deux années passées sans la voir et les résultats que cette séparation avait paru amener s'évanouirent dans la même fumée au seul toucher de sa robe.

VIII

Cependant, continua Armand après une pause, tout en comprenant que j'étais encore amoureux, je me sentais plus fort qu'autrefois, et dans mon désir de me retrouver avec Marguerite, il y avait aussi la volonté de lui faire voir que je lui étais devenu supérieur.

Que de routes prend et que de raisons se donne le cœur pour en arriver à ce qu'il veut !

Aussi, je ne pus rester longtemps dans les corridors, et je retournai prendre ma place à l'orchestre, en jetant un coup d'œil rapide dans la salle, pour voir dans quelle loge elle était.

Elle était dans l'avant-scène du rez-de-chaussée, et toute seule. Elle était changée comme je vous l'ai dit, je ne retrouvais plus sur sa bouche son sourire indifférent. Elle avait souffert, elle souffrait encore.

Quoiqu'on fût déjà en avril, elle était encore vêtue comme en hiver et toute couverte de velours.

Je la regardais si obstinément que mon regard attira le sien.

Elle me considéra quelques instants, prit sa lorgnette pour mieux me voir, et crut sans doute me reconnaître, sans pouvoir positivement dire qui j'étais, car lorsqu'elle reposa sa lorgnette, un sourire, ce charmant salut des femmes, erra sur ses lèvres, pour répondre au salut qu'elle avait l'air d'attendre de moi ; mais je n'y répondis point, comme pour prendre barres* sur elle et paraître avoir oublié quand elle se souvenait.

Elle crut s'être trompée et détourna la tête.

On leva le rideau.

J'ai vu bien des fois Marguerite au spectacle, je ne

l'ai jamais vue prêter la moindre attention à ce qu'on jouait.

Quant à moi, le spectacle m'intéressait aussi fort peu, et je ne m'occupais que d'elle, mais en faisant tous mes efforts pour qu'elle ne s'en aperçût pas.

Je la vis ainsi échanger des regards avec la personne occupant la loge en face de la sienne ; je portai mes yeux sur cette loge, et je reconnus dedans une femme avec qui j'étais assez familier.

Cette femme était une ancienne femme entretenue, qui avait essayé d'entrer au théâtre, qui n'y avait pas réussi, et qui, comptant sur ses relations avec les élégantes de Paris, s'était mise dans le commerce et avait pris un magasin de modes.

Je vis en elle un moyen de me rencontrer avec Marguerite, et je profitai d'un moment où elle regardait de mon côté pour lui dire bonsoir de la main et des yeux.

Ce que j'avais prévu arriva, elle m'appela dans sa loge.

Prudence Duvernoy, c'était l'heureux nom de la modiste, était une de ces grosses femmes de quarante ans avec lesquelles il n'y a pas besoin d'une grande diplomatie pour leur faire dire ce que l'on veut savoir, surtout quand ce que l'on veut savoir est aussi simple que ce que j'avais à lui demander.

Je profitai d'un moment où elle recommençait ses correspondances avec Marguerite pour lui dire :

« Que regardez-vous ainsi ?

— Marguerite Gautier.

— Vous la connaissez ?

— Oui ; je suis sa modiste, et elle est ma voisine.

— Vous demeurez donc rue d'Antin ?

— N° 7. La fenêtre de son cabinet de toilette donne sur la fenêtre du mien.

— On dit que c'est une charmante fille.

— Vous ne la connaissez pas ?

— Non, mais je voudrais bien la connaître.

— Voulez-vous que je lui dise de venir dans notre loge ?

— Non, j'aime mieux que vous me présentiez à elle.

— Chez elle ?

— Oui.

— C'est plus difficile.

— Pourquoi ?

— Parce qu'elle est protégée par un vieux duc très jaloux.

— *Protégée* est charmant.

— Oui, protégée, reprit Prudence. Le pauvre vieux, il serait bien embarrassé d'être son amant. »

Prudence me raconta alors comment Marguerite avait fait connaissance du duc à Bagnères.

« C'est pour cela, continuai-je, qu'elle est seule ici ?

— Justement.

— Mais qui la conduira ?

— Lui.

— Il va donc venir la prendre ?

— Dans un instant.

— Et vous, qui vous reconduit ?

— Personne.

— Je m'offre.

— Mais vous êtes avec un ami, je crois.

— Nous nous offrons alors.

— Qu'est-ce que c'est que votre ami ?

— C'est un charmant garçon, fort spirituel, et qui sera enchanté de faire votre connaissance.

— Eh bien, c'est convenu, nous partirons tous les quatre après cette pièce, car je connais la dernière.

— Volontiers, je vais prévenir mon ami.

— Allez.

— Ah ! me dit Prudence au moment où j'allais sortir, voilà le duc qui entre dans la loge de Marguerite. »

Je regardai.

Un homme de soixante-dix ans, en effet, venait de s'asseoir derrière la jeune femme et lui remettait un sac de bonbons dans lequel elle puisa aussitôt en souriant, puis elle l'avança sur le devant de sa loge en faisant à Prudence un signe qui pouvait se traduire par :

« En voulez-vous ?

— Non », fit Prudence.

Marguerite reprit le sac et, se retournant, se mit à causer avec le duc.

Le récit de tous ces détails ressemble à de l'enfantillage, mais tout ce qui avait rapport à cette fille est si présent à ma mémoire, que je ne puis m'empêcher de le rappeler aujourd'hui.

Je descendis prévenir Gaston de ce que je venais d'arranger pour lui et pour moi.

Il accepta.

Nous quittâmes nos stalles pour monter dans la loge de Mme Duvernoy.

À peine avions-nous ouvert la porte des orchestres que nous fûmes forcés de nous arrêter pour laisser passer Marguerite et le duc qui s'en allaient.

J'aurais donné dix ans de ma vie pour être à la place de ce vieux bonhomme.

Arrivé sur le boulevard, il lui fit prendre place dans un phaéton* qu'il conduisait lui-même, et ils disparurent, emportés au trot de deux superbes chevaux.

Nous entrâmes dans la loge de Prudence.

Quand la pièce fut finie, nous descendîmes prendre un simple fiacre qui nous conduisit rue d'Antin, n° 7. À la porte de sa maison, Prudence nous offrit de monter chez elle pour nous faire voir ses magasins que nous ne connaissions pas et dont elle paraissait être très fière. Vous jugez avec quel empressement j'acceptai.

Il me semblait que je me rapprochais peu à peu de Marguerite. J'eus bientôt fait retomber la conversation sur elle.

« Le vieux duc est chez votre voisine ? dis-je à Prudence.

— Non pas ; elle doit être seule.

— Mais elle va s'ennuyer horriblement, dit Gaston.

— Nous passons presque toutes nos soirées ensemble, ou, lorsqu'elle entre, elle m'appelle. Elle ne se couche jamais avant deux heures du matin. Elle ne peut pas dormir plus tôt.

— Pourquoi ?

— Parce qu'elle est malade de la poitrine et qu'elle a presque toujours la fièvre.

— Elle n'a pas d'amants ? demandai-je.

— Je ne vois jamais personne rester quand je m'en vais ; mais je ne réponds pas qu'il ne vient personne quand je suis partie ; souvent je rencontre chez elle, le soir, un certain comte de N... qui croit avancer ses affaires en faisant ses visites à onze heures, en lui envoyant des bijoux tant qu'elle en veut ; mais elle ne peut pas le voir en peinture. Elle a tort, c'est un garçon très riche. J'ai beau lui dire de temps en temps : ''Ma chère enfant, c'est l'homme qu'il vous faut !'' Elle qui m'écoute assez ordinairement, elle me tourne le dos et me répond qu'il est trop bête. Qu'il soit bête, j'en conviens ; mais ce serait pour elle une position, tandis que ce vieux duc peut mourir d'un jour à l'autre. Les vieillards sont égoïstes ; sa famille lui reproche sans cesse son affection pour Marguerite : voilà deux raisons pour qu'il ne lui laisse rien. Je lui fais de la morale, à laquelle elle répond qu'il sera toujours temps de prendre le comte à la mort du duc.

« Cela n'est pas toujours drôle, continua Prudence, de vivre comme elle vit. Je sais bien, moi, que cela ne m'irait pas et que j'enverrais bien vite promener le bonhomme. Il est insipide, ce vieux ; il l'appelle sa fille, il a soin d'elle comme d'un enfant, il est toujours sur son dos. Je suis sûre qu'à cette heure un de ses domestiques rôde dans la rue pour voir qui sort, et surtout qui entre.

— Ah ! cette pauvre Marguerite ! dit Gaston en se mettant au piano et en jouant une valse, je ne savais pas cela, moi. Cependant je lui trouvais l'air moins gai depuis quelque temps.

— Chut ! » dit Prudence en prêtant l'oreille.

Gaston s'arrêta.

« Elle m'appelle, je crois. »

Nous écoutâmes.

En effet, une voix appelait Prudence.

« Allons, messieurs, allez-vous-en, nous dit Mme Duvernoy.

— Ah ! c'est comme cela que vous entendez l'hospitalité, dit Gaston en riant, nous nous en irons quand bon nous semblera.

— Pourquoi nous en irions-nous ?

— Je vais chez Marguerite.

— Nous attendrons ici.

— Cela ne se peut pas.

— Alors, nous irons avec vous.

— Encore moins.

— Je connais Marguerite, moi, fit Gaston, je puis bien aller lui faire une visite.

— Mais Armand ne la connaît pas.

— Je le présenterai.

— C'est impossible. »

Nous entendîmes de nouveau la voix de Marguerite appelant toujours Prudence.

Celle-ci courut à son cabinet de toilette. Je l'y suivis avec Gaston. Elle ouvrit la fenêtre.

Nous nous cachâmes de façon à ne pas être vus du dehors.

« Il y a dix minutes que je vous appelle, dit Marguerite de sa fenêtre et d'un ton presque impérieux.

— Que me voulez-vous ?

— Je veux que vous veniez tout de suite.

— Pourquoi ?

— Parce que le comte de N... est encore là et qu'il m'ennuie à périr.

— Je ne peux pas maintenant.

— Qui vous en empêche ?

— J'ai chez moi deux jeunes gens qui ne veulent pas s'en aller.

— Dites-leur qu'il faut que vous sortiez.

— Je le leur ai dit.

— Eh bien, laissez-les chez vous ; quand ils vous verront sortie, ils s'en iront.

— Après avoir mis tout sens dessus dessous !

— Mais qu'est-ce qu'ils veulent ?

— Ils veulent vous voir.

— Comment se nomment-ils ?

— Vous en connaissez un, M. Gaston R...

— Ah ! oui, je le connais ; et l'autre ?

— M. Armand Duval. Vous ne le connaissez pas ?

— Non ; mais amenez-les toujours, j'aime mieux tout que le comte. Je vous attends, venez vite. »

Marguerite referma sa fenêtre, Prudence la sienne.

Marguerite, qui s'était un instant rappelé mon visage, ne se rappelait pas mon nom. J'aurais mieux aimé un souvenir à mon désavantage que cet oubli.

« Je savais bien, dit Gaston, qu'elle serait enchantée de nous voir.

— Enchantée n'est pas le mot, répondit Prudence en mettant son châle et son chapeau, elle vous reçoit pour faire partir le comte. Tâchez d'être plus aimables que lui, ou, je connais Marguerite, elle se brouillera avec moi. »

Nous suivîmes Prudence qui descendait.

Je tremblais ; il me semblait que cette visite allait avoir une grande influence sur ma vie.

J'étais encore plus ému que le soir de ma présentation dans la loge de l'Opéra-Comique.

En arrivant à la porte de l'appartement que vous connaissez, le cœur me battait si fort que la pensée m'échappait.

Quelques accords de piano arrivaient jusqu'à nous.

Prudence sonna.

Le piano se tut.

Une femme qui avait plutôt l'air d'une dame de compagnie que d'une femme de chambre vint nous ouvrir.

Nous passâmes dans le salon, du salon dans le boudoir qui était à cette époque ce que vous l'avez vu depuis.

Un jeune homme était appuyé contre la cheminée.

Marguerite, assise devant son piano, laissait courir ses doigts sur les touches, et commençait des morceaux qu'elle n'achevait pas.

L'aspect de cette scène était l'ennui, résultant pour l'homme de l'embarras de sa nullité, pour la femme de la visite de ce lugubre personnage.

À la voix de Prudence, Marguerite se leva, et venant à nous après avoir échangé un regard de remerciements avec Mme Duvernoy, elle nous dit :

« Entrez, messieurs, et soyez les bienvenus. »

IX

« Bonsoir, mon cher Gaston, dit Marguerite à mon compagnon, je suis bien aise de vous voir. Pourquoi n'êtes-vous pas entré dans ma loge aux Variétés ?

— Je craignais d'être indiscret.

— Les amis », et Marguerite appuya sur ce mot, comme si elle eût voulu faire comprendre à ceux qui étaient là que, malgré la façon familière dont elle l'accueillait, Gaston n'était et n'avait toujours été qu'un ami, « les amis ne sont jamais indiscrets.

— Alors, vous me permettez de vous présenter M. Armand Duval !

— J'avais déjà autorisé Prudence à le faire.

— Du reste, madame, dis-je alors en m'inclinant et en parvenant à rendre des sons à peu près intelligibles, j'ai déjà eu l'honneur de vous être présenté. »

L'œil charmant de Marguerite sembla chercher dans son souvenir, mais elle ne se souvint point, ou parut ne point se souvenir.

« Madame, repris-je alors, je vous suis reconnaissant d'avoir oublié cette première présentation, car j'y fus ridicule et dus vous paraître très ennuyeux. C'était, il y a deux ans, à l'Opéra-Comique ; j'étais avec Ernest de***.

— Ah ! je me rappelle ! reprit Marguerite avec un sourire. Ce n'est pas vous qui étiez ridicule, c'est moi qui étais taquine, comme je le suis encore un peu, mais moins cependant. Vous m'avez pardonné, monsieur ? »

Et elle me tendit sa main que je baisai.

« C'est vrai, reprit-elle. Figurez-vous que j'ai la mauvaise habitude de vouloir embarrasser les gens que je

vois pour la première fois. C'est très sot. Mon médecin dit que c'est parce que je suis nerveuse et toujours
souffrante : croyez mon médecin.

— Mais vous paraissez très bien portante.

— Oh ! j'ai été bien malade.

— Je le sais.

— Qui vous l'a dit ?

— Tout le monde le savait ; je suis venu souvent
savoir de vos nouvelles, et j'ai appris avec plaisir votre
convalescence.

— On ne m'a jamais remis votre carte.

— Je ne l'ai jamais laissée.

— Serait-ce vous ce jeune homme qui venait tous les
jours s'informer de moi pendant ma maladie, et qui
n'a jamais voulu dire son nom ?

— C'est moi.

— Alors, vous êtes plus qu'indulgent, vous êtes généreux. Ce n'est pas vous, comte, qui auriez fait cela,
ajouta-t-elle en se tournant vers M. de N..., et après
avoir jeté sur moi un de ces regards par lesquels les
femmes complètent leur opinion sur un homme.

— Je ne vous connais que depuis deux mois, répliqua le comte.

— Et monsieur qui ne me connaît que depuis cinq
minutes. Vous répondez toujours des niaiseries. »

Les femmes sont impitoyables avec les gens qu'elles
n'aiment pas.

Le comte rougit et se mordit les lèvres.

J'eus pitié de lui, car il paraissait être amoureux
comme moi, et la dure franchise de Marguerite devait
le rendre bien malheureux, surtout en présence de deux
étrangers.

« Vous faisiez de la musique quand nous sommes
entrés, dis-je alors pour changer la conversation, ne me
ferez-vous pas le plaisir de me traiter en vieille connaissance, et ne continuerez-vous pas ?

— Oh ! fit-elle en se jetant sur le canapé et en nous
faisant signe de nous y asseoir. Gaston sait bien quel
genre de musique je fais. C'est bon quand je suis seule

avec le comte, mais je ne voudrais pas vous faire endurer pareil supplice.

— Vous avez cette préférence pour moi ? répliqua M. de N... avec un sourire qu'il essaya de rendre fin et ironique.

— Vous avez tort de me la reprocher ; c'est la seule. »

Il était décidé que ce pauvre garçon ne dirait pas un mot. Il jeta sur la jeune femme un regard vraiment suppliant.

« Dites donc, Prudence, continua-t-elle, avez-vous fait ce que je vous avais priée de faire ?

— Oui.

— C'est bien, vous me conterez cela plus tard. Nous avons à causer, vous ne vous en irez pas sans que je vous parle.

— Nous sommes sans doute indiscrets, dis-je alors, et maintenant que nous avons ou plutôt que j'ai obtenu une seconde présentation pour faire oublier la première, nous allons nous retirer, Gaston et moi.

— Pas le moins du monde ; ce n'est pas pour vous que je dis cela. Je veux au contraire que vous restiez. »

Le comte tira une montre fort élégante, à laquelle il regarda l'heure :

« Il est temps que j'aille au club », dit-il.

Marguerite ne répondit rien.

Le comte quitta alors la cheminée, et venant à elle :

« Adieu, madame. »

Marguerite se leva.

« Adieu, mon cher comte, vous vous en allez déjà ?

— Oui, je crains de vous ennuyer.

— Vous ne m'ennuyez pas plus aujourd'hui que les autres jours. Quand vous verra-t-on ?

— Quand vous le permettrez.

— Adieu, alors ! »

C'était cruel, vous l'avouerez.

Le comte avait heureusement une fort bonne éducation et un excellent caractère. Il se contenta de baiser la main que Marguerite lui tendait assez nonchalamment, et de sortir après nous avoir salués.

Au moment où il franchissait la porte, il regarda Prudence.

Celle-ci leva les épaules d'un air qui signifiait :

« Que voulez-vous, j'ai fait tout ce que j'ai pu. »

« Nanine ! cria Marguerite, éclaire M. le comte. » Nous entendîmes ouvrir et fermer la porte.

« Enfin ! s'écria Marguerite en reparaissant, le voilà parti ; ce garçon-là me porte horriblement sur les nerfs.

— Ma chère enfant, dit Prudence, vous êtes vraiment trop méchante avec lui, lui qui est si bon et si prévenant pour vous. Voilà encore sur votre cheminée une montre qu'il vous a donnée, et qui lui a coûté au moins mille écus, j'en suis sûre. »

Et Mme Duvernoy, qui s'était approchée de la cheminée, jouait avec le bijou dont elle parlait, et jetait dessus des regards de convoitise.

« Ma chère, dit Marguerite en s'asseyant à son piano, quand je pèse d'un côté ce qu'il me donne et de l'autre ce qu'il me dit, je trouve que je lui passe ses visites bon marché.

— Ce pauvre garçon est amoureux de vous.

— S'il fallait que j'écoutasse tous ceux qui sont amoureux de moi, je n'aurais seulement pas le temps de dîner. »

Et elle fit courir ses doigts sur le piano, après quoi se retournant elle nous dit :

« Voulez-vous prendre quelque chose ? moi, je boirais bien un peu de punch.

— Et moi, je mangerais bien un peu de poulet, dit Prudence ; si nous soupions ?

— C'est cela, allons souper, dit Gaston.

— Non, nous allons souper ici. »

Elle sonna. Nanine parut.

« Envoie chercher à souper.

— Que faut-il prendre ?

— Ce que tu voudras, mais tout de suite, tout de suite. »

Nanine sortit.

« C'est cela, dit Marguerite en sautant comme une

enfant, nous allons souper. Que cet imbécile de comte est ennuyeux ! »

Plus je voyais cette femme, plus elle m'enchantait. Elle était belle à ravir. Sa maigreur même était une grâce.

J'étais en contemplation.

Ce qui passait en moi, j'aurais peine à l'expliquer. J'étais plein d'indulgence pour sa vie, plein d'admiration pour sa beauté. Cette preuve de désintéressement qu'elle donnait en n'acceptant pas un homme jeune, élégant et riche, tout prêt à se ruiner pour elle, excusait à mes yeux toutes ses fautes passées.

Il y avait dans cette femme quelque chose comme de la candeur.

On voyait qu'elle en était encore à la virginité du vice. Sa marche assurée, sa taille souple, ses narines roses et ouvertes, ses grands yeux légèrement cerclés de bleu, dénotaient une de ces natures ardentes qui répandent autour d'elles un parfum de volupté, comme ces flacons d'Orient qui, si bien fermés qu'ils soient, laissent échapper le parfum de la liqueur qu'ils renferment.

Enfin, soit nature, soit conséquence de son état maladif, il passait de temps en temps dans les yeux de cette femme des éclairs de désirs dont l'expansion eût été une révélation du Ciel pour celui qu'elle eût aimé. Mais ceux qui avaient aimé Marguerite ne se comptaient plus, et ceux qu'elle avait aimés ne se comptaient pas encore.

Bref, on reconnaissait dans cette fille la vierge qu'un rien avait faite courtisane, et la courtisane dont un rien eût fait la vierge la plus amoureuse et la plus pure. Il y avait encore chez Marguerite de la fierté et de l'indépendance : deux sentiments qui, blessés, sont capables de faire ce que fait la pudeur. Je ne disais rien, mon âme semblait être passée toute dans mon cœur et mon cœur dans mes yeux.

« Ainsi, reprit-elle tout à coup, c'est vous qui veniez savoir de mes nouvelles quand j'étais malade ?

— Oui.

— Savez-vous que c'est très beau, cela ! Et que puis-je faire pour vous remercier ?

— Me permettre de venir de temps en temps vous voir.

— Tant que vous voudrez, de cinq heures à six, de onze heures à minuit. Dites donc, Gaston, jouez-moi l'*Invitation à la valse**.

— Pourquoi ?

— Pour me faire plaisir d'abord, et ensuite parce que je ne puis pas arriver à la jouer seule.

— Qu'est-ce qui vous embarrasse donc ?

— La troisième partie, le passage en dièse. »

Gaston se leva, se mit au piano et commença cette merveilleuse mélodie de Weber, dont la musique était ouverte sur le pupitre.

Marguerite, une main appuyée sur le piano, regardait le cahier, suivait des yeux chaque note qu'elle accompagnait tout bas de la voix, et quand Gaston en arriva au passage qu'elle lui avait indiqué, elle chantonna en faisant aller ses doigts sur le dos du piano :

« *Ré, mi, ré, do, ré, fa, mi, ré*, voilà ce que je ne puis faire. Recommencez. »

Gaston recommença, après quoi Marguerite lui dit :

« Maintenant laissez-moi essayer. »

Elle prit sa place et joua à son tour ; mais ses doigts rebelles se trompaient toujours sur l'une des notes que nous venons de dire.

« Est-ce incroyable, dit-elle avec une véritable intonation d'enfant, que je ne puisse pas arriver à jouer ce passage ! Croiriez-vous que je reste quelquefois jusqu'à deux heures du matin dessus ! Et quand je pense que cet imbécile de comte le joue sans musique et admirablement, c'est cela qui me rend furieuse contre lui, je crois. »

Et elle recommença, toujours avec les mêmes résultats.

« Que le diable emporte Weber, la musique et les pianos ! dit-elle en jetant le cahier à l'autre bout de la chambre ; comprend-on que je ne puisse pas faire huit dièses de suite ? »

Et elle se croisait les bras en nous regardant et en frappant du pied.

Le sang lui monta aux joues et une toux légère entrouvrit ses lèvres.

« Voyons, voyons, dit Prudence, qui avait ôté son chapeau et qui lissait ses bandeaux devant la glace, vous allez encore vous mettre en colère et vous faire mal, allons souper, cela vaudra mieux ; moi, je meurs de faim. »

Marguerite sonna de nouveau, puis elle se remit au piano et commença à demi-voix une chanson libertine, dans l'accompagnement de laquelle elle ne s'embrouilla point.

Gaston savait cette chanson, et ils en firent une espèce de duo.

« Ne chantez donc pas ces saletés-là, dis-je familièrement à Marguerite et avec un ton de prière.

— Oh ! comme vous êtes chaste ! me dit-elle en souriant et en me tendant la main.

— Ce n'est pas pour moi, c'est pour vous. »

Marguerite fit un geste qui voulait dire : « Oh ! il y a longtemps que j'en ai fini, moi, avec la chasteté. »

En ce moment Nanine parut.

« Le souper est-il prêt ? demanda Marguerite.

— Oui, madame, dans un instant.

— À propos, me dit Prudence, vous n'avez pas vu l'appartement ; venez, que je vous le montre. »

Vous le savez, le salon était une merveille.

Marguerite nous accompagna un peu, puis elle appela Gaston et passa avec lui dans la salle à manger pour voir si le souper était prêt.

« Tiens, dit tout haut Prudence en regardant sur une étagère et en y prenant une figure de Saxe*, je ne vous connaissais pas ce petit bonhomme-là !

— Lequel ?

— Un petit berger qui tient une cage avec un oiseau.

— Prenez-le, s'il vous fait plaisir.

— Ah ! mais je crains de vous en priver.

— Je voulais le donner à ma femme de chambre, je

le trouve hideux ; mais puisqu'il vous plaît, prenez-le. »

Prudence ne vit que le cadeau et non la manière dont il était fait. Elle mit son bonhomme de côté, et m'emmena dans le cabinet de toilette, où me montrant deux miniatures qui se faisaient pendant, elle me dit :

« Voilà le comte de G... qui a été très amoureux de Marguerite ; c'est lui qui l'a lancée. Le connaissez-vous ?

— Non. Et celui-ci ? demandai-je en montrant l'autre miniature.

— C'est le petit vicomte de L... Il a été forcé de partir.

— Pourquoi ?

— Parce qu'il était à peu près ruiné. En voilà un qui aimait Marguerite !

— Et elle l'aimait beaucoup sans doute ?

— C'est une si drôle de fille, on ne sait jamais à quoi s'en tenir. Le soir du jour où il est parti, elle était au spectacle, comme d'habitude, et cependant elle avait pleuré au moment du départ. »

En ce moment Nanine parut, nous annonçant que le souper était servi.

Quand nous entrâmes dans la salle à manger, Marguerite était appuyée contre le mur, et Gaston, lui tenant les mains, lui parlait tout bas.

« Vous êtes fou, lui répondait Marguerite, vous savez bien que je ne veux pas de vous. Ce n'est pas au bout de deux ans que l'on connaît une femme comme moi qu'on lui demande à être son amant. Nous autres, nous nous donnons tout de suite ou jamais. Allons, messieurs, à table. »

Et, s'échappant des mains de Gaston, Marguerite le fit asseoir à sa droite, moi à sa gauche, puis elle dit à Nanine :

« Avant de t'asseoir, recommande à la cuisine que l'on n'ouvre pas si l'on vient sonner. »

Cette recommandation était faite à une heure du matin.

On rit, on but et l'on mangea beaucoup à ce souper.

Au bout de quelques instants, la gaieté était descendue aux dernières limites, et ces mots qu'un certain monde trouve plaisants et qui salissent toujours la bouche qui les dit éclataient de temps à autre, aux grandes acclamations de Nanine, de Prudence et de Marguerite. Gaston s'amusait franchement ; c'était un garçon plein de cœur, mais dont l'esprit avait été un peu faussé par les premières habitudes. Un moment, j'avais voulu m'étourdir, faire mon cœur et ma pensée indifférents au spectacle que j'avais sous les yeux et prendre ma part de cette gaieté qui semblait un des mets du repas ; mais, peu à peu, je m'étais isolé de ce bruit, mon verre était resté plein, et j'étais devenu presque triste en voyant cette belle créature de vingt ans boire, parler comme un portefaix*, et rire d'autant plus que ce que l'on disait était plus scandaleux.

Cependant cette gaieté, cette façon de parler et de boire, qui me paraissaient chez les autres convives les résultats de la débauche, de l'habitude ou de la force, me semblaient chez Marguerite un besoin d'oublier, une fièvre, une irritabilité nerveuse. À chaque verre de vin de Champagne, ses joues se couvraient d'un rouge fiévreux, et une toux, légère au commencement du souper, était devenue à la longue assez forte pour la forcer à renverser sa tête sur le dos de sa chaise et à comprimer sa poitrine dans ses mains toutes les fois qu'elle toussait.

Je souffrais du mal que devaient faire à cette frêle organisation ces excès de tous les jours.

Enfin, arriva une chose que j'avais prévue et que je redoutais. Vers la fin du souper, Marguerite fut prise d'un accès de toux plus fort que tous ceux qu'elle avait eus depuis que j'étais là. Il me sembla que sa poitrine se déchirait intérieurement. La pauvre fille devint pourpre, ferma les yeux sous la douleur et porta à ses lèvres sa serviette qu'une goutte de sang rougit. Alors elle se leva et courut dans son cabinet de toilette.

« Qu'a donc Marguerite ? demanda Gaston.

— Elle a qu'elle a trop ri et qu'elle crache le sang,

fit Prudence. Oh ! ce ne sera rien, cela lui arrive tous les jours. Elle va revenir. Laissons-la seule, elle aime mieux cela. »

Quant à moi, je ne pus y tenir, et au grand ébahissement de Prudence et de Nanine qui me rappelaient, j'allai rejoindre Marguerite.

X

La chambre où elle s'était réfugiée n'était éclairée que par une seule bougie posée sur une table. Renversée sur un grand canapé, sa robe défaite, elle tenait une main sur son cœur et laissait pendre l'autre. Sur la table il y avait une cuvette d'argent à moitié pleine d'eau ; cette eau était marbrée de filets de sang.

Marguerite, très pâle et la bouche entrouverte, essayait de reprendre haleine. Par moments, sa poitrine se gonflait d'un long soupir qui, exhalé, paraissait la soulager un peu, et la laissait pendant quelques secondes dans un sentiment de bien-être.

Je m'approchai d'elle, sans qu'elle fît un mouvement, je m'assis et pris celle de ses mains qui reposait sur le canapé.

« Ah ! c'est vous ? » me dit-elle avec un sourire.

Il paraît que j'avais la figure bouleversée, car elle ajouta :

« Est-ce que vous êtes malade aussi ?

— Non ; mais vous, souffrez-vous encore ?

— Très peu ; et elle essuya avec son mouchoir les larmes que la toux avait fait venir à ses yeux ; je suis habituée à cela maintenant.

— Vous vous tuez, madame, lui dis-je alors d'une voix émue ; je voudrais être votre ami, votre parent, pour vous empêcher de vous faire mal ainsi.

— Ah ! cela ne vaut vraiment pas la peine que vous vous alarmiez, répliqua-t-elle d'un ton amer ; voyez si les autres s'occupent de moi : c'est qu'ils savent bien qu'il n'y a rien à faire à ce mal-là. »

Après quoi elle se leva et, prenant la bougie, elle la mit sur la cheminée et se regarda dans la glace.

« Comme je suis pâle ! dit-elle en rattachant sa robe et en passant ses doigts sur ses cheveux délissés*. Ah ! bah ! allons nous mettre à table. Venez-vous ? »

Mais j'étais assis et je ne bougeais pas.

Elle comprit l'émotion que cette scène m'avait causée, car elle s'approcha de moi et, me tendant la main, elle me dit :

« Voyons, venez. »

Je pris sa main, je la portai à mes lèvres en la mouillant malgré moi de deux larmes longtemps contenues.

« Eh bien, mais êtes-vous enfant ! dit-elle en se rasseyant auprès de moi ; voilà que vous pleurez ! Qu'avez-vous ?

— Je dois vous paraître bien niais, mais ce que je viens de voir m'a fait un mal affreux.

— Vous êtes bien bon ! Que voulez-vous ? je ne puis pas dormir, il faut bien que je me distraie un peu. Et puis des filles comme moi, une de plus ou de moins, qu'est-ce que cela fait ? Les médecins me disent que le sang que je crache vient des bronches ; j'ai l'air de les croire, c'est tout ce que je puis faire pour eux.

— Écoutez, Marguerite, dis-je alors avec une expansion que je ne pus retenir, je ne sais pas l'influence que vous devez prendre sur ma vie, mais ce que je sais, c'est qu'à l'heure qu'il est, il n'y a personne, pas même ma sœur, à qui je m'intéresse comme à vous. C'est ainsi depuis que je vous ai vue. Eh bien, au nom du Ciel, soignez-vous, et ne vivez plus comme vous le faites.

— Si je me soignais, je mourrais. Ce qui me soutient, c'est la vie fiévreuse que je mène. Puis, se soigner, c'est bon pour les femmes du monde qui ont une famille et des amis ; mais nous, dès que nous ne pouvons plus servir à la vanité ou au plaisir de nos amants, ils nous abandonnent, et les longues soirées succèdent aux longs jours. Je le sais bien, allez, j'ai été deux mois dans mon lit ; au bout de trois semaines, personne ne venait plus me voir.

— Il est vrai que je ne vous suis rien, repris-je, mais si vous le vouliez je vous soignerais comme un frère, je ne vous quitterais pas, et je vous guérirais. Alors, quand vous en auriez la force, vous reprendriez la vie que vous menez, si bon vous semblait ; mais j'en suis sûr, vous aimeriez mieux une existence tranquille qui vous ferait plus heureuse et vous garderai jolie.

— Vous pensez comme cela ce soir, parce que vous avez le vin triste, mais vous n'auriez pas la patience dont vous vous vantez.

— Permettez-moi de vous dire, Marguerite, que vous avez été malade pendant deux mois, et que, pendant ces deux mois, je suis venu tous les jours savoir de vos nouvelles.

— C'est vrai ; mais pourquoi ne montiez-vous pas ?

— Parce que je ne vous connaissais pas alors.

— Est-ce qu'on se gêne avec une fille comme moi ?

— On se gêne toujours avec une femme ; c'est mon avis du moins.

— Ainsi, vous me soigneriez ?

— Oui.

— Vous resteriez tous les jours auprès de moi ?

— Oui.

— Et même toutes les nuits ?

— Tout le temps que je ne vous ennuierais pas.

— Comment appelez-vous cela ?

— Du dévouement.

— Et d'où vient ce dévouement ?

— D'une sympathie irrésistible que j'ai pour vous.

— Ainsi vous êtes amoureux de moi ? dites-le tout de suite, c'est bien plus simple.

— C'est possible ; mais si je dois vous le dire un jour, ce n'est pas aujourd'hui.

— Vous ferez mieux de ne me le dire jamais.

— Pourquoi ?

— Parce qu'il ne peut résulter que deux choses de cet aveu.

— Lesquelles ?

— Ou que je ne vous accepte pas, alors vous m'en voudrez, ou que je vous accepte, alors vous aurez une triste maîtresse ; une femme nerveuse, malade, triste, ou gaie d'une gaieté plus triste que le chagrin, une femme qui crache le sang et qui dépense cent mille francs par an, c'est bon pour un vieux richard comme le duc, mais c'est bien ennuyeux pour un jeune homme comme vous, et la preuve, c'est que tous les jeunes amants que j'ai eus m'ont bien vite quittée. »

Je ne répondais rien : j'écoutais. Cette franchise qui tenait presque de la confession, cette vie douloureuse que j'entrevoyais sous le voile doré qui la couvrait, et dont la pauvre fille fuyait la réalité dans la débauche, l'ivresse et l'insomnie, tout cela m'impressionnait tellement que je ne trouvais pas une seule parole.

« Allons, continua Marguerite, nous disons là des enfantillages. Donnez-moi la main et rentrons dans la salle à manger. On ne doit pas savoir ce que notre absence veut dire.

— Rentrez, si bon vous semble, mais je vous demande la permission de rester ici.

— Pourquoi ?

— Parce que votre gaieté me fait trop de mal.

— Eh bien, je serai triste.

— Tenez, Marguerite, laissez-moi vous dire une chose que l'on vous a dite souvent sans doute, et à laquelle l'habitude de l'entendre vous empêchera peut-être d'ajouter foi, mais qui n'en est pas moins réelle, et que je ne vous répéterai jamais.

— C'est ?… dit-elle avec le sourire que prennent les jeunes mères pour écouter une folie de leur enfant.

— C'est que depuis que je vous ai vue, je ne sais comment ni pourquoi, vous avez pris une place dans ma vie, c'est que j'ai eu beau chasser votre image de ma pensée, elle y est toujours revenue, c'est qu'aujourd'hui quand je vous ai rencontrée, après être resté deux ans sans vous voir, vous avez pris sur mon cœur et mon esprit un ascendant plus grand encore, c'est qu'enfin, maintenant que vous m'avez reçu, que je vous connais, que je sais tout ce qu'il y a d'étrange en vous, vous m'êtes devenue indispensable, et que je deviendrai fou, non pas seulement si vous ne m'aimez pas, mais si vous ne me laissez pas vous aimer.

— Mais, malheureux que vous êtes, je vous dirai ce que disait Mme D... : vous êtes donc bien riche ! Mais vous ne savez donc pas que je dépense six ou sept mille francs par mois, et que cette dépense est devenue nécessaire à ma vie ; mais vous ne savez donc pas, mon pauvre ami, que je vous ruinerais en un rien de temps, et que votre famille vous ferait interdire pour vous apprendre à vivre avec une créature comme moi. Aimez-moi bien, comme un bon ami, mais pas autrement. Venez me voir, nous rirons, nous causerons, mais ne vous exagérez pas ce que je vaux, car je ne vaux pas grand-chose. Vous avez un bon cœur, vous avez besoin d'être aimé, vous êtes trop jeune et trop sensible pour vivre dans notre monde. Prenez une femme mariée. Vous voyez que je suis une bonne fille et que je vous parle franchement.

— Ah çà ! que diable faites-vous là ? » cria Prudence que nous n'avions pas entendue venir, et qui apparaissait sur le seuil de la chambre avec ses cheveux à moitié défaits et sa robe ouverte. Je reconnaissais dans ce désordre la main de Gaston.

« Nous parlons raison, dit Marguerite, laissez-nous un peu, nous vous rejoindrons tout à l'heure.

— Bien, bien, causez, mes enfants », dit Prudence en s'en allant et en fermant la porte comme pour ajouter encore au ton dont elle avait prononcé ces dernières paroles.

« Ainsi, c'est convenu, reprit Marguerite, quand nous fûmes seuls, vous ne m'aimerez plus.

— Je partirai.

— C'est à ce point-là ? »

J'étais trop avancé pour reculer, et d'ailleurs cette fille me bouleversait. Ce mélange de gaieté, de tristesse, de candeur, de prostitution, cette maladie même qui devait développer chez elle la sensibilité des impressions comme l'irritabilité des nerfs, tout me faisait comprendre que si, dès la première fois, je ne prenais pas d'empire sur cette nature oublieuse et légère, elle était perdue pour moi.

« Voyons, c'est donc sérieux ce que vous dites ! fit-elle.

— Très sérieux.

— Mais pourquoi ne m'avez-vous pas dit cela plus tôt ?

— Quand vous l'aurais-je dit ?

— Le lendemain du jour où vous m'avez été présenté à l'Opéra-Comique.

— Je crois que vous m'auriez fort mal reçu, si j'étais venu vous voir.

— Pourquoi ?

— Parce que j'avais été stupide la veille.

— Cela, c'est vrai. Mais cependant vous m'aimiez déjà à cette époque.

— Oui.

— Ce qui ne vous a pas empêché d'aller vous coucher et de dormir bien tranquillement après le spectacle. Nous savons ce que sont ces grandes amours-là.

— Eh bien, c'est ce qui vous trompe. Savez-vous ce que j'ai fait le soir de l'Opéra-Comique ?

— Non.

— Je vous ai attendue à la porte du café Anglais. J'ai suivi la voiture qui vous emmenés, vous et vos trois amis, et quand je vous ai vue descendre seule et rentrer seule chez vous, j'ai été bien heureux. »

Marguerite se mit à rire.

« De quoi riez-vous ?

— De rien.

— Dites-le-moi, je vous en supplie, ou je vais croire que vous vous moquez encore de moi.

— Vous ne vous fâcherez pas ?

— De quel droit me fâcherais-je ?

— Eh bien, il y avait une bonne raison pour que je rentrasse seule.

— Laquelle ?

— On m'attendait ici. »

Elle m'eût donné un coup de couteau qu'elle ne

m'eût pas fait plus de mal. Je me levai, et, lui tendant
la main :

« Adieu, lui dis-je.

— Je savais bien que vous vous fâcheriez, dit-elle.
Les hommes ont la rage de vouloir apprendre ce qui
doit leur faire de la peine.

— Mais je vous assure, ajoutai-je d'un ton froid,
comme si j'avais voulu prouver que j'étais à jamais
guéri de ma passion, je vous assure que je ne suis pas
fâché. Il était tout naturel que quelqu'un vous atten-
dît, comme il est tout naturel que je m'en aille à trois
heures du matin.

— Est-ce que vous avez aussi quelqu'un qui vous
attend chez vous ?

— Non, mais il faut que je parte.

— Adieu, alors.

— Vous me renvoyez.

— Pas le moins du monde.

— Pourquoi me faites-vous de la peine ?

— Quelle peine vous ai-je faite ?

— Vous me dites que quelqu'un vous attendait.

— Je n'ai pas pu m'empêcher de rire à l'idée que
vous aviez été si heureux de me voir rentrer seule, quand
il y avait une si bonne raison pour cela.

— On se fait souvent une joie d'un enfantillage, et
il est méchant de détruire cette joie quand, en la laissant subsister, on peut rendre plus heureux encore celui
qui la trouve.

— Mais à qui croyez-vous donc avoir affaire ? Je ne
suis ni une vierge ni une duchesse. Je ne vous connais
que d'aujourd'hui et ne vous dois pas compte de mes
actions. En admettant que je devienne un jour votre
maîtresse, il faut que vous sachiez bien que j'ai eu
d'autres amants que vous. Si vous me faites déjà des
scènes de jalousie avant, qu'est-ce que ce sera donc
après, si jamais l'après existe ! Je n'ai jamais vu un
homme comme vous.

— C'est que personne ne vous a jamais aimée comme
je vous aime.

— Voyons, franchement, vous m'aimez donc bien ?

— Autant qu'il est possible d'aimer, je crois.

— Et cela dure depuis ?...

— Depuis un jour que je vous ai vue descendre de calèche et entrer chez Susse*, il y a trois ans.

— Savez-vous que c'est très beau ? Eh bien, que faut-il que je fasse pour reconnaître ce grand amour ?

— Il faut m'aimer un peu », dis-je avec un battement de cœur qui m'empêchait presque de parler ; car, malgré les sourires demi-moqueurs dont elle avait accompagné toute cette conversation, il me semblait que Marguerite commençait à partager mon trouble, et que j'approchais de l'heure attendue depuis si longtemps.

« Eh bien, et le duc ?

— Quel duc ?

— Mon vieux jaloux.

— Il n'en saura rien.

— Et s'il le sait ?

— Il vous pardonnera.

— Hé non ! il m'abandonnera, et qu'est-ce que je deviendrai ?

— Vous risquez bien cet abandon pour un autre.

— Comment le savez-vous ?

— Par la recommandation que vous avez faite de ne laisser entrer personne cette nuit.

— C'est vrai ; mais celui-là est un ami sérieux.

— Auquel vous ne tenez guère, puisque vous lui faites défendre votre porte à pareille heure.

— Ce n'est pas à vous de me le reprocher, puisque c'était pour vous recevoir, vous et votre ami. »

Peu à peu je m'étais rapproché de Marguerite, j'avais passé mes mains autour de sa taille et je sentais son corps souple peser légèrement sur mes mains jointes.

« Si vous saviez comme je vous aime ! lui disais-je tout bas.

— Bien vrai ?

— Je vous jure.

— Eh bien, si vous me promettez de faire toutes mes

volontés sans dire un mot, sans me faire une observation, sans me questionner, je vous aimerai peut-être.

— Tout ce que vous voudrez !

— Mais je vous en préviens, je veux être libre de faire
ce que bon me semblera, sans vous donner le moindre
détail sur ma vie. Il y a longtemps que je cherche un
amant jeune, sans volonté, amoureux sans défiance,
aimé sans droits. Je n'ai jamais pu en trouver un. Les
hommes, au lieu d'être satisfaits qu'on leur accorde
longtemps ce qu'ils eussent à peine espéré obtenir une
fois, demandent à leur maîtresse compte du présent,
du passé et de l'avenir même. À mesure qu'ils s'habi-
tuent à elle, ils veulent la dominer, et ils deviennent
d'autant plus exigeants qu'on leur donne tout ce qu'ils
veulent. Si je me décide à prendre un nouvel amant
maintenant, je veux qu'il ait trois qualités bien rares,
qu'il soit confiant, soumis et discret.

— Eh bien, je serai tout ce que vous voudrez.

— Nous verrons.

— Et quand verrons-nous ?

— Plus tard.

— Pourquoi ?

— Parce que, dit Marguerite en se dégageant de mes
bras et en prenant dans un gros bouquet de camélias
rouges apportés le matin, un camélia* qu'elle passa à
ma boutonnière, parce qu'on ne peut pas toujours
exécuter les traités le jour où on les signe. »

C'est facile à comprendre.

« Et quand vous reverrai-je ? dis-je en la pressant
dans mes bras.

— Quand ce camélia changera de couleur.

— Et quand changera-t-il de couleur ?

— Demain, de onze heures à minuit. Êtes-vous
content ?

— Vous me le demandez ?

— Pas un mot de tout cela ni à votre ami, ni à Prudence, ni à qui que ce soit.

— Je vous le promets.

— Maintenant, embrassez-moi et rentrons dans la salle à manger. »

Elle me tendit ses lèvres, lissa de nouveau ses cheveux, et nous sortîmes de cette chambre, elle en chantant, moi à moitié fou.

Dans le salon elle me dit tout bas, en s'arrêtant :

« Cela doit vous paraître étrange que j'aie l'air d'être prête à vous accepter ainsi tout de suite ; savez-vous d'où cela vient ?

« Cela vient, continua-t-elle en prenant ma main et en la posant contre son cœur dont je sentis les palpitations violentes et répétées, cela vient de ce que, devant vivre moins longtemps que les autres, je me suis promis de vivre plus vite.

— Ne me parlez plus de la sorte, je vous en supplie.

— Oh ! Consolez-vous, continua-t-elle en riant. Si peu de temps que j'aie à vivre, je vivrai plus longtemps que vous ne m'aimerez. »

Et elle entra en chantant dans la salle à manger.

« Où est Nanine ? dit-elle en voyant Gaston et Prudence seuls.

— Elle dort dans votre chambre, en attendant que vous vous couchiez, répondit Prudence.

— La malheureuse ! Je la tue ! Allons, messieurs, retirez-vous, il est temps. »

Dix minutes après, Gaston et moi nous sortions. Marguerite me serrait la main en me disant adieu et restait avec Prudence.

« Eh bien, me demanda Gaston, quand nous fûmes dehors, que dites-vous de Marguerite ?

— C'est un ange, et j'en suis fou.

— Je m'en doutais ; le lui avez-vous dit ?

— Oui.

— Et vous a-t-elle promis de vous croire ?

— Non.

— Ce n'est pas comme Prudence.

— Elle vous l'a promis ?

— Elle a fait mieux, mon cher ! On ne le croirait pas, elle est encore très bien, cette grosse Duvernoy ! »

XI

En cet endroit de son récit, Armand s'arrêta.

« Voulez-vous fermer la fenêtre ? me dit-il, je commence à avoir froid. Pendant ce temps, je vais me coucher. »

Je fermai la fenêtre. Armand, qui était très faible encore, ôta sa robe de chambre et se mit au lit, laissant pendant quelques instants reposer sa tête sur l'oreiller comme un homme fatigué d'une longue course ou agité de pénibles souvenirs.

« Vous avez peut-être trop parlé, lui dis-je, voulez-vous que je m'en aille et que je vous laisse dormir ? vous me raconterez un autre jour la fin de cette histoire.

— Est-ce qu'elle vous ennuie ?

— Au contraire.

— Je vais continuer alors ; si vous me laissiez seul, je ne dormirais pas. »

Quand je rentrai chez moi, reprit-il, sans avoir besoin de se recueillir, tant tous ces détails étaient encore présents à sa pensée, je ne me couchai pas, je me mis à réfléchir sur l'aventure de la journée. La rencontre, la présentation, l'engagement de Marguerite vis-à-vis de moi, tout avait été si rapide, si inespéré, qu'il y avait des moments où je croyais avoir rêvé. Cependant ce n'était pas la première fois qu'une fille comme Marguerite se promettait à un homme pour le lendemain du jour où il le lui demandait.

J'avais beau me faire cette réflexion, la première impression produite par ma future maîtresse sur moi avait été si forte qu'elle subsistait toujours. Je m'entêtais encore à ne pas voir en elle une fille semblable aux autres, et avec la vanité si commune à tous les hommes, j'étais prêt à croire qu'elle partageait invinciblement pour moi l'attraction que j'avais pour elle.

Cependant j'avais sous les yeux des exemples bien contradictoires, et j'avais entendu dire souvent que l'amour de Marguerite était passé à l'état de denrée plus ou moins chère, selon la saison.

Mais comment aussi, d'un autre côté, concilier cette réputation avec les refus continuels faits au jeune comte que nous avions trouvé chez elle ? Vous me direz qu'il lui déplaisait et que, comme elle était splendidement entretenue par le duc, pour faire tant que de prendre un autre amant, elle aimait mieux un homme qui lui plût. Alors, pourquoi ne voulait-elle pas de Gaston, charmant, spirituel, riche, et paraissait-elle vouloir de moi qu'elle avait trouvé si ridicule la première fois qu'elle m'avait vu ?

Il est vrai qu'il y a des incidents d'une minute qui font plus qu'une cour d'une année.

De ceux qui se trouvaient au souper, j'étais le seul qui se fût inquiété en la voyant quitter la table. Je l'avais suivie, j'avais été ému à ne pouvoir le cacher. J'avais pleuré en lui baisant la main. Cette circonstance, réunie à mes visites quotidiennes pendant les deux mois de sa maladie, avait pu lui faire voir en moi un autre homme que ceux connus jusqu'alors, et peut-être s'était-elle dit qu'elle pouvait bien faire pour un amour exprimé de cette façon ce qu'elle avait fait tant de fois, que cela n'avait déjà plus de conséquence pour elle.

Toutes ces suppositions, comme vous le voyez, étaient assez vraisemblables ; mais quelle que fût la raison à son consentement, il y avait une chose certaine, c'est qu'elle avait consenti.

Or, j'étais amoureux de Marguerite, j'allais l'avoir, je ne pouvais rien lui demander de plus. Cependant, je vous le répète, quoique ce fût une fille entretenue, je m'étais tellement, peut-être pour la poétiser, fait de cet amour un amour sans espoir, que plus le moment approchait où je n'aurais même plus besoin d'espérer, plus je doutais.

Je ne fermai pas les yeux de la nuit.

Je ne me reconnaissais pas. J'étais à moitié fou. Tantôt je ne me trouvais ni assez beau, ni assez riche, ni assez élégant pour posséder une pareille femme, tantôt je me sentais plein de vanité à l'idée de cette possession : puis je me mettais à craindre que Marguerite n'eût pour moi qu'un caprice de quelques jours, et, pressentant un malheur dans une rupture prompte, je ferais peut-être mieux, me disais-je, de ne pas aller le soir chez elle, et de partir en lui écrivant mes craintes. De là, je passais à des espérances sans limites, à une confiance sans bornes. Je faisais des rêves d'avenir incroyables ; je me disais que cette fille me devrait sa guérison physique et morale, que je passerais toute ma vie avec elle, et que son amour me rendrait plus heureux que les plus virginales amours.

Enfin, je ne pourrais vous répéter les mille pensées qui montaient de mon cœur à ma tête et qui s'éteignirent peu à peu dans le sommeil qui me gagna au jour.

Quand je me réveillai, il était deux heures. Le temps était magnifique. Je ne me rappelle pas que la vie m'ait jamais paru aussi belle et aussi pleine. Les souvenirs de la veille se représentaient à mon esprit, sans ombres, sans obstacles et gaiement escortés des espérances du soir. Je m'habillai à la hâte. J'étais content et capable des meilleures actions. De temps en temps mon cœur bondissait de joie et d'amour dans ma poitrine. Une douce fièvre m'agitait. Je ne m'inquiétais plus des raisons qui m'avaient préoccupé avant que je m'endormisse. Je ne voyais que le résultat, je ne songeais qu'à l'heure où je devais revoir Marguerite.

Il me fut impossible de rester chez moi. Ma chambre me semblait trop petite pour contenir mon bonheur ; j'avais besoin de la nature entière pour m'épancher.

Je sortis.

Je passai par la rue d'Antin. Le coupé* de Marguerite l'attendait à sa porte ; je me dirigeai du côté des

Champs-Élysées. J'aimais, sans même les connaître, tous les gens que je rencontrais.

Comme l'amour rend bon !

Au bout d'une heure que je me promenais des chevaux de Marly* au rond-point et du rond-point aux chevaux de Marly, je vis de loin la voiture de Marguerite ; je ne la reconnus pas, je la devinai.

Au moment de tourner l'angle des Champs-Élysées, elle se fit arrêter, et un grand jeune homme se détacha d'un groupe où il causait pour venir causer avec elle.

Ils causèrent quelques instants ; le jeune homme rejoignit ses amis, les chevaux repartirent, et moi, qui m'étais approché du groupe, je reconnus dans celui qui avait parlé à Marguerite ce comte de G... dont j'avais vu le portrait et que Prudence m'avait signalé comme celui à qui Marguerite devait sa position.

C'était à lui qu'elle avait fait défendre sa porte, la veille ; je supposai qu'elle avait fait arrêter sa voiture pour lui donner la raison de cette défense, et j'espérai qu'en même temps elle avait trouvé quelque nouveau prétexte pour ne pas le recevoir la nuit suivante.

Comment le reste de la journée se passa, je l'ignore ; je marchai, je fumai, je causai, mais de ce que je dis, de ceux que je rencontrai, à dix heures du soir, je n'avais aucun souvenir.

Tout ce que je me rappelle, c'est que je rentrai chez moi, que je passai trois heures à ma toilette, et que je regardai cent fois ma pendule et ma montre, qui malheureusement allaient l'une comme l'autre.

Quand dix heures et demie sonnèrent, je me dis qu'il était temps de partir.

Je demeurais à cette époque rue de Provence* : je suivis la rue du Mont-Blanc*, je traversai le boulevard, pris la rue Louis-le-Grand*, la rue de Port-Mahon*, et la rue d'Antin*. Je regardai aux fenêtres de Marguerite.

Il y avait de la lumière.

Je sonnai.

Je demandai au portier si Mlle Gautier était chez elle.

Il me répondit qu'elle ne rentrait jamais avant onze heures ou onze heures un quart.

Je regardai ma montre.

J'avais cru venir tout doucement, je n'avais mis que cinq minutes pour venir de la rue de Provence chez Marguerite.

Alors, je me promenai dans cette rue sans boutiques, et déserte à cette heure.

Au bout d'une demi-heure Marguerite arriva. Elle descendit de son coupé en regardant autour d'elle comme si elle eût cherché quelqu'un.

La voiture repartit au pas, les écuries et la remise n'étant pas dans la maison. Au moment où Marguerite allait sonner, je m'approchai et lui dis :

« Bonsoir,

— Ah ! c'est vous ? me dit-elle d'un ton peu rassurant sur le plaisir qu'elle avait à me trouver là.

— Ne m'avez-vous pas permis de venir vous faire visite aujourd'hui ?

— C'est juste ; je l'avais oublié. »

Ce mot renversait toutes mes réflexions du matin, toutes mes espérances de la journée. Cependant, je commençais à m'habituer à ces façons et je ne m'en allai pas, ce que j'eusse évidemment fait autrefois.

Nous entrâmes.

Nanine avait ouvert la porte d'avance.

« Prudence est-elle rentrée ? demanda Marguerite.

— Non, madame.

— Va dire que dès qu'elle rentrera elle vienne. Auparavant, éteins la lampe du salon, et, s'il vient quelqu'un, réponds que je ne suis pas rentrée et que je ne rentrerai pas. »

C'était bien là une femme préoccupée de quelque chose et peut-être ennuyée d'un importun. Je ne savais quelle figure faire ni que dire. Marguerite se dirigea du côté de sa chambre à coucher ; je restais où j'étais.

« Venez », me dit-elle.

Elle ôta son chapeau, son manteau de velours et les jeta sur son lit, puis se laissa tomber dans un grand fauteuil, auprès du feu qu'elle faisait faire jusqu'au commencement de l'été, et me dit en jouant avec la chaîne de sa montre :

« Eh bien, que me conterez-vous de neuf ?

— Rien, sinon que j'ai eu tort de venir ce soir.

— Pourquoi ?

— Parce que vous paraissez contrariée et que sans doute je vous ennuie.

— Vous ne m'ennuyez pas ; seulement je suis malade, j'ai souffert toute la journée, je n'ai pas dormi et j'ai une migraine affreuse.

— Voulez-vous que je me retire pour vous laisser mettre au lit ?

— Oh ! vous pouvez rester, si je veux me coucher, je me coucherai bien devant vous. »

En ce moment on sonna.

« Qui vient encore ? » dit-elle avec un mouvement d'impatience.

Quelques instants après on sonna de nouveau.

« Il n'y a donc personne pour ouvrir ; il va falloir que j'ouvre moi-même. »

En effet, elle se leva en me disant :

« Attendez ici. »

Elle traversa l'appartement, et j'entendis ouvrir la porte d'entrée. — J'écoutai.

Celui à qui elle avait ouvert s'arrêta dans la salle à manger. Aux premiers mots, je reconnus la voix du jeune comte de N...

« Comment vous portez-vous ce soir ? disait-il.

— Mal, répondit sèchement Marguerite.

— Est-ce que je vous dérange ?

— Peut-être.

— Comme vous me recevez ! Que vous ai-je fait, ma chère Marguerite ?

— Mon cher ami, vous ne m'avez rien fait. Je suis malade, il faut que je me couche, ainsi vous allez me faire le plaisir de vous en aller. Cela m'assomme de ne pas pouvoir rentrer le soir sans vous voir apparaître cinq minutes après. Qu'est-ce que vous voulez ? Que

je sois votre maîtresse ? Eh bien, je vous ai déjà dit
cent fois que non, que vous m'agacez horriblement, et
que vous pouvez vous adresser autre part. Je vous le
répète aujourd'hui pour la dernière fois : Je ne veux
pas de vous, c'est bien convenu ; adieu. Tenez, voici
Nanine qui rentre ; elle va vous éclairer. Bonsoir. »

Et sans ajouter un mot, sans écouter ce que balbu-
tiait le jeune homme, Marguerite revint dans sa chambre et referma violemment la porte, par laquelle
Nanine, à son tour, rentra presque immédiatement.

« Tu m'entends, lui dit Marguerite, tu diras toujours
à cet imbécile que je n'y suis pas ou que je ne veux pas
le recevoir. Je suis lasse, à la fin, de voir sans cesse des
gens qui viennent me demander la même chose, qui me
payent et qui se croient quittes avec moi. Si celles qui
commencent notre honteux métier savaient ce que c'est,
elles se feraient plutôt femmes de chambre. Mais non ;
la vanité d'avoir des robes, des voitures, des diamants
nous entraîne ; on croit à ce que l'on entend, car la
prostitution a sa foi, et l'on use peu à peu son cœur,
son corps, sa beauté ; on est redoutée comme une bête
fauve, méprisée comme un paria, on n'est entourée que
de gens qui vous prennent toujours plus qu'ils ne vous
donnent, et on s'en va un beau jour crever comme un
chien, après avoir perdu les autres et s'être perdue soi-
même.

— Voyons, madame, calmez-vous, dit Nanine, vous
avez mal aux nerfs ce soir.

— Cette robe me gêne, reprit Marguerite en faisant
sauter les agrafes de son corsage, donne-moi un peignoir. Eh bien, et Prudence ?

— Elle n'était pas rentrée, mais on l'enverra à
madame dès qu'elle rentrera.

— En voilà encore une, continua Marguerite en ôtant
sa robe et en passant un peignoir blanc, en voilà encore
une qui sait bien me trouver quand elle a besoin de moi,
et qui ne peut pas me rendre un service de bonne grâce.
Elle sait que j'attends cette réponse ce soir, qu'il me

la faut, que je suis inquiète, et je suis sûre qu'elle est allée courir sans s'occuper de moi.

— Peut-être a-t-elle été retenue.

— Fais-nous donner le punch*.

— Vous allez encore vous faire mal, dit Nanine.

— Tant mieux. Apporte-moi aussi des fruits, du pâté ou une aile de poulet, quelque chose tout de suite, j'ai faim. »

Vous dire l'impression que cette scène me causait, c'est inutile ; vous le devinez, n'est-ce pas ?

« Vous allez souper avec moi, me dit-elle ; en attendant, prenez un livre, je vais passer un instant dans mon cabinet de toilette. »

Elle alluma les bougies d'un candélabre*, ouvrit une porte au pied de son lit et disparut.

Pour moi, je me mis à réfléchir sur la vie de cette fille, et mon amour s'augmenta de pitié.

Je me promenais à grands pas dans cette chambre, tout en songeant, quand Prudence entra.

« Tiens, vous voilà ? me dit-elle : où est Marguerite ?

— Dans son cabinet de toilette.

— Je vais l'attendre. Dites donc, elle vous trouve charmant ; saviez-vous cela ?

— Non.

— Elle ne vous l'a pas dit un peu ?

— Pas du tout.

— Comment êtes-vous ici ?

— Je viens lui faire une visite.

— À minuit ?

— Pourquoi pas ?

— Farceur !

— Elle m'a même très mal reçu.

— Elle va mieux vous recevoir.

— Vous croyez ?

— Je lui apporte une bonne nouvelle.

— Il n'y a pas de mal ; ainsi elle vous a parlé de moi ?

— Hier au soir, ou plutôt cette nuit, quand vous avez été parti avec votre ami... À propos, comment va-t-il, votre ami ? C'est Gaston R..., je crois, qu'on l'appelle ?

— Oui, dis-je sans pouvoir m'empêcher de sourire
en me rappelant la confidence que Gaston m'avait faite,
et en voyant que Prudence savait à peine son nom.

— Il est gentil, ce garçon-là ; qu'est-ce qu'il fait ?

— Il a vingt-cinq mille francs de rente*.

— Ah ! vraiment ! eh bien, pour en revenir à vous,
Marguerite m'a questionnée sur votre compte ; elle m'a
demandé qui vous étiez, ce que vous faisiez, quelles
avaient été vos maîtresses ; enfin tout ce qu'on peut
demander sur un homme de votre âge. Je lui ai dit tout
ce que je sais, en ajoutant que vous êtes un charmant
garçon, et voilà.

— Je vous remercie ; maintenant, dites-moi donc de
quelle commission elle vous avait chargée hier.

— D'aucune ; c'était pour faire partir le comte, ce
qu'elle disait, mais elle m'en a chargée d'une pour
aujourd'hui, et c'est la réponse que je lui apporte ce
soir. »

En ce moment Marguerite sortit de son cabinet de
toilette, coquettement coiffée de son bonnet de nuit
orné de touffes de rubans jaunes, appelées technique-
ment des choux*.

Elle était ravissante ainsi.

Elle avait ses pieds nus dans des pantoufles de satin,
et achevait la toilette de ses ongles.

« Eh bien, dit-elle en voyant Prudence, avez-vous vu
le duc ?

— Parbleu !

— Et que vous a-t-il dit ?

— Il me l'a donné.

— Combien.

— Six mille.

— Vous les avez ?

— Oui.

— A-t-il eu l'air contrarié ?

— Non.

— Pauvre homme ! »

Ce pauvre homme ! fut dit d'un ton impossible à rendre. Marguerite prit les six billets de mille francs.

« Il était temps, dit-elle. Ma chère Prudence, avez-vous besoin d'argent ?

— Vous savez, mon enfant, que c'est dans deux jours le 15, si vous pouviez me prêter trois ou quatre cents francs, vous me rendriez service.

— Envoyez demain matin, il est trop tard pour faire changer.

— N'oubliez pas.

— Soyez tranquille. Soupez-vous avec nous ?

— Non, Charles m'attend chez moi.

— Vous en êtes donc toujours folle ?

— Toquée*, ma chère ! À demain. Adieu, Armand. »

Mme Duvernoy sortit.

Marguerite ouvrit son étagère et jeta dedans les billets de banque.

« Vous permettez que je me couche ! dit-elle en souriant et en se dirigeant vers son lit.

— Non seulement je vous le permets, mais encore je vous en prie. »

Elle rejeta sur le pied de son lit la guipure* qui le couvrait et se coucha.

« Maintenant, dit-elle, venez vous asseoir près de moi et causons. »

Prudence avait raison : la réponse qu'elle avait apportée à Marguerite l'égayait.

« Vous me pardonnez ma mauvaise humeur de ce soir ? me dit-elle en me prenant la main.

— Je suis prêt à vous en pardonner bien d'autres.

— Et vous m'aimez ?

— À en devenir fou.

— Malgré mon mauvais caractère ?

— Malgré tout.

— Vous me le jurez !

— Oui », lui dis-je tout bas.

Nanine entra alors portant des assiettes, un poulet froid, une bouteille de bordeaux, des fraises et deux couverts.

« Je ne vous ai pas fait faire du punch, dit Nanine,

le bordeaux est meilleur pour vous. N'est-ce pas, monsieur ?

— Certainement, répondis-je, tout ému encore des
dernières paroles de Marguerite et les yeux ardemment
fixés sur elle.

— Bien, dit-elle, mets tout cela sur la petite table,
approche-la du lit ; nous nous servirons nous-mêmes.
Voilà trois nuits que tu passes, tu dois avoir envie de
dormir, va te coucher ; je n'ai plus besoin de rien.

— Faut-il fermer la porte à double tour ?

— Je le crois bien ! et surtout dis qu'on ne laisse
entrer personne demain avant midi. »

XII

À cinq heures du matin, quand le jour commença à paraître à travers les rideaux, Marguerite me dit :

« Pardonne-moi si je te chasse, mais il le faut. Le duc vient tous les matins ; on va lui répondre que je dors, quand il va venir, et il attendra peut-être que je me réveille. »

Je pris dans mes mains la tête de Marguerite, dont les cheveux défaits ruisselaient autour d'elle, et je lui donnai un dernier baiser, en lui disant :

« Quand te reverrai-je ?

— Écoute, reprit-elle, prends cette petite clef dorée qui est sur la cheminée, va ouvrir cette porte ; rapporte la clef ici et va-t'en. Dans la journée, tu recevras une lettre et mes ordres, car tu sais que tu dois obéir aveuglément.

— Oui, et si je demandais déjà quelque chose ?

— Quoi donc ?

— Que tu me laissasses cette clef.

— Je n'ai jamais fait pour personne ce que tu me demandes là.

— Eh bien, fais-le pour moi, car je te jure que moi, je ne t'aime pas comme les autres t'aimaient.

— Eh bien, garde-la, mais je te préviens qu'il ne dépend que de moi que cette clef ne te serve à rien.

— Pourquoi ?

— Il y a des verrous en dedans de la porte.

— Méchante !

— Je les ferai ôter.

— Tu m'aimes donc un peu ?

— Je ne sais pas comment cela se fait, mais il me

semble que oui. Maintenant va-t'en ; je tombe de sommeil. »

Nous restâmes quelques secondes dans les bras l'un de l'autre et je partis.

Les rues étaient désertes, la grande ville dormait encore, une douce fraîcheur courait dans ces quartiers que le bruit des hommes allait envahir quelques heures plus tard.

Il me sembla que cette ville endormie m'appartenait ; je cherchais dans mon souvenir les noms de ceux dont j'avais jusqu'alors envié le bonheur ; et je ne m'en rappelais pas un sans me trouver plus heureux que lui.

Être aimé d'une jeune fille chaste, lui révéler le premier cet étrange mystère de l'amour, certes, c'est une grande félicité, mais c'est la chose du monde la plus simple. S'emparer d'un cœur qui n'a pas l'habitude des attaques, c'est entrer dans une ville ouverte et sans garnison. L'éducation, le sentiment des devoirs et la famille sont de très fortes sentinelles, mais il n'y a sentinelles si vigilantes que ne trompe une fille de seize ans, à qui, par la voix de l'homme qu'elle aime, la nature donne ces premiers conseils d'amour qui sont d'autant plus ardents qu'ils paraissent plus purs.

Plus la jeune fille croit au bien, plus elle s'abandonne facilement, sinon à l'amant, du moins à l'amour, car étant sans défiance elle est sans force, et se faire aimer d'elle est un triomphe que tout homme de vingt-cinq ans pourra se donner quand il voudra. Et cela est si vrai que voyez comme on entoure les jeunes filles de surveillance et de remparts ! Les couvents n'ont pas de murs assez hauts, les mères de serrures assez fortes, la religion de devoirs assez continus pour renfermer tous ces charmants oiseaux dans leur cage, sur laquelle on ne se donne même pas la peine de jeter des fleurs. Aussi comme elles doivent désirer ce monde qu'on leur cache, comme elles doivent croire qu'il est tentant, comme elles doivent écouter la première voix qui, à travers les barreaux, vient leur en raconter les secrets, et

Voir *Au fil du texte*, p. XII.

bénir la main qui lève, la première, un coin du voile mystérieux.

Mais être réellement aimé d'une courtisane, c'est une victoire bien autrement difficile. Chez elles, le corps a usé l'âme, les sens ont brûlé le cœur, la débauche a cuirassé les sentiments. Les mots qu'on leur dit, elles les savent depuis longtemps, les moyens que l'on emploie, elles les connaissent, l'amour même qu'elles inspirent, elles l'ont vendu. Elles aiment par métier et non par entraînement. Elles sont mieux gardées par leurs calculs qu'une vierge par sa mère et son couvent ; aussi ont-elles inventé le mot caprice pour ces amours sans trafic qu'elles se donnent de temps en temps comme repos, comme excuse, ou comme consolation ; semblables à ces usuriers qui rançonnent mille individus, et qui croient tout racheter en prêtant un jour vingt francs à quelque pauvre diable qui meurt de faim, sans exiger d'intérêt et sans lui demander de reçu.

Puis, quand Dieu permet l'amour à une courtisane, cet amour, qui semble d'abord un pardon, devient presque toujours pour elle un châtiment. Il n'y a pas d'absolution sans pénitence. Quand une créature, qui a tout son passé à se reprocher, se sent tout à coup prise d'un amour profond, sincère, irrésistible, dont elle ne se fût jamais crue capable ; quand elle a avoué cet amour, comme l'homme aimé ainsi la domine ! Comme il se sent fort avec ce droit cruel de lui dire : « Vous ne faites pas plus pour de l'amour que vous n'avez fait pour de l'argent. »

Alors elles ne savent quelles preuves donner. Un enfant, raconte la fable, après s'être longtemps amusé dans un champ à crier : « Au secours ! » pour déranger des travailleurs, fut dévoré un beau jour par un ours, sans que ceux qu'il avait trompés si souvent crussent cette fois aux cris réels qu'il poussait. Il en est de même de ces malheureuses filles, quand elles aiment sérieusement. Elles ont menti tant de fois qu'on ne veut plus les croire, et elles sont, au milieu de leurs remords, dévorées par leur amour.

De là, ces grands dévouements, ces austères retraites dont quelques-unes ont donné l'exemple.

Mais quand l'homme qui inspire cet amour rédempteur a l'âme assez généreuse pour l'accepter sans se souvenir du passé, quand il s'y abandonne, quand il aime enfin, comme il est aimé, cet homme épuise d'un coup toutes les émotions terrestres, et après cet amour son cœur sera fermé à tout autre.

Ces réflexions, je ne les faisais pas le matin où je rentrais chez moi. Elles n'eussent pu être que le pressentiment de ce qui allait m'arriver, et malgré mon amour pour Marguerite, je n'entrevoyais pas de semblables conséquences ; aujourd'hui je les fais. Tout étant irrévocablement fini, elles résultent naturellement de ce qui a eu lieu.

Mais revenons au premier jour de cette liaison. Quand je rentrai, j'étais d'une gaieté folle. En songeant que les barrières placées par mon imagination entre Marguerite et moi avaient disparu, que je la possédais, que j'occupais un peu sa pensée, que j'avais dans ma poche la clef de son appartement et le droit de me servir de cette clef, j'étais content de la vie, fier de moi, et j'aimais Dieu qui permettait tout cela.

Un jour un jeune homme passe dans une rue, il y coudoie une femme, il la regarde, il se retourne, il passe. Cette femme, il ne la connaît pas, elle a des plaisirs, des chagrins, des amours où il n'a aucune part. Il n'existe pas pour elle, et peut-être, s'il lui parlait, se moquerait-elle de lui comme Marguerite avait fait de moi. Des semaines, des mois, des années s'écoulent, et tout à coup, quand ils ont suivi chacun leur destinée dans un ordre différent, la logique du hasard les ramène en face l'un de l'autre. Cette femme devient la maîtresse de cet homme et l'aime. Comment ? pourquoi ? leurs deux existences n'en font plus qu'une ; à peine l'intimité existe-t-elle, qu'elle leur semble avoir existé toujours, et tout ce qui a précédé s'efface de la mémoire des deux amants. C'est curieux, avouons-le.

Quant à moi, je ne me rappelais plus comment j'avais

vécu avant la veille. Tout mon être s'exaltait en joie au souvenir des mots échangés pendant cette première nuit. Ou Marguerite était habile à tromper, ou elle avait pour moi une de ces passions subites qui se révèlent dès le premier baiser, et qui meurent quelquefois, du reste, comme elles sont nées.

Plus j'y réfléchissais, plus je me disais que Marguerite n'avait aucune raison de feindre un amour qu'elle n'aurait pas ressenti, et je me disais aussi que les femmes ont deux façons d'aimer qui peuvent résulter l'une de l'autre : elles aiment avec le cœur ou avec les sens. Souvent une femme prend un amant pour obéir à la seule volonté de ses sens, et apprend sans s'y être attendue le mystère de l'amour immatériel et ne vit plus que par son cœur, souvent une jeune fille, ne cherchant dans le mariage que la réunion de deux affections pures, reçoit cette soudaine révélation de l'amour physique, cette énergique conclusion des plus chastes impressions de l'âme.

Je m'endormis au milieu de ces pensées. Je fus réveillé par une lettre de Marguerite, lettre contenant ces mots :

« Voici mes ordres : Ce soir au Vaudeville*. Venez pendant le troisième entracte.

« M.G. »

Je serrai ce billet dans un tiroir, afin d'avoir toujours la réalité sous la main, dans le cas où je douterais, comme cela m'arrivait par moments.

Elle ne me disait pas de l'aller voir dans le jour, je n'osai me présenter chez elle ; mais j'avais un si grand désir de la rencontrer avant le soir que j'allai aux Champs-Élysées, où, comme la veille, je la vis passer et redescendre.

À sept heures, j'étais au Vaudeville.

Jamais je n'étais entré si tôt dans un théâtre.

Toutes les loges s'emplirent les unes après les autres. Une seule restait vide : l'avant-scène du rez-de-chaussée.

Au commencement du troisième acte, j'entendis ouvrir la porte de cette loge, sur laquelle j'avais presque constamment les yeux fixés, Marguerite parut.

Elle passa tout de suite sur le devant, chercha à l'orchestre, m'y vit et me remercia du regard.

Elle était merveilleusement belle ce soir-là.

Étais-je la cause de cette coquetterie ? M'aimait-elle assez pour croire que, plus je la trouverais belle, plus je serais heureux ? Je l'ignorais encore ; mais si telle avait été son intention, elle réussissait, car lorsqu'elle se montra, les têtes ondulèrent les unes vers les autres, et l'acteur alors en scène regarda lui-même celle qui troublait ainsi les spectateurs par sa seule apparition.

Et j'avais la clef de l'appartement de cette femme, et dans trois ou quatre heures elle allait de nouveau être à moi.

On blâme ceux qui se ruinent pour des actrices et des femmes entretenues ; ce qui m'étonne, c'est qu'ils ne fassent pas pour elles vingt fois plus de folies. Il faut avoir vécu, comme moi, de cette vie-là pour savoir combien les petites vanités de tous les jours qu'elles donnent à leur amant soudent fortement dans le cœur, puisque nous n'avons pas d'autre mot, l'amour qu'il a pour elle.

Prudence prit place ensuite dans la loge, et un homme que je reconnus pour le comte de G... s'assit au fond.

À sa vue, un froid me passa sur le cœur.

Sans doute Marguerite s'apercevait de l'impression produite sur moi par la présence de cet homme dans sa loge, car elle me sourit de nouveau, et, tournant le dos au comte, elle parut fort attentive à la pièce. Au troisième entracte, elle se retourna, dit deux mots ; le comte quitta la loge, et Marguerite me fit signe de venir la voir.

« Bonsoir, me dit-elle quand j'entrai, et elle me tendit la main.

— Bonsoir, répondis-je en m'adressant à Marguerite et à Prudence.

— Asseyez-vous.

— Mais je prends la place de quelqu'un. Est-ce que M. le comte de G... ne va pas revenir ?

— Si ; je l'ai envoyé me chercher des bonbons pour que nous puissions causer seuls un instant. Mme Duvernoy est dans la confidence.

— Oui, mes enfants, dit celle-ci ; mais soyez tranquilles, je ne dirai rien.

— Qu'avez-vous donc ce soir ? dit Marguerite en se levant et en venant dans l'ombre de la loge m'embrasser sur le front.

— Je suis un peu souffrant.

— Il faut aller vous coucher, reprit-elle avec cet air ironique si bien fait pour sa tête fine et spirituelle.

— Où ?

— Chez vous.

— Vous savez bien que je n'y dormirai pas.

— Alors il ne faut pas venir nous faire la moue ici parce que vous avez vu un homme dans ma loge.

— Ce n'est pas pour cette raison.

— Si fait*, je m'y connais, et vous avez tort ; ainsi ne parlons plus de cela. Vous viendrez après le spectacle chez Prudence, et vous resterez jusqu'à ce que je vous appelle. Entendez-vous ?

— Oui. »

Est-ce que je pouvais désobéir ?

« Vous m'aimez toujours ? reprit-elle.

— Vous me le demandez !

— Vous avez pensé à moi ?

— Tout le jour.

— Savez-vous que je crains décidément de devenir amoureuse de vous ? Demandez plutôt à Prudence.

— Ah ! répondit la grosse fille, c'en est assommant.

— Maintenant, vous allez retourner à votre stalle ; le comte va rentrer, et il est inutile qu'il vous trouve ici.

— Pourquoi ?

— Parce que cela vous est désagréable de le voir.

— Non ; seulement si vous m'aviez dit désirer venir au Vaudeville ce soir, j'aurais pu vous envoyer cette loge aussi bien que lui.

— Malheureusement, il me l'a apportée sans que je la lui demande, en m'offrant de m'accompagner. Vous le savez très bien, je ne pouvais pas refuser. Tout ce que je pouvais faire, c'était de vous écrire où j'allais pour que vous me vissiez, et parce que moi-même j'avais du plaisir à vous revoir plus tôt ; mais puisque c'est ainsi que vous me remerciez, je profite de la leçon.

— J'ai tort, pardonnez-moi.

— À la bonne heure, retournez gentiment à votre place, et surtout ne faites plus le jaloux. »

Elle m'embrassa de nouveau, et je sortis.

Dans le couloir, je rencontrai le comte qui revenait.

Je retournai à la stalle.

Après tout, la présence de M. de G... dans la loge de Marguerite était la chose la plus simple. Il avait été son amant, il lui apportait une loge, il l'accompagnait au spectacle, tout cela était fort naturel, et du moment où j'avais pour maîtresse une fille comme Marguerite, il me fallait bien accepter ses habitudes.

Je n'en fus pas moins très malheureux le reste de la soirée, et j'étais fort triste en m'en allant, après avoir vu Prudence, le comte et Marguerite monter dans la calèche qui les attendait à la porte.

Et cependant un quart d'heure après j'étais chez Prudence. Elle rentrait à peine.

XIII

« Vous êtes venu presque aussi vite que nous, me dit
Prudence.

— Oui, répondis-je machinalement. Où est Marguerite ?

— Chez elle.

— Toute seule ?

— Avec M. de G... »

Je me promenai à grands pas dans le salon.

« Eh bien, qu'avez-vous ?

— Croyez-vous que je trouve drôle d'attendre ici que
M. de G... sorte de chez Marguerite ?

— Vous n'êtes pas raisonnable non plus. Comprenez donc que Marguerite ne peut pas mettre le comte
à la porte. M. de G... a été longtemps avec elle, il lui
a toujours donné beaucoup d'argent ; il lui en donne
encore. Marguerite dépense plus de cent mille francs
par an ; elle a beaucoup de dettes. Le duc lui envoie
ce qu'elle lui demande, mais elle n'ose pas toujours lui
demander tout ce dont elle a besoin. Il ne faut pas
qu'elle se brouille avec le comte qui lui fait une dizaine
de mille francs par an au moins. Marguerite vous aime
bien, mon cher ami, mais votre liaison avec elle, dans
son intérêt et dans le vôtre, ne doit pas être sérieuse.
Ce n'est pas avec vos sept ou huit mille francs de
pension* que vous soutiendrez le luxe de cette fille-là ;
ils ne suffiraient pas à l'entretien de sa voiture. Prenez
Marguerite pour ce qu'elle est, pour une bonne fille spirituelle et jolie ; soyez son amant pendant un mois,
deux mois ; donnez-lui des bouquets, des bonbons et
des loges, mais ne vous mettez rien de plus en tête, et
ne lui faites pas des scènes de jalousie ridicules. Vous

savez bien à qui vous avez affaire ; Marguerite n'est
pas une vertu*. Vous lui plaisez, vous l'aimez bien, ne
vous inquiétez pas du reste. Je vous trouve charmant
de faire le susceptible ! vous avez la plus agréable maîtresse de Paris ! Elle vous reçoit dans un appartement
magnifique, elle est couverte de diamants, elle ne vous
coûtera pas un sou, si vous le voulez, et vous n'êtes
pas content. Que diable ! vous en demandez trop.

— Vous avez raison, mais c'est plus fort que moi,
l'idée que cet homme est son amant me fait un mal
affreux.

— D'abord, reprit Prudence, est-il encore son
amant ? C'est un homme dont elle a besoin, voilà tout.

« Depuis deux jours, elle lui fait fermer sa porte ;
il est venu ce matin, elle n'a pas pu faire autrement que
d'accepter sa loge et de le laisser l'accompagner. Il l'a
reconduite, il monte un instant chez elle, il n'y reste
pas, puisque vous attendez ici. Tout cela est bien naturel, il me semble. D'ailleurs vous acceptez bien le duc ?

— Oui, mais celui-là est un vieillard, et je suis sûr
que Marguerite n'est pas sa maîtresse. Puis, on peut
souvent accepter une liaison et n'en pas accepter deux.
Cette facilité ressemble trop à un calcul et rapproche
l'homme qui y consent, même par amour, de ceux qui,
un étage plus bas, font un métier de ce consentement
et un profit de ce métier.

— Ah ! mon cher, que vous êtes arriéré ! combien
en ai-je vus, et des plus nobles, des plus élégants, des
plus riches, faire ce que je vous conseille, et cela sans
efforts, sans honte, sans remords ! Mais cela se voit
tous les jours. Mais comment voudriez-vous que les
femmes entretenues de Paris fissent pour soutenir le
train qu'elles mènent, si elles n'avaient pas trois ou
quatre amants à la fois ? Il n'y a pas de fortune, si
considérable qu'elle soit, qui puisse subvenir seule aux
dépenses d'une femme comme Marguerite. Une fortune
de cinq cent mille francs de rente est une fortune
énorme en France ; eh bien, mon cher ami, cinq cent
mille francs de rente n'en viendraient pas à bout, et

voici pourquoi : Un homme qui a un pareil revenu a une maison montée, des chevaux, des domestiques, des voitures, des chasses, des amis ; souvent il est marié, il a des enfants, il fait courir, il joue, il voyage, que sais-je, moi ! Toutes ces habitudes sont prises de telle façon qu'il ne peut s'en défaire sans passer pour être ruiné et sans faire scandale. Tout compte fait, avec cinq cent mille francs par an, il ne peut pas donner à une femme plus de quarante ou cinquante mille francs dans l'année, et encore c'est beaucoup. Eh bien, d'autres amours complètent la dépense annuelle de la femme. Avec Marguerite, c'est encore plus commode ; elle est tombée par un miracle du ciel sur un vieillard riche à dix millions, dont la femme et la fille sont mortes, qui n'a plus que des neveux riches eux-mêmes, qui lui donne tout ce qu'elle veut sans rien lui demander en échange ; mais elle ne peut pas lui demander plus de soixante-dix mille francs par an, et je suis sûre que si elle lui en demandait davantage, malgré sa fortune et l'affection qu'il a pour elle, il le lui refuserait.

« Tous ces jeunes gens ayant vingt ou trente mille livres de rente à Paris, c'est-à-dire à peine de quoi vivre dans le monde qu'ils fréquentent, savent très bien, quand ils sont les amants d'une femme comme Marguerite, qu'elle ne pourrait pas seulement payer son appartement et ses domestiques avec ce qu'ils lui donnent. Ils ne lui disent pas qu'ils le savent, ils ont l'air de ne rien voir, et quand ils en ont assez ils s'en vont. S'ils ont la vanité de suffire à tout, ils se ruinent comme des sots et vont se faire tuer en Afrique* après avoir laissé cent mille francs de dettes à Paris. Croyez-vous que la femme leur en soit reconnaissante ? Pas le moins du monde. Au contraire, elle dit qu'elle leur a sacrifié sa position et que pendant qu'elle était avec eux, elle perdait de l'argent. Ah ! vous trouvez tous ces détails honteux, n'est-ce pas ? ils sont vrais. Vous êtes un charmant garçon, que j'aime de tout mon cœur, je vis depuis vingt ans parmi les femmes entretenues, je sais ce qu'elles sont et ce qu'elles valent, et je ne voudrais pas vous voir prendre au sérieux le caprice qu'une jolie fille a pour vous.

« Puis, outre cela, admettons, continua Prudence, que Marguerite vous aime assez pour renoncer au comte et au duc, dans le cas où celui-ci s'apercevrait de votre liaison et lui dirait de choisir entre vous et lui, le sacrifice qu'elle vous ferait serait énorme, c'est incontestable. Quel sacrifice égal pourriez-vous lui faire, vous ? quand la satiété serait venue, quand vous n'en voudriez plus enfin, que feriez-vous pour la dédommager de ce que vous lui auriez fait perdre ! Rien. Vous l'auriez isolée du monde dans lequel étaient sa fortune et son avenir, elle vous aurait donné ses plus belles années, et elle serait oubliée. Ou vous seriez un homme ordinaire, alors, lui jetant son passé à la face, vous lui diriez qu'en la quittant vous ne faites qu'agir comme ses autres amants, et vous l'abandonneriez à une misère certaine ; ou vous seriez un honnête homme, et vous croyant forcé de la garder auprès de vous, vous vous livreriez vous-même à un malheur inévitable, car cette liaison, excusable chez le jeune homme, ne l'est plus chez l'homme mûr. Elle devient un obstacle à tout, elle ne permet ni la famille, ni l'ambition, ces secondes et dernières amours de l'homme. Croyez-m'en donc, mon ami, prenez les choses pour ce qu'elles valent, les femmes pour ce qu'elles sont, et ne donnez pas à une fille entretenue le droit de se dire votre créancière en quoi que ce soit. »

C'était sagement raisonné et d'une logique dont j'aurais cru Prudence incapable. Je ne trouvai rien à lui répondre, sinon qu'elle avait raison ; je lui donnai la main et la remerciai de ses conseils.

« Allons, allons, me dit-elle, chassez-moi ces mauvaises théories, et riez ; la vie est charmante, mon cher, c'est selon le verre par lequel on la regarde. Tenez, consultez votre ami Gaston, en voilà un qui me fait l'effet de comprendre l'amour comme je le comprends. Ce dont il faut que vous soyez convaincu, sans quoi vous deviendrez un garçon insipide, c'est qu'il y a à côté d'ici une belle fille qui attend impatiemment que l'homme qui est chez elle s'en aille, qui pense à vous, qui vous garde sa nuit et qui vous aime, j'en suis certaine. Maintenant venez vous mettre à la fenêtre avec moi, et regardons partir le comte qui ne va pas tarder à nous laisser la place. »

Prudence ouvrit une fenêtre, et nous nous accoudâmes à côté l'un de l'autre sur le balcon.

Elle regardait les rares passants, moi je rêvais.

Tout ce qu'elle m'avait dit me bourdonnait dans la tête, et je ne pouvais m'empêcher de convenir qu'elle avait raison ; mais l'amour réel que j'avais pour Marguerite avait peine à s'accommoder de cette raison-là. Aussi poussais-je de temps en temps des soupirs qui faisaient retourner Prudence, et lui faisaient hausser les épaules comme un médecin qui désespère d'un malade.

« Comme on s'aperçoit que la vie doit être courte, disais-je en moi-même, par la rapidité des sensations ! Je ne connais Marguerite que depuis deux jours, elle n'est ma maîtresse que depuis hier, et elle a déjà tellement envahi ma pensée, mon cœur et ma vie, que la visite de ce comte de G... est un malheur pour moi. »

Enfin le comte sortit, remonta dans sa voiture et disparut. Prudence ferma sa fenêtre.

Au même moment Marguerite nous appelait.

« Venez vite, on met la table, disait-elle, nous allons souper. »

Quand j'entrai chez elle, Marguerite courut à moi, me sauta au cou et m'embrassa de toutes ses forces.

« Sommes-nous toujours maussade ? me dit-elle.

— Non, c'est fini, répondit Prudence, je lui ai fait de la morale, et il a promis d'être sage.

— À la bonne heure ! »

Malgré moi, je jetai les yeux sur le lit, il n'était pas défait : quant à Marguerite, elle était déjà en peignoir blanc.

On se mit à table.

Charme, douceur, expansion, Marguerite avait tout, et j'étais bien forcé de temps en temps de reconnaître

que je n'avais pas le droit de lui demander autre chose ;
que bien des gens seraient heureux à ma place, et que,
comme le berger de Virgile, je n'avais qu'à jouir des
loisirs qu'un dieu ou plutôt qu'une déesse me faisait.

J'essayai de mettre en pratique les théories de Prudence et d'être aussi gai que mes deux compagnes ; mais
ce qui chez elles était nature, chez moi était effort, et
le rire nerveux que j'avais, et auquel elles se trompè-
rent, touchait de bien près aux larmes.

Enfin le souper cessa, et je restai seul avec Marguerite. Elle alla, comme elle en avait l'habitude, s'asseoir
sur son tapis devant le feu et regarder d'un air triste
la flamme du foyer.

Elle songeait ! À quoi ? je l'ignore ; moi, je la regardais avec amour et presque avec terreur en pensant à
ce que j'étais prêt à souffrir pour elle.

« Sais-tu à quoi je pensais ?

— Non.

— À une combinaison que j'ai trouvée.

— Et quelle est cette combinaison ?

— Je ne puis pas encore te la confier, mais je puis
te dire ce qui en résulterait. Il en résulterait que dans
un mois d'ici je serais libre, je ne devrais plus rien, et
nous irions passer ensemble l'été à la campagne.

— Et vous ne pouvez pas me dire par quel moyen ?

— Non, il faut seulement que tu m'aimes comme je
t'aime, et tout réussira.

— Et c'est vous seule qui avez trouvé cette combinaison ?

— Oui.

— Et vous l'exécuterez seule ?

— Moi seule aurai les ennuis, me dit Marguerite avec
un sourire que je n'oublierai jamais, mais nous parta-
gerons les bénéfices. »

Je ne pus m'empêcher de rougir à ce mot de bénéfices ; je me rappelai Manon Lescaut mangeant avec
Des Grieux l'argent de M. de B...

Je répondis d'un ton un peu dur et en me levant :

« Vous me permettrez, ma chère Marguerite, de ne

partager les bénéfices que des entreprises que je conçois et que j'exploite moi-même.

— Qu'est-ce que cela signifie ?

— Cela signifie que je soupçonne fort M. le comte de G... d'être votre associé dans cette heureuse combinaison dont je n'accepte ni les charges ni les bénéfices.

— Vous êtes un enfant. Je croyais que vous m'aimiez, je me suis trompée, c'est bien. »

Et, en même temps, elle se leva, ouvrit son piano et se remit à jouer l'*Invitation à la valse*, jusqu'à ce fameux passage en majeur qui l'arrêtait toujours.

Était-ce par habitude, ou pour me rappeler le jour où nous nous étions connus ? Tout ce que je sais, c'est qu'avec cette mélodie les souvenirs me revinrent, et, m'approchant d'elle, je lui pris la tête entre mes mains et l'embrassai.

« Vous me pardonnez ? lui dis-je.

— Vous le voyez bien, me répondit-elle ; mais remarquez que nous n'en sommes qu'au second jour, et que déjà j'ai quelque chose à vous pardonner. Vous tenez bien mal vos promesses d'obéissance aveugle.

— Que voulez-vous, Marguerite, je vous aime trop, et je suis jaloux de la moindre de vos pensées. Ce que vous m'avez proposé tout à l'heure me rendrait fou de joie, mais le mystère qui précède l'exécution de ce projet me serre le cœur.

— Voyons, raisonnons un peu, reprit-elle en me prenant les deux mains et en me regardant avec un charmant sourire auquel il m'était impossible de résister ; vous m'aimez, n'est-ce pas, et vous seriez heureux de passer trois ou quatre mois à la campagne avec moi seule ; moi aussi, je serais heureuse de cette solitude à deux, non seulement j'en serais heureuse, mais j'en ai besoin pour ma santé. Je ne puis quitter Paris pour un si long temps sans mettre ordre à mes affaires, et les affaires d'une femme comme moi sont toujours très embrouillées ; eh bien, j'ai trouvé le moyen de tout concilier, mes affaires et mon amour pour vous, oui, pour vous, ne riez pas, j'ai la folie de vous aimer ! et voilà que vous prenez vos grands airs et me dites des grands mots. Enfant, trois fois enfant, rappelez-vous seulement que je vous aime, et ne vous inquiétez de rien. — Est-ce convenu, voyons ?

— Tout ce que vous voulez est convenu, vous le savez bien.

— Alors, avant un mois, nous serons dans quelque village, à nous promener au bord de l'eau et à boire du lait. Cela vous semble étrange que je parle ainsi, moi, Marguerite Gautier ; cela vient, mon ami, de ce que quand cette vie de Paris, qui semble me rendre si heureuse, ne me brûle pas, elle m'ennuie, et alors j'ai des aspirations soudaines vers une existence plus calme qui me rappellerait mon enfance. On a toujours eu une enfance, quoi que l'on soit devenue. Oh ! soyez tranquille, je ne vais pas vous dire que je suis la fille d'un colonel en retraite et que j'ai été élevée à Saint-Denis*. Je suis une pauvre fille de la campagne, et je ne savais pas écrire mon nom il y a six ans. Vous voilà rassuré, n'est-ce pas ? Pourquoi est-ce à vous le premier à qui je m'adresse pour partager la joie du désir qui m'est venu ? Sans doute parce que j'ai reconnu que vous m'aimiez pour moi et non pour vous, tandis que les autres ne m'ont jamais aimée que pour eux.

« J'ai été bien souvent à la campagne, mais jamais comme j'aurais voulu y aller. C'est sur vous que je compte pour ce bonheur facile, ne soyez donc pas méchant et accordez-le-moi. Dites-vous ceci : "Elle ne doit pas vivre vieille, et je me repentirais un jour de n'avoir pas fait pour elle la première chose qu'elle m'a demandée, et qu'il était si facile de faire." »

Que répondre à de pareilles paroles, surtout avec le souvenir d'une première nuit d'amour, et dans l'attente d'une seconde ?

Une heure après, je tenais Marguerite dans mes bras, et elle m'eût demandé de commettre un crime que je lui eusse obéi.

À six heures du matin je partis, et avant de partir je lui dis :

« À ce soir ? »

Elle m'embrassa plus fort, mais elle ne me répondit pas.

Dans la journée, je reçus une lettre qui contenait ces mots :

« Cher enfant, je suis un peu souffrante, et le médecin m'ordonne le repos. Je me coucherai de bonne heure ce soir et ne vous verrai pas. Mais, pour vous récompenser, je vous attendrai demain à midi. Je vous aime. »

Mon premier mot fut : « Elle me trompe ! »

Une sueur glacée passa sur mon front, car j'aimais déjà trop cette femme pour que ce soupçon ne me bouleversât point.

Et cependant je devais m'attendre à cet événement presque tous les jours avec Marguerite, et cela m'était arrivé souvent avec mes autres maîtresses, sans que je m'en préoccupasse fort. D'où venait donc l'empire que cette femme prenait sur ma vie ?

Alors je songeai, puisque j'avais la clef de chez elle, à aller la voir comme de coutume. De cette façon je saurais bien vite la vérité, et si je trouvais un homme, je le souffletterais.

En attendant j'allai aux Champs-Élysées. J'y restai quatre heures. Elle ne parut pas. Le soir, j'entrai dans tous les théâtres où elle avait l'habitude d'aller. Elle n'était dans aucun.

À onze heures, je me rendis rue d'Antin.

Il n'y avait pas de lumière aux fenêtres de Marguerite. Je sonnai néanmoins.

Le portier me demanda où j'allais.

« Chez Mlle Gautier, lui dis-je.

— Elle n'est pas rentrée.

— Je vais monter l'attendre.

— Il n'y a personne chez elle. »

Évidemment c'était là une consigne que je pouvais forcer puisque j'avais la clef, mais je craignis un esclandre ridicule, et je sortis.

Seulement, je ne rentrai pas chez moi, je ne pouvais quitter la rue, et ne perdais pas des yeux la maison de Marguerite. Il me semblait que j'avais encore quelque chose à apprendre, ou du moins que mes soupçons allaient se confirmer.

Vers minuit, un coupé que je connaissais bien s'arrêta vers le numéro 9.

Le comte de G... en descendit et entra dans la maison, après avoir congédié sa voiture.

Un moment j'espérai que, comme à moi, on allait lui dire que Marguerite n'était pas chez elle, et que j'allais le voir sortir ; mais à quatre heures du matin j'attendais encore.

J'ai bien souffert depuis trois semaines, mais ce n'est rien, je crois, en comparaison de ce que je souffris cette nuit-là.

XIV

Rentré chez moi, je me mis à pleurer comme un enfant. Il n'y a pas d'homme qui n'ait été trompé au moins une fois, et qui ne sache ce que l'on souffre.

Je me dis, sous le poids de ces résolutions de la fièvre que l'on croit toujours avoir la force de tenir, qu'il fallait rompre immédiatement avec cet amour, et j'attendis le jour avec impatience pour aller retenir ma place, retourner auprès de mon père et de ma sœur, double amour dont j'étais certain, et qui ne me tromperait pas, lui.

Cependant, je ne voulais pas partir sans que Marguerite sût bien pourquoi je partais. Seul, un homme qui n'aime décidément plus sa maîtresse la quitte sans lui écrire.

Je fis et refis vingt lettres dans ma tête.

J'avais eu affaire à une fille semblable à toutes les filles entretenues, je l'avais beaucoup trop poétisée, elle m'avait traité en écolier, en employant, pour me tromper, une ruse d'une simplicité insultante, c'était clair. Mon amour-propre prit alors le dessus. Il fallait quitter cette femme sans lui donner la satisfaction de savoir ce que cette rupture me faisait souffrir, et voici ce que je lui écrivis de mon écriture la plus élégante, et des larmes de rage et de douleur dans les yeux :

« Ma chère Marguerite,

« J'espère que votre indisposition d'hier aura été peu de chose. J'ai été, à onze heures du soir, demander de vos nouvelles, et l'on m'a répondu que vous n'étiez pas rentrée. M. de G... a été plus heureux que moi, car il s'est présenté quelques instants après, et à quatre heures du matin il était encore chez vous.

« Pardonnez-moi les quelques heures ennuyeuses que je vous ai fait passer, et soyez sûre que je n'oublierai jamais les moments heureux que je vous dois.

« Je serai bien allé savoir de vos nouvelles aujourd'hui, mais je compte retourner près de mon père.

« Adieu, ma chère Marguerite ; je ne suis ni assez riche pour vous aimer comme je le voudrais, ni assez pauvre pour vous aimer comme vous le voudriez. Oublions donc, vous, un nom qui doit vous être à peu près indifférent, moi, un bonheur qui me devient impossible.

« Je vous renvoie votre clef, qui ne m'a jamais servi et qui pourra vous être utile, si vous êtes souvent malade comme vous l'étiez hier. »

Vous le voyez, je n'avais pas eu la force de finir cette lettre sans une impertinente ironie, ce qui prouvait combien j'étais encore amoureux.

Je lus et relus dix fois cette lettre, et l'idée qu'elle ferait de la peine à Marguerite me calma un peu. J'essayai de m'enhardir dans les sentiments qu'elle affectait, et quand, à huit heures, mon domestique entra chez moi, je la lui remis pour qu'il la portât tout de suite.

« Faudra-t-il attendre une réponse ? me demanda Joseph (mon domestique s'appelait Joseph, comme tous les domestiques).

— Si l'on vous demande s'il y a une réponse, vous direz que vous n'en savez rien et vous attendrez. »

Je me rattachais à cette espérance qu'elle allait me répondre.

Pauvres et faibles que nous sommes !

Tout le temps que mon domestique resta dehors, je fus dans une agitation extrême. Tantôt me rappelant comment Marguerite s'était donnée à moi, je me demandais de quel droit je lui écrivais une lettre impertinente, quand elle pouvait me répondre que ce n'était pas M. de G... qui me trompait, mais moi qui trompais M. de G... ; raisonnement qui permet à bien des femmes d'avoir plusieurs amants. Tantôt, me rappelant les serments de cette fille, je voulais me convaincre que ma lettre était trop douce encore et qu'il n'y avait pas d'expressions assez fortes pour flétrir une femme qui se riait d'un amour aussi sincère que le mien. Puis, je me disais que j'aurais mieux fait de ne pas lui écrire, d'aller chez elle dans la journée, et que, de cette façon, j'aurais joui des larmes que je lui aurais fait répandre.

Enfin, je me demandais ce qu'elle allait me répondre, déjà prêt à croire l'excuse qu'elle me donnerait.

Joseph revint.

« Eh bien ? lui dis-je.

— Monsieur, me répondit-il, madame était couchée et dormait encore, mais dès qu'elle sonnera, on lui remettra la lettre, et s'il y a une réponse on l'apportera. »

Elle dormait !

Vingt fois je fus sur le point de renvoyer chercher cette lettre, mais je me disais toujours :

« On la lui a peut-être déjà remise, et j'aurais l'air de me repentir. »

Plus l'heure à laquelle il était vraisemblable qu'elle me répondît approchait, plus je regrettais d'avoir écrit.

Dix heures, onze heures, midi sonnèrent.

À midi, je fus au moment d'aller au rendez-vous, comme si rien ne s'était passé. Enfin, je ne savais qu'imaginer pour sortir du cercle de fer qui m'étreignait.

Alors, je crus, avec cette superstition des gens qui attendent, que, si je sortais un peu, à mon retour je trouverais une réponse. Les réponses impatiemment attendues arrivent toujours quand on n'est pas chez soi.

Je sortis sous prétexte d'aller déjeuner.

Au lieu de déjeuner au café Foy*, au coin du boulevard, comme j'avais l'habitude de le faire, je préférai aller déjeuner au Palais-Royal* et passer par la rue

rue d'Antin. Chaque fois que de loin j'apercevais une femme, je croyais voir Nanine m'apportant une réponse. Je passai rue d'Antin sans avoir même rencontré un commissionnaire. J'arrivai au Palais-Royal, j'entrai chez Véry*. Le garçon me fit manger ou plutôt me servit ce qu'il voulut, car je ne mangeai pas.

Malgré moi, mes yeux se fixaient toujours sur la pendule.

Je rentrai, convaincu que j'allais trouver une lettre de Marguerite.

Le portier n'avait rien reçu. J'espérais encore dans mon domestique. Celui-ci n'avait vu personne depuis mon départ.

Si Marguerite avait dû me répondre, elle m'eût répondu depuis longtemps.

Alors, je me mis à regretter les termes de ma lettre ; j'aurais dû me taire complètement, ce qui eût sans doute fait faire une démarche à son inquiétude ; car, ne me voyant pas venir au rendez-vous la veille, elle m'eût demandé les raisons de mon absence, et alors seulement j'eusse dû les lui donner. De cette façon, elle n'eût pu faire autrement que de se disculper, et ce que je voulais, c'était qu'elle se disculpât. Je sentais déjà que quelques raisons qu'elle m'eût objectées, je les aurais crues, et que j'aurais mieux tout aimé que de ne plus la voir.

J'en arrivai à croire qu'elle allait venir elle-même chez moi, mais les heures se passèrent et elle ne vint pas.

Décidément, Marguerite n'était pas comme toutes les femmes, car il y en a bien peu qui, en recevant une lettre semblable à celle que je venais d'écrire, ne répondent pas quelque chose.

À cinq heures, je courus aux Champs-Élysées.

« Si je la rencontre, pensais-je, j'affecterai un air indifférent, et elle sera convaincue que je ne songe déjà plus à elle. »

Au tournant de la rue Royale*, je la vis passer dans sa voiture ; la rencontre fut si brusque que je pâlis. J'ignore si elle vit mon émotion ; moi, j'étais si troublé que je ne vis que sa voiture.

Je ne continuai pas ma promenade aux Champs-Élysées. Je regardai les affiches des théâtres, car j'avais encore une chance de la voir.

Il y avait une première représentation au Palais-Royal. Marguerite devait évidemment y assister.

J'étais au théâtre à sept heures.

Toutes les loges s'emplirent, mais Marguerite ne parut pas.

Alors, je quittai le Palais-Royal, et j'entrai dans tous les théâtres où elle allait le plus souvent, au Vaudeville, aux Variétés, à l'Opéra-Comique.

Elle n'était nulle part.

Ou ma lettre lui avait fait trop de peine pour qu'elle s'occupât de spectacle, ou elle craignait de se trouver avec moi, et voulait éviter une explication.

Voilà ce que ma vanité me soufflait sur le boulevard, quand je rencontrai Gaston qui me demanda d'où je venais.

« Du Palais-Royal.

— Et moi de l'Opéra, me dit-il ; je croyais même vous y voir.

— Pourquoi ?

— Parce que Marguerite y était.

— Ah ! elle y était ?

— Oui.

— Seule ?

— Non, avec une de ses amies.

— Voilà tout ?

— Le comte de G... est venu un instant dans sa loge ; mais elle s'en est allée avec le duc. À chaque instant je croyais vous voir paraître. Il y avait à côté de moi une stalle qui est restée vide toute la soirée, et j'étais convaincu qu'elle était louée par vous.

— Mais pourquoi irais-je où Marguerite va ?

— Parce que vous êtes son amant, pardieu !

— Et qui vous a dit cela ?

— Prudence, que j'ai rencontrée hier. Je vous en félicite, mon cher ; c'est une jolie maîtresse que n'a pas qui veut. Gardez-la, elle vous fera honneur. »

Cette simple réflexion de Gaston me montra combien mes susceptibilités étaient ridicules.

Si je l'avais rencontré la veille et qu'il m'eût parlé ainsi, je n'eusse certainement pas écrit la sotte lettre du matin.

Je fus au moment d'aller chez Prudence et de l'envoyer dire à Marguerite que j'avais à lui parler ; mais je craignis que pour se venger elle ne me répondît qu'elle ne pouvait pas me recevoir, et je rentrai chez moi après être passé par la rue d'Antin.

Je demandai de nouveau à mon portier s'il avait une lettre pour moi.

Rien !

Elle aura voulu voir si je ferais quelque nouvelle démarche et si je rétracterais ma lettre aujourd'hui, me dis-je en me couchant, mais voyant que je ne lui écris pas, elle m'écrira demain.

Ce soir-là surtout je me repentis de ce que j'avais fait. J'étais seul chez moi, ne pouvant dormir, dévoré d'inquiétude et de jalousie quand, en laissant suivre aux choses leur véritable cours, j'aurais dû être auprès de Marguerite et m'entendre dire les mots charmants que je n'avais entendus que deux fois, et qui me brûlaient les oreilles dans ma solitude.

Ce qu'il y avait d'affreux dans ma situation, c'est que le raisonnement me donnait tort ; en effet, tout me disait que Marguerite m'aimait. D'abord, ce projet de passer un été avec moi seul à la campagne, puis cette certitude que rien ne la forçait à être ma maîtresse, puisque ma fortune était insuffisante à ses besoins et même à ses caprices. Il n'y avait donc eu chez elle que l'espérance de trouver en moi une affection sincère, capable de la reposer des amours mercenaires au milieu desquelles elle vivait, et dès le second jour je détruisais cette espérance, et je payais en ironie impertinente l'amour accepté pendant deux nuits. Ce que je faisais était donc plus que ridicule, c'était indélicat. Avais-je seulement payé cette femme, pour avoir le droit de blâmer sa vie, et n'avais-je pas l'air, en me retirant dès le second jour, d'un parasite d'amour qui craint qu'on ne lui donne la carte de son dîner ? Comment ! il y avait trente-six heures que je connaissais Marguerite ; il y en avait vingt-quatre que j'étais son amant, et je faisais le susceptible ; et au lieu de me trouver trop heureux qu'elle partageât pour moi, je voulais avoir tout à moi seul, et la contraindre à briser d'un coup les relations de son passé qui étaient les revenus de son avenir. Qu'avais-je à lui reprocher ? Rien. Elle m'avait écrit qu'elle était souffrante, quand elle eût pu me dire tout crûment, avec la hideuse franchise de certaines femmes, qu'elle avait un amant à recevoir ; et au lieu de croire à sa lettre, au lieu d'aller me promener dans toutes les rues de Paris, excepté dans la rue d'Antin ; au lieu de passer ma soirée avec mes amis et de me présenter le lendemain à l'heure qu'elle m'indiquait, je faisais l'Othello*, je l'espionnais, et je croyais la punir en ne la voyant plus. Mais elle devait être enchantée au contraire de cette séparation ; mais elle devait me trouver souverainement sot, et son silence n'était pas même de la rancune ; c'était du dédain.

J'aurais dû alors faire à Marguerite un cadeau qui ne lui laissât aucun doute sur ma générosité, et qui m'eût permis, la traitant comme une fille entretenue, de me croire quitte avec elle ; mais j'eusse cru offenser par la moindre apparence de trafic, sinon l'amour qu'elle avait pour moi, du moins l'amour que j'avais pour elle, et puisque cet amour était si pur qu'il n'admettait pas le partage, il ne pouvait payer par un présent, si beau qu'il fût, le bonheur qu'on lui avait donné, si court qu'eût été ce bonheur.

Voilà ce que je me répétais la nuit, et ce qu'à chaque instant j'étais prêt à aller dire à Marguerite.

Quand le jour parut, je ne dormais pas encore, j'avais la fièvre ; il m'était impossible de penser à autre chose qu'à Marguerite.

Comme vous le comprenez, il fallait prendre un parti décisif, et en finir avec la femme ou avec mes scrupules, si toutefois elle consentait à me recevoir.

Mais, vous le savez, on retarde toujours un parti décisif : aussi, ne pouvant rester chez moi, n'osant me présenter chez Marguerite, j'essayai un moyen de me
rapprocher d'elle, moyen que mon amour-propre pourrait mettre sur le compte du hasard, dans le cas où il
réussirait.

Il était neuf heures ; je courus chez Prudence, qui
me demanda à quoi elle devait cette visite matinale.

Je n'osai pas lui dire franchement ce qui m'amenait.
Je lui répondis que j'étais sorti de bonne heure pour
retenir une place à la diligence de C... où demeurait
mon père.

« Vous êtes bien heureux, me dit-elle, de pouvoir
quitter Paris par ce beau temps-là. »

Je regardai Prudence, me demandant si elle se
moquait de moi.

Mais son visage était sérieux.

« Irez-vous dire adieu à Marguerite ? reprit-elle toujours sérieusement.

— Non.

— Vous faites bien.

— Vous trouvez ?

— Naturellement. Puisque vous avez rompu avec
elle, à quoi bon la revoir ?

— Vous savez donc notre rupture ?

— Elle m'a montré votre lettre.

— Et que vous a-t-elle dit ?

— Elle m'a dit : ''Ma chère Prudence, votre protégé
n'est pas poli : on pense ces lettres-là, mais on ne les
écrit pas.''

— Et de quel ton vous a-t-elle dit cela ?

— En riant et elle a ajouté :

''Il a soupé deux fois chez moi, et il ne me fait même
pas de visite de digestion.'' »

Voilà l'effet que ma lettre et mes jalousies avaient
produit. Je fus cruellement humilié dans la vanité de
mon amour.

« Et qu'a-t-elle fait hier au soir ?

— Elle est allée à l'Opéra.

— Je le sais. Et ensuite ?

— Elle a soupé chez elle.

— Seule ?

— Avec le comte de G..., je crois. »

Ainsi ma rupture n'avait rien changé dans les habitudes de Marguerite.

C'est pour ces circonstances-là que certaines gens vous disent :

« Il fallait ne plus penser à cette femme qui ne vous aimait pas. »

« Allons, je suis bien aise de voir que Marguerite ne se désole pas pour moi, repris-je avec un sourire forcé.

— Et elle a grandement raison. Vous avez fait ce que vous deviez faire, vous avez été plus raisonnable qu'elle, car cette fille-là vous aimait, elle ne faisait que parler de vous, et aurait été capable de quelque folie.

— Pourquoi ne m'a-t-elle pas répondu, puisqu'elle m'aime ?

— Parce qu'elle a compris qu'elle avait tort de vous aimer. Puis les femmes permettent quelquefois qu'on trompe leur amour, jamais qu'on blesse leur amour-propre, et l'on blesse toujours l'amour-propre d'une femme quand, deux jours après qu'on est son amant, on la quitte, quelles que soient les raisons que l'on donne à cette rupture, je connais Marguerite, elle mourrait plutôt que de vous répondre.

— Que faut-il que je fasse alors ?

— Rien. Elle vous oubliera, vous l'oublierez, et vous n'aurez rien à vous reprocher l'un à l'autre.

— Mais si je lui écrivais pour lui demander pardon ?

— Gardez-vous-en bien, elle vous pardonnerait. »

Je fus sur le point de sauter au cou de Prudence.

Un quart d'heure après, j'étais rentré chez moi et j'écrivais à Marguerite :

« Quelqu'un qui se repent d'une lettre qu'il a écrite hier, qui partira demain si vous ne lui pardonnez, voudrait savoir à quelle heure il pourra déposer son repentir à vos pieds.

« Quand vous trouvera-t-il seule ? car, vous le savez, les confessions doivent être faites sans témoins. »

Je pliai cette espèce de madrigal en prose, et je l'envoyai par Joseph, qui remit la lettre à Marguerite elle-même, laquelle lui répondit qu'elle répondrait plus tard.

Je ne sortis qu'un instant pour aller dîner, et à onze heures du soir je n'avais pas encore de réponse.

Je résolus alors de ne pas souffrir plus longtemps et de partir le lendemain.

En conséquence de cette résolution, convaincu que je ne m'endormirais pas si je me couchais, je me mis à faire mes malles.

XV

Il y avait à peu près une heure que Joseph et moi nous préparions tout pour mon départ, lorsqu'on sonna violemment à ma porte.

« Faut-il ouvrir ? me dit Joseph.

— Ouvrez, lui dis-je, me demandant qui pouvait venir à pareille heure chez moi, et n'osant croire que ce fût Marguerite.

— Monsieur, dit Joseph en rentrant, ce sont deux dames.

— C'est nous, Armand », me cria une voix que je reconnus pour celle de Prudence.

Je sortis de ma chambre.

Prudence, debout, regardait les quelques curiosités de mon salon ; Marguerite, assise sur le canapé, réfléchissait.

Quand j'entrai, j'allai à elle, je m'agenouillai, je lui pris les deux mains, et, tout ému, je lui dis : « Pardon. »

Elle m'embrassa au front et me dit :

« Voilà déjà trois fois que je vous pardonne.

— J'allais partir demain.

— En quoi ma visite peut-elle changer votre résolution ? Je ne viens pas pour vous empêcher de quitter Paris. Je viens parce que je n'ai pas eu dans la journée le temps de vous répondre, et que je n'ai pas voulu vous laisser croire que je fusse fâchée contre vous. Encore Prudence ne voulait-elle pas que je vinsse ; elle disait que je vous dérangerais peut-être.

— Vous, me déranger, vous, Marguerite ! et comment ?

— Dame ! vous pouviez avoir une femme chez vous,

répondit Prudence, et cela n'aurait pas été amusant pour elle d'en voir arriver deux. »

Pendant cette observation de Prudence, Marguerite me regardait attentivement.

« Ma chère Prudence, répondis-je, vous ne savez pas ce que vous dites.

— C'est qu'il est très gentil, votre appartement, répliqua Prudence ; peut-on voir la chambre à coucher ?

— Oui. »

Prudence passa dans ma chambre, moins pour la visiter que pour réparer la sottise qu'elle venait de dire, et nous laisser seuls, Marguerite et moi.

« Pourquoi avez-vous amené Prudence ? lui dis-je alors.

— Parce qu'elle était avec moi au spectacle, et qu'en partant d'ici je voulais avoir quelqu'un pour m'accompagner.

— N'étais-je pas là ?

— Oui ; mais outre que je ne voulais pas vous déranger, j'étais bien sûre qu'en venant jusqu'à ma porte vous me demanderiez à monter chez moi, et, comme je ne pouvais pas vous l'accorder, je ne voulais pas que vous partissiez avec le droit de me reprocher un refus.

— Et pourquoi ne pouviez-vous pas me recevoir ?

— Parce que je suis très surveillée, et que le moindre soupçon pourrait me faire le plus grand tort.

— Est-ce bien la seule raison ?

— S'il y en avait une autre, je vous la dirais ; nous n'en sommes plus à avoir des secrets l'un pour l'autre.

— Voyons, Marguerite, je ne veux pas prendre plusieurs chemins pour en arriver à ce que je veux vous dire. Franchement, m'aimez-vous un peu ?

— Beaucoup.

— Alors, pourquoi m'avez-vous trompé ?

— Mon ami, si j'étais Mme la duchesse Telle ou Telle, si j'avais deux cent mille livres de rente, que je fusse votre maîtresse et que j'eusse un autre amant que vous, vous auriez le droit de me demander pourquoi je vous trompe ; mais je suis Mlle Marguerite Gautier, j'ai quarante mille francs de dettes, pas un sou de fortune, et je dépense cent mille francs par an, votre question devient oiseuse et ma réponse inutile.

— C'est juste, dis-je en laissant tomber ma tête sur les genoux de Marguerite, mais moi, je vous aime comme un fou.

— Eh bien, mon ami, il fallait m'aimer un peu moins ou me comprendre un peu mieux. Votre lettre m'a fait beaucoup de peine. Si j'avais été libre, d'abord je n'aurais pas reçu le comte avant-hier, ou, l'ayant reçu, je serais venue vous demander le pardon que vous me demandiez tout à l'heure, et je n'aurais pas à l'avenir d'autre amant que vous. J'ai cru un moment que je pourrais me donner ce bonheur-là pendant six mois ; vous ne l'avez pas voulu ; vous teniez à connaître les moyens, eh ! mon Dieu, les moyens étaient bien faciles à deviner. C'était un sacrifice plus grand que vous ne croyez que je faisais en les employant. J'aurais pu vous dire : ''J'ai besoin de vingt mille francs'' ; vous étiez amoureux de moi, vous les eussiez trouvés, au risque de me les reprocher plus tard. J'ai mieux aimé ne rien vous devoir ; vous n'avez pas compris cette délicatesse, car c'en est une. Nous autres, quand nous avons encore un peu de cœur, nous donnons aux mots et aux choses une extension et un développement inconnus aux autres femmes ; je vous répète donc que de la part de Marguerite Gautier le moyen qu'elle trouvait de payer ses dettes sans vous demander l'argent nécessaire pour cela était une délicatesse dont vous devriez profiter sans rien dire. Si vous ne m'aviez connue qu'aujourd'hui, vous seriez trop heureux de ce que je vous promettrais, et vous ne me demanderiez pas ce que j'ai fait avant-hier. Nous sommes quelquefois forcées d'acheter une satisfaction pour notre âme aux dépens de notre corps, et nous souffrons bien davantage quand, après, cette satisfaction nous échappe. »

J'écoutais et je regardais Marguerite avec admiration. Quand je songeais que cette merveilleuse créature, dont j'eusse envié autrefois de baiser les pieds, consentait à me faire entrer pour quelque chose dans sa pensée, à me donner un rôle dans sa vie, et que je ne me contentais pas encore de ce qu'elle me donnait, je me demandais si le désir de l'homme a des bornes, quand, satisfait aussi promptement que le mien l'avait été, il tend encore à autre chose.

« C'est vrai, reprit-elle ; nous autres créatures du hasard, nous avons des désirs fantasques et des amours inconcevables. Nous nous donnons tantôt pour une chose, tantôt pour une autre. Il y a des gens qui se ruineraient sans rien obtenir de nous, il y en a d'autres qui nous ont avec un bouquet. Notre cœur a des caprices ; c'est sa seule distraction et sa seule excuse. Je me suis donnée à toi plus vite qu'à aucun homme, je te le jure ; pourquoi ? parce que me voyant cracher le sang tu m'as pris la main, parce que tu as pleuré, parce que tu es la seule créature humaine qui ait bien voulu me plaindre. Je vais te dire une folie, mais j'avais autrefois un petit chien qui me regardait d'un air tout triste quand je toussais ; c'est le seul être que j'aie aimé.

« Quand il est mort, j'ai plus pleuré qu'à la mort de ma mère. Il est vrai qu'elle m'avait battue pendant douze ans de sa vie. Eh bien, je t'ai aimé tout de suite autant que mon chien. Si les hommes savaient ce qu'on peut avoir avec une larme, ils seraient plus aimés et nous serions moins ruineuses.

« Ta lettre t'a démenti, elle m'a révélé que tu n'avais pas toutes les intelligences du cœur, elle t'a fait plus de tort dans l'amour que j'avais pour toi que tout ce que tu aurais pu me faire. C'était de la jalousie, il est vrai, mais de la jalousie ironique et impertinente. J'étais déjà triste, quand j'ai reçu cette lettre, je comptais te voir à midi, déjeuner avec toi, effacer enfin par ta vue une incessante pensée que j'avais, et qu'avant de te connaître j'admettais sans effort.

« Puis, continua Marguerite, tu étais la seule personne devant laquelle j'avais pu comprendre tout de suite que je pouvais penser et parler librement. Tous ceux qui entourent les filles comme moi ont intérêt à scruter leurs moindres paroles, à tirer une conséquence de leurs plus insignifiantes actions. Nous n'avons naturellement pas d'amis. Nous avons des amants égoïstes qui dépensent leur fortune non pas pour nous, comme ils le disent, mais pour leur vanité.

« Pour ces gens-là, il faut que nous soyons gaies quand ils sont joyeux, bien portantes quand ils veulent souper, sceptiques comme ils le sont. Il nous est défendu d'avoir du cœur sous peine d'être huées et de ruiner notre crédit.

« Nous ne nous appartenons plus. Nous ne sommes plus des êtres, mais des choses. Nous sommes les premières dans leur amour-propre, les dernières dans leur estime. Nous avons des amies, mais ce sont des amies comme Prudence, des femmes jadis entretenues qui ont encore des goûts de dépense que leur âge ne leur permet plus. Alors elles deviennent nos amies ou plutôt nos commensales*. Leur amitié va jusqu'à la servitude, jamais jusqu'au désintéressement. Jamais elles ne vous donneront qu'un conseil lucratif. Peu leur importe que nous ayons dix amants de plus, pourvu qu'elles y gagnent des robes ou un bracelet, et qu'elles puissent de temps en temps se promener dans notre voiture et venir au spectacle dans notre loge. Elles ont nos bouquets de la veille et nous empruntent nos cachemires*. Elles ne nous rendent jamais un service, si petit qu'il soit, sans se le faire payer le double de ce qu'il vaut. Tu l'as vu toi-même le soir où Prudence m'a apporté six mille francs que je l'avais priée d'aller demander pour moi au duc, elle m'a emprunté cinq cents francs qu'elle ne me rendra jamais ou qu'elle me payera en chapeaux qui ne sortiront pas de leurs cartons.

« Nous ne pouvons donc avoir, ou plutôt je ne pouvais donc avoir qu'un bonheur, c'était, triste comme je le suis quelquefois, souffrante comme je le suis toujours, de trouver un homme assez supérieur pour ne pas me demander compte de ma vie, et pour être l'amant de mes impressions bien plus que de mon corps. Cet homme, je l'avais trouvé dans le duc, mais le duc est vieux, et la vieillesse ne protège ni ne console. J'avais cru pouvoir accepter la vie qu'il me faisait ; mais que veux-tu ? je périssais d'ennui et, pour faire tant que d'être consumée, autant se jeter dans un incendie que de s'asphyxier avec du charbon.

« Alors, je t'ai rencontré, toi, jeune, ardent, heureux, et j'ai essayé de faire de toi l'homme que j'avais appelé au milieu de ma bruyante solitude. Ce que j'aimais en toi, ce n'était pas l'homme qui était, mais celui qui devait être. Tu n'acceptes pas ce rôle, tu le rejettes comme indigne de toi, tu es un amant vulgaire ; fais comme les autres, paye-moi et n'en parlons plus. »

Marguerite, que cette longue confession avait fatiguée, se rejeta sur le dos du canapé, et, pour éteindre un faible accès de toux, porta son mouchoir à ses lèvres et jusqu'à ses yeux.

« Pardon, pardon, murmurai-je, j'avais compris tout cela, mais je voulais te l'entendre dire, ma Marguerite adorée. Oublions le reste et ne nous souvenons que d'une chose : c'est que nous sommes l'un à l'autre, que nous sommes jeunes et que nous nous aimons.

« Marguerite, fais de moi tout ce que tu voudras, je suis ton esclave, ton chien ; mais au nom du Ciel déchire la lettre que je t'ai écrite et ne me laisse pas partir demain ; j'en mourrais. »

Marguerite tira ma lettre du corsage de sa robe, et me la remettant, me dit avec un sourire d'une douceur ineffable :

« Tiens, je te la rapportais. »

Je déchirai la lettre et je baisai avec des larmes la main qui me la rendait.

En ce moment Prudence reparut.

« Dites donc, Prudence, savez-vous ce qu'il me demande ? fit Marguerite.

— Il vous demande pardon.

— Justement.

— Et vous pardonnez ?

— Il le faut bien, mais il veut encore autre chose.

— Quoi donc ?

— Il veut venir souper avec nous.

— Et vous y consentez ?

— Qu'en pensez-vous ?

— Je pense que vous êtes deux enfants, qui n'avez de tête ni l'un ni l'autre. Mais je pense aussi que j'ai très faim et que plus tôt vous consentirez, plus tôt nous souperons.

— Allons, dit Marguerite, nous tiendrons trois dans ma voiture. Tenez, ajouta-t-elle en se tournant vers moi, Nanine sera couchée, vous ouvrirez la porte, prenez ma clef, et tâchez de ne plus la perdre. »

J'embrassai Marguerite à l'étouffer.

Joseph entra là-dessus.

« Monsieur, me dit-il de l'air d'un homme enchanté de lui, les malles sont faites.

— Entièrement ?

— Oui, monsieur.

— Eh bien, détaites-les : je ne pars pas. »

XVI

J'aurais pu, me dit Armand, vous raconter en quelques lignes les commencements de cette liaison, mais je voulais que vous vissiez bien par quels événements et par quelle gradation nous en sommes arrivés, moi, à consentir à tout ce que voulait Marguerite, Marguerite, à ne plus pouvoir vivre qu'avec moi.

C'est le lendemain de la soirée où elle était venue me trouver que je lui envoyai *Manon Lescaut*.

À partir de ce moment, comme je ne pouvais changer la vie de ma maîtresse, je changeai la mienne. Je voulais avant toute chose ne pas laisser à mon esprit le temps de réfléchir sur le rôle que je venais d'accepter, car malgré moi, j'en eusse conçu une grande tristesse. Aussi ma vie, d'ordinaire si calme, revêtit-elle tout à coup une apparence de bruit et de désordre. N'allez pas croire que, si désintéressé qu'il soit, l'amour qu'une femme entretenue a pour vous ne coûte rien. Rien n'est cher comme les mille caprices de fleurs, de loges, de soupers, de parties de campagne qu'on ne peut jamais refuser à sa maîtresse.

Comme je vous l'ai dit, je n'avais pas de fortune. Mon père était et est encore receveur général à C... Il y a une grande réputation de loyauté, grâce à laquelle il a trouvé le cautionnement* qu'il lui fallait déposer pour entrer en fonctions. Cette recette lui donne quarante mille francs par an, et depuis dix ans qu'il l'a, il a remboursé son cautionnement et s'est occupé de mettre de côté la dot de ma sœur. Mon père est l'homme le plus honorable qu'on puisse rencontrer. Ma mère, en mourant, a laissé six mille francs de rente qu'il a partagés entre ma sœur et moi le jour où il a obtenu la charge qu'il sollicitait ; puis, lorsque j'ai eu vingt et un ans, il a joint à ce petit revenu une pension annuelle de cinq mille francs, m'assurant qu'avec huit mille francs je pourrais être heureux à Paris, si je voulais à côté de cette rente me créer une position soit dans le barreau, soit dans la médecine. Je suis donc venu à Paris, j'ai fait mon droit, j'ai été reçu avocat, et comme beaucoup de jeunes gens, j'ai mis mon diplôme dans ma poche et me suis laissé aller un peu à la vie nonchalante de Paris. Mes dépenses étaient fort modestes ; seulement je dépensais en huit mois mon revenu de l'année, et je passais les quatre mois d'été chez mon père, ce qui me faisait en somme douze mille livres de rente et me donnait la réputation d'un bon fils. Du reste pas un sou de dettes.

Voilà où j'en étais quand je fis connaissance de Marguerite.

Vous comprenez que, malgré moi, mon train de vie augmenta. Marguerite était d'une nature fort capricieuse, et faisait partie de ces femmes qui n'ont jamais regardé comme une dépense sérieuse les mille distractions dont leur existence se compose. Il en résultait que, voulant passer avec moi le plus de temps possible, elle m'écrivait le matin qu'elle dînerait avec moi, non pas chez elle, mais chez quelque restaurateur, soit de Paris, soit de la campagne. J'allais la prendre, nous dînions, nous allions au spectacle, nous soupions souvent, et j'avais dépensé le soir quatre ou cinq louis*, ce qui faisait deux mille cinq cents ou trois mille francs par mois, ce qui réduisait mon année à trois mois et demi, et me mettait dans la nécessité ou de faire des dettes, ou de quitter Marguerite.

Or, j'acceptais tout, excepté cette dernière éventualité.

Pardonnez-moi si je vous donne tous ces détails, mais vous verrez qu'ils furent la cause des événements qui vont suivre. Ce que je vous raconte est une histoire vraie, simple, et à laquelle je laisse toute la naïveté des détails et toute la simplicité des développements.

Je compris donc que, comme rien au monde n'aurait sur moi l'influence de me faire oublier ma maîtresse, il me fallait trouver un moyen de soutenir les dépenses qu'elle me faisait faire. — Puis, cet amour me bouleversait au point que tous les moments que je passais loin de Marguerite étaient des années, et que j'avais ressenti le besoin de brûler ces moments au feu d'une passion quelconque, et de les vivre tellement vite que je ne m'aperçusse pas que je les vivais.

Je commençai à emprunter cinq ou six mille francs sur mon petit capital, et je me mis à jouer, car depuis qu'on a détruit les maisons de jeu on joue partout. Autrefois, quand on entrait à Frascati*, on avait la chance d'y faire sa fortune : on jouait contre de l'argent, et si l'on perdait, on avait la consolation de se dire qu'on aurait pu gagner ; tandis que maintenant, excepté dans les cercles, où il y a encore une certaine sévérité pour le paiement, on a presque certitude, du moment que l'on gagne une somme importante, de ne pas la recevoir. On comprendra facilement pourquoi.

Le jeu ne peut être pratiqué que par des jeunes gens ayant de grands besoins et manquant de la fortune nécessaire pour soutenir la vie qu'ils mènent ; ils jouent donc, et il en résulte naturellement ceci : ou ils gagnent, et alors les perdants servent à payer les chevaux et les maîtresses de ces messieurs, ce qui est fort désagréable. Des dettes se contractent, des relations commencées autour d'un tapis vert finissent par des querelles où l'honneur et la vie se déchirent toujours un peu ; et quand on est honnête homme, on se trouve ruiné par de très honnêtes jeunes gens qui n'avaient d'autre défaut que de ne pas avoir deux cent mille livres de rente.

Je n'ai pas besoin de vous parler de ceux qui volent au jeu, et dont un jour on apprend le départ nécessaire et la condamnation tardive.

Je me lançai donc dans cette vie rapide, bruyante, volcanique, qui m'effrayait autrefois quand j'y songeais, et qui était devenue pour moi le complément inévitable de mon amour pour Marguerite. Que voulez-vous que je fisse ?

Les nuits que je ne passais pas rue d'Antin, si je les avais passées seul chez moi, je n'aurais pas dormi. La jalousie m'eût tenu éveillé et m'eût brûlé la pensée et le sang ; tandis que le jeu détournait pour un moment la fièvre qui eût envahi mon cœur et le reportait sur une passion dont l'intérêt me saisissait malgré moi, jusqu'à ce que sonnât l'heure où je devais me rendre auprès de ma maîtresse. Alors, et c'est à cela que je reconnaissais la violence de mon amour, que je gagnasse ou perdisse, je quittais impitoyablement la table, plaignant ceux que j'y laissais et qui n'allaient pas trouver comme moi le bonheur en la quittant.

Pour la plupart, le jeu était une nécessité ; pour moi c'était un remède.

Guéri de Marguerite, j'étais guéri du jeu.

Aussi, au milieu de tout cela, gardais-je un assez grand sang-froid ; je ne perdais que ce que je pouvais payer, et je ne gagnais que ce que j'aurais pu perdre.

Du reste, la chance me favorisa. Je ne faisais pas de dettes, et je dépensais trois fois plus d'argent que lorsque je ne jouais pas. Il n'était pas facile de résister à une vie qui me permettait de satisfaire sans me gêner aux mille caprices de Marguerite. Quant à elle, elle m'aimait toujours autant et même davantage.

Comme je vous l'ai dit, j'avais commencé d'abord par n'être reçu que de minuit à six heures du matin, puis je fus admis de temps en temps dans les loges, puis elle vint dîner quelquefois avec moi. Un matin je ne m'en allai qu'à huit heures, et il arriva un jour où je ne m'en allai qu'à midi.

En attendant la métamorphose morale, une métamorphose physique s'était opérée chez Marguerite. J'avais entrepris sa guérison, et la pauvre fille, devinant mon but, m'obéissait pour me prouver sa reconnaissance. J'étais parvenu sans secousses et sans effort à l'isoler presque de ses anciennes habitudes. Mon médecin, avec qui je l'avais fait trouver, m'avait dit que le repos seul et le calme pouvaient lui conserver la santé, de sorte qu'aux soupers et insomnies, j'étais arrivé à substituer un régime hygiénique et le sommeil régulier. Malgré elle, Marguerite s'habituait à cette nouvelle existence dont elle ressentait les effets salutaires. Déjà elle commençait à passer quelques soirées chez elle, ou bien, s'il faisait beau, elle s'enveloppait d'un cachemire, se couvrait d'un voile, et nous allions à pied, comme deux enfants, courir le soir dans les allées sombres des Champs-Élysées. Elle rentrait fatiguée, soupait légèrement, se couchait après avoir fait un peu de musique ou après avoir lu, ce qui ne lui était jamais arrivé. Les toux, qui, chaque fois que je les entendais, me déchiraient la poitrine, avaient disparu presque complètement.

Au bout de six semaines, il n'était plus question du comte, définitivement sacrifié ; le duc seul me forçait encore à cacher ma liaison avec Marguerite, et encore avait-il été congédié souvent pendant que j'étais là, sous prétexte que madame dormait et avait défendu qu'on la réveillât.

Il résulta de l'habitude et même du besoin que Marguerite avait contractés de me voir que j'abandonnai le jeu au moment où un adroit joueur l'eût quitté. Tout compte fait, je me trouvais, par suite de mes gains, à la tête d'une dizaine de mille francs qui me paraissaient un capital inépuisable.

L'époque à laquelle j'avais l'habitude d'aller rejoindre mon père et ma sœur était arrivée, et je ne partais pas ; aussi recevais-je fréquemment des lettres de l'un et de l'autre, lettres qui me priaient de me rendre auprès d'eux.

À toutes ces instances je répondais de mon mieux, en répétant toujours que je me portais bien et que je n'avais pas besoin d'argent, deux choses qui, je le croyais, consoleraient un peu mon père du retard que je mettais à ma visite annuelle.

Il arriva sur ces entrefaites qu'un matin Marguerite, ayant été réveillé par un soleil éclatant, sauta en bas

de son lit, et me demanda si je voulais la mener toute
la journée à la campagne.

On envoya chercher Prudence et nous partîmes tous
les trois, après que Marguerite eut recommandé à
Nanine de dire au duc qu'elle avait voulu profiter de
ce jour, et qu'elle était allée à la campagne avec
Mme Duvernoy.

Outre que la présence de la Duvernoy était nécessaire
pour tranquilliser le vieux duc, Prudence était une de
ces femmes qui semblent faites exprès pour ces parties
de campagne. Avec sa gaieté inaltérable et son appétit
éternel, elle ne pouvait pas laisser un moment d'ennui
à ceux qu'elle accompagnait, et devait s'entendre parfaitement à commander les œufs, les cerises, le lait, le
lapin sauté, et tout ce qui compose enfin le déjeuner
traditionnel des environs de Paris.

Il ne nous restait plus qu'à savoir où nous irions.

Ce fut encore Prudence qui nous tira d'embarras.

« Est-ce à une vraie campagne que vous voulez
aller ? demanda-t-elle.

— Oui.

— Eh bien, allons à Bougival*, au Point du Jour,
chez la veuve Arnould. Armand, allez louer une
calèche. »

Une heure et demie après nous étions chez la veuve
Arnould.

Vous connaissez peut-être cette auberge, hôtel de
semaine, guinguette* le dimanche. Du jardin, qui est
à la hauteur d'un premier étage ordinaire, on découvre une vue magnifique. À gauche l'aqueduc de Marly*
ferme l'horizon, à droite la vue s'étend sur un infini
de collines ; la rivière, presque sans courant dans cet
endroit, se déroule comme un large ruban blanc moiré,
entre la plaine des Gabillons et l'île de Croissy, éternellement bercée par le frémissement de ses hauts peu-
pliers et le murmure de ses saules.

Au fond, dans un large rayon de soleil, s'élèvent de
petites maisons blanches à toits rouges, et des manu-

factures qui, perdant par la distance leur caractère dur et commercial, complètent admirablement le paysage.

Au fond, Paris dans la brume !

Comme nous l'avait dit Prudence, c'était une vraie campagne, et, je dois le dire, ce fut un vrai déjeuner.

Ce n'est pas par reconnaissance pour le bonheur que je lui ai dû que je dis tout cela, mais Bougival, malgré son nom affreux, est un des plus jolis pays que l'on puisse imaginer. J'ai beaucoup voyagé, j'ai vu de plus grandes choses, mais non de plus charmantes que ce petit village gaiement couché au pied de la colline qui le protège.

Mme Arnould nous offrit de nous faire faire une promenade en bateau, ce que Marguerite et Prudence acceptèrent avec joie.

On a toujours associé la campagne à l'amour et l'on a bien fait : rien n'encadre la femme que l'on aime comme le ciel bleu, les senteurs, les fleurs, les brises, la solitude resplendissante des champs ou des bois. Si fort que l'on aime une femme, quelque confiance que l'on ait en elle, quelque certitude sur l'avenir que vous donne son passé, on est toujours plus ou moins jaloux. Si vous avez été amoureux, sérieusement amoureux, vous avez dû éprouver ce besoin d'isoler du monde l'être dans lequel vous vouliez vivre tout entier. Il semble que, si indifférente qu'elle soit à ce qui l'entoure, la femme aimée perde de son parfum et de son unité au contact des hommes et des choses. Moi, j'éprouvais cela bien plus que tout autre. Mon amour n'était pas un amour ordinaire ; j'étais amoureux autant qu'une créature ordinaire peut l'être, mais de Marguerite Gautier, c'est-à-dire qu'à Paris, à chaque pas, je pouvais coudoyer un homme qui avait été l'amant de cette femme ou qui le serait le lendemain. Tandis qu'à la campagne, au milieu de gens que nous n'avions jamais vus et qui ne s'occupaient pas de nous, au sein d'une nature toute parée de son printemps, ce pardon annuel, et séparée du bruit de la ville, je pouvais cacher mon amour et aimer sans honte et sans crainte.

La courtisane y disparaissait peu à peu. J'avais auprès de moi une femme jeune, belle, que j'aimais, dont j'étais aimé et qui s'appelait Marguerite : le passé n'avait plus de formes, l'avenir plus de nuages. Le soleil éclairait ma maîtresse comme il eût éclairé la plus chaste fiancée. Nous nous promenions tous deux dans ces charmants endroits qui semblent faits exprès pour rappeler les vers de Lamartine* ou chanter les mélodies de Scudo*. Marguerite avait une robe blanche, elle se penchait à mon bras, elle me répétait le soir sous le ciel étoilé les mots qu'elle m'avait dits la veille, et le monde continuait au loin sa vie sans tacher de son ombre le riant tableau de notre jeunesse et de notre amour.

Voilà le rêve qu'à travers les feuilles m'apportait le soleil ardent de cette journée, tandis que, couché tout au long sur l'herbe de l'île où nous avions abordé, libre de tous les liens humains qui la retenaient auparavant, je laissais ma pensée courir et cueillir toutes les espérances qu'elle rencontrait.

Ajoutez à cela que, de l'endroit où j'étais, je voyais sur la rive une charmante petite maison à deux étages, avec une grille en hémicycle ; à travers la grille, devant la maison, une pelouse verte, unie comme du velours, et derrière le bâtiment un petit bois plein de mystérieuses retraites, et qui devait effacer chaque matin sous sa mousse le sentier fait la veille.

Des fleurs grimpantes cachaient le perron de cette maison inhabitée qu'elles embrassaient jusqu'au premier étage.

À force de regarder cette maison, je finis par me convaincre qu'elle était à moi, tant elle résumait bien le rêve que je faisais. J'y voyais Marguerite et moi, le jour dans le bois qui couvrait la colline, le soir assis sur la pelouse, et je me demandais si créatures terrestres auraient jamais été aussi heureuses que nous.

« Quelle jolie maison ! me dit Marguerite qui avait suivi la direction de mon regard et peut-être de ma pensée.

— Où ? fit Prudence.

— Là-bas. » Et Marguerite montrait du doigt la maison en question.

« Ah ! ravissante, répliqua Prudence, elle vous plaît ?

— Beaucoup.

— Eh bien ! dites au duc de vous la louer ; il vous la louera, j'en suis sûre. Je m'en charge, moi, si vous voulez. »

Marguerite me regarda, comme pour me demander ce que je pensais de cet avis.

Mon rêve s'était envolé avec les dernières paroles de Prudence, et m'avait rejeté si brutalement dans la réalité que j'étais encore tout étourdi de la chute.

« En effet, c'est une excellente idée, balbutiai-je, sans savoir ce que je disais.

— Eh bien, j'arrangerai cela, dit en me serrant la main Marguerite, qui interprétait mes paroles selon son désir. Allons voir tout de suite si elle est à louer.

La maison était vacante et à louer deux mille francs.

« Serez-vous heureux ici ? me dit-elle.

— Suis-je sûr d'y venir ?

— Et pour qui donc viendrais-je m'enterrer là, si ce n'est pour vous ?

— Eh bien, Marguerite, laissez-moi louer cette maison moi-même.

— Êtes-vous fou ? non seulement c'est inutile, mais ce serait dangereux ; vous savez bien que je n'ai pas le droit d'accepter que d'un seul homme, laissez-vous donc faire, grand enfant, et ne dites rien.

— Cela fait que, quand j'aurai deux jours libres, je viendrai les passer chez vous », dit Prudence.

Nous quittâmes la maison et reprîmes la route de Paris tout en causant de cette nouvelle résolution. Je tenais Marguerite dans mes bras, si bien qu'en descendant de voiture, je commençais à envisager la combinaison de ma maîtresse avec un esprit moins scrupuleux.

XVII

Le lendemain, Marguerite me congédia de bonne heure, me disant que le duc devait venir de grand matin, et me promettant de m'écrire dès qu'il serait parti, pour me donner le rendez-vous de chaque soir.

En effet, dans la journée, je reçus ce mot :

« Je vais à Bougival avec le duc ; soyez chez Prudence, ce soir, à huit heures. »

À l'heure indiquée, Marguerite était de retour, et venait me rejoindre chez Mme Duvernoy.

« Eh bien, tout est arrangé, dit-elle en entrant.

— La maison est louée ? demanda Prudence.

— Oui ; il a consenti tout de suite. »

Je ne connaissais pas le duc, mais j'avais honte de le tromper comme je le faisais.

« Mais ce n'est pas tout ! reprit Marguerite.

— Quoi donc encore ?

— Je me suis inquiétée du logement d'Armand.

— Dans la même maison ? demanda Prudence en riant.

— Non, mais au Point du Jour, où nous avons déjeuné, le duc et moi. Pendant qu'il regardait la vue, j'ai demandé à Mme Arnould, car c'est Mme Arnould qu'elle s'appelle, n'est-ce pas ? je lui ai demandé si elle avait un appartement convenable. Elle en a justement un, avec salon, antichambre et chambre à coucher. C'est tout ce qu'il faut, je pense. Soixante francs par mois. Le tout meublé de façon à distraire un hypocondriaque*. J'ai retenu le logement. Ai-je bien fait ? »

Je sautai au cou de Marguerite.

« Ce sera charmant, continua-t-elle, vous avez une clef de la petite porte, et j'ai promis au duc une clef de la grille qu'il ne prendra pas, puisqu'il ne viendra que dans le jour, quand il viendra. Je crois, entre nous, qu'il est enchanté de ce caprice qui m'éloigne de Paris pendant quelque temps, et fera taire un peu sa famille. Cependant, il m'a demandé comment moi, qui aime tant Paris, je pouvais me décider à m'enterrer dans cette campagne ; je lui ai répondu que j'étais souffrante et que c'était pour me reposer. Il n'a paru me croire que très imparfaitement. Ce pauvre vieux est toujours aux abois. Nous prendrons donc beaucoup de précautions, mon cher Armand ; car il me ferait surveiller là-bas, et ce n'est pas le tout qu'il me loue une maison, il faut encore qu'il paye mes dettes, et j'en ai malheureusement quelques-unes. Tout cela vous convient-il ?

— Oui », répondis-je en essayant de faire taire tous les scrupules que cette façon de vivre réveillait de temps en temps en moi.

« Nous avons visité la maison dans tous ses détails, nous y serons à merveille. Le duc s'inquiétait de tout. Ah ! mon cher, ajouta la folle en m'embrassant, vous n'êtes pas malheureux, c'est un millionnaire qui fait votre lit.

— Et quand emménagez-vous ? demanda Prudence.

— Le plus tôt possible.

— Vous emmenez votre voiture et vos chevaux ?

— J'emmènerai toute ma maison. Vous vous chargerez de mon appartement pendant mon absence. »

Huit jours après, Marguerite avait pris possession de la maison de campagne, et moi j'étais installé au Point du Jour.

Alors commença une existence que j'aurais bien de la peine à vous décrire.

Dans les commencements de son séjour à Bougival, Marguerite ne put rompre tout à fait avec ses habitudes, et comme la maison était toujours en fête, toutes ses amies venaient la voir ; pendant un mois il ne se passa pas de jour que Marguerite n'eût huit ou dix personnes à sa table. Prudence amenait de son côté tous les gens qu'elle connaissait, et leur faisait tous les honneurs de la maison, comme si cette maison lui eût appartenu.

L'argent du duc payait tout cela, comme vous le pensez bien, et cependant il arriva de temps en temps à Prudence de me demander un billet de mille francs, soidisant au nom de Marguerite. Vous savez que j'avais fait quelque gain au jeu ; je m'empressai donc de remettre à Prudence ce que Marguerite me faisait demander par elle, et, dans la crainte qu'elle n'eût besoin de plus que je n'avais, je vins emprunter à Paris une somme égale à celle que j'avais déjà empruntée autrefois, et que j'avais rendue très exactement.

Je me trouvai donc de nouveau riche d'une dizaine de mille francs, sans compter ma pension.

Cependant le plaisir qu'éprouvait Marguerite à recevoir ses amies se calma un peu devant les dépenses auxquelles ce plaisir l'entraînait, et surtout devant la nécessité où elle était quelquefois de me demander de l'argent. Le duc, qui avait loué cette maison pour que Marguerite s'y reposât, n'y paraissait plus, craignant toujours d'y rencontrer une joyeuse et nombreuse compagnie de laquelle il ne voulait pas être vu. Cela tenait surtout à ce que, venant un jour pour dîner en tête-à-tête avec Marguerite, il était tombé au milieu d'un déjeuner de quinze personnes qui n'était pas encore fini à l'heure où il comptait se mettre à table pour dîner. Quand, ne se doutant de rien, il avait ouvert la porte de la salle à manger, un rire général avait accueilli son entrée, et il avait été forcé de se retirer brusquement devant l'impertinente gaieté des filles qui se trouvaient là.

Marguerite s'était levée de table, avait été retrouver le duc dans la chambre voisine, et avait essayé, autant que possible, de lui faire oublier cette aventure ; mais le vieillard, blessé dans son amour-propre, avait gardé rancune : il avait dit assez cruellement à la pauvre fille qu'il était las de payer les folies d'une femme qui ne savait même pas le faire respecter chez elle, et il était parti fort courroucé.

Depuis ce jour on n'avait plus entendu parler de lui. Marguerite avait eu beau congédier ses convives, changer ses habitudes, le duc n'avait plus donné de ses nouvelles. J'y avais gagné que ma maîtresse m'appartenait plus complètement, et que mon rêve se réalisait enfin. Marguerite ne pouvait plus se passer de moi. Sans s'inquiéter de ce qui en résulterait, elle affichait publiquement notre liaison, et j'en étais arrivé à ne plus sortir de chez elle. Les domestiques m'appelaient monsieur, et me regardaient officiellement comme leur maître.

Prudence avait bien fait, à propos de cette nouvelle vie, force morale à Marguerite ; mais celle-ci avait répondu qu'elle m'aimait, qu'elle ne pouvait vivre sans moi, et quoi qu'il en dût advenir, elle ne renoncerait pas au bonheur de m'avoir sans cesse auprès d'elle, ajoutant que tous ceux à qui cela ne plairait pas étaient libres de ne pas revenir.

Voilà ce que j'avais entendu un jour où Prudence avait dit à Marguerite qu'elle avait quelque chose de très important à lui communiquer, et où j'avais écouté à la porte de la chambre où elles s'étaient renfermées.

Quelque temps après Prudence revint.

J'étais au fond du jardin quand elle entra ; elle ne me vit pas. Je me doutais, à la façon dont Marguerite était venue au-devant d'elle, qu'une conversation pareille à celle que j'avais déjà surprise allait avoir lieu de nouveau et je voulus l'entendre comme l'autre.

Les deux femmes se renfermèrent dans un boudoir et je me mis aux écoutes.

« Eh bien ? demanda Marguerite.

— Eh bien ? j'ai vu le duc.

— Que vous a-t-il dit ?

— Qu'il vous pardonnait volontiers la première scène, mais qu'il avait appris que vous viviez publiquement avec M. Armand Duval, et que cela il ne vous le pardonnerait pas. ''Que Marguerite quitte ce jeune homme, m'a-t-il dit, et comme par le passé je lui donnerai tout ce qu'elle voudra, sinon, elle devra renoncer à me demander quoi que ce soit.''

— Vous avez répondu ?

— Que je vous communiquerais sa décision, et je lui ai promis de vous faire entendre raison. Réfléchissez, ma chère enfant, à la position que vous perdez et que ne pourra jamais vous rendre Armand. Il vous aime de toute son âme, mais il n'a pas assez de fortune pour subvenir à tous vos besoins, et il faudra bien un jour vous quitter, quand il sera trop tard et que le duc ne voudra plus rien faire pour vous. Voulez-vous que je parle à Armand ? »

Marguerite paraissait réfléchir, car elle ne répondit pas. Le cœur me battait violemment en attendant sa réponse.

« Non, reprit-elle, je ne quitterai pas Armand et je ne me cacherai pas pour vivre avec lui. C'est peut-être une folie, mais je l'aime ! que voulez-vous ? Et puis, maintenant il a pris l'habitude de m'aimer sans obstacle ; il souffrirait trop d'être forcé de me quitter ne fût-ce qu'une heure par jour. D'ailleurs, je n'ai pas tant de temps à vivre pour me rendre malheureuse et faire les volontés d'un vieillard dont la vue seule me fait vieillir. Qu'il garde son argent ; je m'en passerai.

— Mais comment ferez-vous ?

— Je n'en sais rien. »

Prudence allait sans doute répondre quelque chose, mais j'entrai brusquement et je courus me jeter aux pieds de Marguerite, couvrant ses mains des larmes que me faisait verser la joie d'être aimé ainsi.

« Ma vie est à toi, Marguerite, tu n'as plus besoin de cet homme, ne suis-je pas là ? t'abandonnerais-je jamais et pourrais-je payer assez le bonheur que tu me donnes ? Plus de contrainte, ma Marguerite, nous nous aimons ! que nous importe le reste ?

— Oh ! oui, je t'aime, mon Armand ! murmura-t-elle en enlaçant ses deux bras autour de mon cou, je t'aime comme je n'aurais pas cru pouvoir aimer. Nous serons heureux, nous vivrons tranquilles, et je dirai un éternel adieu à cette vie dont je rougis maintenant. Jamais tu ne me reprocheras le passé, n'est-ce pas ? »

Les larmes voilaient ma voix. Je ne pus répondre qu'en pressant Marguerite contre mon cœur.

« Allons, dit-elle en se retournant vers Prudence, et d'une voix émue, vous rapporterez cette scène au duc, et vous ajouterez que nous n'avons pas besoin de lui. »

À partir de ce jour il ne fut plus question du duc. Marguerite n'était plus la fille que j'avais connue. Elle évitait tout ce qui aurait pu me rappeler la vie au milieu de laquelle je l'avais rencontrée. Jamais femme, jamais sœur n'eut pour son époux ou pour son frère l'amour et les soins qu'elle avait pour moi. Cette nature maladive était prête à toutes les impressions, accessible à tous les sentiments. Elle avait rompu avec ses amies comme avec ses habitudes, avec son langage comme avec les dépenses d'autrefois. Quand on nous voyait sortir de la maison pour aller faire une promenade dans un charmant petit bateau que j'avais acheté, on n'eût jamais cru que cette femme vêtue d'une robe blanche, couverte d'un grand chapeau de paille, et portant sur son bras la simple pelisse* de soie qui devait la garantir de la fraîcheur de l'eau, était cette Marguerite Gautier qui, quatre mois auparavant, faisait bruit de son luxe et de ses scandales.

Hélas ! nous nous hâtions d'être heureux, comme si nous avions deviné que nous ne pouvions pas l'être longtemps.

Depuis deux mois nous n'étions même pas allés à Paris. Personne n'était venu nous voir, excepté Prudence, et cette Julie Duprat dont je vous ai parlé, et à qui Marguerite devait remettre plus tard le touchant récit que j'ai là.

Je passai des journées entières aux pieds de ma maîtresse. Nous ouvrions les fenêtres qui donnaient sur le jardin, et regardant l'été s'abattre joyeusement dans les fleurs qu'il fait éclore et sous l'ombre des arbres, nous respirions à côté l'un de l'autre cette vie véritable que ni Marguerite ni moi nous n'avions comprise jusqu'alors.

Cette femme avait des étonnements d'enfant pour

les moindres choses. Il y avait des jours où elle courait dans le jardin, comme une fille de dix ans, après un papillon ou une demoiselle*. Cette courtisane, qui avait fait dépenser en bouquets plus d'argent qu'il n'en faudrait pour faire vivre dans la joie une famille entière, s'asseyait quelquefois sur la pelouse, pendant une heure, pour examiner la simple fleur dont elle portait le nom.

Ce fut pendant ce temps-là qu'elle lut si souvent *Manon Lescaut*. Je la surpris bien des fois annotant ce livre : et elle me disait toujours que lorsqu'une femme aime, elle ne peut pas faire ce que faisait Manon.

Deux ou trois fois le duc lui écrivit. Elle reconnut l'écriture et me donna les lettres sans les lire.

Quelquefois les termes de ces lettres me faisaient venir les larmes aux yeux.

Il avait cru, en fermant sa bourse à Marguerite, la ramener à lui ; mais quand il avait vu l'inutilité de ce moyen, il n'avait pas pu y tenir ; il avait écrit, redemandant, comme autrefois, la permission de revenir, quelles que fussent les conditions mises à ce retour.

J'avais donc lu ces lettres pressantes et réitérées, et je les avais déchirées, sans dire à Marguerite ce qu'elles contenaient, et sans lui conseiller de revoir le vieillard, quoiqu'un sentiment de pitié pour la douleur du pauvre homme m'y portât ; mais je craignis qu'elle ne vît dans ce conseil le désir, en faisant reprendre au duc ses anciennes visites, de lui faire reprendre les charges de la maison ; je redoutais par-dessus tout qu'elle me crût capable de dénier la responsabilité de sa vie dans toutes les conséquences où son amour pour moi pouvait l'entraîner.

Il en résulta que le duc, ne recevant pas de réponse, cessa d'écrire, et que Marguerite et moi nous continuâmes à vivre ensemble sans nous occuper de l'avenir.

XVIII

Vous donner des détails sur notre nouvelle vie serait chose difficile. Elle se composait d'une série d'enfantillages charmants pour nous, mais insignifiants pour ceux à qui je les raconterais. Vous savez ce que c'est que d'aimer une femme, vous savez comment s'abrègent les journées, et avec quelle amoureuse paresse on se laisse porter au lendemain. Vous n'ignorez pas cet oubli de toutes choses, qui naît d'un amour violent, confiant et partagé. Tout être qui n'est pas la femme aimée semble un être inutile dans la création. On regrette d'avoir déjà jeté des parcelles de son cœur à d'autres femmes, et l'on n'entrevoit pas la possibilité de presser jamais une autre main que celle que l'on tient dans les siennes. Le cerveau n'admet ni travail ni souvenir, rien enfin de ce qui pourrait le distraire de l'unique pensée qu'on lui offre sans cesse. Chaque jour on découvre dans sa maîtresse un charme nouveau, une volupté inconnue.

L'existence n'est plus que l'accomplissement réitéré d'un désir continu, l'âme n'est que la vestale chargée d'entretenir le feu sacré de l'amour.

Souvent nous allions, la nuit venue, nous asseoir sous le petit bois qui dominait la maison. Là nous écoutions les gaies harmonies du soir, en songeant tous deux à l'heure prochaine qui allait nous laisser jusqu'au lendemain dans les bras l'un de l'autre. D'autres fois nous restions couchés toute la journée, sans laisser même le soleil pénétrer dans notre chambre. Les rideaux étaient hermétiquement fermés, et le monde extérieur s'arrêtait un moment pour nous. Nanine seule avait le droit d'ouvrir notre porte, mais seulement pour apporter nos

◆◆ Voir *Au fil du texte*, p. X.

repas ; encore les prenions-nous sans nous lever, et en les interrompant sans cesse de rires et de folies. À cela succédait un sommeil de quelques instants, car disparaissant dans notre amour, nous étions comme deux plongeurs obstinés qui ne reviennent à la surface que pour reprendre haleine.

Cependant je surprenais des moments de tristesse et quelquefois même des larmes chez Marguerite ; je lui demandais d'où venait ce chagrin subit, et elle me répondait :

« Notre amour n'est pas un amour ordinaire, mon cher Armand. Tu m'aimes comme si je n'avais jamais appartenu à personne, et je tremble que plus tard, te repentant de ton amour et me faisant un crime de mon passé, tu ne me forces à me rejeter dans l'existence au milieu de laquelle tu m'as prise. Songe que maintenant que j'ai goûté d'une nouvelle vie, je mourrais en reprenant l'autre. Dis-moi donc que tu ne me quitteras jamais.

— Je te le jure ! »

À ce mot, elle me regardait comme pour lire dans mes yeux si mon serment était sincère, puis elle se jetait dans mes bras, et cachant sa tête dans ma poitrine, elle me disait :

« C'est que tu ne sais pas combien je t'aime ! »

Un soir, nous étions accoudés sur le balcon de la fenêtre, nous regardions la lune qui semblait sortir difficilement de son lit de nuages, et nous écoutions le vent agitant bruyamment les arbres, nous nous tenions la main, et depuis un grand quart d'heure nous ne parlions pas, quand Marguerite me dit :

« Voici l'hiver, veux-tu que nous partions ?

— Et pour quel endroit ?

— Pour l'Italie.

— Tu t'ennuies donc ?

— Je crains l'hiver, je crains surtout notre retour à Paris.

— Pourquoi ?

— Pour bien des choses. »

Et elle reprit brusquement, sans me donner les raisons de ses craintes :

« Veux-tu partir ? je vendrai tout ce que j'ai, nous nous en irons vivre là-bas, il ne me restera rien de ce que j'étais, personne ne saura qui je suis. Le veux-tu ?

— Partons, si cela te fait plaisir, Marguerite ; allons faire un voyage, lui disais-je ; mais où est la nécessité de vendre des choses que tu seras heureuse de trouver au retour ? Je n'ai pas une assez grande fortune pour accepter un pareil sacrifice, mais j'en ai assez pour que nous puissions voyager grandement pendant cinq ou six mois, si cela t'amuse le moins du monde.

— Au fait, non, continua-t-elle en quittant la fenêtre et en allant s'asseoir sur le canapé dans l'ombre de la chambre ; à quoi bon aller dépenser de l'argent là-bas ? je t'en coûte déjà bien assez ici.

— Tu me le reproches, Marguerite, ce n'est pas généreux.

— Pardon, ami, fit-elle en me tendant la main, ce temps d'orage me fait mal aux nerfs ; je ne dis pas ce que je veux dire. »

Et, après m'avoir embrassé, elle tomba dans une longue rêverie.

Plusieurs fois des scènes semblables eurent lieu, et si j'ignorais ce qui les faisait naître, je ne surprenais pas moins chez Marguerite un sentiment d'inquiétude pour l'avenir. Elle ne pouvait douter de mon amour, car chaque jour il augmentait, et cependant je la voyais souvent triste sans qu'elle m'expliquât jamais le sujet de ses tristesses, autrement que par une cause physique.

Craignant qu'elle ne se fatiguât d'une vie trop monotone, je lui proposais de retourner à Paris, mais elle rejetait toujours cette proposition, et m'assurait ne pouvoir être heureuse nulle part comme elle l'était à la campagne.

Prudence ne venait plus que rarement, mais, en revanche, elle écrivait des lettres que je n'avais jamais demandé à voir, quoique, chaque fois, elles jetassent

Marguerite dans une préoccupation profonde. Je ne savais qu'imaginer.

Un jour Marguerite resta dans sa chambre. J'entrai. Elle écrivait.

« À qui écris-tu ? lui demandai-je.

— À Prudence : veux-tu que je te lise ce que j'écris ? »

J'avais horreur de tout ce qui pouvait paraître soupçon, je répondis donc à Marguerite que je n'avais pas besoin de savoir ce qu'elle écrivait, et cependant, j'en avais la certitude, cette lettre m'eût appris la véritable cause de ses tristesses.

Le lendemain, il faisait un temps superbe. Marguerite me proposa d'aller faire une promenade en bateau, et de visiter l'île de Croissy. Elle semblait fort gaie ; il était cinq heures quand nous rentrâmes.

« Mme Duvernoy est venue, dit Nanine en nous voyant entrer.

— Elle est repartie ? demanda Marguerite.

— Oui, dans la voiture de Madame ; elle a dit que c'était convenu.

— Très bien, dit vivement Marguerite ; qu'on nous serve. »

Deux jours après arriva une lettre de Prudence, et pendant quinze jours Marguerite parut avoir rompu avec ses mystérieuses mélancolies, dont elle ne cessait de me demander pardon depuis qu'elles n'existaient plus.

Cependant la voiture ne revenait pas.

« D'où vient que Prudence ne te renvoie pas ton coupé ? demandai-je un jour.

— Un des deux chevaux est malade, et il y a des réparations à la voiture. Il vaut mieux que tout cela se fasse pendant que nous sommes encore ici, où nous n'avons pas besoin de voiture, que d'attendre notre retour à Paris. »

Prudence vint nous voir quelques jours après, et me confirma ce que Marguerite m'avait dit.

Les deux femmes se promenèrent seules dans le jardin,

et quand je vins les rejoindre, elles changèrent de conversation.

Le soir, en s'en allant, Prudence se plaignit du froid et pria Marguerite de lui prêter un cachemire.

Un mois se passa ainsi, pendant lequel Marguerite fut plus joyeuse et plus aimante qu'elle ne l'avait jamais été.

Cependant la voiture n'était pas revenue, le cachemire n'avait pas été renvoyé, tout cela m'intriguait malgré moi, et comme je savais dans quel tiroir Marguerite mettait les lettres de Prudence, je profitai d'un moment où elle était au fond du jardin, je courus à ce tiroir et j'essayai de l'ouvrir ; mais ce fut en vain, il était fermé à double tour.

Alors je fouillai ceux où se trouvaient d'ordinaire les bijoux et les diamants. Ceux-là s'ouvrirent sans résistance, mais les écrins avaient disparu, avec ce qu'ils contenaient, bien entendu.

Une crainte poignante me serra le cœur.

J'allais réclamer à Marguerite la vérité sur ces disparitions, mais certainement elle ne me l'avouerait pas.

« Ma bonne Marguerite, lui dis-je alors, je viens te demander la permission d'aller à Paris. On ne sait pas chez moi où je suis, et l'on doit avoir reçu des lettres de mon père ; il est inquiet, sans doute, il faut que je lui réponde.

— Va, mon ami, me dit-elle, mais sois ici de bonne heure. »

Je partis.

Je courus tout de suite chez Prudence.

« Voyons, lui dis-je sans préliminaire, répondez-moi franchement, où sont les chevaux de Marguerite ?

— Vendus.

— Le cachemire ?

— Vendu.

— Les diamants ?

— Engagés.

— Et qui a vendu et engagé ?

— Moi.

— Pourquoi ne m'en avez-vous pas averti ?

— Parce que Marguerite me l'avait défendu.

— Et pourquoi ne m'avez-vous pas demandé d'argent ?

— Parce qu'elle ne voulait pas.

— Et à quoi a passé cet argent ?

— À payer.

— Elle doit donc beaucoup ?

— Trente mille francs encore ou à peu près. Ah ! mon cher, je vous l'avais bien dit ? vous n'avez pas voulu me croire ; eh bien, maintenant, vous voilà convaincu. Le tapissier vis-à-vis duquel le duc avait répondu a été mis à la porte quand il s'est présenté chez le duc, qui lui a écrit le lendemain qu'il ne ferait rien pour Mlle Gautier. Cet homme a voulu de l'argent, on lui a donné des acomptes, qui sont les quelques mille francs que je vous ai demandés ; puis, des âmes charitables l'ont averti que sa débitrice, abandonnée par le duc, vivait avec un garçon sans fortune ; les autres créanciers ont été prévenus de même, ils ont demandé de l'argent et ont fait des saisies. Marguerite a voulu tout vendre, mais il n'était plus temps, et d'ailleurs je m'y serais opposée. Il fallait bien payer, et pour ne pas vous demander d'argent, elle a vendu ses chevaux, ses cachemires et engagé ses bijoux. Voulez-vous les reçus des acheteurs et les reconnaissances du mont-de-piété ? »

Et Prudence, ouvrant un tiroir, me montrait ces papiers.

« Ah ! vous croyez, continua-t-elle avec cette persistance de la femme qui a le droit de dire : "J'avais raison !" Ah ! vous croyez qu'il suffit de s'aimer et d'aller vivre à la campagne d'une vie pastorale et vaporeuse ? Non, mon ami, non. À côté de la vie idéale, il y a la vie matérielle, et les résolutions les plus chastes sont retenues à terre par des fils ridicules, mais de fer, et que l'on ne brise pas facilement. Si Marguerite ne vous a pas trompé vingt fois, c'est qu'elle est d'une nature exceptionnelle. Ce n'est pas faute que je le lui aie conseillé, car cela me faisait peine de voir la pauvre fille se dépouiller de tout. Elle n'a pas voulu ! elle m'a répondu qu'elle vous aimait et ne vous tromperait pour rien au monde. Tout cela est fort joli, fort poétique, mais ce n'est pas avec cette monnaie qu'on paye les créanciers, et aujourd'hui elle ne peut plus s'en tirer, à moins d'une trentaine de mille francs, je vous le répète.

— C'est bien, je donnerai cette somme.

— Vous allez l'emprunter ?

— Mon Dieu, oui.

— Vous allez faire là une belle chose ; vous brouiller avec votre père, entraver vos ressources, et l'on ne trouve pas ainsi trente mille francs du jour au lendemain. Croyez-moi, mon cher Armand, je connais mieux les femmes que vous ; ne faites pas cette folie, dont vous vous repentiriez un jour. Soyez raisonnable. Je ne vous dis pas de quitter Marguerite, mais vivez avec elle comme vous viviez au commencement de l'été. Laissez-lui trouver les moyens de sortir d'embarras. Le duc reviendra peu à peu à elle. Le comte de N..., si elle le prend, il me le disait encore hier, lui payera toutes ses dettes, et lui donnera quatre ou cinq mille francs par mois. Il a deux cent mille livres de rente. Ce sera une position pour elle, tandis que vous, il faudra toujours que vous la quittiez ; n'attendez pas pour cela que vous soyez ruiné, d'autant plus que ce comte de N... est un imbécile, et que rien ne vous empêchera d'être l'amant de Marguerite. Elle pleurera un peu au commencement, mais elle finira par s'y habituer, et vous remerciera un jour de ce que vous aurez fait. Supposez que Marguerite est mariée, et trompez le mari, voilà tout.

« Je vous ai déjà dit tout cela une fois ; seulement, à cette époque, ce n'était encore qu'un conseil, et aujourd'hui, c'est presque une nécessité. »

Prudence avait cruellement raison.

« Voilà ce que c'est, continua-t-elle en renfermant les papiers qu'elle venait de montrer, les femmes entre-

tenues prévoient toujours qu'on les aimera, jamais
qu'elles aimeront, sans quoi elles mettraient de l'argent
de côté, et à trente ans elles pourraient se payer le luxe
d'avoir un amant pour rien. Si j'avais su ce que je sais,
moi ! Enfin, ne dites rien à Marguerite et ramenez-la
à Paris. Vous avez vécu quatre ou cinq mois seul avec
elle, c'est bien raisonnable ; fermez les yeux, c'est tout
ce qu'on vous demande. Au bout de quinze jours elle
prendra le comte de N..., elle fera des économies cet
hiver, et l'été prochain vous recommencerez. Voilà
comme on fait, mon cher ! »

Et Prudence paraissait enchantée de son conseil que
je rejetai avec indignation.

Non seulement mon amour et ma dignité ne me per-
mettaient pas d'agir ainsi, mais encore j'étais bien
convaincu qu'au point où elle en était arrivée, Marguerite mourrait plutôt que d'accepter ce partage.

« C'est assez plaisanter, dis-je à Prudence ; combien
faut-il définitivement à Marguerite ?

— Je vous l'ai dit, une trentaine de mille francs.

— Et quand faut-il cette somme ?

— Avant deux mois.

— Elle l'aura. »

Prudence haussa les épaules.

« Je vous la remettrai, continuai-je, mais vous me
jurez que vous ne direz pas à Marguerite que je vous
l'ai remise.

— Soyez tranquille.

— Et si elle vous envoie autre chose à vendre ou à
engager, prévenez-moi.

— Il n'y a pas de danger, elle n'a plus rien. »

Je passai d'abord chez moi pour voir s'il y avait des
lettres de mon père.

Il y en avait quatre.

XIX

Dans les trois premières lettres, mon père s'inquiétait de mon silence et m'en demandait la cause ; dans la dernière, il me laissait voir qu'on l'avait informé de mon changement de vie, et m'annonçait son arrivée prochaine.

J'ai toujours eu un grand respect et une sincère affection pour mon père. Je lui répondis donc qu'un petit voyage avait été la cause de mon silence, et je le priai de me prévenir du jour de son arrivée, afin que je pusse aller au-devant de lui.

Je donnai à mon domestique mon adresse à la campagne, en lui recommandant de m'apporter la première lettre qui serait timbrée de la ville de C... puis je repartis aussitôt pour Bougival.

Marguerite m'attendait à la porte du jardin.

Son regard exprimait l'inquiétude. Elle me sauta au cou, et ne put s'empêcher de me dire :

« As-tu vu Prudence ?

— Non.

— Tu as été bien longtemps à Paris ?

— J'ai trouvé des lettres de mon père auquel il m'a fallu répondre. »

Quelques instants après, Nanine entra tout essoufflée. Marguerite se leva et alla lui parler bas.

Quand Nanine fut sortie, Marguerite me dit, en se rasseyant près de moi et en me prenant la main :

« Pourquoi m'as-tu trompée ? Tu es allé chez Prudence ?

— Qui te l'a dit ?

— Nanine.

— Et d'où le sait-elle ?

— Elle t'a suivi.

— Tu lui avais donc dit de me suivre ?

— Oui. J'ai pensé qu'il fallait un motif puissant pour te faire aller ainsi à Paris, toi qui ne m'as pas quittée depuis quatre mois. Je craignais qu'il ne te fût arrivé un malheur, ou que peut-être tu n'allasses voir une autre femme.

— Enfant !

— Je suis rassurée maintenant, je sais ce que tu as fait, mais je ne sais pas encore ce que l'on t'a dit. »

Je montrai à Marguerite les lettres de mon père.

« Ce n'est pas cela que je te demande : ce que je voudrais savoir, c'est pourquoi tu es allé chez Prudence.

— Pour la voir.

— Tu mens, mon ami.

— Eh bien, je suis allé lui demander si le cheval allait mieux, et si elle n'avait plus besoin de ton cachemire, ni de tes bijoux. »

Marguerite rougit mais elle ne répondit pas.

« Et, continuai-je, j'ai appris l'usage que tu avais fait des chevaux, des cachemires et des diamants.

— Et tu m'en veux ?

— Je t'en veux de ne pas avoir eu l'idée de me demander ce dont tu avais besoin.

— Dans une liaison comme la nôtre, si la femme a encore un peu de dignité, elle doit s'imposer tous les sacrifices possibles plutôt que de demander de l'argent à son amant et de donner un côté vénal à son amour. Tu m'aimes, j'en suis sûre, mais tu ne sais pas combien est léger le fil qui retient dans le cœur l'amour que l'on a pour des filles comme moi. Qui sait ? peut-être dans un jour de gêne ou d'ennui, te serais-tu figuré voir dans notre liaison un calcul habilement combiné ! Prudence est une bavarde. Qu'avais-je besoin de ces chevaux ! J'ai fait une économie en les vendant ; je puis bien m'en passer, et je ne dépense plus rien pour eux ; pourvu que tu m'aimes c'est tout ce que je demande, et tu m'aimeras autant sans chevaux, sans cachemires et sans diamants. »

Tout cela était dit d'un ton si naturel, que j'avais les larmes dans les yeux en l'écoutant.

« Mais, ma bonne Marguerite, répondis-je en pressant avec amour les mains de ma maîtresse, tu savais bien qu'un jour j'apprendrais ce sacrifice, et que, le jour où je l'apprendrais, je ne le souffrirais pas.

— Pourquoi cela ?

— Parce que, chère enfant, je n'entends pas que l'affection que tu veux bien avoir pour moi te prive même d'un bijou. Je ne veux pas, moi non plus, que dans un moment de gêne ou d'ennui, tu puisses réfléchir que si tu vivais avec un autre homme ces moments n'existeraient pas, et que tu te repentes, ne fût-ce qu'une minute, de vivre avec moi. Dans quelques jours, tes chevaux, tes diamants et tes cachemires te seront rendus. Ils te sont aussi nécessaires que l'air à la vie, et c'est peut-être ridicule, mais je t'aime mieux somptueuse que simple.

— Alors c'est que tu ne m'aimes plus.

— Folle !

— Si tu m'aimais, tu me laisserais t'aimer à ma façon ; au contraire, tu ne continues à voir en moi qu'une fille à qui ce luxe est indispensable, et que tu te crois toujours forcé de payer. Tu as honte d'accepter des preuves de mon amour. Malgré toi, tu penses à me quitter un jour, et tu tiens à mettre ta délicatesse à l'abri de tout soupçon. Tu as raison, mon ami, mais j'avais espéré mieux. »

Et Marguerite fit un mouvement pour se lever ; je la retins en lui disant :

« Je veux que tu sois heureuse, et que tu n'aies rien à me reprocher, voilà tout.

— Et nous allons nous séparer !

— Pourquoi, Marguerite ? Qui peut nous séparer ? m'écriai-je.

— Toi, qui ne veux pas me permettre de comprendre ta position, et qui as la vanité de me garder la mienne ; toi, qui en me conservant le luxe au milieu duquel j'ai vécu, veux conserver la distance morale qui

nous sépare ; toi, enfin, qui ne crois pas mon affection assez désintéressée pour partager avec moi la fortune que tu as, avec laquelle nous pourrions vivre heureux ensemble, et qui préfères te ruiner, esclave que tu
es d'un préjugé ridicule. Crois-tu donc que je compare
une voiture et des bijoux à ton amour ? crois-tu que
le bonheur consiste pour moi dans les vanités dont on
se contente quand on n'aime rien, mais qui deviennent
bien mesquines quand on aime ? Tu payeras mes dettes, tu escompteras ta fortune et tu m'entretiendras
enfin ! Combien de temps tout cela durera-t-il ? deux
ou trois mois, et alors il sera trop tard pour prendre
la vie que je te propose, car alors tu accepterais tout
de moi, et c'est ce qu'un homme d'honneur ne peut
faire. Tandis que maintenant tu as huit ou dix mille
francs de rente avec lesquels nous pouvons vivre. Je
vendrai le superflu de ce que j'ai, et avec cette vente
seule, je me ferai deux mille livres par an. Nous
louerons un joli petit appartement dans lequel nous resterons tous les deux. L'été, nous viendrons à la campagne, non pas dans une maison comme celle-ci, mais
dans une petite maison suffisante pour deux personnes.

« Tu es indépendant, je suis libre, nous sommes
jeunes, au nom du Ciel, Armand, ne me rejette pas dans
la vie que j'étais forcée de mener autrefois. »

Je ne pouvais répondre, des larmes de reconnaissance
et d'amour inondaient mes yeux, et je me précipitai
dans les bras de Marguerite.

« Je voulais, reprit-elle, tout arranger sans t'en rien
dire, payer toutes mes dettes et faire préparer mon nouvel appartement. Au mois d'octobre, nous serions
retournés à Paris, et tout aurait été dit ; mais puisque
Prudence t'a tout raconté, il faut que tu consentes
avant, au lieu de consentir après. — M'aimes-tu assez
pour cela ? »

Il était impossible de résister à tant de dévouement.
Je baisai les mains de Marguerite avec effusion, et je
lui dis :

« Je ferai tout ce que tu voudras. »

Ce qu'elle avait décidé fut donc convenu.

Alors elle devint d'une gaieté folle : elle dansait, elle chantait, elle se faisait une fête de la simplicité de son nouvel appartement, sur le quartier et la disposition duquel elle me consultait déjà.

Je la voyais heureuse et fière de cette résolution qui semblait devoir nous rapprocher définitivement l'un de l'autre.

Aussi, je ne voulus pas être en reste avec elle.

En un instant, je décidai de ma vie. J'établis la position de ma fortune, et je fis à Marguerite l'abandon de la rente qui me venait de ma mère, et qui me parut bien insuffisante pour récompenser le sacrifice que j'acceptais.

Il me restait les cinq mille francs de pension que me faisait mon père, et, quoi qu'il arrivât, j'avais toujours assez de cette pension annuelle pour vivre.

Je ne dis pas à Marguerite ce que j'avais résolu, convaincu que j'étais qu'elle refuserait cette donation.

Cette rente provenait d'une hypothèque de soixante mille francs sur une maison que je n'avais même jamais vue. Tout ce que je savais, c'est qu'à chaque trimestre le notaire de mon père, vieil ami de notre famille, me remettait sept cent cinquante francs sur mon simple reçu.

Le jour où Marguerite et moi nous vînmes à Paris pour chercher des appartements, j'allai chez ce notaire, et je lui demandai de quelle façon je devais m'y prendre pour faire à une autre personne le transfert de cette rente.

Le brave homme me crut ruiné et me questionna sur la cause de cette décision. Or, comme il fallait bien tôt ou tard que je lui dise en faveur de qui je faisais cette donation, je préférai lui raconter tout de suite la vérité.

Il ne me fit aucune des objections que sa position de notaire et d'ami l'autorisait à me faire, et m'assura qu'il se chargeait d'arranger tout pour le mieux.

Je lui recommandai naturellement la plus grande discrétion vis-à-vis de mon père, et j'allai rejoindre Marguerite qui m'attendait chez Julie Duprat, où elle avait préféré descendre plutôt que d'aller écouter la morale de Prudence.

Nous nous mîmes en quête d'appartements. Tous ceux que nous voyions, Marguerite les trouvait trop chers, et moi, je les trouvais trop simples. Cependant nous finîmes par tomber d'accord, et nous arrêtâmes dans un des quartiers les plus tranquilles de Paris un petit pavillon, isolé de la maison principale.

Derrière ce petit pavillon s'étendait un jardin charmant, jardin qui en dépendait, entouré de murailles assez élevées pour nous séparer de nos voisins, et assez basses pour ne pas borner la vue.

C'était mieux que nous n'avions espéré.

Pendant que je me rendais chez moi pour donner congé de mon appartement, Marguerite allait chez un homme d'affaires qui, disait-elle, avait déjà fait pour une de ses amies ce qu'elle allait lui demander de faire pour elle.

Elle vint me retrouver rue de Provence, enchantée. Cet homme lui avait promis de payer toutes ses dettes, de lui en donner quittance, et de lui remettre une vingtaine de mille francs moyennant l'abandon de tous ses meubles.

Vous avez vu par le prix auquel est montée la vente que cet honnête homme eût gagné plus de trente mille francs sur sa cliente.

Nous repartîmes tout joyeux pour Bougival, et en continuant de nous communiquer nos projets d'avenir, que, grâce à notre insouciance et surtout à notre amour, nous voyions sous les teintes les plus dorées.

Huit jours après nous étions à déjeuner, quand Nanine vint m'avertir que mon domestique me demandait.

Je le fis entrer.

« Monsieur, me dit-il, votre père est arrivé à Paris, et vous prie de vous rendre tout de suite chez vous, où il vous attend. »

Cette nouvelle était la chose du monde la plus simple,

et cependant, en l'apprenant, Marguerite et moi nous nous regardâmes.

Nous devinions un malheur dans cet incident.

Aussi, sans qu'elle m'eût fait part de cette impression que je partageais, j'y répondis en lui tendant la main :

« Ne crains rien.

— Reviens le plus tôt que tu pourras, murmura Marguerite en m'embrassant, je t'attendrai à la fenêtre. »

J'envoyai Joseph dire à mon père que j'allais arriver.

En effet, deux heures après, j'étais rue de Provence.

XX

Mon père, en robe de chambre, était assis dans mon salon et il écrivait.

Je compris tout de suite, à la façon dont il leva les yeux sur moi quand j'entrai, qu'il allait être question de choses graves.

Je l'abordai cependant comme si je n'eusse rien deviné dans son visage, et je l'embrassai :

« Quand êtes-vous arrivé, mon père ?

— Hier au soir.

— Vous êtes descendu chez moi, comme de coutume ?

— Oui.

— Je regrette bien de ne pas m'être trouvé là pour vous recevoir. »

Je m'attendais à voir surgir dès ce mot la morale que me promettait le visage froid de mon père ; mais il ne me répondit rien, cacheta la lettre qu'il venait d'écrire, et la remit à Joseph pour qu'il la jetât à la poste.

Quand nous fûmes seuls, mon père se leva et me dit, en s'appuyant contre la cheminée :

« Nous avons, mon cher Armand, à causer de choses sérieuses.

— Je vous écoute, mon père.

— Tu me promets d'être franc ?

— C'est mon habitude.

— Est-il vrai que tu vives avec une femme nommée Marguerite Gautier ?

— Oui.

— Sais-tu ce qu'était cette femme ?

— Une fille entretenue.

— C'est pour elle que tu as oublié de venir nous voir cette année, ta sœur et moi ?

— Oui, mon père, je l'avoue.

— Tu aimes donc beaucoup cette femme ?

— Vous le voyez bien, mon père, puisqu'elle m'a fait manquer à un devoir sacré, ce dont je vous demande humblement pardon aujourd'hui. »

Mon père ne s'attendait sans doute pas à des réponses aussi catégoriques, car il parut réfléchir un instant, après quoi il me dit :

« Tu as évidemment compris que tu ne pourrais pas vivre toujours ainsi ?

— Je l'ai craint, mon père, mais je ne l'ai pas compris.

— Mais vous avez dû comprendre, continua mon père d'un ton un peu plus sec, que je ne le souffrirais pas, moi.

— Je me suis dit que tant que je ne ferais rien qui fût contraire au respect que je dois à votre nom et à la probité traditionnelle de la famille, je pourrais vivre comme je vis, ce qui m'a rassuré un peu sur les craintes que j'avais. »

Les passions rendent fort contre les sentiments. J'étais prêt à toutes les luttes, même contre mon père, pour conserver Marguerite.

« Alors, le moment de vivre autrement est venu.

— Eh ! pourquoi, mon père ?

— Parce que vous êtes au moment de faire des choses qui blessent le respect que vous croyez avoir pour votre famille.

— Je ne m'explique pas ces paroles.

— Je vais vous les expliquer. Que vous ayez une maîtresse, c'est fort bien ; que vous la payiez comme un galant homme doit payer l'amour d'une fille entretenue, c'est on ne peut mieux ; mais que vous oubliiez les choses les plus saintes pour elle, que vous permettiez que le bruit de votre vie scandaleuse arrive jusqu'au fond de ma province et jette l'ombre d'une tache sur le nom honorable que je vous ai donné, voilà ce qui ne peut être, voilà ce qui ne sera pas.

— Permettez-moi de vous dire, mon père, que ceux qui vous ont ainsi renseigné sur mon compte étaient mal informés. Je suis l'amant de Mlle Gautier, je vis avec elle, c'est la chose du monde la plus simple. Je ne donne pas à Mlle Gautier le nom que j'ai reçu de vous, je dépense pour elle ce que mes moyens me permettent de dépenser, je n'ai pas fait une dette, et je ne me suis trouvé enfin dans aucune de ces positions qui autorisent un père à dire à son fils ce que vous venez de me dire.

— Un père est toujours autorisé à écarter son fils de la mauvaise voie dans laquelle il le voit s'engager. Vous n'avez encore rien fait de mal, mais vous le ferez.

— Mon père !

— Monsieur, je connais la vie mieux que vous. Il n'y a de sentiments entièrement purs que chez les femmes entièrement chastes. Toute Manon peut faire un Des Grieux, et le temps et les mœurs sont changés. Il serait inutile que le monde vieillît, s'il ne se corrigeait pas. Vous quitterez votre maîtresse.

— Je suis fâché de vous désobéir, mon père, mais c'est impossible.

— Je vous y contraindrai.

— Malheureusement, mon père, il n'y a plus d'îles Sainte-Marguerite* où l'on envoie les courtisanes, et, y en eût-il encore, j'y suivrais Mlle Gautier, si vous obteniez qu'on l'y envoyât. Que voulez-vous ? j'ai peut-être tort, mais je ne puis être heureux qu'à la condition que je resterai l'amant de cette femme.

— Voyons, Armand, ouvrez les yeux, reconnaissez votre père qui vous a toujours aimé, et qui ne veut que votre bonheur. Est-il honorable pour vous d'aller vivre maritalement avec une fille que tout le monde a eue ?

— Qu'importe, mon père, si personne ne doit plus l'avoir ! qu'importe, si cette fille m'aime, si elle se régénère par l'amour qu'elle a pour moi et par l'amour que j'ai pour elle ! Qu'importe, enfin, s'il y a conversion !

— Eh ! croyez-vous donc, monsieur, que la mission d'un homme d'honneur soit de convertir des courti-

sanes ? croyez-vous donc que Dieu ait donné ce but gro-
tesque à la vie, et que le cœur ne doive pas avoir un
autre enthousiasme que celui-là ? Quelle sera la conclusion de cette cure merveilleuse, et que penserez-vous
de ce que vous dites aujourd'hui, quand vous aurez
quarante ans ? Vous rirez de votre amour, s'il vous est
permis d'en rire encore, s'il n'a pas laissé de traces trop
profondes dans votre passé. Que seriez-vous à cette
heure, si votre père avait eu vos idées, et avait abandonné sa vie à tous ces souffles d'amour, au lieu de
l'établir inébranlablement sur une pensée d'honneur et
de loyauté ? Réfléchissez, Armand, et ne dites plus de
pareilles sottises. Voyons, vous quitterez cette femme,
votre père vous en supplie. »

Je ne répondis rien.

« Armand, continua mon père, au nom de votre
sainte mère, croyez-moi, renoncez à cette vie que vous
oublierez plus vite que vous ne pensez, et à laquelle vous
enchaîne une théorie impossible. Vous avez vingt-
quatre ans, songez à l'avenir. Vous ne pouvez pas aimer
toujours cette femme qui ne vous aimera pas toujours
non plus. Vous vous exagérez tous deux votre amour.
Vous vous fermez toute carrière. Un pas de plus et vous
ne pourrez plus quitter la route où vous êtes, et vous
aurez, toute votre vie, le remords de votre jeunesse.
Partez, venez passer un mois ou deux auprès de votre
sœur. Le repos et l'amour pieux de la famille vous guériront vite de cette fièvre, car ce n'est pas autre chose.

« Pendant ce temps, votre maîtresse se consolera, elle
prendra un autre amant, et quand vous verrez pour qui
vous avez failli vous brouiller avec votre père et perdre son affection, vous me direz que j'ai bien fait de
venir vous chercher, et vous me bénirez.

« Allons, tu partiras, n'est-ce pas, Armand ? »

Je sentais que mon père avait raison pour toutes les
femmes, mais j'étais convaincu qu'il n'avait pas raison pour Marguerite. Cependant le ton dont il m'avait
dit ses dernières paroles était si doux, si suppliant que
je n'osais lui répondre.

« Eh bien, mon père, je ne puis rien vous promettre, dis-je enfin ; ce que vous me demandez est au-dessus de mes forces. Croyez-moi, continuai-je en le voyant faire un mouvement d'impatience, vous vous exagérez les résultats de cette liaison. Marguerite n'est pas la fille que vous croyez. Cet amour, loin de me jeter dans une mauvaise voie, est capable au contraire de développer en moi les plus honorables sentiments. L'amour vrai rend toujours meilleur, quelle que soit la femme qui l'inspire. Si vous connaissiez Marguerite, vous comprendriez que je ne m'expose à rien. Elle est noble comme les plus nobles femmes. Autant il y a de cupidité chez les autres, autant il y a de désintéressement chez elle.

— Ce qui ne l'empêche pas d'accepter toute votre fortune, car les soixante mille francs qui vous viennent de votre mère, et que vous lui donnez, sont, rappelez-vous bien ce que je vous dis, votre unique fortune. »

Mon père avait probablement gardé cette péroraison et cette menace pour me porter le dernier coup.

J'étais plus fort devant ses menaces que devant ses prières.

« Qui vous a dit que je dusse lui abandonner cette somme ? repris-je.

— Mon notaire. Un honnête homme eût-il fait un acte semblable sans me prévenir ? Eh bien, c'est pour empêcher votre ruine en faveur d'une fille que je suis venu à Paris. Votre mère vous a laissé en mourant de quoi vivre honorablement et non pas de quoi faire des générosités à vos maîtresses.

— Je vous le jure, mon père, Marguerite ignorait cette donation.

— Et pourquoi la faisiez-vous alors ?

— Parce que Marguerite, cette femme que vous calomniez et que vous voulez que j'abandonne, fait le sacrifice de tout ce qu'elle possède pour vivre avec moi.

— Et vous acceptez ce sacrifice ? Quel homme êtes-vous donc, monsieur, pour permettre à une Mlle Marguerite de vous sacrifier quelque chose ? Allons, en voilà assez. Vous quitterez cette femme. Tout à l'heure je vous en priais, maintenant je vous l'ordonne ; je ne veux pas de pareilles saletés dans ma famille. Faites vos malles, et apprêtez-vous à me suivre.

— Pardonnez-moi, mon père, dis-je alors, mais je ne partirai pas.

— Parce que ?

— Parce que j'ai déjà l'âge où l'on n'obéit plus à un ordre. »

Mon père pâlit à cette réponse.

« C'est bien, monsieur, reprit-il ; je sais ce qu'il me reste à faire. »

Il sonna.

Joseph parut.

« Faites transporter mes malles à l'hôtel de Paris », dit-il à mon domestique. Et en même temps il passa dans sa chambre, où il acheva de s'habiller.

Quand il reparut, j'allai au-devant de lui.

« Vous me promettez, mon père, lui dis-je, de ne rien faire qui puisse causer de la peine à Marguerite ? »

Mon père s'arrêta, me regarda avec dédain, et se contenta de me répondre :

« Vous êtes fou, je crois. »

Après quoi, il sortit en fermant violemment la porte derrière lui.

Je descendis à mon tour, je pris un cabriolet et je partis pour Bougival.

Marguerite m'attendait à la fenêtre.

XXI

« Enfin ! s'écria-t-elle en me sautant au cou. Te voilà ! Comme tu es pâle ! »

Alors je lui racontai ma scène avec mon père.

« Ah ! mon Dieu ! je m'en doutais, dit-elle. Quand Joseph est venu nous annoncer l'arrivée de ton père, j'ai tressailli comme à la nouvelle d'un malheur. Pauvre ami ! et c'est moi qui te cause tous ces chagrins. Tu ferais peut-être mieux de me quitter que de te brouiller avec ton père. Cependant je ne lui ai rien fait. Nous vivons bien tranquilles, nous allons vivre plus tranquilles encore. Il sait bien qu'il faut que tu aies une maîtresse, et il devrait être heureux que ce fût moi, puisque je t'aime et n'ambitionne pas plus que ta position ne le permet. Lui as-tu dit comment nous avons arrangé l'avenir ?

— Oui, et c'est ce qui l'a le plus irrité, car il a vu dans cette détermination la preuve de notre amour mutuel.

— Que faire alors ?

— Rester ensemble, ma bonne Marguerite, et laisser passer cet orage.

— Passera-t-il ?

— Il le faudra bien.

— Mais ton père ne s'en tiendra pas là ?

— Que veux-tu qu'il fasse ?

— Que sais-je, moi ? tout ce qu'un père peut faire pour que son fils lui obéisse. Il te rappellera ma vie passée et me fera peut-être l'honneur d'inventer quelque nouvelle histoire pour que tu m'abandonnes.

— Tu sais bien que je t'aime.

— Oui, mais, ce que je sais aussi, c'est qu'il faut tôt

ou tard obéir à son père, et tu finiras peut-être par te laisser convaincre.

— Non, Marguerite, c'est moi qui le convaincrai. Ce sont les cancans de quelques-uns de ses amis qui causent cette grande colère ; mais il est bon, il est juste, et il reviendra sur sa première impression. Puis, après tout, que m'importe !

— Ne dis pas cela, Armand ; j'aimerais mieux tout que de laisser croire que je te brouille avec ta famille ; laisse passer cette journée, et demain retourne à Paris. Ton père aura réfléchi de son côté comme toi du tien, et peut-être vous entendrez-vous mieux. Ne heurte pas ses principes, aie l'air de faire quelques concessions à ses désirs ; parais ne pas tenir autant à moi, et il laissera les choses comme elles sont. Espère, mon ami, et sois bien certain d'une chose, c'est que, quoi qu'il arrive, ta Marguerite te restera.

— Tu me le jures ?

— Ai-je besoin de te le jurer ? »

Qu'il est doux de se laisser persuader par une voix que l'on aime ! Marguerite et moi, nous passâmes toute la journée à nous redire nos projets comme si nous avions compris le besoin de les réaliser plus vite. Nous nous attendions à chaque minute à quelque événement, mais heureusement le jour se passa sans amener rien de nouveau.

Le lendemain, je partis à dix heures, et j'arrivai vers midi à l'hôtel.

Mon père était déjà sorti.

Je me rendis chez moi, où j'espérais que peut-être il était allé. Personne n'était venu. J'allai chez mon notaire. Personne !

Je retournai à l'hôtel, et j'attendis jusqu'à six heures. M. Duval ne rentra pas.

Je repris la route de Bougival.

Je trouvai Marguerite, non plus m'attendant comme la veille, mais assise au coin du feu qu'exigeait déjà la saison.

Elle était assez plongée dans ses réflexions pour me laisser approcher de son fauteuil sans m'entendre et sans se retourner. Quand je posai mes lèvres sur son front, elle tressaillit comme si ce baiser l'eût réveillée en sursaut.

« Tu m'as fait peur, me dit-elle. Et ton père ?

— Je ne l'ai pas vu. Je ne sais ce que cela veut dire. Je ne l'ai trouvé ni chez lui, ni dans aucun des endroits où il y avait possibilité qu'il fût.

— Allons, ce sera à recommencer demain.

— J'ai bien envie d'attendre qu'il me fasse demander. J'ai fait, je crois, tout ce que je devais faire.

— Non, mon ami, ce n'est point assez, il faut retourner chez ton père, demain surtout.

— Pourquoi demain plutôt qu'un autre jour ?

— Parce que, fit Marguerite, qui me parut rougir un peu à cette question, parce que l'insistance de ta part en paraîtra plus vive et que notre pardon en résultera plus promptement. »

Tout le reste du jour, Marguerite fut préoccupée, distraite, triste. J'étais forcé de lui répéter deux fois ce que je lui disais pour obtenir une réponse. Elle rejeta cette préoccupation sur les craintes que lui inspiraient pour l'avenir les événements survenus depuis deux jours.

Je passai ma nuit à la rassurer, et elle me fit partir le lendemain avec une insistante inquiétude que je ne m'expliquais pas.

Comme la veille, mon père était absent ; mais, en sortant, il m'avait laissé cette lettre :

« Si vous revenez me voir aujourd'hui, attendez-moi jusqu'à quatre heures ; si à quatre heures je ne suis pas rentré, revenez dîner demain avec moi : il faut que je vous parle. »

J'attendis jusqu'à l'heure dite. Mon père ne reparut pas. Je partis.

La veille j'avais trouvé Marguerite triste, ce jour-là je la trouvai fiévreuse et agitée. En me voyant entrer, elle me sauta au cou, mais elle pleura longtemps dans mes bras.

Je la questionnai sur cette douleur subite dont la gradation m'alarmait. Elle ne me donna aucune raison positive, alléguant tout ce qu'une femme peut alléguer quand elle ne veut pas répondre la vérité.

Quand elle fut un peu calmée, je lui racontai les résultats de mon voyage ; je lui montrai la lettre de mon père, en lui faisant observer que nous en pouvions augurer du bien.

À la vue de cette lettre et à la réflexion que je fis, les larmes redoublèrent à un tel point que j'appelai Nanine, et que, craignant une atteinte nerveuse, nous couchâmes la pauvre fille qui pleurait sans dire une syllabe, mais qui me tenait les mains, et les baisait à chaque instant.

Je demandai à Nanine si, pendant mon absence, sa maîtresse avait reçu une lettre ou une visite qui pût motiver l'état où je la trouvais, mais Nanine me répondit qu'il n'était venu personne et que l'on n'avait rien apporté.

Cependant il se passait depuis la veille quelque chose d'autant plus inquiétant que Marguerite me le cachait.

Elle parut un peu plus calme dans la soirée ; et, me faisant asseoir au pied de son lit, elle me renouvela longuement l'assurance de son amour. Puis elle me souriait, mais avec effort, car, malgré elle, ses yeux se voilaient de larmes.

J'employai tous les moyens pour lui faire avouer la véritable cause de ce chagrin, mais elle s'obstina à me donner toujours les raisons vagues que je vous ai déjà dites.

Elle finit par s'endormir dans mes bras, mais de ce sommeil qui brise le corps au lieu de le reposer ; de temps en temps elle poussait un cri, se réveillait en sursaut, et après s'être assurée que j'étais bien auprès d'elle, elle me faisait lui jurer de l'aimer toujours.

Je ne comprenais rien à ces intermittences de douleur qui se prolongèrent jusqu'au matin. Alors Marguerite tomba dans une sorte d'assoupissement. Depuis deux nuits elle ne dormait pas.

Ce repos ne fut pas de longue durée.

Vers onze heures, Marguerite se réveilla, et, me voyant levé, elle regarda autour d'elle en s'écriant :

« T'en vas-tu donc déjà ?

— Non, dis-je en lui prenant les mains, mais j'ai voulu te laisser dormir. Il est de bonne heure encore.

— À quelle heure vas-tu à Paris ?

— À quatre heures.

— Si tôt ? jusque-là tu resteras avec moi, n'est-ce pas ?

— Sans doute, n'est-ce pas mon habitude ?

— Quel bonheur !

« Nous allons déjeuner ? reprit-elle d'un air distrait.

— Si tu le veux.

— Et puis tu m'embrasseras bien jusqu'au moment de partir ?

— Oui, et je reviendrai le plus tôt possible.

— Tu reviendras ? fit-elle en me regardant avec des yeux hagards.

— Naturellement.

— C'est juste, tu reviendras ce soir, et moi, je t'attendrai, comme d'habitude, et tu m'aimeras, et nous serons heureux comme nous le sommes depuis que nous nous connaissons. »

Toutes ces paroles étaient dites d'un ton si saccadé, elles semblaient cacher une pensée douloureuse si continue, que je tremblais à chaque instant de voir Marguerite tomber en délire.

« Écoute, lui dis-je, tu es malade, je ne puis pas te laisser ainsi. Je vais écrire à mon père qu'il ne m'attende pas.

— Non ! non ! s'écria-t-elle brusquement, ne fais pas cela. Ton père m'accuserait encore de t'empêcher d'aller chez lui quand il veut te voir ; non, non, il faut que tu y ailles, il le faut ! D'ailleurs, je ne suis pas malade, je me porte à merveille. C'est que j'ai fait un mauvais rêve, et que je n'étais pas bien réveillée ? »

À partir de ce moment, Marguerite essaya de paraître plus gaie. Elle ne pleura plus.

Quand vint l'heure où je devais partir, je l'embrassai, et lui demandai si elle voulait m'accompagner
jusqu'au chemin de fer : j'espérais que la promenade
la distrairait et que l'air lui ferait du bien.

Je tenais surtout à rester le plus longtemps possible
avec elle.

Elle accepta, prit un manteau et m'accompagna avec
Nanine, pour ne pas revenir seule.

Vingt fois je fus au moment de ne pas partir. Mais
l'espérance de revenir vite et la crainte d'indisposer de
nouveau mon père contre moi me soutinrent, et le
convoi m'emporta.

« À ce soir », dis-je à Marguerite en la quittant.

Elle ne me répondit pas.

Une fois déjà elle ne m'avait pas répondu à ce même
mot, et le comte de G..., vous vous le rappelez, avait
passé la nuit chez elle ; mais ce temps était si loin, qu'il
semblait effacé de ma mémoire, et si je craignais quelque chose, ce n'était certes plus que Marguerite me
trompât.

En arrivant à Paris, je courus chez Prudence la prier
d'aller voir Marguerite, espérant que sa verve et sa
gaieté la distrairaient.

J'entrai sans me faire annoncer, et je trouvai Prudence à sa toilette.

« Ah ! me dit-elle d'un air inquiet. Est-ce que Marguerite est avec vous ?

— Non.

— Comment va-t-elle ?

— Elle est souffrante.

— Est-ce qu'elle ne viendra pas ?

— Est-ce qu'elle devait venir ? »

Mme Duvernoy rougit, et me répondit, avec un certain embarras :

« Je voulais dire : Puisque vous venez à Paris, est-
ce qu'elle ne viendra pas vous y rejoindre ?

— Non. »

Je regardai Prudence, elle baissa les yeux, et sur sa physionomie je crus lire la crainte de voir ma visite se prolonger.

« Je venais même vous prier, ma chère Prudence, si vous n'avez rien à faire, d'aller voir Marguerite ce soir ; vous lui tiendriez compagnie, et vous pourriez coucher là-bas. Je ne l'ai jamais vue comme elle était aujourd'hui, et je tremble qu'elle ne tombe malade.

— Je dîne en ville, me répondit Prudence, et je ne pourrai pas voir Marguerite ce soir ; mais je la verrai demain. »

Je pris congé de Mme Duvernoy, qui me paraissait presque aussi préoccupée que Marguerite, et je me rendis chez mon père, dont le premier regard m'étudia avec attention.

Il me tendit la main.

« Vos deux visites m'ont fait plaisir, Armand, me dit-il, elles m'ont fait espérer que vous auriez réfléchi de votre côté, comme j'ai réfléchi, moi, du mien.

— Puis-je me permettre de vous demander, mon père, quel a été le résultat de vos réflexions ?

— Il a été, mon ami, que je m'étais exagéré l'importance des rapports que l'on m'avait faits, et que je me suis promis d'être moins sévère avec toi.

— Que dites-vous, mon père ! m'écriai-je avec joie.

— Je dis, mon cher enfant, qu'il faut que tout jeune homme ait une maîtresse, et que, d'après de nouvelles informations, j'aime mieux te savoir amant de Mlle Gautier que d'une autre.

— Mon excellent père ! que vous me rendez heureux ! »

Nous causâmes ainsi quelques instants, puis nous nous mîmes à table. Mon père fut charmant tout le temps que dura le dîner.

J'avais hâte de retourner à Bougival pour raconter à Marguerite cet heureux changement. À chaque instant je regardais la pendule.

« Tu regardes l'heure, me disait mon père, tu es impatient de me quitter. Oh, jeunes gens ! vous sacri-

fierez donc toujours les affections sincères aux affections douteuses ?

— Ne dites pas cela, mon père ! Marguerite m'aime,
j'en suis sûr. »

Mon père ne répondit pas ; il n'avait l'air ni de douter
ni de croire.

Il insista beaucoup pour me faire passer la soirée
entière avec lui, et pour que je ne repartisse que le lendemain ; mais j'avais laissé Marguerite souffrante, je
le lui dis, et je lui demandai la permission d'aller la
retrouver de bonne heure, lui promettant de revenir le
lendemain.

Il faisait beau ; il voulut m'accompagner jusqu'au
débarcadère*. Jamais je n'avais été si heureux. L'avenir m'apparaissait tel que je cherchais à le voir depuis
longtemps.

J'aimais plus mon père que je ne l'avais jamais aimé.

Au moment où j'allais partir, il insista une dernière
fois pour que je restasse ; je refusai.

« Tu l'aimes donc bien ? me demanda-t-il.

— Comme un fou.

— Va alors ! » et il passa la main sur son front
comme s'il eût voulu en chasser une pensée, puis il
ouvrit la bouche comme pour me dire quelque chose ;
mais il se contenta de me serrer la main, et me quitta
brusquement en me criant :

« À demain ! donc. »

XXII

Il me semblait que le convoi ne marchait pas.

Je fus à Bougival à onze heures.

Pas une fenêtre de la maison n'était éclairée, et je sonnai sans que l'on me répondît.

C'était la première fois que pareille chose m'arrivait. Enfin le jardinier parut. J'entrai.

Nanine me rejoignit avec une lumière. J'arrivai à la chambre de Marguerite.

« Où est madame ?

— Madame est partie pour Paris, me répondit Nanine.

— Pour Paris !

— Oui, monsieur.

— Quand ?

— Une heure après vous.

— Elle ne vous a rien laissé pour moi ?

— Rien. »

Nanine me laissa.

« Elle est capable d'avoir eu des craintes, pensai-je, et d'être allée à Paris pour s'assurer si la visite que je lui avais dit aller faire à mon père n'était pas un prétexte pour avoir un jour de liberté.

« Peut-être Prudence lui a-t-elle écrit pour quelque affaire importante », me dis-je quand je fus seul ; mais j'avais vu Prudence à mon arrivée, et elle ne m'avait rien dit qui pût faire supposer qu'elle eût écrit à Marguerite.

Tout à coup je me souvins de cette question que Mme Duvernoy m'avait faite : « Elle ne viendra donc pas aujourd'hui ? » quand je lui avais dit que Marguerite était malade. Je me rappelai en même temps l'air embarrassé de Prudence, lorsque je l'avais regardée après cette phrase qui semblait trahir un rendez-vous. À ce souvenir se joignait celui des larmes de Marguerite pendant toute la journée, larmes que le bon accueil de mon père m'avait fait oublier un peu.

À partir de ce moment, tous les incidents du jour vinrent se grouper autour de mon premier soupçon et le fixèrent si solidement dans mon esprit que tout le confirma, jusqu'à la clémence paternelle.

Marguerite avait presque exigé que j'allasse à Paris ; elle avait affecté le calme lorsque je lui avais proposé de rester auprès d'elle. Étais-je tombé dans un piège ? Marguerite me trompait-elle ? avait-elle compté être de retour assez à temps pour que je ne m'aperçusse pas de son absence, et le hasard l'avait-il retenue ? Pourquoi n'avait-elle rien dit à Nanine, ou pourquoi ne m'avait-elle pas écrit ? Que voulaient dire ces larmes, cette absence, ce mystère ?

Voilà ce que je me demandais avec effroi, au milieu de cette chambre vide, et les yeux fixés sur la pendule qui, marquant minuit, semblait me dire qu'il était trop tard pour que j'espérasse encore voir revenir ma maîtresse.

Cependant, après les dispositions que nous venions de prendre, avec le sacrifice offert et accepté, était-il vraisemblable qu'elle me trompât ? Non. J'essayai de rejeter mes premières suppositions.

« La pauvre fille aura trouvé un acquéreur pour son mobilier, et elle sera allée à Paris pour conclure. Elle n'aura pas voulu me prévenir, car elle sait que, quoique je l'accepte, cette vente, nécessaire à notre bonheur à venir, m'est pénible, et elle aura craint de blesser mon amour-propre et ma délicatesse en m'en parlant. Elle aime mieux reparaître seulement quand tout sera terminé. Prudence l'attendait évidemment pour cela, et s'est trahie devant moi : Marguerite n'aura pu terminer son marché aujourd'hui, et elle couche chez elle, ou peut-être même va-t-elle arriver tout à l'heure, car elle doit se douter de mon inquiétude et ne voudra certainement pas m'y laisser.

« Mais alors, pourquoi ces larmes ? Sans doute, malgré son amour pour moi, la pauvre fille n'aura pu se résoudre sans pleurer à abandonner le luxe au milieu duquel elle a vécu jusqu'à présent et qui la faisait heureuse et enviée. »

Je pardonnais bien volontiers ces regrets à Marguerite. Je l'attendais impatiemment pour lui dire, en la couvrant de baisers, que j'avais deviné la cause de sa mystérieuse absence.

Cependant, la nuit avançait et Marguerite n'arrivait pas.

L'inquiétude resserrait peu à peu son cercle et m'étreignait la tête et le cœur. Peut-être lui était-il arrivé quelque chose ! Peut-être était-elle blessée, malade, morte ! Peut-être allais-je voir arriver un messager m'annonçant quelque douloureux accident ! Peut-être le jour me trouverait-il dans la même incertitude et dans les mêmes craintes !

L'idée que Marguerite me trompait à l'heure où je l'attendais au milieu des terreurs que me causait son absence ne me revenait plus à l'esprit. Il fallait une cause indépendante de sa volonté pour la retenir loin de moi, et plus j'y songeais, plus j'étais convaincu que cette cause ne pouvait être qu'un malheur quelconque. Ô vanité de l'homme ! tu te représentes sous toutes les formes.

Une heure venait de sonner. Je me dis que j'allais attendre une heure encore, mais qu'à deux heures, si Marguerite n'était pas revenue, je partirais pour Paris.

En attendant, je cherchai un livre, car je n'osais penser.

Manon Lescaut était ouvert sur la table. Il me sembla que d'endroits en endroits les pages étaient mouillées comme par des larmes. Après l'avoir feuilleté, je refermai ce livre dont les caractères m'apparaissaient vides de sens à travers le voile de mes doutes.

L'heure marchait lentement. Le ciel était couvert.

Une pluie d'automne fouettait les vitres. Le lit vide me paraissait prendre par moments l'aspect d'une tombe. J'avais peur.

J'ouvris la porte. J'écoutais et n'entendais rien que le bruit du vent dans les arbres. Pas une voiture ne passait sur la route. La demie sonna tristement au clocher de l'église.

J'en étais arrivé à craindre que quelqu'un n'entrât. Il me semblait qu'un malheur seul pouvait venir me trouver à cette heure et par ce temps sombre.

Deux heures sonnèrent. J'attendis encore un peu. La pendule seule troublait le silence de son bruit monotone et cadencé.

Enfin je quittai cette chambre dont les moindres objets avaient revêtu cet aspect triste que donne à tout ce qui l'entoure l'inquiète solitude du cœur.

Dans la chambre voisine je trouvai Nanine endormie sur son ouvrage. Au bruit de la porte, elle se réveilla et me demanda si sa maîtresse était rentrée.

« Non, mais, si elle rentre, vous lui direz que je n'ai pu résister à mon inquiétude, et que je suis parti pour Paris.

— À cette heure ?

— Oui.

— Mais comment ? vous ne trouverez pas de voiture.

— J'irai à pied.

— Mais il pleut.

— Que m'importe ?

— Madame va rentrer, ou, si elle ne rentre pas, il sera toujours temps, au jour, d'aller voir ce qui l'a retenue. Vous allez vous faire assassiner sur la route.

— Il n'y a pas de danger, ma chère Nanine ; à demain. »

La brave fille alla me chercher mon manteau, me le jeta sur les épaules, m'offrit d'aller réveiller la mère Arnould, et de s'enquérir d'elle s'il était possible d'avoir une voiture ; mais je m'y opposai, convaincu que je perdrais à cette tentative, peut-être infructueuse, plus de temps que je n'en mettrais à faire la moitié du chemin.

Puis j'avais besoin d'air et d'une fatigue physique qui épuisât la surexcitation à laquelle j'étais en proie.

Je pris la clef de l'appartement de la rue d'Antin, et après avoir dit adieu à Nanine, qui m'avait accompagné jusqu'à la grille, je partis.

Je me mis d'abord à courir, mais la terre était fraîchement mouillée, et je me fatiguais doublement. Au bout d'une demi-heure de cette course, je fus forcé de m'arrêter, j'étais en nage. Je repris haleine et je continuai mon chemin. La nuit était si épaisse que je tremblais à chaque instant de me heurter contre un des arbres de la route, lesquels, se présentant brusquement à mes yeux, avaient l'air de grands fantômes courant sur moi.

Je rencontrai une ou deux voitures de rouliers que j'eus bientôt laissées en arrière.

Une calèche se dirigeait au grand trot du côté de Bougival. Au moment où elle passait devant moi, l'espoir me vint que Marguerite était dedans.

Je m'arrêtai en criant : « Marguerite ! Marguerite ! »

Mais personne ne me répondit et la calèche continua sa route. Je la regardai s'éloigner, et je repartis.

Je mis deux heures pour arriver à la barrière de l'Étoile.

La vue de Paris me rendit des forces, et je descendis en courant la longue allée que j'avais parcourue tant de fois.

Cette nuit-là personne n'y passait.

On eût dit la promenade d'une ville morte.

Le jour commençait à poindre.

Quand j'arrivai à la rue d'Antin, la grande ville se remuait déjà un peu avant de se réveiller tout à fait.

Cinq heures sonnaient à l'église Saint-Roch au moment où j'entrais dans la maison de Marguerite.

Je jetai mon nom au portier, lequel avait reçu de moi assez de pièces de vingt francs pour savoir que j'avais le droit de venir à cinq heures chez Mlle Gautier.

Je passai donc sans obstacle.

J'aurais pu lui demander si Marguerite était chez elle, mais il eût pu me répondre que non, et j'aimais mieux douter deux minutes de plus, car en doutant j'espérais encore.

Je prêtai l'oreille à la porte, tâchant de surprendre un bruit, un mouvement.

Rien. Le silence de la campagne semblait se continuer jusque-là.

J'ouvris la porte, et j'entrai.

Tous les rideaux étaient hermétiquement fermés.

Je tirai ceux de la salle à manger, et je me dirigeai vers la chambre à coucher dont je poussai la porte.

Je sautai sur le cordon des rideaux et je le tirai violemment.

Les rideaux s'écartèrent ; un faible jour pénétra, je courus au lit.

Il était vide !

J'ouvris les portes les unes après les autres, je visitai toutes les chambres.

Personne.

C'était à devenir fou.

Je passai dans le cabinet de toilette, dont j'ouvris la fenêtre, et j'appelai Prudence à plusieurs reprises.

La fenêtre de Mme Duvernoy resta fermée.

Alors je descendis chez le portier, à qui je demandai si Mlle Gautier était venue chez elle pendant le jour.

« Oui, me répondit cet homme, avec Mme Duvernoy.

— Elle n'a rien dit pour moi ?

— Rien.

— Savez-vous ce qu'elles ont fait ensuite ?

— Elles sont montées en voiture.

— Quel genre de voiture ?

— Un coupé de maître. »

Qu'est-ce que tout cela voulait dire ?

Je sonnai à la porte voisine.

« Où allez-vous, monsieur ? me demanda le concierge après m'avoir ouvert.

— Chez Mme Duvernoy.

« — Elle n'est pas rentrée.

— Vous en êtes sûr ?

— Oui, monsieur ; voilà même une lettre qu'on a apportée pour elle hier au soir et que je ne lui ai pas encore remise. »

Et le portier me montrait une lettre sur laquelle je jetai machinalement les yeux.

Je reconnus l'écriture de Marguerite.

Je pris la lettre.

« À Mᵐᵉ Duvernoy, pour remettre à M. Duval. »

« Cette lettre est pour moi, dis-je au portier, et je lui montrai l'adresse.

— C'est vous monsieur Duval ? me répondit cet homme.

— Oui.

— Ah ! je vous reconnais, vous venez souvent chez Mᵐᵉ Duvernoy. »

Une fois dans la rue, je brisai le cachet de cette lettre.

La foudre fût tombée à mes pieds que je n'eusse pas été plus épouvanté que je le fus par cette lecture.

« À l'heure où vous lirez cette lettre, Armand, je serai déjà la maîtresse d'un autre homme. Tout est donc fini entre nous.

« Retournez auprès de votre père, mon ami, allez revoir votre sœur, jeune fille chaste, ignorante de toutes nos misères, et auprès de laquelle vous oublierez bien vite ce que vous aura fait souffrir cette fille perdue que l'on nomme Marguerite Gautier, que vous avez bien voulu aimer un instant, et qui vous doit les seuls moments heureux d'une vie qui, elle l'espère, ne sera pas longue maintenant. »

Quand j'eus lu le dernier mot, je crus que j'allais devenir fou.

Un moment j'eus réellement peur de tomber sur le pavé de la rue. Un nuage me passait sur les yeux et le sang me battait dans les tempes.

Enfin je me remis un peu, je regardai autour de moi, tout étonné de voir la vie des autres se continuer sans s'arrêter à mon malheur.

Je n'étais pas assez fort pour supporter seul le coup que Marguerite me portait.

Alors je me souvins que mon père était dans la même ville que moi, que dans dix minutes je pourrais être auprès de lui, et que, quelle que fût la cause de ma douleur, il la partagerait.

Je courus comme un fou, comme un voleur, jusqu'à l'hôtel de Paris : je trouvai la clef sur la porte de l'appartement de mon père. J'entrai.

Il lisait.

Au peu d'étonnement qu'il montra en me voyant paraître, on eût dit qu'il m'attendait.

Je me précipitai dans ses bras sans lui dire un mot, je lui donnai la lettre de Marguerite, et me laissant tomber devant son lit, je pleurai à chaudes larmes.

XXIII

Quand toutes les choses de la vie eurent repris leur cours, je ne pus croire que le jour qui se levait ne serait pas semblable pour moi à ceux qui l'avaient précédé. Il y avait des moments où je me figurais qu'une circonstance, que je ne me rappelais pas, m'avait fait passer la nuit hors de chez Marguerite, mais que, si je retournais à Bougival, j'allais la retrouver inquiète, comme je l'avais été, et qu'elle me demanderait qui m'avait ainsi retenu loin d'elle.

Quand l'existence a contracté une habitude comme celle de cet amour, il semble impossible que cette habitude se rompe sans briser en même temps tous les autres ressorts de la vie.

J'étais donc forcé de temps en temps de relire la lettre de Marguerite, pour bien me convaincre que je n'avais pas rêvé.

Mon corps, succombant sous la secousse morale, était incapable d'un mouvement. L'inquiétude, la marche de la nuit, la nouvelle du matin m'avaient épuisé. Mon père profita de cette prostration totale de mes forces pour me demander la promesse formelle de partir avec lui.

Je promis tout ce qu'il voulut. J'étais incapable de soutenir une discussion, et j'avais besoin d'une affection réelle pour m'aider à vivre après ce qui venait de se passer.

J'étais trop heureux que mon père voulût bien me consoler d'un pareil chagrin.

Tout ce que je me rappelle, c'est que ce jour-là, vers cinq heures, il me fit monter avec lui dans une chaise de poste. Sans rien me dire, il avait fait préparer mes malles, les avait fait attacher avec les siennes derrière la voiture, et il m'emmenait.

Je ne sentis ce que je faisais que lorsque la ville eut disparu, et que la solitude de la route me rappela le vide de mon cœur.

Alors les larmes me reprirent.

Mon père avait compris que des paroles, même de lui, ne me consoleraient pas, et il me laissait pleurer sans me dire un mot, se contentant parfois de me serrer la main, comme pour me rappeler que j'avais un ami à côté de moi.

La nuit, je dormis un peu. Je rêvais de Marguerite.

Je me réveillai en sursaut, ne comprenant pas pourquoi j'étais dans une voiture.

Puis la réalité me revint à l'esprit et je laissai tomber ma tête sur ma poitrine.

Je n'osais entretenir mon père, je craignais toujours qu'il ne me dît :

« Tu vois que j'avais raison quand je niais l'amour de cette femme. »

Mais il n'abusa pas de son avantage, et nous arrivâmes à C... sans qu'il m'eût dit autre chose que des paroles complètement étrangères à l'événement qui m'avait fait partir.

Quand j'embrassai ma sœur, je me rappelai les mots de la lettre de Marguerite qui la concernaient, mais je compris tout de suite que, si bonne qu'elle fût, ma sœur serait insuffisante à me faire oublier ma maîtresse.

La chasse était ouverte, mon père pensa qu'elle serait une distraction pour moi. Il organisa donc des parties de chasse avec des voisins et des amis. J'y allai sans répugnance comme sans enthousiasme, avec cette sorte d'apathie qui était le caractère de toutes mes actions depuis mon départ.

Nous chassions au rabat. On me mettait à mon poste. Je posai mon fusil désarmé à côté de moi, et je rêvais.

Je regardais les nuages passer. Je laissais ma pensée errer dans les plaines solitaires, et de temps en temps je m'entendais appeler par quelque chasseur me montrant un lièvre à dix pas de moi.

Aucun de ces détails n'échappait à mon père, et il ne se laissait pas prendre à mon calme extérieur. Il comprenait bien que, si abattu qu'il fût, mon cœur aurait quelque jour une réaction terrible, dangereuse peut-être, et tout en évitant de paraître me consoler, il faisait son possible pour me distraire.

Ma sœur, naturellement, n'était pas dans la confidence de tous ces événements, elle ne s'expliquait donc pas pourquoi, moi, si gai autrefois, j'étais tout à coup devenu si rêveur et si triste.

Parfois, surpris au milieu de ma tristesse par le regard inquiet de mon père, je lui tendais la main et je serrais la sienne comme pour lui demander tacitement pardon du mal que, malgré moi, je lui faisais.

Un mois se passa ainsi, mais ce fut tout ce que je pus supporter.

Le souvenir de Marguerite me poursuivait sans cesse. J'avais trop aimé et j'aimais trop cette femme pour qu'elle pût me devenir indifférente tout à coup. Il fallait surtout, quelque sentiment que j'eusse pour elle, que je la revisse, et cela tout de suite.

Ce désir entra dans mon esprit, et s'y fixa avec toute la violence de la volonté qui reparaît enfin dans un corps inerte depuis longtemps.

Ce n'était pas dans l'avenir, dans un mois, dans huit jours qu'il me fallait Marguerite, c'était le lendemain même du jour où j'en avais eu l'idée ; et je vins dire à mon père que j'allais le quitter pour des affaires qui me rappelaient à Paris, mais que je reviendrais promptement.

Il devina sans doute le motif qui me faisait partir, car il insista pour que je restasse ; mais, voyant que l'inexécution de ce désir, dans l'état irritable où j'étais, pourrait avoir des conséquences fatales pour moi, il m'embrassa, et me pria, presque avec des larmes, de revenir bientôt auprès de lui.

Je ne dormis pas avant d'être arrivé à Paris.

Une fois arrivé, qu'allais-je faire ? je l'ignorais ; mais il fallait avant tout que je m'occupasse de Marguerite.

J'allai chez moi m'habiller, et comme il faisait beau, et qu'il en était encore temps, je me rendis aux Champs-Élysées.

Au bout d'une demi-heure, je vis venir de loin, et du rond-point à la place de la Concorde, la voiture de Marguerite.

Elle avait racheté ses chevaux, car la voiture était telle qu'autrefois ; seulement elle n'était pas dedans.

À peine avais-je remarqué cette absence, qu'en reportant les yeux autour de moi, je vis Marguerite qui descendait à pied, accompagné d'une femme que je n'avais jamais vue auparavant.

En passant à côté de moi, elle pâlit, et un sourire nerveux crispa ses lèvres. Quant à moi, un violent battement de cœur m'ébranla la poitrine ; mais je parvins à donner une expression froide à mon visage, et je saluai froidement mon ancienne maîtresse, qui rejoignit presque aussitôt sa voiture, dans laquelle elle monta avec son amie.

Je connaissais Marguerite. Ma rencontre inattendue avait dû la bouleverser. Sans doute elle avait appris mon départ, qui l'avait tranquillisée sur la suite de notre rupture ; mais me voyant revenir, et se trouvant face à face avec moi, pâle comme je l'étais, elle avait compris que mon retour avait un but, et elle devait se demander ce qui allait avoir lieu.

Si j'avais retrouvé Marguerite malheureuse, si, pour me venger d'elle, j'avais pu venir à son secours, je lui aurais peut-être pardonné, et n'aurais certainement pas songé à lui faire du mal ; mais je la retrouvais heureuse, en apparence du moins ; un autre lui avait rendu le luxe que je n'avais pu lui continuer ; notre rupture, venue d'elle, prenait par conséquent le caractère du plus bas intérêt ; j'étais humilié dans mon amour-propre comme dans mon amour, il fallait nécessairement qu'elle payât ce que j'avais souffert.

Je ne pouvais être indifférent à ce que faisait cette

femme ; par conséquent, ce qui devait lui faire le plus de mal, c'était mon indifférence ; c'était donc ce sentiment-là qu'il fallait feindre, non seulement à ses yeux, mais aux yeux des autres.

J'essayai de me faire un visage souriant, et je me rendis chez Prudence.

La femme de chambre alla m'annoncer et me fit attendre quelques instants dans le salon.

Mme Duvernoy parut enfin, et m'introduisit dans son boudoir ; au moment où je m'y asseyais, j'entendis ouvrir la porte du salon, et un pas léger fit crier le parquet, puis la porte du carré fut fermée violemment.

« Je vous dérange ? demandai-je à Prudence.

— Pas du tout, Marguerite était là. Quand elle vous a entendu annoncer, elle s'est sauvée : c'est elle qui vient de sortir.

— Je lui fais donc peur maintenant ?

— Non, mais elle craint qu'il ne vous soit désagréable de la revoir.

— Pourquoi donc ? fis-je en faisant un effort pour respirer librement, car l'émotion m'étouffait ; la pauvre fille m'a quitté pour ravoir sa voiture, ses meubles et ses diamants, elle a bien fait, et je ne dois pas lui en vouloir. Je l'ai rencontrée aujourd'hui, continuai-je négligemment.

— Où ? » fit Prudence, qui me regardait et semblait se demander si cet homme était bien celui qu'elle avait connu si amoureux.

« Aux Champs-Élysées, elle était avec une autre femme fort jolie. Quelle est cette femme ?

— Comment est-elle ?

— Une blonde, mince, portant des anglaises ; des yeux bleus, très élégante.

— Ah ! c'est Olympe ; une très jolie fille, en effet.

— Avec qui vit-elle ?

— Avec personne, avec tout le monde.

— Et elle demeure ?

— Rue Tronchet, n°... Ah ! çà, vous voulez lui faire la cour ?

— On ne sait pas ce qui peut arriver.

— Et Marguerite ?

— Vous dire que je ne pense plus du tout à elle, ce serait mentir ; mais je suis de ces hommes avec qui la façon de rompre fait beaucoup. Or, Marguerite m'a donné mon congé d'une façon si légère, que je me suis trouvé bien sot d'en avoir été amoureux comme je l'ai été, car j'ai été vraiment fort amoureux de cette fille. »

Vous devinez avec quel ton j'essayais de dire ces choses-là : l'eau me coulait sur le front.

« Elle vous aimait bien, allez, et elle vous aime toujours : la preuve, c'est qu'après vous avoir rencontré aujourd'hui, elle est venue tout de suite me faire part de cette rencontre. Quand elle est arrivée, elle était toute tremblante, près de se trouver mal.

— Eh bien, que vous a-t-elle dit ?

— Elle m'a dit : ''Sans doute il viendra vous voir'', et elle m'a priée d'implorer de vous son pardon.

— Je lui ai pardonné, vous pouvez le lui dire. C'est une bonne fille, mais c'est une fille, et ce qu'elle m'a fait, je devais m'y attendre. Je lui suis reconnaissant de sa résolution, car aujourd'hui je me demande à quoi nous aurait menés mon idée de vivre tout à fait avec elle. C'était de la folie.

— Elle sera bien contente en apprenant que vous avez pris votre parti de la nécessité où elle se trouvait. Il était temps qu'elle vous quittât, mon cher. Le gredin d'homme d'affaires à qui elle avait proposé de vendre son mobilier avait été trouver ses créanciers pour leur demander combien elle leur devait ; ceux-ci avaient eu peur, et l'on allait vendre dans deux jours.

— Et maintenant, c'est payé ?

— À peu près.

— Et qui a fait les fonds ?

— Le comte de N... Ah ! mon cher ! il y a des hommes faits exprès pour cela. Bref, il a donné vingt mille francs, mais il en est arrivé à ses fins. Il sait bien que Marguerite n'est pas amoureuse de lui, ce qui ne l'empêche pas d'être très gentil pour elle. Vous avez vu, il lui a racheté ses chevaux, il lui a retiré ses bijoux et lui donne autant d'argent que le duc lui en donnait ; si elle veut vivre tranquillement, cet homme-là restera longtemps avec elle.

— Et que fait-elle ? habite-t-elle tout à fait à Paris ?

— Elle n'a jamais voulu retourner à Bougival depuis que vous êtes parti. C'est moi qui suis allée y chercher toutes ses affaires, et même les vôtres, dont j'ai fait un paquet que vous ferez prendre ici. Il y a tout, excepté un petit portefeuille avec votre chiffre. Marguerite a voulu le prendre et l'a chez elle. Si vous y tenez, je le lui redemanderai.

— Qu'elle le garde », balbutiai-je, car je sentais les larmes me monter de mon cœur à mes yeux au souvenir de ce village où j'avais été si heureux, et à l'idée que Marguerite tenait à garder une chose qui venait de moi et me rappelait à elle.

Si elle était entrée à ce moment, mes résolutions de vengeance auraient disparu et je serais tombé à ses pieds.

« Du reste, reprit Prudence, je ne l'ai jamais vue comme elle est maintenant : elle ne dort presque plus, elle court les bals, elle soupe, elle se grise même. Dernièrement, après un souper, elle est restée huit jours au lit ; et quand le médecin lui a permis de se lever, elle a recommencé, au risque d'en mourir. Irez-vous la voir ?

— À quoi bon ? Je suis venu vous voir, vous, parce que vous avez été toujours charmante pour moi, et que je vous connaissais avant de connaître Marguerite. C'est à vous que je dois d'avoir été son amant, comme c'est à vous que je dois de ne plus l'être, n'est-ce pas ?

— Ah ! dame, j'ai fait tout ce que j'ai pu pour qu'elle vous quittât, et je crois que, plus tard, vous ne m'en voudrez pas.

— Je vous en ai une double reconnaissance, ajoutai-je en me levant, car j'avais du dégoût pour cette femme, à la voir prendre au sérieux tout ce que je lui disais.

— Vous vous en allez ?

— Oui. »

J'en savais assez.

« Quand vous verra-t-on ?

— Bientôt. Adieu.

— Adieu. »

Prudence me conduisit jusqu'à la porte, et je rentrai chez moi des larmes de rage dans les yeux et un besoin de vengeance dans le cœur.

Ainsi Marguerite était décidément une fille comme les autres ; ainsi, cet amour profond qu'elle avait pour moi n'avait pas lutté contre le désir de reprendre sa vie passée, et contre le besoin d'avoir une voiture et de faire des orgies.

Voilà ce que je me disais au milieu de mes insomnies, tandis que, si j'avais réfléchi aussi froidement que je l'affectais, j'aurais vu dans cette nouvelle existence bruyante de Marguerite l'espérance pour elle de faire taire une pensée continue, un souvenir incessant.

Malheureusement, la passion mauvaise dominait en moi, et je ne cherchai qu'un moyen de torturer cette pauvre créature.

Oh ! l'homme est bien petit et bien vif quand l'une de ses étroites passions est blessée.

Cette Olympe, avec qui je l'avais vue, était sinon l'amie de Marguerite, du moins celle qu'elle fréquentait le plus souvent depuis son retour à Paris. Elle allait donner un bal, et comme je supposais que Marguerite y serait, je cherchai à me faire donner une invitation et je l'obtins.

Quand, plein de mes douloureuses émotions, j'arrivai à ce bal, il était déjà fort animé. On dansait, on criait même, et, dans un des quadrilles, j'aperçus Marguerite dansant avec le comte de N..., lequel paraissait tout fier de la montrer, et semblait dire à tout le monde :

« Cette femme est à moi ! »

J'allai m'adosser à la cheminée, juste en face de Marguerite, et je la regardai danser. À peine m'eut-elle aperçu qu'elle se troubla. Je la vis et je la saluai distraitement de la main et des yeux.

Quand je songeais que, après le bal, ce ne serait plus avec moi, mais avec ce riche imbécile qu'elle s'en irait, quand je me représentais ce qui vraisemblablement allait suivre leur retour chez elle, le sang me montait au visage, et le besoin me venait de troubler leurs amours.

Après la contredanse*, j'allai saluer la maîtresse de la maison, qui étalait aux yeux des invités des épaules magnifiques et la moitié d'une gorge éblouissante.

Cette fille-là était belle, et, au point de vue de la forme, plus belle que Marguerite. Je le compris mieux encore à certains regards que celle-ci jeta sur Olympe pendant que je lui parlais. L'homme qui serait l'amant de cette femme pourrait être aussi fier que l'était M. de N... et elle était assez belle pour inspirer une passion égale à celle que Marguerite m'avait inspirée.

Elle n'avait pas d'amant à cette époque. Il ne serait pas difficile de le devenir. Le tout était de montrer assez d'or pour se faire regarder.

Ma résolution fut prise. Cette femme serait ma maîtresse.

Je commençai mon rôle de postulant en dansant avec Olympe.

Une demi-heure après, Marguerite, pâle comme une morte, mettait sa pelisse et quittait le bal.

XXIV

☞ C'était déjà quelque chose, mais ce n'était pas assez. Je comprenais l'empire que j'avais sur cette femme et j'en abusais lâchement.

Quand je pense qu'elle est morte maintenant, je me demande si Dieu me pardonnera jamais le mal que j'ai fait.

Après le souper, qui fut des plus bruyants, on se mit à jouer.

Je m'assis à côté d'Olympe et j'engageai mon argent avec tant de hardiesse qu'elle ne pouvait s'empêcher d'y faire attention. En un instant, je gagnai cent cinquante ou deux cents louis, que j'étalais devant moi et sur lesquels elle fixait des yeux ardents.

J'étais le seul que le jeu ne préoccupât point complètement et qui s'occupât d'elle. Tout le reste de la nuit je gagnai, et ce fut moi qui lui donnai de l'argent pour jouer, car elle avait perdu tout ce qu'elle avait devant elle et probablement chez elle.

À cinq heures du matin on partit.

Je gagnais trois cents louis.

Tous les joueurs étaient déjà en bas, moi seul étais resté en arrière sans que l'on s'en aperçût, car je n'étais l'ami d'aucun de ces messieurs.

Olympe éclairait elle-même l'escalier et j'allais descendre comme les autres, quand, revenant vers elle, je lui dis :

« Il faut que je vous parle.

— Demain, me dit-elle.

— Non, maintenant.

— Qu'avez-vous à me dire ?

— Vous le verrez. »

☞ Voir *Au fil du texte*, p. XIII.

Et je rentrai dans l'appartement.

« Vous avez perdu, lui dis-je.

— Oui.

— Tout ce que vous aviez chez vous ? »

Elle hésita.

« Soyez franche.

— Eh bien, c'est vrai.

— J'ai gagné trois cents louis, les voilà, si vous voulez me garder ici. »

Et, en même temps, je jetai l'or sur la table.

« Et pourquoi cette proposition ?

— Parce que je vous aime, pardieu !

— Non, mais parce que vous êtes amoureux de Marguerite et que vous voulez vous venger d'elle en devenant mon amant. On ne trompe pas une femme comme moi, mon cher ami ; malheureusement je suis encore trop jeune et trop belle pour accepter le rôle que vous me proposez.

— Ainsi, vous refusez ?

— Oui.

— Préférez-vous m'aimer pour rien ? C'est moi qui n'accepterais pas alors. Réfléchissez, ma chère Olympe ; je vous aurais envoyé une personne quelconque vous proposer ces trois cents louis de ma part aux conditions que j'y mets, vous eussiez accepté. J'ai mieux aimé traiter directement avec vous. Acceptez sans chercher les causes qui me font agir ; dites-vous que vous êtes belle, et qu'il n'y a rien d'étonnant que je sois amoureux de vous. »

Marguerite était une fille entretenue comme Olympe, et cependant je n'eusse jamais osé lui dire, la première fois que je l'avais vue, ce que je venais de dire à cette femme. C'est que j'aimais Marguerite, c'est que j'avais deviné en elle des instincts qui manquaient à cette autre créature, et qu'au moment même où je proposais ce marché, malgré son extrême beauté, celle avec qui j'allais le conclure me dégoûtait.

Elle finit par accepter, bien entendu, et, à midi, je sortis de chez elle son amant ; mais je quittai son lit sans emporter le souvenir des caresses et des mots d'amour qu'elle s'était crue obligée de me prodiguer pour les six mille francs que je lui laissais.

Et cependant on s'était ruiné pour cette femme-là.

À compter de ce jour, je fis subir à Marguerite une persécution de tous les instants. Olympe et elle cessèrent de se voir, vous comprenez aisément pourquoi. Je donnai à ma nouvelle maîtresse une voiture, des bijoux, je jouai, je fis enfin toutes les folies propres à un homme amoureux d'une femme comme Olympe. Le bruit de ma nouvelle passion se répandit aussitôt.

Prudence elle-même s'y laissa prendre et finit par croire que j'avais complètement oublié Marguerite. Celle-ci, soit qu'elle eût deviné le motif qui me faisait agir, soit qu'elle se trompât comme les autres, répondait par une grande dignité aux blessures que je lui faisais tous les jours. Seulement elle paraissait souffrir, car partout où je la rencontrais, je la revoyais toujours de plus en plus pâle, de plus en plus triste. Mon amour pour elle, exalté à ce point qu'il se croyait devenu de la haine, se réjouissait à la vue de cette douleur quotidienne. Plusieurs fois, dans des circonstances où je fus d'une cruauté infâme, Marguerite leva sur moi des regards si suppliants que je rougissais du rôle que j'avais pris, et que j'étais près de lui en demander pardon.

Mais ces repentirs avaient la durée de l'éclair et Olympe, qui avait fini par mettre toute espèce d'amour-propre de côté, et compris qu'en faisant du mal à Marguerite elle obtiendrait de moi tout ce qu'elle voudrait, m'excitait sans cesse contre elle, et l'insultait chaque fois qu'elle en trouvait l'occasion, avec cette persistante lâcheté de la femme autorisée par un homme.

Marguerite avait fini par ne plus aller ni au bal, ni au spectacle, dans la crainte de nous y rencontrer, Olympe et moi. Alors les lettres anonymes avaient succédé aux impertinences directes, et il n'y avait honteuses choses que je n'engageasse ma maîtresse à raconter et que je ne racontasse moi-même sur Marguerite.

Il fallait être fou pour en arriver là. J'étais comme un homme qui, s'étant grisé avec du mauvais vin, tombe dans une de ces exaltations nerveuses où la main est capable d'un crime sans que la pensée y soit pour quelque chose. Au milieu de tout cela, je souffrais le martyre. Le calme sans dédain, la dignité sans mépris, avec lesquels Marguerite répondait à toutes mes attaques, et qui à mes propres yeux la faisaient supérieure à moi, m'irritaient encore contre elle.

Un soir, Olympe était allée je ne sais où, et s'y était rencontrée avec Marguerite, qui cette fois n'avait pas fait grâce à la sotte fille qui l'insultait, au point que celle-ci avait été forcée de céder la place. Olympe était rentrée furieuse, et l'on avait emporté Marguerite évanouie.

En rentrant, Olympe m'avait raconté ce qui s'était passé, m'avait dit que Marguerite, la voyant seule, avait voulu se venger de ce qu'elle était ma maîtresse, et qu'il fallait que je lui écrivisse de respecter, moi absent ou non, la femme que j'aimais.

Je n'ai pas besoin de vous dire que j'y consentis, et que tout ce que je pus trouver d'amer, de honteux et de cruel, je le mis dans cette épître que j'envoyai le jour même à son adresse.

Cette fois le coup était trop fort pour que la malheureuse le supportât sans rien dire.

Je me doutais bien qu'une réponse allait m'arriver ; aussi étais-je résolu à ne pas sortir de chez moi de tout le jour.

Vers deux heures on sonna et je vis entrer Prudence.

J'essayai de prendre un air indifférent pour lui demander à quoi je devais sa visite ; mais ce jour-là Mᵐᵉ Duvernoy n'était pas rieuse, et d'un ton sérieusement ému elle me dit que, depuis mon retour, c'est-à-dire depuis trois semaines environ, je n'avais pas laissé échapper une occasion de faire de la peine à Marguerite ; qu'elle en était malade, et que la scène de la veille et ma lettre du matin l'avaient mise dans son lit.

Bref, sans me faire de reproches, Marguerite m'envoyait demander grâce, en me faisant dire qu'elle n'avait plus la force morale ni la force physique de supporter ce que je lui faisais.

« Que Mlle Gautier, dis-je à Prudence, me congédie de chez elle, c'est son droit, mais qu'elle insulte une femme que j'aime, sous prétexte que cette femme est ma maîtresse, c'est ce que je ne permettrai jamais.

— Mon ami, me fit Prudence, vous subissez l'influence d'une fille sans cœur et sans esprit ; vous en êtes amoureux, il est vrai, mais ce n'est pas une raison pour torturer une femme qui ne peut se défendre.

— Que Mlle Gautier m'envoie son comte de N..., et la partie sera égale.

— Vous savez bien qu'elle ne le fera pas. Ainsi, mon cher Armand, laissez-la tranquille ; si vous la voyiez, vous auriez honte de la façon dont vous vous conduisez avec elle. Elle est pâle, elle tousse, elle n'ira pas loin maintenant. »

Et Prudence me tendit la main en ajoutant :

« Venez la voir, votre visite la rendra bien heureuse.

— Je n'ai pas envie de rencontrer M. de N...

— M. de N... n'est jamais chez elle. Elle ne peut le souffrir.

— Si Marguerite tient à me voir, elle sait où je demeure, qu'elle vienne, mais moi je ne mettrai pas les pieds rue d'Antin.

— Et vous la recevrez bien ?

— Parfaitement.

— Eh bien, je suis sûre qu'elle viendra.

— Qu'elle vienne.

— Sortirez-vous aujourd'hui ?

— Je serai chez moi toute la soirée.

— Je vais le lui dire. »

Prudence partit.

Je n'écrivis même pas à Olympe que je n'irais pas la voir. Je ne me gênais pas avec cette fille. À peine si je passais une nuit avec elle par semaine. Elle s'en consolait, je crois, avec un acteur de je ne sais quel théâtre du boulevard.

Je sortis pour dîner et je rentrai presque immédiatement. Je fis faire du feu partout et je donnai congé à Joseph.

Je ne pourrais pas vous rendre compte des impressions diverses qui m'agitèrent pendant une heure d'attente : mais, lorsque vers neuf heures j'entendis sonner, elles se résumèrent en une émotion telle, qu'en allant ouvrir la porte je fus forcé de m'appuyer contre le mur pour ne pas tomber.

Heureusement l'antichambre était dans la demi-teinte, et l'altération de mes traits était moins visible.

Marguerite entra.

Elle était tout en noir et voilée. À peine si je reconnaissais son visage sous la dentelle.

Elle passa dans le salon et releva son voile.

Elle était pâle comme le marbre.

« Me voici, Armand, dit-elle ; vous avez désiré me voir, je suis venue. »

Et, laissant tomber sa tête dans ses deux mains, elle fondit en larmes.

Je m'approchai d'elle.

« Qu'avez-vous ? » lui dis-je d'une voix altérée.

Elle me serra la main sans me répondre, car les larmes voilaient encore sa voix. Mais quelques instants après, ayant repris un peu de calme, elle me dit :

« Vous m'avez bien fait du mal, Armand, et moi je ne vous ai rien fait.

— Rien ? répliquai-je avec un sourire amer.

— Rien que ce que les circonstances m'ont forcée à vous faire. »

Je ne sais pas si de votre vie vous avez éprouvé ou si vous éprouverez jamais ce que je ressentais à la vue de Marguerite.

La dernière fois qu'elle était venue chez moi, elle s'était assise à la place où elle venait de s'asseoir ; seulement, depuis cette époque, elle avait été la maîtresse d'un autre ; d'autres baisers que les miens avaient touché ses lèvres, auxquelles, malgré moi, tendaient les miennes, et pourtant je sentais que j'aimais cette femme autant et peut-être plus que je ne l'avais jamais aimée.

Cependant il était difficile pour moi d'entamer la conversation sur le sujet qui l'amenait. Marguerite le comprit sans doute, car elle reprit :

« Je viens vous ennuyer, Armand, parce que j'ai deux choses à vous demander ; pardon de ce que j'ai dit hier à Mlle Olympe, et grâce de ce que vous êtes peut-être prêt à me faire encore. Volontairement ou non, depuis votre retour, vous m'avez fait tant de mal, que je serais incapable maintenant de supporter le quart des émotions que j'ai supportées jusqu'à ce matin. Vous aurez pitié de moi, n'est-ce pas ? et vous comprendrez qu'il y a pour un homme de cœur de plus nobles choses à faire que de se venger d'une femme malade et triste comme je le suis. Tenez, prenez ma main. J'ai la fièvre, j'ai quitté mon lit pour venir vous demander, non pas votre amitié, mais votre indifférence. »

En effet, je pris la main de Marguerite. Elle était brûlante, et la pauvre femme frissonnait sous son manteau de velours.

Je roulai auprès du feu le fauteuil dans lequel elle était assise.

« Croyez-vous donc que je n'ai pas souffert, repris-je, la nuit où, après vous avoir attendue à la campagne, je suis venu vous chercher à Paris, où je n'ai trouvé que cette lettre qui a failli me rendre fou ?

« Comment avez-vous pu me tromper, Marguerite, moi qui vous aimais tant !

— Ne parlons pas de cela, Armand, je ne suis pas venue pour en parler. J'ai voulu vous voir autrement qu'en ennemi, voilà tout, et j'ai voulu vous serrer encore une fois la main. Vous avez une maîtresse jeune, jolie, que vous aimez, dit-on ; soyez heureux avec elle et oubliez-moi.

— Et vous, vous êtes heureuse, sans doute ?

— Ai-je le visage d'une femme heureuse, Armand ?

ne raillez pas ma douleur, vous qui savez mieux que personne quelles en sont la cause et l'étendue.

— Il ne dépendait que de vous de n'être jamais malheureuse, si toutefois vous l'êtes comme vous le dites.

— Non, mon ami, les circonstances ont été plus fortes que ma volonté. J'ai obéi, non pas à mes instincts de fille, comme vous paraissez le dire, mais à une nécessité sérieuse et à des raisons que vous saurez un jour, et qui vous feront me pardonner.

— Pourquoi ne me dites-vous pas ces raisons aujourd'hui ?

— Parce qu'elles ne rétabliraient pas un rapprochement impossible entre nous, et qu'elles vous éloigneraient peut-être des gens dont vous ne devez pas vous éloigner.

— Quelles sont ces gens ?

— Je ne puis vous le dire.

— Alors, vous mentez. »

Marguerite se leva et se dirigea vers la porte.

Je ne pouvais assister à cette muette et expressive douleur sans en être ému, quand je comparais en moi-même cette femme pâle et pleurante à cette fille folle qui s'était moquée de moi à l'Opéra-Comique.

« Vous ne vous en irez pas, dis-je en me mettant devant la porte.

— Pourquoi ?

— Parce que, malgré ce que tu m'as fait, je t'aime toujours et que je veux te garder ici.

— Pour me chasser demain, n'est-ce pas ? Non, c'est impossible ! Nos deux destinées sont séparées, n'essayons pas de les réunir ; vous me mépriseriez peut-être, tandis que maintenant vous ne pouvez que me haïr.

— Non, Marguerite, m'écriai-je en sentant tout mon amour et tous mes désirs se réveiller au contact de cette femme. Non, j'oublierai tout, et nous serons heureux comme nous nous étions promis de l'être. »

Marguerite secoua la tête en signe de doute, et dit :

« Ne suis-je pas votre esclave, votre chien ? Faites

de moi ce que vous voudrez, prenez-moi, je suis à vous. »

Et ôtant son manteau et son chapeau, elle les jeta sur le canapé et se mit à dégrafer brusquement le corsage de sa robe, car, par une de ces réactions si fréquentes de sa maladie, le sang lui montait du cœur à la tête et l'étouffait.

Une toux sèche et rauque s'ensuivit.

« Faites dire à mon cocher, reprit-elle, de reconduire ma voiture. »

Je descendis moi-même congédier cet homme.

Quand je rentrai, Marguerite était étendue devant le feu et ses dents claquaient de froid.

Je la pris dans mes bras, je la déshabillai sans qu'elle fît un mouvement, et je la portai toute glacée dans mon lit.

Alors je m'assis auprès d'elle et j'essayai de la réchauffer sous mes caresses. Elle ne me disait pas une parole, mais elle me souriait.

Oh ! ce fut une nuit étrange. Toute la vie de Marguerite semblait être passée dans les baisers dont elle me couvrait, et je l'aimais tant, qu'au milieu des transports de mon amour fiévreux, je me demandais si je n'allais pas la tuer pour qu'elle n'appartînt jamais à un autre.

Un mois d'un amour comme celui-là, et de corps comme de cœur, on ne serait plus qu'un cadavre.

Le jour nous trouva éveillés tous deux.

Marguerite était livide. Elle ne disait pas une parole. De grosses larmes coulaient de temps en temps de ses yeux et s'arrêtaient sur sa joue, brillantes comme des diamants. Ses bras épuisés s'ouvraient de temps en temps pour me saisir, et retombaient sans force sur le lit.

Un moment je crus que je pourrais oublier ce qui s'était passé depuis mon départ de Bougival, et je dis à Marguerite :

« Veux-tu que nous partions, que nous quittions Paris ?

— Non, non, me dit-elle presque avec effroi, nous serions trop malheureux, je ne puis plus servir à ton bonheur, mais tant qu'il me restera un souffle, je serai l'esclave de tes caprices. À quelque heure du jour ou de la nuit que tu me veuilles, viens, je serai à toi ; mais n'associe plus ton avenir au mien, tu serais trop malheureux et tu me rendrais trop malheureuse.

« Je suis encore pour quelque temps une jolie fille, profites-en, mais ne me demande pas autre chose. »

Quand elle fut partie, je fus épouvanté de la solitude dans laquelle elle me laissait. Deux heures après son départ, j'étais encore assis sur le lit qu'elle venait de quitter, regardant l'oreiller qui gardait les plis de sa forme, et me demandant ce que j'allais devenir entre mon amour et ma jalousie.

À cinq heures, sans savoir ce que j'y allais faire, je me rendis rue d'Antin.

Ce fut Nanine qui m'ouvrit.

« Madame ne peut pas vous recevoir, me dit-elle avec embarras.

— Pourquoi ?

— Parce que M. le comte de N... est là, et qu'il a entendu que je ne laisse entrer personne.

— C'est juste, balbutiai-je, j'avais oublié. »

Je rentrai chez moi comme un homme ivre, et savez-vous ce que je fis pendant la minute de délire jaloux qui suffisait à l'action honteuse que j'allais commettre, savez-vous ce que je fis ? Je me dis que cette femme se moquait de moi, je me la représentais dans son tête-à-tête inviolable avec le comte, répétant les mêmes mots qu'elle m'avait dits la nuit, et, prenant un billet de cinq cents francs, je lui envoyai avec ces mots :

« Vous êtes partie si vite ce matin, que j'ai oublié de vous payer.

« Voici le prix de votre nuit. »

Puis, quand cette lettre fut portée, je sortis comme pour me soustraire au remords instantané de cette infamie.

J'allai chez Olympe, que je trouvai essayant des

robes, et qui, lorsque nous fûmes seuls, me chanta des obscénités pour me distraire.

Celle-là était bien le type de la courtisane sans honte, sans cœur et sans esprit, pour moi du moins, car peut-être un homme avait-il fait avec elle le rêve que j'avais fait avec Marguerite.

Elle me demanda de l'argent, je lui en donnai, et libre alors de m'en aller, je rentrai chez moi.

Marguerite ne m'avait pas répondu.

Il est inutile que je vous dise dans quelle agitation je passai la journée du lendemain.

À six heures et demie, un commissionnaire apporta une enveloppe contenant ma lettre et le billet de cinq cents francs, pas un mot de plus.

« Qui vous a remis cela ? dis-je à cet homme.

— Une dame qui partait avec sa femme de chambre dans la malle de Boulogne, et qui m'a recommandé de ne l'apporter que lorsque la voiture serait hors de la cour. »

Je courus chez Marguerite.

« Madame est partie pour l'Angleterre aujourd'hui à six heures », me répondit le portier.

Rien ne me retenait plus à Paris, ni haine ni amour. J'étais épuisé par toutes ces secousses. Un de mes amis allait faire un voyage en Orient ; j'allai dire à mon père le désir que j'avais de l'accompagner ; mon père me donna des traites*, des recommandations, et huit ou dix jours après je m'embarquai à Marseille.

Ce fut à Alexandrie que j'appris par un attaché de l'ambassade, que j'avais vu quelquefois chez Marguerite, la maladie de la pauvre fille.

Je lui écrivis alors la lettre à laquelle elle a fait la réponse que vous connaissez et que je reçus à Toulon.

Je partis aussitôt et vous savez le reste.

Maintenant, il ne vous reste plus qu'à lire les quelques feuilles que Julie Duprat m'a remises et qui sont le complément indispensable de ce que je viens de vous raconter.

XXV

Armand, fatigué de ce long récit souvent interrompu par ses larmes, posa ses deux mains sur son front et ferma les yeux, soit pour penser, soit pour essayer de dormir, après m'avoir donné les pages écrites de la main de Marguerite.

Quelques instants après, une respiration un peu plus rapide me prouvait qu'Armand dormait, mais de ce sommeil léger que le moindre bruit fait envoler.

Voici ce que je lus, et que je transcris sans ajouter ni retrancher aucune syllabe :

« C'est aujourd'hui le 15 décembre. Je suis souffrante depuis trois ou quatre jours. Ce matin j'ai pris le lit ; le temps est sombre, je suis triste ; personne n'est auprès de moi, je pense à vous, Armand. Et vous, où êtes-vous à l'heure où j'écris ces lignes ? Loin de Paris, bien loin, m'a-t-on dit, et peut-être avez-vous déjà oublié Marguerite. Enfin, soyez heureux, vous à qui je dois les seuls moments de joie de ma vie.

« Je n'avais pu résister au désir de vous donner l'explication de ma conduite, et je vous avais écrit une lettre ; mais écrite par une fille comme moi, une pareille lettre peut être regardée comme un mensonge, à moins que la mort ne la sanctifie de son autorité, et, qu'au lieu d'être une lettre, elle ne soit une confession.

« Aujourd'hui, je suis malade ; je puis mourir de cette maladie, car j'ai toujours eu le pressentiment que je mourrais jeune. Ma mère est morte de la poitrine, et la façon dont j'ai vécu jusqu'à présent n'a pu qu'empirer cette affection, le seul héritage qu'elle m'ait laissé ; mais je ne veux pas mourir sans que vous sachiez bien à quoi vous en tenir sur moi, si toutefois, lorsque vous reviendrez, vous vous inquiétez encore de la pauvre fille que vous aimiez avant de partir.

« Voici ce que contenait cette lettre, que je serai heureuse de récrire, pour me donner une nouvelle preuve de ma justification :

« Vous vous rappelez, Armand, comment l'arrivée de votre père nous surprit à Bougival ; vous vous souvenez de la terreur involontaire que cette arrivée me causa, de la scène qui eut lieu entre vous et lui et que vous me racontâtes le soir.

« Le lendemain, pendant que vous étiez à Paris et que vous attendiez votre père qui ne rentrait pas, un homme se présentait chez moi, et me remettait une lettre de M. Duval.

« Cette lettre, que je joins à celle-ci, me priait, dans les termes les plus graves, de vous éloigner le lendemain sous un prétexte quelconque et de recevoir votre père ; il avait à me parler et me recommandait surtout de ne vous rien dire de sa démarche.

« Vous savez avec quelle insistance je vous conseillai à votre retour d'aller de nouveau à Paris le lendemain.

« Vous étiez parti depuis une heure quand votre père se présenta. Je vous fais grâce de l'impression que me causa son visage sévère. Votre père était imbu des vieilles théories, qui veulent que toute courtisane soit un être sans cœur, sans raison, une espèce de machine à prendre l'or, toujours prête, comme les machines de fer, à broyer la main qui lui tend quelque chose, et à déchirer sans pitié, sans discernement celui qui la fait vivre et agir.

« Votre père m'avait écrit une lettre très convenable pour que je consentisse à le recevoir ; il ne se présenta pas tout à fait comme il avait écrit. Il y eut assez de hauteur, d'impertinence et même de menaces, dans ses premières paroles, pour que je lui fisse comprendre que j'étais chez moi et que je n'avais de comptes à lui rendre de ma vie qu'à cause de la sincère affection que j'avais pour son fils.

« M. Duval se calma un peu, et se mit cependant à me dire qu'il ne pouvait souffrir plus longtemps que son fils se ruinât pour moi ; que j'étais belle, il est vrai, mais que, si belle que je fusse, je ne devais pas me servir de ma beauté pour perdre l'avenir d'un jeune homme par des dépenses comme celles que je faisais.

« À cela, il n'y avait qu'une chose à répondre, n'est-ce pas ? c'était de montrer les preuves que, depuis que j'étais votre maîtresse, aucun sacrifice ne m'avait coûté pour vous rester fidèle sans vous demander plus d'argent que vous ne pouviez en donner. Je montrai les reconnaissances du mont-de-piété, les reçus des gens à qui j'avais vendu les objets que je n'avais pu engager, je fis part à votre père de ma résolution de me défaire de mon mobilier pour payer mes dettes, et pour vivre avec vous sans vous être une charge trop lourde. Je lui racontai notre bonheur, la révélation que vous m'aviez donnée d'une vie plus tranquille et plus heureuse, et il finit par se rendre à l'évidence, et me tendre la main, en me demandant pardon de la façon dont il s'était présenté d'abord.

« Puis il me dit :

« — Alors, madame, ce n'est plus par des remontrances et des menaces, mais par des prières que j'essayerai d'obtenir de vous un sacrifice plus grand que tous ceux que vous avez encore faits pour mon fils.

« Je tremblai à ce préambule.

« Votre père se rapprocha de moi, me prit les deux mains et continua d'un ton affectueux :

« — Mon enfant, ne prenez pas en mauvaise part ce que je vais vous dire ; comprenez seulement que la vie a parfois des nécessités cruelles pour le cœur, mais qu'il faut s'y soumettre. Vous êtes bonne, et votre âme a des générosités inconnues à bien des femmes qui peut-être vous méprisent et ne vous valent pas. Mais songez qu'à côté de la maîtresse il y a la famille ; qu'outre l'amour il y a les devoirs ; qu'à l'âge des passions succède l'âge où l'homme, pour être respecté, a besoin d'être solidement assis dans une position sérieuse. Mon fils n'a pas de fortune, et cependant il est prêt à vous abandonner l'héritage de sa mère. S'il acceptait de vous le sacrifice que vous êtes sur le point de faire, il serait de son honneur et de sa dignité de vous faire en échange cet abandon qui vous mettrait toujours à l'abri d'une adversité complète. Mais ce sacrifice, il ne peut l'accepter, parce que le monde, qui ne vous connaît pas, donnerait à ce consentement une cause déloyale qui ne doit pas atteindre le nom que nous portons. On ne regarderait pas si Armand vous aime, si vous l'aimez, si ce double amour est un bonheur pour lui et une réhabilitation pour vous ; on ne verrait qu'une chose, c'est qu'Armand Duval a souffert qu'une fille entretenue, pardonnez-moi, mon enfant, tout ce que je suis forcé de vous dire, vendît pour lui ce qu'elle possédait. Puis le jour des reproches et des regrets arriverait, soyez-en sûre, pour vous comme pour les autres, et vous porteriez tous deux une chaîne que vous ne pourriez briser. Que feriez-vous alors ? Votre jeunesse serait perdue, l'avenir de mon fils serait détruit ; et moi, son père, je n'aurais que de l'un de mes enfants la récompense que j'attends des deux.

» Vous êtes jeune, vous êtes belle, la vie vous consolera ; vous êtes noble, et le souvenir d'une bonne action rachètera pour vous bien des choses passées. Depuis six mois qu'il vous connaît, Armand m'oublie. Quatre fois je lui ai écrit sans qu'il songeât une fois à me répondre. J'aurais pu mourir sans qu'il le sût !

» Quelle que soit votre résolution de vivre autrement que vous n'avez vécu, Armand qui vous aime ne consentira pas à la réclusion à laquelle sa modeste position vous condamnerait, et qui n'est pas faite pour votre beauté. Qui sait ce qu'il ferait alors ! Il a joué, je l'ai su ; sans vous en rien dire, je le sais encore ; mais, dans un moment d'ivresse, il eût pu perdre une partie de ce que j'amasse, depuis bien des années, pour la dot de ma fille, pour lui, et pour la tranquillité de mes vieux jours. Ce qui eût pu arriver peut arriver encore.

» Êtes-vous sûre en outre que la vie que vous quitteriez pour lui ne vous attirerait pas de nouveau ? Êtes-vous sûre, vous qui l'avez aimé, de n'en point aimer un autre ? Ne souffrirez-vous pas enfin des entraves que votre liaison mettra dans la vie de votre amant, et dont vous ne pourrez peut-être pas le consoler, si, avec l'âge, des idées d'ambition succèdent à des rêves d'amour ? Réfléchissez à tout cela, madame : vous aimez Armand, prouvez-le-lui par le seul moyen qui vous reste de le lui prouver encore : en faisant à son avenir le sacrifice de votre amour. Aucun malheur n'est encore arrivé, mais il en arriverait, et peut-être de plus grands que ceux que je prévois. Armand peut devenir jaloux d'un homme qui vous a aimée ; il peut le pro-voquer, il peut se battre, il peut être tué enfin, et songez à ce que vous souffririez devant ce père qui vous demanderait compte de la vie de son fils.

» Enfin, mon enfant, sachez tout, car je ne vous ai pas tout dit, sachez donc ce qui m'amenait à Paris. J'ai une fille, je viens de vous le dire, jeune, belle, pure comme un ange. Elle aime, et elle aussi elle a fait de cet amour le rêve de sa vie. J'avais écrit tout cela à Armand, mais, tout occupé de vous, il ne m'a pas répondu. Eh bien, ma fille va se marier. Elle épouse l'homme qu'elle aime, elle entre dans une famille hono-rable qui veut que tout soit honorable dans la mienne. La famille de l'homme qui doit devenir mon gendre a appris comment Armand vit à Paris, et m'a déclaré reprendre sa parole si Armand continuait cette vie. L'avenir d'une enfant qui ne vous a rien fait, et qui a le droit de compter sur l'avenir, est entre vos mains.

» Avez-vous le droit et vous sentez-vous la force de le briser ? Au nom de votre amour et de votre repen-tir, Marguerite, accordez-moi le bonheur de ma fille. »

« Je pleurais silencieusement, mon ami, devant tou-tes ces réflexions que j'avais faites bien souvent, et qui, dans la bouche de votre père, acquéraient encore une plus sérieuse réalité. Je me disais tout ce que votre père n'osait pas me dire, et ce qui vingt fois lui était venu sur les lèvres : que je n'étais après tout qu'une fille entretenue, et que, quelque raison que je donnasse à notre liaison, elle aurait toujours l'air d'un calcul ; que ma vie passée ne me laissait aucun droit de rêver un pareil avenir, et que j'acceptais des responsabilités auxquelles mes habitudes et ma réputation ne donnaient aucune garantie. Enfin, je vous aimais, Armand. La manière paternelle dont me parlait M. Duval, les chastes sentiments qu'il évoquait en moi, l'estime de ce vieillard loyal que j'allais conquérir, la vôtre que j'étais sûre d'avoir plus tard, tout cela éveillait en mon cœur de nobles pensées qui me relevaient à mes propres yeux, et faisaient parler de saintes vanités, inconnues jusqu'alors. Quand je songeais qu'un jour ce vieillard, qui m'implorait pour l'avenir de son fils, dirait à sa fille de mêler mon nom à ses prières, comme le nom d'une mystérieuse amie, je me transformais et j'étais fière de moi.

« L'exaltation du moment exagérait peut-être la vérité de ces impressions ; mais voilà ce que j'éprouvais, ami, et ces sentiments nouveaux faisaient taire les conseils que me donnait le souvenir des jours heureux passés avec vous.

« — C'est bien, monsieur, dis-je à votre père en essuyant mes larmes. Croyez-vous que j'aime votre fils ?

« — Oui, me dit M. Duval.

« — D'un amour désintéressé ?

« — Oui.

« — Croyez-vous que j'avais fait de cet amour l'espoir, le rêve et le pardon de ma vie ?

« — Fermement.

« — Eh bien, monsieur, embrassez-moi une fois comme vous embrasseriez votre fille, et je vous jure que ce baiser, le seul vraiment chaste que j'aie reçu, me fera forte contre mon amour, et qu'avant huit jours votre fils sera retourné auprès de vous, peut-être malheureux pour quelque temps, mais guéri pour jamais.

« — Vous êtes une noble fille, répliqua votre père en m'embrassant sur le front, et vous tentez une chose dont Dieu vous tiendra compte ; mais je crains bien que vous n'obteniez rien de mon fils.

« — Oh ! soyez tranquille, monsieur, il me haïra. »

« Il fallait entre nous une barrière infranchissable, pour l'un comme pour l'autre.

« J'écrivis à Prudence que j'acceptais les propositions de M. le comte de N..., et qu'elle allât lui faire dire que je souperais avec elle et lui.

« Je cachetai la lettre, et sans lui dire ce qu'elle renfermait, je priai votre père de la faire remettre à son adresse en arrivant à Paris.

« Il me demanda néanmoins ce qu'elle contenait.

« — C'est le bonheur de votre fils », lui répondis-je.

« Votre père m'embrassa une dernière fois. Je sentis sur mon front deux larmes de reconnaissance qui furent comme le baptême de mes fautes d'autrefois, et au moment où je venais de consentir à me livrer à un autre homme, je rayonnai d'orgueil en songeant à ce que je rachetais par cette nouvelle faute.

« C'était bien naturel, Armand ; vous m'aviez dit que votre père était le plus honnête homme que l'on pût rencontrer.

« M. Duval remonta en voiture et partit.

« Cependant j'étais femme, et quand je vous revis, je ne pus m'empêcher de pleurer ; mais je ne faiblis pas.

« Ai-je bien fait ? voilà ce que je me demande aujourd'hui que j'entre malade dans un lit que je ne quitterai peut-être que morte.

« Vous avez été témoin de ce que j'éprouvais à mesure que l'heure de notre inévitable séparation approchait ; votre père n'était plus là pour me soutenir, et il y eut un moment où je fus bien près de tout vous avouer, tant j'étais épouvantée de l'idée que vous alliez me haïr et me mépriser.

« Une chose que vous ne croirez peut-être pas, Armand, c'est que je priai Dieu de me donner de la force, et ce qui prouve qu'il acceptait mon sacrifice, c'est qu'il me donna cette force que j'implorais.

« À ce souper, j'eus besoin d'aide encore, car je ne

voulais pas savoir ce que j'allais faire, tant je craignais que le courage ne me manquât !

« Qui m'eût dit, à moi, Marguerite Gautier, que je souffrirais tant à la seule pensée d'un nouvel amant ?

« Je bus pour oublier, et quand je me réveillai le lendemain, j'étais dans le lit du comte.

« Voilà la vérité tout entière, ami, jugez et pardonnez-moi, comme je vous ai pardonné tout le mal que vous m'avez fait depuis ce jour. »

XXVI

« Ce qui suivit cette nuit fatale, vous le savez aussi ❖❖
bien que moi, mais ce que vous ne savez pas, ce que
vous ne pouvez pas soupçonner, c'est ce que j'ai souffert depuis notre séparation.

« J'avais appris que votre père vous avait emmené,
mais je me doutais bien que vous ne pourriez pas vivre
longtemps loin de moi, et le jour où je vous rencontrai
aux Champs-Élysées, je fus émue, mais non étonnée.

« Alors commença cette série de jours dont chacun
m'apporta une nouvelle insulte de vous, insulte que je
recevais presque avec joie, car outre qu'elle était la
preuve que vous m'aimiez toujours, il me semblait que,
plus vous me persécuteriez, plus je grandirais à vos yeux
le jour où vous sauriez la vérité.

« Ne vous étonnez pas de ce martyre joyeux, Armand,
l'amour que vous aviez eu pour moi avait ouvert mon
cœur à de nobles enthousiasmes.

« Cependant je n'avais pas été tout de suite aussi
forte.

« Entre l'exécution du sacrifice que je vous avais fait
et votre retour, un temps assez long s'était écoulé pendant lequel j'avais eu besoin d'avoir recours à des
moyens physiques pour ne pas devenir folle et pour
m'étourdir sur la vie dans laquelle je me rejetais. Prudence vous a dit, n'est-ce pas, que j'étais de toutes les
fêtes, de tous les bals, de toutes les orgies ?

« J'avais comme l'espérance de me tuer rapidement,
à force d'excès, et je crois, cette espérance ne tardera
pas à se réaliser. Ma santé s'altérera nécessairement de
plus en plus, et le jour où j'envoyai Mme Duvernoy
vous demander grâce, j'étais épuisée de corps et d'âme.

❖❖ Voir *Au fil du texte*, p. XII.

« Je ne vous rappellerai pas, Armand, de quelle façon vous avez récompensé la dernière preuve d'amour que je vous ai donnée, et par quel outrage vous avez chassé de Paris la femme qui, mourante, n'avait pu résister à votre voix quand vous lui demandiez une nuit d'amour, et qui, comme une insensée, a cru, un instant, qu'elle pourrait ressouder le passé et le présent. Vous aviez le droit de faire ce que vous avez fait, Armand : on ne m'a pas toujours payé mes nuits aussi cher !

« J'ai tout laissé alors ! Olympe m'a remplacée auprès de M. de N… et s'est chargée, m'a-t-on dit, de lui apprendre le motif de mon départ. Le comte de G… était à Londres. C'est un de ces hommes qui, ne donnant à l'amour avec les filles comme moi que juste assez d'importance pour qu'il soit un passe-temps agréable, restent les amis des femmes qu'ils ont eues et n'ont pas de haine, n'ayant jamais eu de jalousie ; c'est enfin un de ces grands seigneurs qui ne nous ouvrent qu'un côté de leur cœur, mais qui nous ouvrent les deux côtés de leur bourse. C'est à lui que je pensai tout de suite. J'allai le rejoindre. Il me reçut à merveille, mais il était là-bas l'amant d'une femme du monde, et craignait de se compromettre en s'affichant avec moi. Il me présenta à ses amis qui me donnèrent un souper après lequel l'un d'eux m'emmena.

« Que vouliez-vous que je fisse, mon ami ?

« Me tuer ? c'eût été charger votre vie, qui doit être heureuse, d'un remords inutile ; puis, à quoi bon se tuer quand on est si près de mourir ?

« Je passai à l'état de corps sans âme, de chose sans pensée ; je vécus pendant quelque temps de cette vie automatique, puis je revins à Paris et je demandai après vous ; j'appris alors que vous étiez parti pour un long voyage. Rien ne me soutenait plus. Mon existence redevint ce qu'elle avait été deux ans avant que je vous connusse. Je tentai de ramener le duc, mais j'avais trop rudement blessé cet homme, et les vieillards ne sont pas patients, sans doute parce qu'ils s'aperçoivent qu'ils ne sont pas éternels. La maladie m'envahissait de jour en jour, j'étais pâle, j'étais triste, j'étais plus maigre encore. Les hommes qui achètent l'amour examinent la marchandise avant de la prendre. Il y avait à Paris des femmes mieux portantes, plus grasses que moi ; on m'oublia un peu. Voilà le passé jusqu'à hier.

« Maintenant je suis tout à fait malade. J'ai écrit au duc pour lui demander de l'argent, car je n'en ai pas, et les créanciers sont revenus, et m'apportent leurs notes avec un acharnement sans pitié. Le duc me répondra-t-il ? Que n'êtes-vous à Paris, Armand ! vous viendriez me voir et vos visites me consoleraient. »

« 20 décembre.

« Il fait un temps horrible, il neige, je suis seule chez moi. Depuis trois jours j'ai été prise d'une telle fièvre que je ne n'ai pu vous écrire un mot. Rien de nouveau, mon ami ; chaque jour j'espère vaguement une lettre de vous, mais elle n'arrive pas et n'arrivera sans doute jamais. Les hommes seuls ont la force de ne pas pardonner. Le duc ne m'a pas répondu.

« Prudence a recommencé ses voyages au mont-de-piété.

« Je ne cesse de cracher le sang. Oh ! je vous ferais peine si vous me voyiez. Vous êtes bien heureux d'être sous un ciel chaud et de n'avoir pas comme moi tout un hiver de glace qui vous pèse sur la poitrine. Aujourd'hui, je me suis levée un peu, et, derrière les rideaux de ma fenêtre, j'ai regardé passer cette vie de Paris avec laquelle je crois bien avoir tout à fait rompu. Quelques visages de connaissance sont passés dans la rue, rapides, joyeux, insouciants. Pas un n'a levé les yeux sur mes fenêtres. Cependant, quelques jeunes gens sont venus s'inscrire. Une fois déjà, je fus malade, et vous, qui ne me connaissiez pas, qui n'aviez rien obtenu de moi qu'une impertinence le jour où je vous ai vu pour la première fois, vous veniez savoir de mes nouvelles tous les matins. Me voilà malade de nouveau.

Nous avons passé six mois ensemble. J'ai eu pour vous autant d'amour que le cœur de la femme peut en contenir et en donner, et vous êtes loin, et vous me maudissez, et il ne me vient pas un mot de consolation de vous. Mais c'est le hasard seul qui fait cet abandon, j'en suis sûre, car si vous étiez à Paris, vous ne quitteriez pas mon chevet et ma chambre. »

« 25 décembre.

« Mon médecin me défend d'écrire tous les jours. En effet, mes souvenirs ne font qu'augmenter ma fièvre, mais, hier, j'ai reçu une lettre qui m'a fait du bien, plus par les sentiments dont elle était l'expression que par le secours matériel qu'elle m'apportait. Je puis donc vous écrire aujourd'hui. Cette lettre était de votre père, et voici ce qu'elle contenait :

« ''Madame,

« ''J'apprends à l'instant que vous êtes malade. Si j'étais à Paris, j'irais moi-même savoir de vos nouvelles ; si mon fils était auprès de moi, je lui dirais d'aller en chercher, mais je ne puis quitter C..., et Armand est à six ou sept cents lieues d'ici ; permettez-moi donc simplement de vous écrire, madame, combien je suis peiné de cette maladie, et croyez aux vœux sincères que je fais pour votre prompt rétablissement.

« ''Un de mes bons amis, M. H..., se présentera chez vous, veuillez le recevoir. Il est chargé par moi d'une commission dont j'attends impatiemment le résultat.

« ''Veuillez agréer, Madame, l'assurance de mes sentiments les plus distingués.''

« Telle est la lettre que j'ai reçue. Votre père est un noble cœur, aimez-le bien, mon ami ; car il y a peu d'hommes au monde aussi dignes d'être aimés. Ce papier signé de son nom m'a fait plus de bien que toutes les ordonnances de notre grand médecin.

« Ce matin, M. H... est venu. Il semblait fort embarrassé de la mission délicate dont l'avait chargé M. Duval. Il venait tout bonnement m'apporter mille écus* de la part de votre père. J'ai voulu refuser d'abord, mais M. H... m'a dit que ce refus offenserait M. Duval, qui l'avait autorisé à me donner d'abord cette somme, et à me remettre tout ce dont j'aurais besoin encore. J'ai accepté ce service qui, de la part de votre père, ne peut pas être une aumône. Si je suis morte quand vous reviendrez, montrez à votre père ce que je viens d'écrire pour lui, et dites-lui qu'en traçant ces lignes, la pauvre fille à laquelle il a daigné écrire cette lettre consolante versait des larmes de reconnaissance, et priait Dieu pour lui. »

« 4 janvier.

« Je viens de passer une suite de jours bien douloureux. J'ignorais que le corps pût faire souffrir ainsi. Oh ! ma vie passée ! je la paye deux fois aujourd'hui.

« On m'a veillée toutes les nuits. Je ne pouvais plus respirer. Le délire et la toux se partageaient le reste de ma pauvre existence.

« Ma salle à manger est pleine de bonbons, de cadeaux de toutes sortes que mes amis m'ont apportés. Il y en a sans doute, parmi ces gens, qui espèrent que je serai leur maîtresse plus tard. S'ils voyaient ce que la maladie a fait de moi, ils s'enfuiraient épouvantés.

« Prudence donne des étrennes avec celles que je reçois.

« Le temps est à la gelée, et le docteur m'a dit que je pourrai sortir d'ici à quelques jours si le beau temps continue. »

« 8 janvier.

« Je suis sortie hier dans ma voiture. Il faisait un temps magnifique. Les Champs-Élysées étaient pleins de monde. On eût dit le premier sourire du printemps. Tout avait un air de fête autour de moi. Je n'avais jamais soupçonné dans un rayon de soleil tout ce que j'y ai trouvé hier de joie, de douceur et de consolation.

« J'ai rencontré presque tous les gens que je connais, toujours gais, toujours occupés de leurs plaisirs. Que d'heureux qui ne savent pas qu'ils le sont ! Olympe est passée dans une élégante voiture que lui a donnée M. de N... Elle a essayé de m'insulter du regard. Elle ne sait pas combien je suis loin de toutes ces vanités-là. Un brave garçon que je connais depuis longtemps m'a demandé si je voulais aller souper avec lui et un de ses amis qui désire beaucoup, disait-il, faire ma connaissance.

« J'ai souri tristement, et lui ai tendu ma main brûlante de fièvre.

« Je n'ai jamais vu visage plus étonné.

« Je suis rentrée à quatre heures, j'ai dîné avec assez d'appétit.

« Cette sortie m'a fait du bien.

« Si j'allais guérir !

« Comme l'aspect de la vie et du bonheur des autres fait désirer de vivre ceux-là qui, la veille, dans la solitude de leur âme et dans l'ombre de leur chambre de malade, souhaitaient de mourir vite ? »

« 10 janvier.

« Cette espérance de santé n'était qu'un rêve. Me voici de nouveau dans mon lit, le corps couvert d'emplâtres qui me brûlent. Va donc offrir ce corps que l'on payait si cher autrefois, et vois ce que l'on t'en donnera aujourd'hui !

« Il faut que nous ayons bien fait du mal avant de naître, ou que nous devions jouir d'un bien grand bonheur après notre mort, pour que Dieu permette que cette vie ait toutes les tortures de l'expiation et toutes les douleurs de l'épreuve. »

« 12 janvier.

« Je souffre toujours.

« Le comte de N... m'a envoyé de l'argent hier, je ne l'ai pas accepté. Je ne veux rien de cet homme. C'est lui qui est cause que vous n'êtes pas près de moi.

« Oh ! nos beaux jours de Bougival ! où êtes-vous ?

« Si je sors vivante de cette chambre, ce sera pour faire un pèlerinage à la maison que nous habitions ensemble, mais je n'en sortirai plus que morte.

« Qui sait si je vous écrirai demain ? »

« 25 janvier.

« Voilà onze nuits que je ne dors pas, que j'étouffe et que je crois à chaque instant que je vais mourir. Le médecin a ordonné qu'on ne me laissât pas toucher une plume. Julie Duprat, qui me veille, me permet encore de vous écrire ces quelques lignes. Ne reviendrez-vous donc point avant que je meure ? Est-ce donc éternellement fini entre nous ? Il me semble que, si vous veniez, je guérirais. À quoi bon guérir ? »

« 28 janvier.

« Ce matin j'ai été réveillée par un grand bruit. Julie, qui dormait dans ma chambre, s'est précipitée dans la salle à manger. J'ai entendu des voix d'hommes contre lesquelles la sienne luttait en vain. Elle est rentrée en pleurant.

« On venait saisir. Je lui ai dit de laisser faire ce qu'ils appellent la justice. L'huissier est entré dans ma chambre, le chapeau sur la tête. Il a ouvert les tiroirs, a inscrit tout ce qu'il a vu, et n'a pas eu l'air de s'apercevoir qu'il y avait une mourante dans le lit qu'heureusement la charité de la loi me laisse.

« Il a consenti à me dire en partant que je pouvais mettre opposition avant neuf jours, mais il a laissé un gardien ! Que vais-je devenir, mon Dieu ! Cette scène m'a rendue encore plus malade. Prudence voulait demander de l'argent à l'ami de votre père, je m'y suis opposée.

« J'ai reçu votre lettre ce matin. J'en avais besoin. Ma réponse vous arrivera-t-elle à temps ? Me verrez-vous encore ? Voilà une journée heureuse qui me fait oublier toutes celles que j'ai passées depuis six semaines. Il me semble que je vais mieux, malgré le sentiment de tristesse sous l'impression duquel je vous ai répondu.

« Après tout, on ne doit pas toujours être malheureux.

« Quand je pense qu'il peut arriver que je ne meure pas, que vous reveniez, que je revoie le printemps, que vous m'aimiez encore et que nous recommencions notre vie de l'année dernière !

« Folle que je suis ! c'est à peine si je puis tenir la plume avec laquelle je vous écris ce rêve insensé de mon cœur.

« Quoi qu'il arrive, je vous aimais bien, Armand, et je serais morte depuis longtemps si je n'avais pour m'assister le souvenir de cet amour, et comme un vague espoir de vous revoir encore près de moi. »

                                        « 4 février.

« Le comte de G... est revenu. Sa maîtresse l'a trompé. Il est fort triste, il l'aimait beaucoup. Il est venu me conter tout cela. Le pauvre garçon est assez mal dans ses affaires, ce qui ne l'a pas empêché de payer mon huissier et de congédier le gardien.

« Je lui ai parlé de vous et il m'a promis de vous parler de moi. Comme j'oubliais dans ces moments-là que j'avais été sa maîtresse et comme il essayait de me le faire oublier aussi ! C'est un brave cœur.

« Le duc a envoyé savoir de mes nouvelles hier, et il est venu ce matin. Je ne sais pas ce qui peut faire vivre encore ce vieillard. Il est resté trois heures auprès de moi, et il ne m'a pas dit vingt mots. Deux grosses larmes sont tombées de ses yeux quand il m'a vue si pâle. Le souvenir de la mort de sa fille le faisait pleurer sans doute.

« Il l'aura vue mourir deux fois. Son dos est courbé, sa tête penche vers la terre, sa lèvre est pendante, son regard est éteint. L'âge et la douleur pèsent de leur double poids sur son corps épuisé. Il ne m'a pas fait un reproche. On eût même dit qu'il jouissait sincèrement du ravage que la maladie avait fait en moi. Il semblait fier d'être debout, quand moi, jeune encore, j'étais écrasée par la souffrance.

« Le mauvais temps est revenu. Personne ne vient me voir. Julie veille le plus qu'elle peut auprès de moi. Prudence, à qui je ne peux plus donner autant d'argent qu'autrefois, commence à prétexter des affaires pour s'éloigner.

« Maintenant que je suis près de mourir, malgré ce que me disent les médecins, car j'en ai plusieurs, ce qui prouve que la maladie augmente, je regrette presque d'avoir écouté votre père ; si j'avais su ne prendre qu'une année à votre avenir, je n'aurais pas résisté au désir de passer cette année avec vous, et au moins je mourrais en tenant la main d'un ami. Il est vrai que si nous avions vécu ensemble cette année, je ne serais pas morte si tôt.

« La volonté de Dieu soit faite ! »

« 5 février.

« Oh ! venez, Armand, je souffre horriblement, je vais mourir, mon Dieu. J'étais si triste hier que j'ai voulu passer autre part que chez moi la soirée qui promettait d'être longue comme celle de la veille. Le duc était venu le matin. Il me semble que la vue de ce vieillard oublié par la mort me fait mourir plus vite.

« Malgré l'ardente fièvre qui me brûlait, je me suis fait habiller et conduire au Vaudeville. Julie m'avait mis du rouge, sans quoi j'aurais eu l'air d'un cadavre. Je suis allée dans cette loge où je vous ai donné notre

premier rendez-vous ; tout le temps j'ai eu les yeux fixés
sur la stalle que vous occupiez ce jour-là, et qu'occupait hier une sorte de rustre, qui riait bruyamment de
toutes les sottes choses que débitaient les acteurs. On
m'a rapportée à moitié morte chez moi. J'ai toussé et
craché le sang toute la nuit. Aujourd'hui je ne peux
plus parler, à peine si je peux remuer les bras. Mon
Dieu ! mon Dieu ! je vais mourir. Je m'y attendais,
mais je ne puis me faire à l'idée de souffrir plus que
je ne souffre, et si... »

À partir de ce mot les quelques caractères que Marguerite avait essayé de tracer étaient illisibles, et c'était
Julie Duprat qui avait continué.

« 18 février.

« Monsieur Armand,

« Depuis le jour où Marguerite a voulu aller au
spectacle, elle a été toujours plus malade. Elle a perdu
complètement la voix, puis l'usage de ses membres. Ce
que souffre notre pauvre amie est impossible à dire.
Je ne suis pas habituée à ces sortes d'émotions, et j'ai
des frayeurs continuelles.

« Que je voudrais que vous fussiez auprès de nous !
Elle a presque toujours le délire, mais délirante ou
lucide, c'est toujours votre nom qu'elle prononce quand
elle arrive à pouvoir dire un mot.

« Le médecin m'a dit qu'elle n'en avait plus pour
longtemps. Depuis qu'elle est si malade, le vieux duc
n'est pas revenu.

« Il a dit au docteur que ce spectacle lui faisait trop
de mal.

« Mme Duvernoy ne se conduit pas bien. Cette
femme, qui croyait tirer plus d'argent de Marguerite,
aux dépens de laquelle elle vivait presque complètement, a pris des engagements qu'elle ne peut tenir, et,
voyant que sa voisine ne lui sert plus de rien, elle ne
vient même pas la voir. Tout le monde l'abandonne.

M. de G..., traqué par ses dettes, a été forcé de repartir pour Londres. En partant, il nous a envoyé quelque argent ; il a fait tout ce qu'il a pu, mais on est revenu saisir, et les créanciers n'attendent que la mort pour faire vendre.

« J'ai voulu user de mes dernières ressources pour empêcher toutes ces saisies, mais l'huissier m'a dit que c'était inutile, et qu'il avait d'autres jugements encore à exécuter. Puisqu'elle va mourir, il vaut mieux abandonner tout que de le sauver pour sa famille qu'elle n'a pas voulu voir, et qui ne l'a jamais aimée. Vous ne pouvez vous figurer au milieu de quelle misère dorée la pauvre fille se meurt. Hier nous n'avions pas d'argent du tout. Couverts, bijoux, cachemires, tout est en gage, le reste est vendu ou saisi. Marguerite a encore la conscience de ce qui se passe autour d'elle, et elle souffre du corps, de l'esprit et du cœur. De grosses larmes coulent sur ses joues, si amaigries et si pâles que vous ne reconnaîtriez plus le visage de celle que vous aimiez tant, si vous pouviez la voir. Elle m'a fait promettre de vous écrire quand elle ne pourrait plus, et j'écris devant elle. Elle porte les yeux de mon côté, mais elle ne me voit pas, son regard est déjà voilé par la mort prochaine ; cependant elle sourit, et toute sa pensée, toute son âme sont à vous, j'en suis sûre.

« Chaque fois que l'on ouvre la porte, ses yeux s'éclairent, et elle croit toujours que vous allez entrer ; puis, quand elle voit que ce n'est pas vous, son visage reprend son expression douloureuse, se mouille d'une sueur froide, et les pommettes deviennent pourpres. »

« 19 février, minuit.

« La triste journée que celle d'aujourd'hui, mon pauvre monsieur Armand ! Ce matin Marguerite étouffait, le médecin l'a saignée, et la voix est un peu revenue. Le docteur lui a conseillé de voir un prêtre. Elle a dit qu'elle y consentait, et il est allé lui-même chercher un abbé à Saint-Roch.

« Pendant ce temps, Marguerite m'a appelée près de son lit, m'a priée d'ouvrir son armoire, puis elle m'a désigné un bonnet, une chemise longue toute couverte de dentelles, et m'a dit d'une voix affaiblie :

« — Je vais mourir après m'être confessée, alors tu m'habilleras avec ces objets : c'est une coquetterie de mourante.

« Puis elle m'a embrassée en pleurant, et elle a ajouté :

« — Je puis parler, mais j'étouffe trop quand je parle ; j'étouffe ! de l'air !

« Je fondais en larmes, j'ouvris la fenêtre, et quelques instants après le prêtre entra.

« J'allai au-devant de lui.

« Quand il sut chez qui il était, il parut craindre d'être mal accueilli.

« — Entrez hardiment, mon père, lui ai-je dit.

« Il est resté peu de temps dans la chambre de la malade, et il en est ressorti en me disant :

« — Elle a vécu comme une pécheresse, mais elle mourra comme une chrétienne.

« Quelques instants après, il est revenu accompagné d'un enfant de chœur qui portait un crucifix, et d'un sacristain qui marchait devant eux en sonnant, pour annoncer que Dieu venait chez la mourante.

« Ils sont entrés tous trois dans cette chambre à coucher qui avait retenti autrefois de tant de mots étranges, et qui n'était plus à cette heure qu'un tabernacle saint.

« Je suis tombée à genoux. Je ne sais pas combien de temps durera l'impression que m'a produite ce spectacle, mais je ne crois pas que, jusqu'à ce que j'en sois arrivée au même moment, une chose humaine pourra m'impressionner autant.

« Le prêtre oignit des huiles saintes les pieds, les mains et le front de la mourante, récita une courte prière, et Marguerite se trouva prête à partir pour le Ciel où elle ira sans doute, si Dieu a vu les épreuves de sa vie et la sainteté de sa mort.

« Depuis ce temps elle n'a pas dit une parole et n'a pas fait un mouvement. Vingt fois je l'aurais crue morte, si je n'avais entendu l'effort de sa respiration. »

« 20 février, cinq heures du soir.

« Tout est fini.

« Marguerite est entrée en agonie cette nuit à deux heures environ. Jamais martyre n'a souffert pareilles tortures, à en juger par les cris qu'elle poussait. Deux ou trois fois elle s'est dressée tout debout sur son lit, comme si elle eût voulu ressaisir sa vie qui remontait vers Dieu.

« Deux ou trois fois aussi, elle a dit votre nom, puis tout s'est tu, elle est retombée épuisée sur son lit. Des larmes silencieuses ont coulé de ses yeux et elle est morte.

« Alors, je me suis approchée d'elle, je l'ai appelée, et comme elle ne répondait pas, je lui ai fermé les yeux et je l'ai embrassée sur le front.

« Pauvre chère Marguerite, j'aurais voulu être une sainte femme, pour que ce baiser te recommandât à Dieu.

« Puis, je l'ai habillée comme elle m'avait priée de le faire, je suis allée chercher un prêtre à Saint-Roch, j'ai brûlé deux cierges pour elle, et j'ai prié pendant une heure dans l'église.

« J'ai donné à des pauvres de l'argent qui venait d'elle.

« Je ne me connais pas bien en religion, mais je pense que le bon Dieu reconnaîtra que mes larmes étaient vraies, ma prière fervente, mon aumône sincère, et qu'il aura pitié de celle, qui, morte jeune et belle, n'a eu que moi pour lui fermer les yeux et l'ensevelir. »

« 22 février.

« Aujourd'hui l'enterrement a eu lieu. Beaucoup des amies de Marguerite sont venues à l'église. Quelques-unes pleuraient avec sincérité. Quand le convoi a pris le chemin de Montmartre, deux hommes seulement se trouvaient derrière, le comte de G..., qui était revenu exprès de Londres, et le duc qui marchait soutenu par deux valets de pied.

« C'est de chez elle que je vous écris tous ces détails, au milieu de mes larmes et devant la lampe qui brûle tristement près d'un dîner auquel je ne touche pas, comme bien vous pensez, mais que Nanine m'a fait faire, car je n'ai pas mangé depuis plus de vingt-quatre heures.

« Ma vie ne pourra pas garder longtemps ces impressions tristes, car ma vie ne m'appartient pas plus que la sienne n'appartenait à Marguerite, c'est pourquoi je vous donne tous ces détails sur les lieux mêmes où ils se sont passés, dans la crainte, si un long temps s'écoulait entre eux et votre retour, de ne pas pouvoir vous les donner avec toute leur triste exactitude. »

XXVII

« Vous avez lu ? me dit Armand quand j'eus terminé la lecture de ce manuscrit.

— Je comprends ce que vous avez dû souffrir, mon ami, si tout ce que j'ai lu est vrai !

— Mon père me l'a confirmé dans une lettre. »

Nous causâmes encore quelque temps de la triste destinée qui venait de s'accomplir, et je rentrai chez moi prendre un peu de repos.

Armand, toujours triste, mais soulagé un peu par le récit de cette histoire, se rétablit vite, et nous allâmes ensemble faire visite à Prudence et à Julie Duprat.

Prudence venait de faire faillite. Elle nous dit que Marguerite en était la cause ; que pendant sa maladie, elle lui avait prêté beaucoup d'argent pour lequel elle avait fait des billets qu'elle n'avait pu payer, Marguerite étant morte sans le lui rendre et ne lui ayant pas donné de reçus avec lesquels elle pût se présenter comme créancière.

À l'aide de cette fable que Mme Duvernoy racontait partout pour excuser ses mauvaises affaires, elle tira un billet de mille francs à Armand, qui n'y croyait pas, mais qui voulut bien avoir l'air d'y croire, tant il avait de respect pour tout ce qui avait approché sa maîtresse.

Puis nous arrivâmes chez Julie Duprat qui nous raconta les tristes événements dont elle avait été témoin, versant des larmes sincères au souvenir de son amie.

Enfin, nous allâmes à la tombe de Marguerite sur laquelle les premiers rayons du soleil d'avril faisaient éclore les premières feuilles.

Il restait à Armand un dernier devoir à remplir,

c'était d'aller rejoindre son père. Il voulut encore que je l'accompagnasse.

Nous arrivâmes à C... où je vis M. Duval tel que je me l'étais figuré d'après le portrait que m'en avait fait son fils : grand, digne, bienveillant.

Il accueillit Armand avec des larmes de bonheur, et me serra affectueusement la main. Je m'aperçus bientôt que le sentiment paternel était celui qui dominait tous les autres chez le receveur.

Sa fille, nommée Blanche, avait cette transparence des yeux et du regard, cette sérénité de la bouche qui prouvent que l'âme ne conçoit que de saintes pensées et que les lèvres ne disent que de pieuses paroles. Elle souriait au retour de son frère, ignorant, la chaste jeune fille, que loin d'elle une courtisane avait sacrifié son bonheur à la seule invocation de son nom.

Je restai quelque temps dans cette heureuse famille, tout occupée de celui qui leur apportait la convalescence de son cœur.

Je revins à Paris où j'écrivis cette histoire telle qu'elle m'avait été racontée. Elle n'a qu'un mérite qui lui sera peut-être contesté, celui d'être vraie.

Je ne tire pas de ce récit la conclusion que toutes les filles comme Marguerite sont capables de faire ce qu'elle a fait ; loin de là, mais j'ai connaissance qu'une d'elles avait éprouvé dans sa vie un amour sérieux, qu'elle en avait souffert et qu'elle en était morte. J'ai raconté au lecteur ce que j'avais appris. C'était un devoir.

Je ne suis pas l'apôtre du vice, mais je me ferai l'écho du malheur noble partout où je l'entendrai prier.

L'histoire de Marguerite est une exception, je le répète ; mais si c'eût été une généralité, ce n'eût pas été la peine de l'écrire.

LA DAME AUX CAMÉLIAS

Pièce en cinq actes

PERSONNAGES	ACTEURS qui ont créé les rôles
	MM.
ARMAND DUVAL	Fechter
GEORGES DUVAL, père d'Armand .	Delannoy
GASTON RIEUX	René Luguet
SAINT-GAUDENS	Gil-Pérès
GUSTAVE	Lagrange
LE COMTE DE GIRAY	Allié
ARTHUR DE VARVILLE	Dupuis
LE DOCTEUR	Hipp. Worms
UN COMMISSIONNAIRE	Roger
....	Guérin
DOMESTIQUES	Léon
	Mmes
MARGUERITE GAUTIER	Doche
NICHETTE	Worms
PRUDENCE	Astruc
NANINE	Irma Granier
OLYMPE	Clary
ARTHUR	Clorinde
ESTHER	Marie
ANAÏS	Caroline
ADÈLE	Baron

INVITÉS

La scène se passe vers 1845.

ACTE I

SCÈNE 1

Boudoir de Marguerite. Paris.

Nanine, *travaillant* ; Varville, *assis à la cheminée.*
On entend un coup de sonnette.

VARVILLE. — On a sonné.

NANINE. — Valentin ira ouvrir.

VARVILLE. — C'est Marguerite, sans doute.

NANINE. — Pas encore ; elle ne doit rentrer qu'à dix heures et demie, et il est à peine dix heures. *(Nichette entre.)* Tiens ! c'est mademoiselle Nichette.

SCÈNE 2

Les mêmes, Nichette.

NICHETTE. — Marguerite n'est pas là ?

NANINE. — Non, mademoiselle. Vous auriez voulu la voir ?

NICHETTE. — Je passais devant sa porte, et je montais pour l'embrasser, mais, puisqu'elle n'y est pas, je m'en vais.

NANINE. — Attendez-la un peu, elle va rentrer.

NICHETTE. — Je n'ai pas le temps, Gustave est en bas. Elle va bien ?

NANINE. — Toujours de même.

NICHETTE. — Vous lui direz que je viendrai la voir ces jours-ci. Adieu, Nanine. — Adieu, monsieur. *(Elle salue et sort.)*

SCÈNE 3

Nanine, Varville.

VARVILLE. — Qu'est-ce que c'est que cette jeune fille ?

NANINE. — C'est mademoiselle Nichette.

VARVILLE. — Nichette ! C'est un nom de chatte, ce n'est pas un nom de femme.

NANINE. — Aussi est-ce un surnom, et l'appelle-t-on ainsi parce qu'avec ses cheveux frisés elle a une petite tête de chatte. Elle a été camarade de madame, dans le magasin où madame travaillait autrefois.

VARVILLE. — Marguerite a donc été dans un magasin ?

NANINE. — Elle a été lingère.

VARVILLE. — Bah !

NANINE. — Vous l'ignoriez ? Ce n'est pourtant pas un secret.

VARVILLE. — Elle est jolie, cette petite Nichette.

NANINE. — Et sage !

VARVILLE. — Mais ce M. Gustave ?

NANINE. — Quel M. Gustave ?

VARVILLE. — Dont elle parlait et qui l'attendait en bas.

NANINE. — C'est son mari.

VARVILLE. — C'est M. Nichette ?

NANINE. — Il n'est pas encore son mari, mais il le sera.

VARVILLE. — En un mot, c'est son amant. Bien, bien ! Elle est sage, mais elle a un amant.

NANINE. — Qui n'aime qu'elle, comme elle n'aime et n'a jamais aimé que lui, et qui l'épousera, c'est moi qui vous le dis. Mademoiselle Nichette est une très honnête fille.

VARVILLE, *se levant et venant à Nanine.* — Après tout, peu m'importe... Décidément, mes affaires n'avancent pas ici.

NANINE. — Pas le moins du monde.

VARVILLE. — Il faut avouer que Marguerite...

NANINE. — Quoi ?

VARVILLE. — A une drôle d'idée de sacrifier tout le monde à M. de Mauriac, qui ne doit pas être amusant.

NANINE. — Pauvre homme ! C'est son seul bonheur. Il est son père, ou à peu près.

VARVILLE. — Ah ! oui. Il y a une histoire très pathétique là-dessus ; malheureusement...

NANINE. — Malheureusement ?

VARVILLE. — Je n'y crois pas.

NANINE, *se levant*. — Écoutez, monsieur de Varville, il y a bien des choses vraies à dire sur le compte de madame ; c'est une raison de plus pour ne pas dire celles qui ne le sont pas. Or, voici ce que je puis vous affirmer, car je l'ai vu, de mes propres yeux vu, et Dieu sait que madame ne m'a pas donné le mot, puisqu'elle n'a aucune raison de vous tromper, et ne tient ni à être bien ni à être mal avec vous. Je puis donc affirmer qu'il y a deux ans madame, après une longue maladie, est allée aux eaux pour achever de se rétablir. Je l'accompagnais. Parmi les malades de la maison des bains se trouvait une jeune fille à peu près de son âge, atteinte de la même maladie qu'elle, seulement atteinte au troisième degré, et lui ressemblant comme une sœur jumelle. Cette jeune fille, c'était mademoiselle de Mauriac, la fille du duc.

VARVILLE. — Mademoiselle de Mauriac mourut.

NANINE. — Oui.

VARVILLE. — Et le duc, désespéré, retrouvant dans les traits, dans l'âge, et jusque dans la maladie de Marguerite, l'image de sa fille, la supplia de le recevoir et de lui permettre de l'aimer comme son enfant. Alors, Marguerite lui avoua sa position.

NANINE. — Car madame ne ment jamais.

VARVILLE. — Naturellement ! Et, comme Marguerite ne ressemblait pas à mademoiselle de Mauriac autant au moral qu'au physique, le duc lui promit tout ce qu'elle voudrait, si elle consentait à changer d'existence, ce à quoi s'engagea Marguerite, — qui, naturellement encore, de retour à Paris, se garda bien de tenir parole ; et le duc, comme elle ne lui rendait que la moitié de son bonheur, a retranché la moitié du revenu ; si bien qu'aujourd'hui elle a cinquante mille francs de dettes.

NANINE. — Que vous offrez de payer ; mais on aime mieux devoir de l'argent à d'autres que de vous devoir de la reconnaissance, à vous.

VARVILLE. — D'autant plus que M. le comte de Giray est là.

NANINE. — Vous êtes insupportable ! Tout ce que je puis vous dire c'est que l'histoire du duc est vraie, je vous en donne ma parole. Quant au comte, c'est un ami.

VARVILLE. — Prononcez donc bien.

NANINE. — Oui, un ami ! Quelle mauvaise langue vous êtes ! — Mais on sonne. C'est madame. Faut-il lui répéter tout ce que vous avez dit ?

VARVILLE. — Gardez-vous-en bien !

SCÈNE 4

Les mêmes, Marguerite.

MARGUERITE, *à Nanine.* — Va dire qu'on nous prépare à souper ; Olympe et Saint-Gaudens vont venir ; je les ai rencontrés à l'Opéra. *(À Varville.)* Vous voilà, vous ! *(Elle va s'asseoir à la cheminée.)*

VARVILLE. — Est-ce que ma destinée n'est pas de vous attendre ?

MARGUERITE. — Est-ce que ma destinée à moi est de vous voir ?

VARVILLE. — Jusqu'à ce que vous me défendiez votre porte, je viendrai.

MARGUERITE. — En effet, je ne peux pas rentrer une fois sans vous trouver là. Qu'est-ce que vous avez encore à me dire ?

VARVILLE. — Vous le savez bien.

MARGUERITE. — Toujours la même chose ! Vous êtes monotone, Varville.

VARVILLE. — Est-ce ma faute si je vous aime ?

MARGUERITE. — La bonne raison ! Mon cher, s'il me fallait écouter tous ceux qui m'aiment, je n'aurais seulement pas le temps de dîner. Pour la centième fois, je vous le répète, vous perdez votre temps. Je vous laisse venir ici à toute heure, entrer quand je suis là, m'attendre quand je suis sortie, je ne sais pas trop pourquoi ; mais, si vous devez me parler sans cesse de votre amour, je vous consigne.

VARVILLE. — Cependant, Marguerite, l'année passée, à Bagnères, vous m'aviez donné quelque espoir.

MARGUERITE. — Ah ! mon cher, c'était à Bagnères, j'étais malade, je m'ennuyais. Ici, ce n'est pas la même chose ; je me porte mieux, et je ne m'ennuie plus.

VARVILLE. — Je conçois que, lorsqu'on est aimée du duc de Mauriac...

MARGUERITE. — Imbécile !

VARVILLE. — Et qu'on aime M. de Giray...

MARGUERITE. — Je suis libre d'aimer qui je veux, cela ne regarde personne, vous moins que tout autre ; et, si vous n'avez pas autre chose à dire, je vous le répète, allez-vous-en. *(Varville se promène.)* Vous ne voulez pas vous en aller ?

VARVILLE. — Non !

MARGUERITE. — Alors, mettez-vous au piano : le piano, c'est votre seule qualité.

VARVILLE. — Que faut-il jouer ? *(Nanine rentre pendant qu'il prélude.)*

MARGUERITE. — Ce que vous voudrez.

SCÈNE 5

Les mêmes, Nanine.

MARGUERITE. — Tu as commandé le souper ?

NANINE. — Oui, madame.

MARGUERITE, *s'approchant de Varville.* — Qu'est-ce que vous jouez là, Varville ?

VARVILLE. — Une rêverie de Rosellen.

MARGUERITE. — C'est très joli !...

VARVILLE. — Écoutez, Marguerite, j'ai quatre-vingt mille francs de rente.

MARGUERITE. — Et moi, j'en ai cent. *(À Nanine.)* As-tu vu Prudence ?

NANINE. — Oui, madame.

MARGUERITE. — Elle viendra ce soir ?

NANINE. — Oui, madame, en rentrant... Mademoiselle Nichette est venue aussi.

MARGUERITE. — Pourquoi n'est-elle pas restée ?

NANINE. — M. Gustave l'attendait en bas.

MARGUERITE. — Chère petite !

NANINE. — Le docteur est venu.

MARGUERITE. — Qu'a-t-il dit ?

NANINE. — Il a recommandé que madame se reposât.

MARGUERITE. — Ce bon docteur ! Est-ce tout ?

NANINE. — Non, madame ; on a apporté un bouquet.

VARVILLE. — De ma part.

MARGUERITE, *prenant le bouquet.* — Roses et lilas blanc. Mets ce bouquet dans ta chambre, Nanine. *(Nanine sort.)*

VARVILLE, *cessant de jouer du piano.* — Vous n'en voulez pas ?

MARGUERITE. — Comment m'appelle-t-on ?

VARVILLE. — Marguerite Gautier.

MARGUERITE. — Quel surnom m'a-t-on donné ?

VARVILLE. — Celui de la Dame aux Camélias.

MARGUERITE. — Pourquoi ?

VARVILLE. — Parce que vous ne portez jamais que ces fleurs.

MARGUERITE. — Ce qui veut dire que je n'aime que celles-là, et qu'il est inutile de m'en envoyer d'autres. Si vous croyez que je ferai une exception pour vous, vous avez tort. Les parfums me rendent malade.

VARVILLE. — Je n'ai pas de bonheur. Adieu, Marguerite.

MARGUERITE. — Adieu !

SCÈNE 6

Les mêmes, Olympe, Saint-Gaudens, Nanine.

NANINE, *rentrant*. — Madame, voici mademoiselle Olympe et M. Saint-Gaudens.

MARGUERITE. — Arrive donc, Olympe ! j'ai cru que tu ne viendrais plus.

OLYMPE. — C'est la faute de Saint-Gaudens.

SAINT-GAUDENS. — C'est toujours ma faute. — Bonjour, Varville.

VARVILLE. — Bonjour, cher ami.

SAINT-GAUDENS. — Vous soupez avec nous ?

MARGUERITE. — Non, non.

SAINT-GAUDENS, *à Marguerite*. — Et vous, chère enfant, comment allez-vous ?

MARGUERITE. — Très bien.

SAINT-GAUDENS. — Allons, tant mieux ! Va-t-on s'amuser ici ?

OLYMPE. — On s'amuse toujours où vous êtes.

SAINT-GAUDENS. — Méchante ! — Ah ! ce cher Varville, qui ne soupe pas avec nous, cela me fait une peine affreuse. *(À Marguerite.)* En passant devant la *Maison d'or*, j'ai dit qu'on apporte des huîtres et un certain vin de Champagne qu'on ne donne qu'à moi. Il est parfait ! il est parfait !

OLYMPE, *bas, à Marguerite*. — Pourquoi n'as-tu pas invité Edmond ?

MARGUERITE. — Pourquoi ne l'as-tu pas amené ?

OLYMPE. — Et Saint-Gaudens ?

MARGUERITE. — Est-ce qu'il n'y est pas habitué ?

OLYMPE. — Pas encore, ma chère ; à son âge, on prend si difficilement une habitude, et surtout une bonne.

MARGUERITE, *appelant Nanine.* — Le souper doit être prêt.

NANINE. — Dans cinq minutes, madame. Où faudra-t-il servir ? Dans la salle à manger ?

MARGUERITE. — Non, ici ; nous serons mieux. — Eh bien, Varville, vous n'êtes pas encore parti ?

VARVILLE. — Je pars.

MARGUERITE, *à la fenêtre, appelant.* — Prudence !

OLYMPE. — Prudence demeure donc en face ?

MARGUERITE. — Elle demeure même dans la maison, tu le sais bien ; presque toutes nos fenêtres correspondent. Nous ne sommes séparées que par une petite cour ; c'est très commode, quand j'ai besoin d'elle.

SAINT-GAUDENS. — Ah çà ! quelle est sa position, à Prudence ?

OLYMPE. — Elle est modiste.

MARGUERITE. — Et il n'y a que moi qui lui achète des chapeaux.

OLYMPE. — Que tu ne mets jamais.

MARGUERITE. — Ils sont affreux ! mais ce n'est pas une mauvaise femme, et elle a besoin d'argent. *(Appelant.)* Prudence !

PRUDENCE. — Voilà !

MARGUERITE. — Pourquoi ne venez-vous pas, puisque vous êtes rentrée ?

PRUDENCE. — Je ne puis pas.

MARGUERITE. — Qui vous en empêche ?

PRUDENCE. — J'ai deux jeunes gens chez moi, ils m'ont invitée à souper.

MARGUERITE. — Eh bien, amenez-les souper ici, cela reviendra au même. Comment les nomme-t-on ?

PRUDENCE. — Il y en a un que vous connaissez, Gaston Rieux.

MARGUERITE. — Si je le connais ! — Et l'autre ?

PRUDENCE. — L'autre est son ami.

MARGUERITE. — Cela suffit ; alors, arrivez vite... Il fait froid ce soir... *(Elle tousse un peu.)* Varville, mettez donc du bois dans le feu, on gèle ici ; rendez-vous utile, au moins, puisque vous ne pouvez pas être agréable. *(Varville obéit.)*

SCÈNE 7

Les mêmes, Gaston, Armand, Prudence,
un domestique.

LE DOMESTIQUE, *annonçant*. — M. Gaston Rieux,
M. Armand Duval, madame Duvernoy.

OLYMPE. — Quel genre ! Voilà comme on annonce ici ?

PRUDENCE. — Je croyais qu'il y avait du monde.

SAINT-GAUDENS. — Madame Duvernoy commence ses
politesses.

GASTON, *cérémonieusement, à Marguerite*. — Comment
allez-vous, madame ?

MARGUERITE, *même jeu*. — Bien ; et vous, monsieur ?

PRUDENCE. — Comme on se parle ici !

MARGUERITE. — Gaston est devenu un homme du
monde ; et, d'ailleurs, Eugénie m'arracherait les yeux, si nous
nous parlions autrement.

GASTON. — Les mains d'Eugénie sont trop petites, et vos
yeux sont trop grands.

PRUDENCE. — Assez de marivaudage. — Ma chère Marguerite, permettez-moi de vous présenter M. Armand Duval.
(Armand et Marguerite se saluent.) L'homme de Paris qui
est le plus amoureux de vous.

MARGUERITE, *à Prudence*. — Dites qu'on mette deux couverts de plus, alors ; car je crois que cet amour-là n'empêchera pas monsieur de souper. *(Elle tend sa main à Armand,
qui la lui baise.)*

SAINT-GAUDENS, *à Gaston, qui est venu au-devant de
lui*. — Ah ! ce cher Gaston ! que je suis aise de le voir !

GASTON. — Toujours jeune, mon vieux Saint-Gaudens.

SAINT-GAUDENS. — Mais oui.

GASTON. — Et les amours ?

SAINT-GAUDENS, *montrant Olympe*. — Vous voyez.

GASTON. — Je vous fais mon compliment.

SAINT-GAUDENS. — J'avais une peur épouvantable de
trouver Amanda ici.

GASTON. — Cette pauvre Amanda ! Elle vous aimait bien !

SAINT-GAUDENS. — Elle m'aimait trop. Et puis il y avait
un jeune homme qu'elle ne pouvait cesser de voir : c'était
le banquier. *(Il rit.)* Je risquais de lui faire perdre sa posi-

tion ! J'étais l'amant de cœur. Charmant ! Mais il fallait se cacher dans les armoires, rôder dans les escalier, attendre dans la rue...

GASTON. — Ce qui vous donnait des rhumatismes.

SAINT-GAUDENS. — Non, mais le temps change. Il faut que jeunesse se passe. Ce pauvre Varville qui ne soupe pas avec nous, cela me fait une peine affreuse.

GASTON, *se rapprochant de Marguerite.* — Il est superbe !

MARGUERITE. — Il n'y a que les vieux qui ne vieillissent plus.

SAINT-GAUDENS, *à Armand, qu'Olympe lui présente.* — Est-ce que vous êtes parent, monsieur, de M. Duval receveur général ?

ARMAND. — Oui, monsieur, c'est mon père. Le connaîtriez-vous ?

SAINT-GAUDENS. — Je l'ai connu autrefois, chez la baronne de Nersay, ainsi que madame Duval, votre mère, qui était une bien belle et bien aimable personne.

ARMAND. — Elle est morte il y a trois ans.

SAINT-GAUDENS. — Pardonnez-moi, monsieur, de vous avoir rappelé ce chagrin.

ARMAND. — On peut toujours me rappeler ma mère. Les grandes et pures affections ont cela de beau, qu'après le bonheur de les avoir éprouvées, il reste le bonheur de s'en souvenir.

SAINT-GAUDENS. — Vous êtes fils unique ?

ARMAND. — J'ai une sœur... *(Ils s'en vont causer en se promenant dans le fond du théâtre.)*

MARGUERITE, *bas à Gaston.* — Il est charmant, votre ami.

GASTON. — Je le crois bien ! Et, de plus, il a pour vous un amour extravagant ; n'est-ce pas, Prudence ?

PRUDENCE. — Quoi ?

GASTON. — Je disais à Marguerite qu'Armand est fou d'elle.

PRUDENCE. — Il ne ment pas ; vous ne pouvez pas vous douter de ce que c'est.

GASTON. — Il vous aime, ma chère, — à ne pas oser vous le dire.

MARGUERITE, *à Varville, qui joue toujours du piano.* — Taisez-vous donc, Varville !

VARVILLE. — Vous me dites toujours de jouer du piano.

MARGUERITE. — Quand je suis seule avec vous ; mais, quand il y a du monde, non.

OLYMPE. — Qu'est-ce qu'on dit là, tout bas ?

MARGUERITE. — Écoute, et tu le sauras.

PRUDENCE, *bas*. — Et cet amour dure depuis deux ans.

MARGUERITE. — C'est déjà un vieillard que cet amour-là.

PRUDENCE. — Armand passe sa vie chez Gustave et chez Nichette pour entendre parler de vous.

GASTON. — Quand vous avez été malade, il y a un an, avant de partir pour Bagnères, pendant les trois mois que vous êtes restée au lit, on vous a dit que, tous les jours, un jeune homme venait savoir de vos nouvelles, sans dire son nom.

MARGUERITE. — Je me rappelle...

GASTON. — C'était lui.

MARGUERITE. — C'est très gentil, cela. *(Appelant.)* Monsieur Duval !

ARMAND. — Madame ?...

MARGUERITE. — Savez-vous ce qu'on me dit ? On me dit que, pendant que j'étais malade, vous êtes venu tous les jours savoir de mes nouvelles.

ARMAND. — C'est la vérité, madame.

MARGUERITE. — C'est bien le moins que je vous remercie. Entendez-vous, Varville ? Vous n'en avez pas fait autant, vous.

VARVILLE. — Il n'y a pas un an que je vous connais.

MARGUERITE. — Et monsieur qui ne me connaît que depuis cinq minutes... Vous dites toujours des bêtises. *(Nanine entre, précédant les domestiques qui portent la table.)*

PRUDENCE. — À table ! Je meurs de faim.

VARVILLE. — Au revoir, Marguerite.

MARGUERITE. — Quand vous verra-t-on ?

VARVILLE. — Quand vous voudrez !

MARGUERITE. — Adieu, alors.

VARVILLE, *saluant et sortant*. — Messieurs...

OLYMPE. — Adieu, Varville ! adieu, mon bon ! *(Pendant ce temps, deux domestiques ont placé la table toute servie, et autour de laquelle les convives s'assoient.)*

SCÈNE 8

Les mêmes, *hors* Varville.

PRUDENCE. — Ma chère enfant, vous êtes vraiment trop dure avec le baron.

MARGUERITE. — Il est assommant ! Il vient toujours me proposer de me faire des rentes.

OLYMPE. — Tu t'en plains ? Je voudrais bien qu'il m'en proposât, à moi.

SAINT-GAUDENS. — C'est agréable pour moi, ce que tu dis là.

OLYMPE. — D'abord, mon cher, je vous prie de ne pas me tutoyer, je ne vous connais pas.

MARGUERITE. — Mes enfants, servez-vous, buvez, mangez, mais ne vous disputez que juste ce qu'il faut pour se raccommoder tout de suite.

OLYMPE, *à Marguerite*. — Sais-tu ce qu'il m'a donné pour ma fête ?

MARGUERITE. — Qui ?

OLYMPE. — Saint-Gaudens.

MARGUERITE. — Non.

OLYMPE. — Il m'a donné un coupé !

SAINT-GAUDENS. — De chez Binder.

OLYMPE. — Oui ; mais je n'ai pas pu parvenir à lui faire donner les chevaux.

PRUDENCE. — C'est toujours un coupé.

SAINT-GAUDENS. — Je suis ruiné, aimez-moi pour moi-même.

OLYMPE. — La belle occupation !

PRUDENCE, *montrant un plat*. — Quelles sont ces petites bêtes ?

GASTON. — Des perdreaux.

PRUDENCE. — Donne-m'en un.

GASTON. — Il ne lui faut qu'un perdreau à la fois. Quelle belle fourchette ! C'est peut-être elle qui a ruiné Saint-Gaudens ?

PRUDENCE. — Elle ! elle ! Est-ce ainsi qu'on parle à une femme ? De mon temps...

GASTON. — Ah ! il va être question de Louis XV. — Marguerite, verse du vin à Armand ; il est triste comme une chanson à boire.

MARGUERITE. — Allons, monsieur Armand, à ma santé !

TOUS. — À la santé de Marguerite !

PRUDENCE. — À propos de chanson à boire, si l'on en chantait une en buvant ?

GASTON. — Toujours les vieilles traditions. Je suis sûr que Prudence a eu une passion dans le Caveau.

PRUDENCE. — C'est bon ! c'est bon !

GASTON. — Toujours chanter en soupant, c'est absurde.

PRUDENCE. — Moi, j'aime ça ; ça égaye. Allons, Marguerite, chantez-nous la chanson de Philogène ; un poète qui fait des vers.

GASTON. — Qu'est-ce que tu veux qu'il fasse ?

PRUDENCE. — Mais qui fait des vers à Marguerite ; c'est sa spécialité. Allons, la chanson !

GASTON. — Je proteste au nom de toute notre génération.

PRUDENCE. — Qu'on vote. *(Tous lèvent la main, excepté Gaston.)* La chanson est votée. Gaston, donne le bon exemple aux minorités.

GASTON. — Soit. Mais je n'aime pas les vers de Philogène, je les connais. J'aime mieux chanter, puisqu'il le faut. *(Il chante.)*

I

Il est un ciel que Mahomet
Offre par ses apôtres.
Mais les plaisirs qu'il nous promet
Ne valent pas les nôtres.
Ne croyons à rien
Qu'à ce qu'on tient bien,
Et pour moi je préfère
À ce ciel douteux
L'éclair de deux yeux
Reflété dans mon verre.

II

Dieu fit l'amour et le vin bons,
Car il aimait la terre.
On dit parfois que nous vivons
D'une façon légère.
On dit ce qu'on veut,
On fait ce qu'on peut,
Fi du censeur sévère
Pour qui tout serait
Charmant, s'il voyait
À travers notre verre !

GASTON, *se rasseyant*. — C'est pourtant vrai, que la vie est gaie et que Prudence est grasse.

OLYMPE. — Il y a trente ans que c'est comme ça.

PRUDENCE. — Il faut en finir avec cette plaisanterie. Quel âge crois-tu que j'ai ?

OLYMPE. — Je crois que tu as quarante ans bien sonnés.

PRUDENCE. — Elle est bonne encore avec ses quarante ans ! j'ai eu trente-cinq ans l'année dernière.

GASTON. — Ce qui t'en fait déjà trente-six. Eh bien, tu n'en parais pas plus de quarante, parole d'honneur !

MARGUERITE. — Dites donc, Saint-Gaudens, à propos d'âge, on m'a raconté une histoire sur votre compte.

OLYMPE. — Et à moi aussi.

SAINT-GAUDENS. — Quelle histoire ?

MARGUERITE. — Il est question d'un fiacre jaune.

OLYMPE. — Elle est vraie, ma chère.

PRUDENCE. — Voyons l'histoire du fiacre jaune !

GASTON. — Oui, mais laissez-moi aller me mettre à côté de Marguerite ; je m'ennuie à côté de Prudence.

PRUDENCE. — Quel gaillard bien élevé !

MARGUERITE. — Gaston, tâchez de rester tranquille.

SAINT-GAUDENS. — Oh ! l'excellent souper !

OLYMPE. — Je le vois venir, il veut esquiver l'histoire du fiacre...

MARGUERITE. — Jaune !

SAINT-GAUDENS. — Oh ! cela m'est bien égal.

OLYMPE. — Eh bien, figurez-vous que Saint-Gaudens était amoureux d'Amanda.

GASTON. — Je suis trop ému, il faut que j'embrasse Marguerite.

OLYMPE. — Mon cher, vous êtes insupportable !

GASTON. — Olympe est furieuse, parce que je lui ai fait manquer son effet.

MARGUERITE. — Olympe a raison. Gaston est aussi ennuyeux que Varville ; on va le mettre à la petite table, comme les enfants qui ne sont pas sages.

OLYMPE. — Oui, allez vous mettre là-bas.

GASTON. — À la condition qu'à la fin les dames m'embrasseront.

MARGUERITE. — Prudence fera la quête et vous embrassera pour nous toutes.

GASTON. — Non pas, non pas, je veux que vous m'embrassiez vous-mêmes.

OLYMPE. — C'est bon, on vous embrassera ; allez vous
asseoir et ne dites rien. — Un jour, ou plutôt un soir...

GASTON, *jouant* Malbrouck *sur le piano.* — Il est faux,
le piano.

MARGUERITE. — Ne lui répondons plus.

GASTON. — Elle m'ennuie, cette histoire-là.

SAINT-GAUDENS. — Gaston a raison.

GASTON. — Et puis qu'est-ce qu'elle prouve, votre histoire,
que je connais et qui est vieille comme Prudence ? Elle prouve
que Saint-Gaudens a suivi à pied un fiacre jaune dont il a
vu descendre Agénor à la porte d'Amanda ; elle prouve
qu'Amanda trompait Saint-Gaudens. Comme c'est neuf ! Qui
est-ce qui n'a pas été trompé ? On sait bien qu'on est toujours trompé par ses amis et ses maîtresses ; et ça finit sur
l'air du *Carillon de Dunkerque. (Il joue le carillon sur le
piano.)*

SAINT-GAUDENS. — Et je savais aussi bien qu'Amanda me
trompait avec Agénor que je sais qu'Olympe me trompe avec
Edmond.

MARGUERITE. — Bravo, Saint-Gaudens ! Mais Saint-
Gaudens est un héros ! Nous allons être toutes folles de
Saint-Gaudens ! Que celles qui sont folles de Saint-Gaudens
lèvent la main. *(Tout le monde lève la main.)* Quelle unanimité ! Vive Saint-Gaudens ! Gaston, jouez-nous de quoi faire
danser Saint-Gaudens.

GASTON. — Je ne sais qu'une polka.

MARGUERITE. — Eh bien, va pour une polka ! Allons,
Saint-Gaudens et Armand, rangez la table.

PRUDENCE. — Je n'ai pas fini, moi.

OLYMPE. — Messieurs, Marguerite a dit Armand tout
court.

GASTON, *jouant.* — Dépêchez-vous ; voilà le passage où
je m'embrouille.

OLYMPE. — Est-ce que je vais danser avec Saint-Gaudens,
moi ?

MARGUERITE. — Non ; moi, je danserai avec lui. —
Venez, mon petit Saint-Gaudens, venez !

OLYMPE. — Allons, Armand, allons ! *(Marguerite polke
un moment et s'arrête tout à coup.)*

SAINT-GAUDENS. — Qu'est-ce que vous avez ?

MARGUERITE. — Rien. J'étouffe un peu.

ARMAND, *s'approchant d'elle.* — Vous souffrez,
madame ?

MARGUERITE. — Oh ! ce n'est rien ; continuons. *(Gaston joue de toutes ses forces. Marguerite essaie de nouveau et s'arrête encore.)*

ARMAND. — Tais-toi donc, Gaston.

PRUDENCE. — Marguerite est malade.

MARGUERITE, *suffoquée.* — Donnez-moi un verre d'eau.

PRUDENCE. — Qu'avez-vous ?

MARGUERITE. — Toujours la même chose. Mais ce n'est rien, je vous le répète. Passez de l'autre côté, allumez un cigare ; dans un instant, je suis à vous.

PRUDENCE. — Laissons-la ; elle aime mieux être seule quand ça lui arrive.

MARGUERITE. — Allez, je vous rejoins.

PRUDENCE. — Venez ! *(À part.)* Il n'y a pas moyen de s'amuser une minute ici.

ARMAND. — Pauvre fille ! *(Il sort avec les autres.)*

SCÈNE 9

MARGUERITE, *seule, essayant de reprendre sa respiration.* Ah !... *(Elle se regarde dans la glace.)* Comme je suis pâle !... Ah ! *(Elle met sa tête dans ses mains et appuie ses coudes sur la cheminée.)*

SCÈNE 10

Marguerite, Armand.

ARMAND, *rentrant.* — Eh bien, comment allez-vous, madame ?

MARGUERITE. — Vous, monsieur Armand ! Merci, je vais mieux... D'ailleurs, je suis accoutumée...

ARMAND. — Vous vous tuez ! Je voudrais être votre ami, votre parent, pour vous empêcher de vous faire mal ainsi.

MARGUERITE. — Vous n'y arriveriez pas. Voyons, venez ! Mais qu'avez-vous ?

ARMAND. — Ce que je vois...

MARGUERITE. — Ah ! vous êtes bien bon ! Regardez les autres, s'ils s'occupent de moi.

ARMAND. — Les autres ne vous aiment pas comme je vous aime.

MARGUERITE. — C'est juste ; j'avais oublié ce grand amour.

ARMAND. — Vous en riez !

MARGUERITE. — Dieu m'en garde ! j'entends tous les jours la même chose, je n'en ris plus.

ARMAND. — Soit ; mais cet amour vaut bien une promesse de votre part.

MARGUERITE. — Laquelle ?

ARMAND. — Celle de vous soigner.

MARGUERITE. — Me soigner ! Est-ce que c'est possible ?

ARMAND. — Pourquoi pas ?

MARGUERITE. — Mais, si je me soignais, je mourrais, mon cher. Ce qui me soutient, c'est la vie fiévreuse que je mène. Puis, se soigner, c'est bon pour les femmes du monde qui ont une famille et des amis ; mais, nous, dès que nous ne pouvons plus servir au plaisir ou à la vanité de personne, on nous abandonne, et les longues soirées succèdent aux longs jours ; je le sais bien, allez ; j'ai été deux mois dans mon lit : au bout de trois semaines, personne ne venait plus me voir.

ARMAND. — Il est vrai que je ne vous suis rien, mais, si vous le voulez, Marguerite, je vous soignerai comme un frère, je ne vous quitterai pas et je vous guérirai. Alors, quand vous en aurez la force, vous reprendrez la vie que vous menez, si bon vous semble ; mais, j'en suis sûr, vous aimerez mieux alors une existence tranquille.

MARGUERITE. — Vous avez le vin triste.

ARMAND. — Vous n'avez donc pas de cœur, Marguerite ?

MARGUERITE. — Le cœur ! C'est la seule chose qui fasse faire naufrage dans la traversée que je fais. *(Un temps.)* C'est donc sérieux ?

ARMAND. — Très sérieux.

MARGUERITE. — Prudence ne m'a pas trompée alors, quand elle m'a dit que vous étiez sentimental… Ainsi, vous me soigneriez ?

ARMAND. — Oui !

MARGUERITE. — Vous resteriez tous les jours auprès de moi ?

ARMAND. — Tout le temps que je ne vous ennuierais pas.

MARGUERITE. — Et vous appelez cela ?

ARMAND. — Du dévouement.

MARGUERITE. — Et d'où vient ce dévouement ?

ARMAND. — D'une sympathie irrésistible que j'ai pour vous.

MARGUERITE. — Depuis ?...

ARMAND. — Depuis deux ans, depuis un jour que je vous ai vue passer devant moi, belle, fière, souriante. Depuis ce jour, j'ai suivi de loin et silencieusement votre existence.

MARGUERITE. — Comment se fait-il que vous ne me disiez cela qu'aujourd'hui ?

ARMAND. — Je ne vous connaissais pas, Marguerite.

MARGUERITE. — Il fallait faire connaissance. Pourquoi, lorsque j'ai été malade et que vous êtes si assidûment venu savoir de mes nouvelles, pourquoi n'avez-vous pas monté ici ?

ARMAND. — De quel droit aurais-je monté chez vous ?

MARGUERITE. — Est-ce qu'on se gêne avec une femme comme moi ?

ARMAND. — On se gêne toujours avec une femme... Et puis...

MARGUERITE. — Et puis ?...

ARMAND. — J'avais peur de l'influence que vous pouviez prendre sur ma vie.

MARGUERITE. — Ainsi, vous êtes amoureux de moi ?

ARMAND, *la regardant et la voyant rire.* — Si je dois vous le dire, ce n'est pas aujourd'hui.

MARGUERITE. — Ne me le dites jamais.

ARMAND. — Pourquoi ?

MARGUERITE. — Parce qu'il ne peut résulter que deux choses de cet aveu : ou que je n'y croie pas, alors vous m'en voudrez ; ou que j'y croie, alors vous aurez une triste société, celle d'une femme nerveuse, malade, triste, ou gaie d'une gaieté plus triste que le chagrin. Une femme qui dépense cent mille francs par an, c'est bon pour un vieux richard comme le duc, mais c'est bien ennuyeux pour un jeune homme comme vous. Allons, nous disons là des enfantillages ! Donnez-moi la main et rentrons dans la salle à manger ; on ne doit pas savoir ce que notre absence veut dire.

ARMAND. — Rentrez si bon vous semble : moi, je vous demande la permission de rester ici.

MARGUERITE. — Parce que ?

ARMAND. — Parce que votre gaieté me fait mal.

MARGUERITE. — Voulez-vous que je vous donne un conseil ?

ARMAND. — Donnez.

MARGUERITE. — Prenez la poste et sauvez-vous, si ce que vous me dites est vrai ; ou bien aimez-moi comme un bon ami, mais pas autrement. Venez me voir, nous rirons, nous causerons ; mais ne vous exagérez pas ce que je vaux, car je ne vaux pas grand-chose. Vous avez un bon cœur, vous avez besoin d'être aimé ; vous êtes trop jeune et trop sensible pour vivre dans notre monde ; aimez une autre femme, ou mariez-vous. Vous voyez que je suis une bonne fille, et que je vous parle franchement.

SCÈNE 11

Les mêmes, Prudence.

PRUDENCE, *entrouvrant la porte*. — Ah çà ! que diable faites-vous là ?

MARGUERITE. — Nous parlons raison ; laissez-nous un peu ; nous vous rejoindrons tout à l'heure.

PRUDENCE. — Bien, bien, causez, mes enfants.

SCÈNE 12

Marguerite, Armand.

MARGUERITE. — Ainsi, c'est convenu, vous ne m'aimez plus ?

ARMAND. — Je suivrai votre conseil, je partirai.

MARGUERITE. — C'est à ce point-là ?

ARMAND. — Oui.

MARGUERITE. — Que de gens m'en ont dit autant, qui ne sont pas partis.

ARMAND. — C'est que vous les avez retenus.

MARGUERITE. — Ma foi, non !

ARMAND. — Vous n'avez donc jamais aimé personne ?

MARGUERITE. — Jamais, grâce à Dieu !

ARMAND. — Oh ! je vous remercie !

MARGUERITE. — De quoi ?

ARMAND. — De ce que vous venez de me dire ; rien ne pouvait me rendre plus heureux.

MARGUERITE. — Quel original !

ARMAND. — Si je vous disais, Marguerite, que j'ai passé des nuits entières sous vos fenêtres, que je garde depuis six mois un bouton tombé de votre gant.

MARGUERITE. — Je ne vous croirais pas.

ARMAND. — Vous avez raison, je suis un fou ; riez de moi, c'est ce qu'il y a de mieux à faire... Adieu.

MARGUERITE. — Armand !

ARMAND. — Vous me rappelez ?

MARGUERITE. — Je ne veux pas vous voir partir fâché.

ARMAND. — Fâché contre vous, est-ce possible ?

MARGUERITE. — Voyons, dans tout ce que vous me dites, y a-t-il un peu de vrai ?

ARMAND. — Vous me le demandez !

MARGUERITE. — Eh bien, donnez-moi une poignée de main, venez me voir quelquefois, souvent ; nous en reparlerons.

ARMAND. — C'est trop, et ce n'est pas assez.

MARGUERITE. — Alors, faites votre carte vous-même, demandez ce que vous voudrez, puisque, à ce qu'il paraît, je vous dois quelque chose.

ARMAND. — Ne parlez pas ainsi. Je ne veux plus vous voir rire avec les choses sérieuses.

MARGUERITE. — Je ne ris plus.

ARMAND. — Répondez-moi.

MARGUERITE. — Voyons.

ARMAND. — Voulez-vous êtes aimée ?...

MARGUERITE. — C'est selon. Par qui ?

ARMAND. — Par moi.

MARGUERITE. — Après ?

ARMAND. — Être aimée d'un amour profond, éternel ?

MARGUERITE. — Éternel ?...

ARMAND. — Oui.

MARGUERITE. — Et, si je vous crois tout de suite, que direz-vous de moi ?

ARMAND, *avec passion*. — Je dirai...

MARGUERITE. — Vous direz de moi ce que tout le monde en dit. Qu'importe ! puisque j'ai à vivre moins longtemps que les autres, il faut bien que je vive plus vite. Mais tranquillisez-vous, si éternel que soit votre amour et si peu de temps que j'aie à vivre, je vivrai encore plus longtemps que vous ne m'aimerez.

ARMAND. — Marguerite !...

MARGUERITE. — En attendant, vous êtes ému, votre voix est sincère, vous êtes convaincu de ce que vous dites. Tout cela mérite quelque chose... Prenez cette fleur. *(Elle lui donne un camélia.)*

ARMAND. — Qu'en ferai-je ?

MARGUERITE. — Vous me la rapporterez.

ARMAND. — Quand ?

MARGUERITE. — Quand elle sera fanée.

ARMAND. — Et combien de temps lui faudra-t-il pour cela ?

MARGUERITE. — Mais ce qu'il faut à toute fleur pour se faner, l'espace d'un soir ou d'un matin.

ARMAND. — Ah ! Marguerite, que je suis heureux !

MARGUERITE. — Eh bien, dites-moi encore que vous m'aimez.

ARMAND. — Oui, je vous aime !

MARGUERITE. — Et maintenant, partez.

ARMAND, *s'éloignant à reculons.* — Je pars. *(Il revient sur ses pas, lui baise une dernière fois la main et sort. — Rires et chants dans la coulisse.)*

SCÈNE 13

Marguerite, *puis* Gaston, Saint-Gaudens,
Olympe, Prudence.

MARGUERITE, *seule et regardant la porte refermée.* — Pourquoi pas ? — À quoi bon ? — Ma vie va et s'use de l'un à l'autre de ces deux mots.

GASTON, *entrouvrant la porte.* — Chœur des villageois ! *(Il chante.)*

> C'est une heureuse journée !
> Unissons, dans ce beau jour,
> Les flambeaux de l'hyménée
> Avec les fleurs...

SAINT-GAUDENS. — Vivent M. et madame Duval !

OLYMPE. — En avant le bal de noces !

MARGUERITE. — C'est moi qui vais vous faire danser.

SAINT-GAUDENS. — Mais comme je prends du plaisir !

(Prudence se coiffe d'un chapeau d'homme ; Gaston, d'un chapeau de femme, etc., etc. — Danse.)

ACTE II

SCÈNE 1

Cabinet de toilette chez Marguerite. Paris.

Marguerite, Prudence, Nanine.

MARGUERITE, *devant sa toilette, à Prudence qui entre.* — Bonsoir, chère amie ; avez-vous vu le duc ?

PRUDENCE. — Oui.

MARGUERITE. — Il vous a donné ?

PRUDENCE, *remettant à Marguerite des billets de banque.* — Voici. — Pouvez-vous me prêter trois ou quatre cents francs ?

MARGUERITE. — Prenez... Vous avez dit au duc que j'ai l'intention d'aller à la campagne.

PRUDENCE. — Oui.

MARGUERITE. — Qu'a-t-il répondu ?

PRUDENCE. — Que vous avez raison, que cela ne peut vous faire que du bien. — Et vous irez ?

MARGUERITE. — Je l'espère ; j'ai encore visité la maison aujourd'hui.

PRUDENCE. — Combien veut-on la louer ?

MARGUERITE. — Quatre mille francs.

PRUDENCE. — Ah çà ! c'est de l'amour, ma chère.

MARGUERITE. — J'en ai peur ! c'est peut-être une passion ; ce n'est peut-être qu'un caprice ; tout ce que je sais, c'est que c'est quelque chose.

PRUDENCE. — Il est venu hier ?

MARGUERITE. — Vous le demandez ?

PRUDENCE. — Et il revient ce soir.

MARGUERITE. — Il va venir.

PRUDENCE. — Je le sais ! Il est resté trois ou quatre heures à la maison.

MARGUERITE. — Il vous a parlé de moi ?

PRUDENCE. — De quoi voulez-vous qu'il me parle ?

MARGUERITE. — Que vous a-t-il dit ?

PRUDENCE. — Qu'il vous aime, parbleu !

MARGUERITE. — Il y a longtemps que vous le connaissez ?

PRUDENCE. — Oui.

MARGUERITE. — L'avez-vous vu amoureux quelquefois ?

PRUDENCE. — Jamais.

MARGUERITE. — Votre parole !

PRUDENCE. — Sérieusement.

MARGUERITE. — Si vous saviez quel bon cœur il a, comme il parle de sa mère et de sa sœur !

PRUDENCE. — Quel malheur que des gens comme ceux-là n'aient pas cent mille livres de rente !

MARGUERITE. — Quel bonheur, au contraire ! au moins, ils sont sûrs que c'est eux seuls qu'on aime. *(Prenant la main de Prudence et la mettant sur sa poitrine.)* Tenez !

PRUDENCE. — Quoi ?

MARGUERITE. — Le cœur me bat, vous ne sentez pas ?

PRUDENCE. — Pourquoi le cœur vous bat-il ?

MARGUERITE. — Parce qu'il est dix heures et qu'il va venir.

PRUDENCE. — C'est à ce point ? Je me sauve. Dites donc ! si ça se gagnait !

MARGUERITE, *à Nanine, qui va et vient en rangeant.* — Va ouvrir, Nanine.

NANINE. — On n'a pas sonné.

MARGUERITE. — Je te dis que si.

SCÈNE 2

Prudence, Marguerite.

PRUDENCE. — Ma chère, je vais prier pour vous.

MARGUERITE. — Parce que ?

PRUDENCE. — Parce que vous êtes en danger.

MARGUERITE. — Peut-être.

SCÈNE 3

Les mêmes, Armand.

ARMAND. — Marguerite ! *(Il court à Marguerite.)*

PRUDENCE. — Vous ne me dites pas bonsoir, ingrat ?

ARMAND. — Pardon, ma chère Prudence ; vous allez bien ?

PRUDENCE. — Il est temps !... Mes enfants, je vous laisse ; j'ai quelqu'un qui m'attend chez moi. — Adieu. *(Elle sort.)*

SCÈNE 4

Armand, Marguerite.

MARGUERITE. — Allons, venez vous mettre là, monsieur.

ARMAND, *se mettant à ses genoux.* — Après ?

MARGUERITE. — Vous m'aimez toujours autant ?

ARMAND. — Non !

MARGUERITE. — Comment ?

ARMAND. — Je vous aime mille fois plus, madame !

MARGUERITE. — Qu'avez-vous fait, aujourd'hui ?...

ARMAND. — J'ai été voir Prudence, Gustave et Nichette ; j'ai été partout où l'on pouvait parler de Marguerite.

MARGUERITE. — Et ce soir ?

ARMAND. — Mon père m'avait écrit qu'il m'attendait à Tours, je lui ai répondu qu'il peut cesser de m'attendre. Est-ce que je suis en train d'aller à Tours !...

MARGUERITE. — Cependant, il ne faut pas vous brouiller avec votre père.

ARMAND. — Il n'y a pas de danger. Et vous, qu'avez-vous fait, dites ?...

MARGUERITE. — Moi, j'ai pensé à vous.

ARMAND. — Bien vrai ?

MARGUERITE. — Bien vrai ! j'ai formé de beaux projets.

ARMAND. — Vraiment ?

MARGUERITE. — Oui.

ARMAND. — Conte-les-moi !

MARGUERITE. — Plus tard.

ARMAND. — Pourquoi pas tout de suite ?

MARGUERITE. — Tu ne m'aimes peut-être pas encore assez ; quand ils seront réalisés, il sera temps de te les dire ; sache seulement que c'est de toi que je m'occupe.

ARMAND. — De moi ?

MARGUERITE. — Oui, de toi que j'aime trop.

ARMAND. — Voyons, qu'est-ce que c'est ?

MARGUERITE. — À quoi bon ?

ARMAND. — Je t'en supplie !

MARGUERITE, *après une courte hésitation.* — Est-ce que je puis te cacher quelque chose ?

ARMAND. — J'écoute.

MARGUERITE. — J'ai trouvé une combinaison.

ARMAND. — Quelle combinaison ?

MARGUERITE. — Je ne puis te dire que les résultats qu'elle doit avoir.

ARMAND. — Et quels résultats aura-t-elle ?

MARGUERITE. — Serais-tu heureux de passer l'été à la campagne avec moi ?

ARMAND. — Tu le demandes !

MARGUERITE. — Eh bien, si ma combinaison réussit, et elle réussira, dans quinze jours d'ici je serai libre ; je ne devrai plus rien, et nous irons ensemble passer l'été à la campagne.

ARMAND. — Et tu ne peux pas me dire par quel moyen ?...

MARGUERITE. — Non.

ARMAND. — Et c'est toi seule qui as trouvé cette combinaison, Marguerite ?

MARGUERITE. — Comme tu me dis ça !

ARMAND. — Réponds-moi.

MARGUERITE. — Eh bien, oui, c'est moi seule.

ARMAND. — Et c'est toi seule qui l'exécuteras ?

MARGUERITE, *hésitant encore.* — Moi seule.

ARMAND. — Avez-vous lu *Manon Lescaut*, Marguerite ?

MARGUERITE. — Oui, le volume est là dans le salon.

ARMAND. — Estimez-vous Des Grieux ?

MARGUERITE. — Pourquoi cette question ?

ARMAND. — C'est qu'il y a un moment où Manon, elle aussi, a trouvé une combinaison, qui est de se faire donner de l'argent par M. de B..., et de le dépenser avec Des Grieux. Marguerite, vous avez plus de cœur qu'elle, et, moi, j'ai plus de loyauté que lui !

MARGUERITE. — Ce qui veut dire ?

ARMAND. — Que, si votre combinaison est dans le genre de celle-là, je ne l'accepte pas.

MARGUERITE. — C'est bien, mon ami, n'en parlons plus... *(Un temps.)* Il fait très beau aujourd'hui, n'est-ce pas ?

ARMAND. — Oui, très beau.

MARGUERITE. — Il y avait beaucoup de monde aux Champs-Élysées ?

ARMAND. — Beaucoup.

MARGUERITE. — Ce sera ainsi jusqu'à la fin de la lune ?

ARMAND, *avec emportement*. — Eh ! que m'importe la lune !

MARGUERITE. — De quoi voulez-vous que je vous parle ? Quand je vous dis que je vous aime, quand je vous en donne la preuve, vous devenez maussade ; alors, je vous parle de la lune.

ARMAND. — Que veux-tu, Marguerite ! je suis jaloux de la moindre de tes pensées ! Ce que tu m'as proposé tout à l'heure...

MARGUERITE. — Nous y revenons ?

ARMAND. — Mon Dieu, oui, nous y revenons... Eh bien, ce que tu m'as proposé me rendrait fou de joie ; mais le mystère qui précède l'exécution de ce projet...

MARGUERITE. — Voyons, raisonnons un peu. Tu m'aimes et tu voudrais passer quelque temps avec moi, dans un coin qui ne fût pas cet affreux Paris.

ARMAND. — Oui, je le voudrais.

MARGUERITE. — Moi aussi, je t'aime et j'en désire autant ; mais, pour cela, il faut ce que je n'ai pas. Tu n'es pas jaloux du duc, tu sais quels sentiments purs l'unissent à moi, laisse-moi donc faire.

ARMAND. — Cependant...

MARGUERITE. — Je t'aime. Voyons, est-ce convenu ?

ARMAND. — Mais...

MARGUERITE, *très câline*. — Est-ce convenu, voyons ?...

ARMAND. — Pas encore.

MARGUERITE. — Alors, tu reviendras me voir demain ; et nous en reparlerons.

ARMAND. — Comment, je reviendrai te voir demain ? Tu me renvoies déjà ?

MARGUERITE. — Je ne te renvoie pas, tu peux rester encore un peu.

ARMAND. — Encore un peu ! Tu attends quelqu'un ?

MARGUERITE. — Tu vas recommencer ?

ARMAND. — Marguerite, tu me trompes !

MARGUERITE. — Combien y a-t-il de temps que je te connais ?

ARMAND. — Quatre jours.

MARGUERITE. — Qu'est-ce qui me forçait à te recevoir ?

ARMAND. — Rien.

MARGUERITE. — Si je ne t'aimais pas, aurais-je le droit de te mettre à la porte, comme j'y mets Varville et tant d'autres ?

ARMAND. — Certainement.

MARGUERITE. — Alors, mon ami, laisse-toi aimer, et ne te plains pas.

ARMAND. — Pardon, mille fois pardon !

MARGUERITE. — Si cela continue, je passerai ma vie à te pardonner.

ARMAND. — Non ; c'est la dernière fois. Tiens ! je m'en vais.

MARGUERITE. — À la bonne heure. Viens demain, à midi ; nous déjeunerons ensemble.

ARMAND. — À demain, alors.

MARGUERITE. — À demain.

ARMAND. — À midi !

MARGUERITE. — À midi.

ARMAND. — Tu me jures...

MARGUERITE. — Quoi ?

ARMAND. — Que tu n'attends personne ?

MARGUERITE. — Encore ! Je te jure que je t'aime, et que je n'aime que toi seul dans le monde !

ARMAND. — Adieu !

MARGUERITE. — Adieu, grand enfant ! *(Il hésite un moment et sort.)*

SCÈNE 5

MARGUERITE, *seule, à la même place.* — Qui m'eût dit, il y a huit jours, que cet homme, dont je ne soupçonnais pas l'existence, occuperait à ce point, et si vite, mon cœur et ma pensée ? M'aime-t-il d'ailleurs ? sais-je seulement si je l'aime, moi qui n'ai jamais aimé ? Mais pourquoi sacrifier une joie ? Pourquoi ne pas se laisser aller aux caprices de son cœur ? — Que suis-je ? Une créature du hasard ! Laissons donc le hasard faire de moi ce qu'il voudra. — C'est égal, il me semble que je suis plus heureuse que je ne l'ai encore été. C'est peut-être d'un mauvais augure ; nous autres femmes, nous prévoyons toujours qu'on nous aimera, jamais que nous aimerons, si bien qu'aux premières atteintes de ce mal imprévu nous ne savons plus où nous en sommes.

SCÈNE 6

Marguerite, Nanine, le comte de Giray.

NANINE, *annonçant*. — M. le comte !

MARGUERITE, *sans se déranger*. — Bonsoir, comte...

LE COMTE, *allant lui baiser la main*. — Bonsoir, chère amie. Comment va-t-on ce soir ?

MARGUERITE. — Parfaitement.

LE COMTE, *allant s'asseoir à la cheminée*. — Il fait un froid du diable ! Vous m'avez écrit de venir à dix heures et demie. Vous voyez que je suis exact.

MARGUERITE. — Merci. Nous avons à causer, mon cher comte.

LE COMTE. — Avez-vous soupé ?...

MARGUERITE. — Pourquoi ?...

LE COMTE. — Parce que nous aurions été souper, et nous aurions causé en soupant.

MARGUERITE. — Vous avez faim ?

LE COMTE. — On a toujours assez faim pour souper. J'ai si mal dîné au club !

MARGUERITE. — Qu'est-ce qu'on y faisait ?

LE COMTE. — On jouait quand je suis parti.

MARGUERITE. — Saint-Gaudens perdait-il ?

LE COMTE. — Il perdait vingt-cinq louis ; il criait pour mille écus.

MARGUERITE. — Il a soupé l'autre soir ici avec Olympe.

LE COMTE. — Et qui encore ?

MARGUERITE. — Gastion Rieux. Vous le connaissez ?

LE COMTE. — Oui.

MARGUERITE. — M. Armand Duval.

LE COMTE. — Qu'est-ce que c'est que M. Armand Duval ?

MARGUERITE. — C'est un ami de Gaston. Prudence et moi, voilà le souper... On a beaucoup ri.

LE COMTE. — Si j'avais su, je serais venu. À propos, est-ce qu'il sortait quelqu'un d'ici tout à l'heure, un peu avant que j'entrasse ?

MARGUERITE. — Non, personne.

LE COMTE. — C'est qu'au moment où je descendais de voiture, quelqu'un a couru vers moi, comme pour voir qui j'étais, et, après m'avoir vu, s'est éloigné.

MARGUERITE, *à part.* — Serait-ce Armand ? *(Elle sonne.)*

LE COMTE. — Vous avez besoin de quelque chose ?

MARGUERITE. — Oui, il faut que je dise un mot à Nanine. *(À Nanine, bas.)* Descends. Une fois dans la rue, sans faire semblant de rien, regarde si M. Armand Duval y est, et reviens me le dire.

NANINE. — Oui, madame. *(Elle sort.)*

LE COMTE. — Il y a une nouvelle.

MARGUERITE. — Laquelle ?

LE COMTE. — Gagouki se marie.

MARGUERITE. — Notre prince polonais ?

LE COMTE. — Lui-même.

MARGUERITE. — Qui épouse-t-il ?

LE COMTE. — Devinez.

MARGUERITE. — Est-ce que je sais ?

LE COMTE. — Il épouse la petite Adèle.

MARGUERITE. — Elle a bien tort !

LE COMTE. — C'est lui, au contraire...

MARGUERITE. — Mon cher, quand un homme du monde épouse une fille comme Adèle, ce n'est pas lui qui fait une sottise, c'est elle qui fait une mauvaise affaire. Votre Polonais est ruiné, il a une détestable réputation, et, s'il épouse Adèle, c'est pour les douze ou quinze mille livres de rente que vous lui avez faites les uns après les autres.

NANINE, *rentrant, et bas à Marguerite.* — Non, madame, il n'y a personne.

MARGUERITE. — Maintenant, parlons de choses sérieuses, mon cher comte...

LE COMTE. — De choses sérieuses. J'aimerais mieux parler de choses gaies.

MARGUERITE. — Nous verrons plus tard, si vous prenez les choses gaiement.

LE COMTE. — J'écoute.

MARGUERITE. — Avez-vous de l'argent comptant ?

LE COMTE. — Moi ? Jamais.

MARGUERITE. — Alors, il faut souscrire.

LE COMTE. — On a donc besoin d'argent ici ?

MARGUERITE. — Hélas ! il faut quinze mille francs !

LE COMTE. — Diable ! c'est un joli denier. Et pourquoi juste quinze mille francs ?

MARGUERITE. — Parce que je les dois.

LE COMTE. — Vous payez donc vos créanciers ?

MARGUERITE. — C'est eux qui le veulent.

LE COMTE. — Il le faut absolument ?...

MARGUERITE. — Oui.

LE COMTE. — Alors... c'est dit, je souscrirai.

SCÈNE 7

Les mêmes, Nanine.

NANINE, *entrant.* — Madame, on vient d'apporter cette lettre pour vous être remise tout de suite.

MARGUERITE. — Qui peut m'écrire à cette heure ? *(Ouvrant la lettre.)* Armand ! Qu'est-ce que cela signifie ?... « Il ne me convient pas de jouer un rôle ridicule, même auprès de la femme que j'aime. Au moment où je sortais de chez vous, M. le comte de Giray y entrait. Je n'ai ni l'âge ni le caractère de Saint-Gaudens ; pardonnez-moi le seul tort que j'aie, celui de ne pas être millionnaire, et oublions tous deux que nous nous sommes connus, et qu'un instant nous avons cru nous aimer. Quand vous recevrez cette lettre, j'aurai déjà quitté Paris. ARMAND. »

NANINE. — Madame répondra ?

MARGUERITE. — Non : dis que c'est bien. *(Nanine sort.)*

SCÈNE 8

Le comte, Marguerite.

MARGUERITE. — Allons, voilà un rêve évanoui ! C'est dommage !

LE COMTE. — Qu'est-ce que c'est que cette lettre ?

MARGUERITE. — Ce que c'est, mon cher ami ? C'est une bonne nouvelle pour vous.

LE COMTE. — Comment ?

MARGUERITE. — Vous gagnez quinze mille francs, par cette lettre-là !

LE COMTE. — C'est la première qui m'en rapporte autant.

MARGUERITE. — Je n'ai plus besoin de ce que je vous demandais.

LE COMTE. — Vos créanciers vous renvoient leurs notes acquittées ? Ah ! c'est gentil de leur part !

MARGUERITE. — Non, j'étais amoureuse, mon cher.

LE COMTE. — Vous ?

MARGUERITE. — Moi-même.

LE COMTE. — Et de qui, bon Dieu ?

MARGUERITE. — D'un homme qui ne m'aimait pas, comme cela arrive souvent ; d'un homme sans fortune, comme cela arrive toujours.

LE COMTE. — Ah ! oui, c'est avec ces amours-là que vous croyez vous relever des autres.

MARGUERITE. — Et voici ce qu'il m'écrit. *(Elle donne la lettre au comte.)*

LE COMTE, *lisant.* — « Ma chère Marguerite... » Tiens, tiens, c'est de M. Duval. Il est très jaloux, ce monsieur. Ah ! je comprends maintenant l'utilité des lettres de change. C'était joli, ce que vous faisiez là ! *(Il lui rend la lettre.)*

MARGUERITE *(Elle sonne et jette la lettre sur sa table.)* — Vous m'avez offert à souper.

LE COMTE. — Et je vous l'offre encore. Vous ne mangerez jamais pour quinze mille francs. C'est toujours une économie que je ferai.

MARGUERITE. — Eh bien, allons souper ; j'ai besoin de prendre l'air.

LE COMTE. — Il paraît que c'était grave ; vous êtes tout agitée, ma chère.

MARGUERITE. — Ça ne sera rien. *(À Nanine qui entre.)* Donne-moi un châle et un chapeau !

NANINE. — Lequel, madame ?

MARGUERITE. — Le chapeau que tu voudras et un châle léger. *(Au comte.)* Il faut nous prendre comme nous sommes, mon pauvre ami.

LE COMTE. — Oh ! je suis habitué à tout ça.

NANINE, *donnant le châle.* — Madame aura froid !

MARGUERITE. — Non.

NANINE. — Faudra-t-il attendre madame ?...

MARGUERITE. — Non, couche-toi ; peut-être ne rentrerai-je que tard... Venez-vous, comte ? *(Ils sortent.)*

SCÈNE 9

NANINE, *seule*. — Il se passe quelque chose ; madame est tout émue ; c'est cette lettre de tout à l'heure qui la trouble, sans doute. *(Prenant la lettre.)* La voilà, cette lettre. *(Elle la lit.)* Diable ! M. Armand mène rondement les choses. Nommé il y a deux jours, démissionnaire aujourd'hui, il a vécu ce que vivent les roses et les hommes d'État... Tiens ! *(Prudence entre.)* Madame Duvernoy.

SCÈNE 10

Nanine, Prudence.

PRUDENCE. — Marguerite est sortie ?

NANINE. — À l'instant.

PRUDENCE. — Où est-elle allée ?

NANINE. — Elle est allée souper.

PRUDENCE. — Avec M. de Giray ?

NANINE. — Oui.

PRUDENCE. — Elle a reçu une lettre, tout à l'heure ?...

NANINE. — De M. Armand.

PRUDENCE. — Qu'est-ce qu'elle a dit ?

NANINE. — Rien.

PRUDENCE. — Et elle va rentrer ?

NANINE. — Tard, sans doute. Je vous croyais couchée depuis longtemps.

PRUDENCE. — Je l'étais et je dormais, quand j'ai été réveillée par des coups de sonnette redoublés ; j'ai été ouvrir... *(On frappe.)*

NANINE. — Entrez !

UN DOMESTIQUE. — Madame fait demander une pelisse ; elle a froid.

PRUDENCE. — Madame est en bas ?

LE DOMESTIQUE. — Oui, madame est en voiture.

PRUDENCE. — Priez-la de monter, dites-lui que c'est moi qui la demande.

LE DOMESTIQUE. — Mais madame n'est pas seule dans la voiture.

PRUDENCE. — Ça ne fait rien, allez ! *(Le domestique sort.)*

ARMAND, *du dehors.* — Prudence !

PRUDENCE, *ouvrant la fenêtre.* — Allons, bon ! voilà l'autre qui s'impatiente ! Oh ! les amoureux jaloux, ils sont tous les mêmes.

ARMAND, *du dehors.* — Eh bien ?

PRUDENCE. — Attendez un peu, que diable ! tout à l'heure je vous appellerai.

SCÈNE 11

Les mêmes, Marguerite.

MARGUERITE. — Que me voulez-vous, ma chère Prudence ?

PRUDENCE. — Armand est chez moi.

MARGUERITE. — Que m'importe ?

PRUDENCE. — Il veut vous parler.

MARGUERITE. — Et moi, je ne veux pas le recevoir ; d'ailleurs, je ne le puis, on m'attend en bas. Dites-le-lui.

PRUDENCE. — Je me garderai bien de faire une pareille commission. Il irait provoquer le comte.

MARGUERITE. — Ah çà ! que veut-il ?

PRUDENCE. — Est-ce que je sais ? est-ce qu'il le sait lui-même ? Mais nous savons bien ce que c'est qu'un homme amoureux.

NANINE, *la pelisse à la main.* — Madame désire-t-elle sa pelisse ?

MARGUERITE. — Non, pas encore.

PRUDENCE. — Eh bien, que décidez-vous ?...

MARGUERITE. — Ce garçon-là me rendra malheureuse.

PRUDENCE. — Alors, ne le revoyez plus, ma chère. — Il vaut même mieux que les choses en restent où elles sont.

MARGUERITE. — C'est votre avis, n'est-ce pas ?

PRUDENCE. — Certainement !

MARGUERITE, *après un temps.* — Qu'est-ce qu'il vous a dit encore ?

PRUDENCE. — Allons, vous voulez qu'il vienne. Je vais le chercher. — Et le comte ?...

MARGUERITE. — Le comte ! Il attendra.

PRUDENCE. — Il vaudrait peut-être mieux le congédier tout à fait.

MARGUERITE. — Vous avez raison. — Nanine, descends dire à M. de Giray que, décidément, je suis malade, et que je n'irai pas souper ; qu'il m'excuse.

NANINE. — Oui, madame.

PRUDENCE, *à la fenêtre.* — Armand ! Venez ! Oh ! il ne se le fera pas dire deux fois.

MARGUERITE. — Vous resterez ici pendant qu'il y sera.

PRUDENCE. — Non pas. — Comme il viendrait un moment où vous me diriez de m'en aller, j'aime autant m'en aller tout de suite.

NANINE, *rentrant.* — M. le comte est parti, madame.

MARGUERITE. — Il n'a rien dit ?

NANINE. — Non. *(Elle sort.)*

SCÈNE 12

Marguerite, Armand, Prudence.

ARMAND. — Marguerite, enfin !

PRUDENCE. — Mes enfants, je vous laisse. *(Elle sort.)*

SCÈNE 13

Marguerite, Armand.

ARMAND, *allant se mettre à genoux aux pieds de Marguerite.* — Marguerite...

MARGUERITE. — Que voulez-vous ?

ARMAND. — Je veux que vous me pardonniez.

MARGUERITE. — Vous ne le méritez pas ! *(Mouvement d'Armand.)* J'admets que vous soyez jaloux et que vous m'écriviez une lettre irritée, mais non une lettre ironique et impertinente. Vous m'avez fait beaucoup de peine et beaucoup de mal.

ARMAND. — Et vous, Marguerite, ne m'en avez-vous pas fait ?

MARGUERITE. — Si je vous en ai fait, c'est malgré moi.

ARMAND. — Quand j'ai vu arriver le comte, quand je me suis dit que c'était pour lui que vous me renvoyiez, j'ai été comme un fou, j'ai perdu la tête, je vous ai écrit. Mais, quand, au lieu de faire à ma lettre la réponse que j'espérais, quand, au lieu de vous disculper, vous avez dit à Nanine que cela était bien, je me suis demandé ce que j'allais devenir, si je ne vous revoyais plus. Le vide s'est fait instantanément autour de moi. N'oubliez pas, Marguerite, que, si je ne vous connais que depuis quelques jours, je vous aime depuis deux ans.

MARGUERITE. — Eh bien, mon ami, vous avez pris une sage résolution.

ARMAND. — Laquelle ?

MARGUERITE. — Celle de partir. — Ne me l'avez-vous pas écrit ?

ARMAND. — Est-ce que je le pourrais ?

MARGUERITE. — Il le faut pourtant.

ARMAND. — Il le faut ?

MARGUERITE. — Oui ; non seulement pour vous, mais pour moi. — Ma position m'oblige à ne plus vous revoir, et tout me défend de vous aimer.

ARMAND. — Vous m'aimiez donc un peu, Marguerite ?

MARGUERITE. — Je vous aimais.

ARMAND. — Et maintenant ?

MARGUERITE. — Maintenant, j'ai réfléchi, et ce que j'avais espéré est impossible.

ARMAND. — Si vous m'aviez aimé, d'ailleurs, vous n'auriez pas reçu le comte, surtout ce soir.

MARGUERITE. — Aussi, est-ce pour cela qu'il vaut mieux que nous n'allions pas plus loin. Je suis jeune, je suis jolie, je vous plaisais, je suis une bonne fille, vous êtes un garçon d'esprit, il fallait prendre de moi ce qui est bon, laisser ce qui est mauvais, et ne pas vous occuper du reste.

ARMAND. — Ce n'est pas ainsi que vous me parliez tantôt, Marguerite, quand vous me faisiez entrevoir quelques mois à passer avec vous, seule, loin de Paris, loin du monde ; c'est en tombant de cette espérance dans la réalité que je me suis fait tant de mal.

MARGUERITE, *avec mélancolie*. — C'est vrai ; je m'étais dit : « Un peu de repos me ferait du bien ; il prend intérêt à ma santé ; s'il y avait moyen de passer tranquillement l'été avec lui, dans quelque campagne, au fond de quelque bois, ce serait toujours cela de pris sur les mauvais jours. » Au bout de trois ou quatre mois, nous serions revenus à Paris, nous

nous serions donné une bonne poignée de main, et nous nous serions fait une amitié des restes de notre amour ; c'était encore beaucoup, car l'amour qu'on peut avoir pour moi, si violent qu'on le dise, n'a même pas toujours en lui de quoi faire une amitié plus tard. Tu ne l'as pas voulu ; ton cœur est un grand seigneur qui ne veut rien accepter ! N'en parlons plus. Tu viens ici depuis quatre jours, tu as soupé chez moi : envoie-moi un bijou avec ta carte, nous serons quittes.

ARMAND. — Marguerite, tu es folle ! Je t'aime ! Cela ne veut pas dire que tu es jolie et que tu me plairas trois ou quatre mois. Tu es toute mon espérance, toute ma pensée, toute ma vie ; je t'aime, enfin ! que puis-je te dire de plus ?

MARGUERITE. — Alors, tu as raison, il vaut mieux cesser de nous voir dès à présent !

ARMAND. — Naturellement, parce que tu ne m'aimes pas, toi !

MARGUERITE. — Parce que... Tu ne sais pas ce que tu dis !

ARMAND. — Pourquoi, alors ?

MARGUERITE. — Pourquoi ? Tu veux le savoir ? Parce qu'il y a des heures où ce rêve commencé, je le fais jusqu'au bout ; parce qu'il y a des jours où je suis lasse de la vie que je mène et que j'en entrevois une autre ; parce qu'au milieu de notre existence turbulente notre tête, notre orgueil, nos sens vivent, mais que notre cœur se gonfle, ne trouvant pas à s'épancher, et nous étouffe. Nous paraissons heureuses, et l'on nous envie. En effet, nous avons des amants qui se ruinent, non pas pour nous, comme ils le disent, mais pour leur vanité. Nous sommes les premières dans leur amour-propre, les dernières dans leur estime. Nous avons des amis, des amis comme Prudence, dont l'amitié va jusqu'à la servitude, jamais jusqu'au désintéressement. Peu leur importe ce que nous faisons, pourvu qu'on les voie dans nos loges, ou qu'elles se carrent dans nos voitures. Ainsi, tout autour de nous, ruine, honte et mensonge. Je rêvais donc, par moments, sans oser le dire à personne, de rencontrer un homme assez élevé pour ne me demander compte de rien, et pour vouloir bien être l'amant de mes impressions. Cet homme, je l'avais trouvé dans le duc ; mais la vieillesse ne protège ni ne console, et mon âme a d'autres exigences. Alors, je t'ai rencontré, toi, jeune, ardent, heureux : les larmes que je t'ai vu répandre pour moi, l'intérêt que tu as pris à ma santé, tes visites mystérieuses pendant ma maladie, ta franchise, ton enthousiasme, tout me permettait de voir en toi celui que j'appelais du fond de ma bruyante solitude. En une minute, comme une folle, j'ai bâti tout un avenir sur ton amour, j'ai rêvé campagne, pureté ; je me suis souvenue de mon enfance, — on a toujours eu une enfance, quoi que l'on soit devenue — ; c'était souhaiter l'impossible ; un mot de toi me l'a prouvé... Tu as voulu tout savoir, tu sais tout !

ARMAND. — Et tu crois qu'après ces paroles-là je vais te quitter ? Quand le bonheur vient à nous, nous nous sauverions devant lui ? Non, Marguerite, non ; ton rêve s'accomplira, je te le jure. Ne raisonnons rien, nous sommes jeunes, nous nous aimons, marchons en suivant notre amour.

MARGUERITE. — Ne me trompe pas, Armand, songe qu'une émotion violente peut me tuer ; rappelle-toi bien qui je suis, et ce que je suis.

ARMAND. — Tu es un ange, et je t'aime !

NANINE, *du dehors, frappant à la porte.* — Madame...

MARGUERITE. — Quoi ?

NANINE. — On vient d'apporter une lettre !

MARGUERITE, *riant.* — Ah çà ! c'est donc la nuit aux lettres ?... De qui est-elle ?

NANINE. — De M. le comte.

MARGUERITE. — Demande-t-il une réponse ?

NANINE. — Oui, madame.

MARGUERITE, *se pendant au cou d'Armand.* — Eh bien, dis qu'il n'y en a pas.

ACTE III

SCÈNE 1

Auteuil. Salon de campagne. Cheminée au fond avec glace sans tain. Porte de chaque côté de la cheminée.
Vue sur le jardin.

Nanine, *emportant un plateau à thé après le déjeuner ;*
Prudence, puis Armand.

PRUDENCE. — Où est Marguerite ?

NANINE. — Madame est au jardin avec mademoiselle Nichette et M. Gustave, qui viennent de déjeuner avec elle et qui passent la journée ici.

PRUDENCE. — Je vais les rejoindre.

ARMAND, *entrant pendant que Nanine sort.* — Prudence, j'ai à vous parler. Il y a quinze jours, vous êtes partie d'ici dans la voiture de Marguerite ?

PRUDENCE. — C'est vrai.

ARMAND. — Depuis ce temps, nous n'avons revu ni la voiture ni les chevaux. Il y a huit jours, en nous quittant, vous avez paru craindre d'avoir froid, et Marguerite vous a prêté un cachemire que vous n'avez pas rapporté. Enfin, hier, elle vous a remis des bracelets et des diamants pour les faire remonter, disait-elle. — Où sont les chevaux, la voiture, le cachemire et les diamants ?

PRUDENCE. — Vous voulez que je sois franche ?

ARMAND. — Je vous en supplie.

PRUDENCE. — Les chevaux sont rendus au marchand, qui les reprend pour moitié.

ARMAND. — Le cachemire ?

PRUDENCE. — Vendu.

ARMAND. — Les diamants ?

PRUDENCE. — Engagés de ce matin. — Je rapporte les reconnaissances.

ARMAND. — Et pourquoi ne m'avoir pas tout dit ?

PRUDENCE. — Marguerite ne le voulait pas.

ARMAND. — Et pourquoi ces ventes et ces engagements ?

PRUDENCE. — Pour payer ! — Ah ! vous croyez, mon cher, qu'il suffit de s'aimer et d'aller vivre, hors de Paris, d'une vie pastorale et éthérée ? Pas du tout ! À côté de la vie poétique il y a la vie réelle. Le duc, que je viens de voir, car je voulais, s'il était possible, éviter tant de sacrifices, le duc ne veut plus rien donner à Marguerite, à moins qu'elle ne vous quitte, et Dieu sait qu'elle n'en a pas envie !

ARMAND. — Bonne Marguerite !

PRUDENCE. — Oui, bonne Marguerite ; trop bonne Marguerite, car qui sait comment tout cela finira ? Sans compter que, pour payer ce qu'elle reste devoir, elle veut abandonner tout ce qu'elle possède encore. J'ai dans ma poche un projet de vente que vient de me remettre son homme d'affaires.

ARMAND. — Combien faudrait-il ?

PRUDENCE. — Trente mille francs, au moins.

ARMAND. — Demandez quinze jours aux créanciers. Dans quinze jours, je payerai tout.

PRUDENCE. — Vous allez emprunter ?...

ARMAND. — Oui.

PRUDENCE. — Ça va être joli ! Vous brouiller avec votre père, entraver vos ressources.

ARMAND. — Je me doutais de ce qui arrive ; j'ai écrit à mon notaire que je voulais faire à quelqu'un une délégation du bien que je tiens de ma mère, et je viens de recevoir la réponse ; l'acte est tout préparé, il n'y a plus que quelques formalités à remplir, et, dans la journée, je dois aller à Paris pour signer. En attendant, empêchez que Marguerite...

PRUDENCE. — Mais les papiers que je rapporte ?

ARMAND. — Quand je serai parti, vous les lui remettrez, comme si je ne vous avais rien dit, car il faut qu'elle ignore notre conversation. C'est elle ; silence !

SCÈNE 2

Marguerite, Nichette, Gustave, Armand, Prudence.
(Marguerite, en entrant, met un doigt sur sa bouche pour faire signe à Prudence de se taire.)

ARMAND, *à Marguerite.* — Chère enfant ! gronde Prudence.

MARGUERITE. — Pourquoi ?

ARMAND. — Je la prie hier de passer chez moi et de m'apporter des lettres s'il y en a, car il y a quinze jours que je ne suis allé à Paris ; la première chose qu'elle fait, c'est de l'oublier ; si bien que, maintenant, il faut que je te quitte pour une heure ou deux. Depuis un mois, je n'ai pas écrit à mon père. Personne ne sait où je suis, pas même mon domestique, car je voulais éviter les importuns. Il fait beau, Nichette et Gustave sont là pour te tenir compagnie ; je saute dans une voiture, je mets le pied chez moi, et je reviens.

MARGUERITE. — Va, mon ami, va ; mais, si tu n'as pas écrit à ton père, ce n'est pas ma faute. Assez de fois je t'ai dit de lui écrire. Reviens vite. Tu nous retrouveras causant et travaillant ici, Gustave, Nichette et moi.

ARMAND. — Dans une heure, je suis de retour. *(Marguerite l'accompagne jusqu'à la porte ; en revenant, elle dit à Prudence.)* Tout est-il arrangé ?

PRUDENCE. — Oui.

MARGUERITE. — Les papiers ?

PRUDENCE. — Les voici. L'homme d'affaires viendra tantôt s'entendre avec vous ; moi, je vais déjeuner, car je meurs de faim.

MARGUERITE. — Allez ; Nanine vous donnera tout ce que vous voudrez.

SCÈNE 3

Les mêmes, *hors* Armand *et* Prudence.

MARGUERITE, *à Nichette et à Gustave.* — Vous voyez : voilà comme nous vivons depuis trois mois.

NICHETTE. — Tu es heureuse ?

MARGUERITE. — Si je le suis !

NICHETTE. — Je te le disais bien, Marguerite, que le bonheur véritable est dans le repos et dans les habitudes du cœur... Que de fois, Gustave et moi, nous nous sommes dit : « Quand donc Marguerite aimera-t-elle quelqu'un et mènera-t-elle une existence plus tranquille ! »

MARGUERITE. — Eh bien, votre souhait a été accompli : j'aime et je suis heureuse ; c'est votre amour à tous deux et votre bonheur qui m'ont fait envie.

GUSTAVE. — Le fait est que nous sommes heureux, nous, n'est-ce pas, Nichette ?

NICHETTE. — Je crois bien, et ça ne coûte pas cher. Tu es une grande dame, toi, et tu ne viens jamais nous voir ; sans cela, tu voudrais vivre tout à fait comme nous vivons. Tu crois vivre simplement ici ; que dirais-tu donc si tu voyais mes deux petites chambres de la rue Blanche, au cinquième étage, et dont les fenêtres donnent sur des jardins, dans lesquels ceux à qui ils appartiennent ne se promènent jamais ! — Comment y a-t-il des gens qui, ayant des jardins, ne se promènent pas dedans ?

GUSTAVE. — Nous avons l'air d'un roman allemand ou d'une idylle de Goethe, avec de la musique de Schubert.

NICHETTE. — Oh ! je te conseille de plaisanter, parce que Marguerite est là. Quand nous sommes seuls, tu ne plaisantes pas, et tu es doux comme un mouton, et tu es tendre comme un tourtereau. — Tu ne sais pas qu'il voulait me faire déménager ? Il trouve notre existence trop simple.

GUSTAVE. — Non, je trouve seulement notre logement trop haut.

NICHETTE. — Tu n'as qu'à ne pas en sortir, tu ne sauras pas à quel étage il est.

MARGUERITE. — Vous êtes charmants tous les deux.

NICHETTE. — Sous prétexte qu'il a six mille livres de rente, il ne veut plus que je travaille ; un de ces jours, il voudra m'acheter une voiture.

GUSTAVE. — Cela viendra peut-être.

NICHETTE. — Nous avons le temps ; il faut d'abord que ton oncle me regarde d'une autre façon et nous fasse, toi, son héritier, moi, sa nièce.

GUSTAVE. — Il commence à revenir sur ton compte.

MARGUERITE. — Il ne te connaît donc pas ? S'il te connaissait, il serait fou de toi.

NICHETTE. — Non, monsieur son oncle n'a jamais voulu me voir. Il est encore de la race des oncles qui croient que les grisettes sont faites pour ruiner les neveux ; il voudrait lui faire épouser une femme du monde. Est-ce que je ne suis pas du monde, moi ?

GUSTAVE. — Il s'humanisera ; depuis que je suis avocat, du reste, il est plus indulgent.

NICHETTE. — Ah ! oui, j'oubliais de te le dire : Gustave est avocat.

MARGUERITE. — Je lui confierai ma dernière cause.

NICHETTE. — Il a plaidé ! J'étais à l'audience.

MARGUERITE. — A-t-il gagné ?

GUSTAVE. — J'ai perdu, net. Mon accusé a été condamné à dix ans de travaux forcés.

NICHETTE. — Heureusement !

MARGUERITE. — Pourquoi heureusement ?

NICHETTE. — L'homme qu'il défendait était un gueux achevé. Quel drôle de métier que ce métier d'avocat ! Ainsi, un avocat est un grand homme quand il peut se dire : « J'avais entre les mains un scélérat, qui avait tué son père, sa mère et ses enfants ; eh bien, j'ai tant de talent, que je l'ai fait acquitter, et que j'ai rendu à la société cet ornement qui lui manquait. »

MARGUERITE. — Puisque le voilà avocat, nous irons bientôt à la noce ?

GUSTAVE. — Si je me marie.

NICHETTE. — Comment, si vous vous mariez, monsieur ? Mais je l'espère bien que vous vous marierez, et avec moi encore ! Vous n'épouserez jamais une meilleure femme et qui vous aime davantage.

MARGUERITE. — À quand, alors ?

NICHETTE. — À bientôt.

MARGUERITE. — Tu es bien heureuse !

NICHETTE. — Est-ce que tu ne finiras pas comme nous ?

MARGUERITE. — Qui veux-tu que j'épouse ?

NICHETTE. — Armand.

MARGUERITE. — Armand ? Il a le droit de m'aimer, mais non de m'épouser ; je veux bien lui prendre son cœur, je ne lui prendrai jamais son nom. Il y a des choses qu'une femme n'efface pas de sa vie, vois-tu, Nichette, et qu'elle ne doit pas donner à son mari le droit de lui reprocher. Si je voulais qu'Armand m'épousât, il m'épouserait demain : mais je l'aime trop pour lui demander un pareil sacrifice ! — Monsieur Gustave, ai-je raison ?

GUSTAVE. — Vous êtes une honnête fille, Marguerite.

MARGUERITE. — Non, mais je pense comme un honnête homme. C'est toujours ça. Je suis heureuse d'un bonheur que je n'eusse jamais osé espérer. J'en remercie Dieu et ne veux pas tenter la Providence.

NICHETTE. — Gustave fait des grands mots, et il t'épouserait, lui, s'il était à la place d'Armand ; n'est-ce pas, Gustave ?

GUSTAVE. — Peut-être. D'ailleurs, la virginité des femmes

appartient à leur premier amour, et non à leur premier amant.

NICHETTE. — À moins que leur premier amant ne soit en même temps leur premier amour ; il y a des exemples.

GUSTAVE, *lui serrant la main.* — Et pas loin, n'est-ce pas ?

NICHETTE, *à Marguerite.* — Enfin, pourvu que tu sois heureuse, peu importe le reste !

MARGUERITE. — Je le suis. Qui m'eût dit cependant qu'un jour, moi, Marguerite Gautier, je vivrais tout entière dans l'amour d'un homme, que je passerais des journées assise à côté de lui, à travailler, à lire, à l'entendre ?

NICHETTE. — Comme nous.

MARGUERITE. — Je puis vous parler franchement, à vous deux qui me croirez, parce que c'est votre cœur qui écoute : par moments, j'oublie ce que j'ai été, et le moi d'autrefois se sépare tellement du moi d'aujourd'hui, qu'il en résulte deux femmes distinctes, et que la seconde se souvient à peine de la première. Quand, vêtue d'une robe blanche, couverte d'un grand chapeau de paille, portant sur mon bras la pelisse qui doit me garantir de la fraîcheur du soir, je monte avec Armand dans le bateau que nous laissons aller à la dérive, et qui s'arrête tout seul sous les saules de l'île prochaine, nul ne se doute, pas même moi, que cette ombre blanche est Marguerite Gautier. J'ai fait dépenser en bouquets plus d'argent qu'il n'en faudrait pour nourrir pendant un an une honnête famille ; eh bien, une fleur comme celle-ci qu'Armand m'a donnée ce matin suffit maintenant à parfumer ma journée. D'ailleurs, vous savez bien ce que c'est qu'aimer : comment les heures s'abrègent toutes seules, et comme elles nous portent à la fin des semaines et des mois, sans secousse et sans fatigue. Oui, je suis bien heureuse ; mais je veux l'être davantage encore ; car vous ne savez pas tout...

NICHETTE. — Quoi donc ?

MARGUERITE. — Vous me disiez tout à l'heure que je ne vivais pas comme vous ; vous ne me le direz pas longtemps.

NICHETTE. — Comment ?

MARGUERITE. — Sans qu'Armand se doute de rien, je vais vendre tout ce qui compose, à Paris, mon appartement, où je ne veux même plus retourner. Je payerai toutes mes dettes ; je louerai un petit logement près du vôtre ; je le meublerai bien simplement, et nous vivrons ainsi, oubliant, oubliés. L'été nous reviendrons à la campagne, mais dans une maison plus modeste que celle-ci. Où sont les gens qui de-

mandent ce que c'est que le bonheur ? Vous me l'avez appris,
et maintenant je pourrai le leur apprendre quand ils voudront.

NANINE. — Madame, voici un monsieur qui demande à
parler à vous...

MARGUERITE, *à Nichette et à Gustave.* — L'homme
d'affaires que j'attends, sans doute ; allez m'attendre au jardin ; je vous rejoins. Je partirai avec vous pour Paris ; nous
terminerons tout ensemble. *(À Nanine.)* Fais entrer. *(Après
un dernier signe à Nichette et à Gustave, qui sortent, elle se
dirige vers la porte par laquelle entre le personnage annoncé.)*

SCÈNE 4

M. Duval, Marguerite.

M. DUVAL, *sur le seuil de la porte.* — Mademoiselle Marguerite Gautier ?

MARGUERITE. — C'est moi, monsieur. À qui ai-je l'honneur de parler ?

M. DUVAL. — À M. Duval.

MARGUERITE. — À M. Duval !

M. DUVAL. — Oui, mademoiselle, au père d'Armand.

MARGUERITE, *troublée.* — Armand n'est pas ici, monsieur.

M. DUVAL. — Je le sais, mademoiselle !... et c'est avec
vous que je désire avoir une explication. Veuillez m'écouter.
— Mon fils, mademoiselle, se compromet et se ruine pour
vous.

MARGUERITE. — Vous vous trompez, monsieur. Grâce à
Dieu, personne ne parle plus de moi, et je n'accepte rien
d'Armand.

M. DUVAL. — Ce qui veut dire, car votre luxe et vos dépenses sont choses connues, ce qui veut dire que mon fils est assez
misérable pour dissiper avec vous ce que vous acceptez des
autres.

MARGUERITE. — Pardonnez-moi, monsieur ; mais je suis
femme et je suis chez moi, deux raisons qui devraient plai-
der en ma faveur auprès de votre courtoisie ; le ton dont vous
me parlez n'est pas celui que je devais attendre d'un homme
du monde que j'ai l'honneur de voir pour la première fois,
et...

M. DUVAL. — Et... ?

MARGUERITE. — Je vous prie de permettre que je me retire, encore plus pour vous que pour moi-même.

M. DUVAL. — En vérité, quand on entend ce langage, quand on voit ces façons, on a peine à se dire que ce langage est d'emprunt, que ces façons sont acquises. On me l'avait bien dit, que vous étiez une dangereuse personne.

MARGUERITE. — Oui, monsieur, dangereuse, mais pour moi, et non pour les autres.

M. DUVAL. — Dangereuse ou non, il n'en est pas moins vrai, mademoiselle, qu'Armand se ruine pour vous.

MARGUERITE. — Je vous répète, monsieur, avec tout le respect que je dois au père d'Armand, je vous répète que vous vous trompez.

M. DUVAL. — Alors, que signifie cette lettre de mon notaire qui m'avertit qu'Armand veut vous faire l'abandon d'une rente ?

MARGUERITE. — Je vous assure, monsieur, que, si Armand a fait cela, il l'a fait à mon insu ; car il savait bien que ce qu'il m'eût offert, je l'eusse refusé.

M. DUVAL. — Cependant, vous n'avez pas toujours parlé ainsi.

MARGUERITE. — C'est vrai, monsieur ; mais alors je n'aimais pas.

M. DUVAL. — Et maintenant ?

MARGUERITE. — Maintenant, j'aime avec tout ce qu'une femme peut retrouver de pur dans le fond de son cœur, quand Dieu prend pitié d'elle et lui envoie le repentir.

M. DUVAL. — Voilà les grandes phrases qui arrivent.

MARGUERITE. — Écoutez-moi, monsieur... Mon Dieu, je sais qu'on croit peu aux serments des femmes comme moi ; mais, par ce que j'ai de plus cher au monde, par mon amour pour Armand, je vous jure que j'ignorais cette donation.

M. DUVAL. — Cependant, mademoiselle, il faut que vous viviez de quelque chose.

MARGUERITE. — Vous me forcez de vous dire ce que j'aurais voulu vous taire, monsieur ; mais, comme je tiens avant tout à l'estime du père d'Armand, je parlerai. Depuis que je connais votre fils, pour que mon amour ne ressemble pas un instant à tout ce qui a pris ce nom près de moi, j'ai engagé ou vendu cachemires, diamants, bijoux, voitures ; et quand, tout à l'heure, on m'a dit que quelqu'un me demandait, j'ai cru recevoir un homme d'affaires, à qui je vends les meubles, les tableaux, les tentures, le reste de ce luxe que vous me reprochez. Enfin, si vous doutez de mes paroles, tenez, je ne vous attendais pas, monsieur, et, par conséquent, vous ne pourrez croire que cet acte a été préparé pour vous, si vous doutez, lisez cet acte. *(Elle lui donne l'acte de vente que Prudence lui a remis.)*

M. DUVAL. — Une vente de votre mobilier, à la charge, par l'acquéreur, de payer vos créanciers et de vous remettre le surplus. *(La regardant avec étonnement.)* Me serais-je trompé ?

MARGUERITE. — Oui, monsieur, vous vous êtes trompé, ou plutôt vous avez été trompé. Oui, j'ai été folle ; oui, j'ai un triste passé ; mais, pour l'effacer, depuis que j'aime, je donnerais jusqu'à la dernière goutte de mon sang. Oh ! quoi qu'on vous ait dit, j'ai du cœur, allez ! je suis bonne ; vous verrez quand vous me connaîtrez mieux... C'est Armand qui m'a transformée ! — Il m'a aimée, il m'aime. Vous êtes son père, vous devez être bon comme lui ; je vous en supplie, ne lui dites pas de mal de moi, il vous croirait, car il vous aime ; et, moi, je vous respecte et je vous aime, parce que vous êtes son père.

M. DUVAL. — Pardon, madame ; je me suis mal présenté tout à l'heure ; je ne vous connaissais pas, je ne pouvais prévoir tout ce que je découvre en vous. J'arrivais irrité du silence de mon fils et de son ingratitude, dont je vous accusais ; pardon, madame.

MARGUERITE. — Je vous remercie de ces bonnes paroles, monsieur.

M. DUVAL. — Aussi, est-ce au nom de vos nobles sentiments que je vais vous demander de donner à Armand la plus grande preuve d'amour que vous puissiez lui donner.

MARGUERITE. — Oh ! monsieur, taisez-vous, je vous en supplie ; vous allez me demander quelque chose de terrible, d'autant plus terrible, que je l'ai toujours prévu ; vous deviez arriver ; j'étais trop heureuse.

M. DUVAL. — Je ne suis plus irrité ; nous causons comme deux cœurs honnêtes, ayant la même affection dans des sens différents, et jaloux tous les deux, n'est-ce pas ? de prouver cette affection à celui qui nous est cher.

MARGUERITE. — Oui, monsieur, oui.

M. DUVAL. — Votre âme a des générosités inaccessibles à bien des femmes ; aussi, est-ce comme un père que je vous parle, Marguerite, comme un père qui vient vous demander le bonheur de ses deux enfants.

MARGUERITE. — De ses deux enfants ?

M. DUVAL. — Oui, Marguerite, de ses deux enfants. J'ai une fille, jeune, belle, pure comme un ange. Elle aime un jeune homme, et, elle aussi, elle a fait de cet amour l'espoir de sa vie ; mais elle a droit à cet amour. Je vais la marier ; je l'avais écrit à Armand, mais Armand, tout à vous, n'a pas même reçu mes lettres ; j'aurais pu mourir sans qu'il le sût. Eh bien, ma fille, ma Blanche bien-aimée épouse un honnête homme ; elle entre dans une famille honorable, qui veut que tout soit honorable dans la mienne. Le monde a ses exigences, et surtout le monde de province. Si purifiée que vous soyez aux yeux d'Armand, aux miens, par le sentiment que vous éprouvez, vous ne l'êtes pas aux yeux d'un monde qui ne verra jamais en vous que votre passé, et qui vous fermera impitoyablement ses portes. La famille de l'homme qui va devenir mon gendre a appris la manière dont vit Armand ; elle m'a déclaré reprendre sa parole, si Armand continuait cette vie. L'avenir d'une jeune fille qui ne vous a fait aucun mal peut donc être brisé par vous. Marguerite, au nom de votre amour, accordez-moi le bonheur de ma fille.

MARGUERITE. — Que vous êtes bon, monsieur, de daigner me parler ainsi, et que puis-je refuser à de si bonnes paroles ? Oui, je vous comprends ; vous avez raison. Je partirai de Paris ; je m'éloignerai d'Armand pendant quelque temps. Ce me sera douloureux ; mais je veux faire cela pour vous, afin que vous n'ayez rien à me reprocher... D'ailleurs, la joie du retour fera oublier le chagrin de la séparation. Vous permettrez qu'il m'écrive quelquefois, et, quand sa sœur sera mariée...

M. DUVAL. — Merci, Marguerite, merci ; mais c'est autre chose que je vous demande.

MARGUERITE. — Autre chose ! et que pouvez-vous donc me demander de plus ?

M. DUVAL. — Écoutez-moi bien, mon enfant, et faisons franchement ce que nous avons à faire ; une absence momentanée ne suffit pas.

MARGUERITE. — Vous voulez que je quitte Armand tout à fait ?

M. DUVAL. — Il le faut !

MARGUERITE. — Jamais !... Vous ne savez donc pas comme nous nous aimons ? vous ne savez donc pas que je n'ai ni amis, ni parents, ni famille ; qu'en me pardonnant il m'a juré d'être tout cela pour moi, et que j'ai enfermé ma vie dans la sienne ? vous ne savez donc pas, enfin, que je suis atteinte d'une maladie mortelle, que je n'ai que quelques années à vivre ? Quitter Armand, monsieur, autant me tuer tout de suite.

M. DUVAL. — Voyons, voyons, du calme et n'exagérons rien… Vous êtes jeune, vous êtes belle, et vous prenez pour une maladie la fatigue d'une vie un peu agitée ; vous ne mourrez certainement pas avant l'âge où l'on est heureux de mourir. Je vous demande un sacrifice énorme, je le sais, mais que vous êtes fatalement forcée de me faire. Écoutez-moi ; vous connaissez Armand depuis trois mois, et vous l'aimez ! mais un amour si jeune a-t-il le droit de briser tout un avenir ? et c'est tout l'avenir de mon fils que vous brisez en restant avec lui ! Êtes-vous sûre de l'éternité de cet amour ? ne vous êtes-vous pas déjà trompée ainsi ? Et si tout à coup, — trop tard, — vous alliez vous apercevoir que vous n'aimez pas mon fils, si vous alliez en aimer un autre ? Pardon, Marguerite, mais le passé donne droit à ces suppositions.

MARGUERITE. — Jamais, monsieur, jamais je n'ai aimé et je n'aimerai comme j'aime.

M. DUVAL. — Soit ! mais, si ce n'est vous qui vous trompez, c'est lui qui se trompe, peut-être. À son âge, le cœur peut-il prendre un engagement définitif ? Le cœur ne change-t-il pas perpétuellement d'affections ? C'est le même cœur qui, fils, aime ses parents au-delà de tout, qui, époux, aime sa femme plus que ses parents, et qui, père plus tard, aime ses enfants plus que parents, femme et maîtresse. La nature est exigeante, parce qu'elle est prodigue ! Il se peut donc que vous vous trompiez, l'un comme l'autre, voilà les probabilités. Maintenant, voulez-vous voir les réalités et les certitudes ? Vous m'écoutez, n'est-ce pas ?

MARGUERITE. — Si je vous écoute, mon Dieu !

M. DUVAL. — Vous êtes prête à sacrifier tout à mon fils ; mais quel sacrifice égal, s'il acceptait le vôtre, pourrait-il vous faire en échange ? Il prendra vos belles années, et, plus tard, quand la satiété sera venue, car elle viendra, qu'arrivera-t-il ? Ou il sera un homme ordinaire, et, vous jetant votre passé au visage, il vous quittera en disant qu'il ne fait qu'agir comme les autres ; ou il sera un honnête homme, et vous épousera, ou tout au moins vous gardera auprès de lui. Cette liaison, ou ce mariage, qui n'aura ni la chasteté pour base, ni la religion pour appui, ni la famille pour résultat, cette chose excusable peut-être chez le jeune homme, le sera-t-elle chez l'homme mûr ? Quelle ambition lui sera permise ? Quelle carrière lui sera ouverte ? Quelle consolation tirerai-je de mon fils, après m'être consacré vingt ans à son bonheur ? Votre rapprochement n'est pas le fruit de deux sympathies pures, l'union de deux affections innocentes ; c'est la passion dans ce qu'elle a de plus terrestre et de plus humain, née du caprice de l'un et de la fantaisie de l'autre. Qu'en restera-t-il quand vous aurez vieilli tous deux ? Qui vous dit que les premières rides de votre front ne détacheront pas le voile de ses yeux, et que son illusion ne s'évanouira pas avec votre jeunesse ?

MARGUERITE. — Oh ! la réalité !

M. DUVAL. — Voyez-vous d'ici votre double vieillesse, doublement déserte, doublement isolée, doublement inutile ? Quel souvenir laisserez-vous ? Quel bien aurez-vous accompli ? Vous et mon fils avez à suivre deux routes complètement opposées, que le hasard a réunies un instant, mais que la raison sépare à tout jamais. Dans la vie que vous vous êtes faite volontairement, vous ne pouviez prévoir ce qui arrive. Vous avez été heureuse trois mois, ne tachez pas ce bonheur dont la continuité est impossible ; gardez-en le souvenir dans votre cœur ; qu'il vous rende forte, c'est tout ce que vous avez le droit de lui demander. Un jour, vous serez fière de ce que vous aurez fait, et, toute votre vie, vous aurez l'estime de vous-même. C'est un homme qui connaît la vie qui vous parle, c'est un père qui vous implore. Allons, Marguerite ! allons, prouvez-moi que vous aimez mon fils, et du courage !

MARGUERITE, à elle-même. — Ainsi, quoi qu'elle fasse, la créature tombée ne se relèvera jamais ! Dieu lui pardonnera peut-être, mais le monde sera inflexible ! Au fait, de quel droit veux-tu prendre dans le cœur des familles une place que la vertu seule doit y occuper ?… Tu aimes ! qu'importe ? et la belle raison ! Quelques preuves que tu donnes de cet amour, on n'y croira pas, et c'est justice. Que viens-tu nous parler d'amour et d'avenir ? quels sont ces mots nouveaux ? Regarde donc la fange de ton passé ; quel homme voudrait t'appeler sa femme ? quel enfant voudrait t'appeler sa mère ? Vous avez raison, monsieur, tout ce que vous me dites, je me le suis dit bien des fois avec terreur ; mais, comme j'étais seule à me le dire, je parvenais à ne pas m'entendre jusqu'au bout. Vous me le répétez, c'est donc bien réel. Il faut obéir. Vous me parlez au nom de votre fils, au nom de votre fille, c'est encore bien bon à vous d'invoquer de pareils noms. Eh bien, monsieur, vous direz un jour à cette belle et pure jeune fille, car c'est à elle que je veux sacrifier mon bonheur, vous lui direz qu'il y avait quelque part une femme qui n'avait plus qu'une espérance, qu'une pensée, qu'un rêve dans ce monde, et qu'à l'invocation de son nom cette femme a renoncé à tout cela, a broyé son cœur entre ses mains et en est morte ; car j'en mourrai, monsieur, et peut-être, alors, Dieu me pardonnera-t-il.

M. DUVAL, *ému malgré lui.* — Pauvre femme !

MARGUERITE. — Vous me plaignez, monsieur, et vous pleurez, je crois ; merci pour ces larmes, elles me feront aussi forte que vous le voulez. Vous demandez que je me sépare de votre fils, pour son repos, pour son honneur, pour son avenir ; que faut-il faire ? Ordonnez, je suis prête.

M. DUVAL. — Il faut lui dire que vous ne l'aimez plus.

MARGUERITE, *souriant avec tristesse.* — Il ne me croira pas.

M. DUVAL. — Il faut partir.

MARGUERITE. — Il me suivra.

M. DUVAL. — Alors...

MARGUERITE. — Voyons, monsieur, croyez-vous que j'aime Armand, que je l'aime d'un amour désintéressé ?

M. DUVAL. — Oui, Marguerite.

MARGUERITE. — Croyez-vous que j'avais mis dans cet amour la joie et le pardon de ma vie ?

M. DUVAL. — Je le crois.

MARGUERITE. — Eh bien, monsieur, embrassez-moi une fois comme vous embrasseriez votre fille, et je vous jure que ce baiser, le seul vraiment pur que j'aurai reçu, me fera triompher de mon amour, et qu'avant huit jours votre fils sera retourné auprès de vous, peut-être malheureux pour quelque temps, mais guéri pour jamais ; je vous jure aussi qu'il ignorera toujours ce qui vient de se passer entre nous.

M. DUVAL, *embrassant Marguerite.* — Vous êtes une noble fille, Marguerite, mais je crains bien...

MARGUERITE. — Oh ! ne craignez rien, monsieur ; il me haïra. *(Elle sonne, Nanine paraît.)* Prie madame Duvernoy de venir.

NANINE. — Oui, madame.

MARGUERITE, *à M. Duval.* — Une dernière grâce, monsieur !

M. DUVAL. — Parlez, madame, parlez !

MARGUERITE. — Dans quelques heures, Armand va avoir une des plus grandes douleurs qu'il ait eues et que peut-être il aura de sa vie. Il aura donc besoin d'un cœur qui l'aime ; trouvez-vous là, monsieur, soyez près de lui. Et maintenant séparons-nous ; il pourrait rentrer d'un moment à l'autre, et tout serait perdu, s'il vous voyait.

M. DUVAL. — Mais qu'allez-vous faire ?

MARGUERITE. — Si je vous le disais, monsieur, ce serait votre devoir de me le défendre.

M. DUVAL. — Alors, que puis-je pour vous, en échange de ce que je vais vous devoir ?

MARGUERITE. — Vous pourrez, quand je serai morte et qu'Armand maudira ma mémoire, vous pourrez lui avouer que je l'aimais bien et que je l'ai bien prouvé. J'entends du bruit ; adieu, monsieur ; nous ne nous reverrons jamais sans doute, soyez heureux ! *(M. Duval sort.)*

SCÈNE 5

Marguerite, Prudence.

MARGUERITE, *à part.* — Mon Dieu ! donnez-moi la force. *(Elle écrit une lettre.)*

PRUDENCE. — Vous m'avez fait appeler, ma chère Marguerite ?

MARGUERITE. — Oui, je veux vous charger de quelque chose.

PRUDENCE. — De quoi ?

MARGUERITE. — De cette lettre.

PRUDENCE. — Pour qui ?

MARGUERITE. — Regardez ! *(Étonnement de Prudence en lisant l'adresse.)* Silence ! partez tout de suite.

SCÈNE 6

Marguerite, *puis* Armand.

MARGUERITE, *seule et continuant à écrire.* — Et maintenant une lettre à Armand. Que vais-je lui dire ? Je deviens folle ou je rêve. Il est impossible que cela soit, jamais je n'aurai le courage... On ne peut pas demander à la créature humaine plus qu'elle ne peut faire !

ARMAND, *qui pendant ce temps est entré et s'est approché de Marguerite.* — Que fais-tu là, Marguerite ?

MARGUERITE, *se levant et froissant la lettre.* — Armand !... Rien, mon ami !

ARMAND. — Tu écrivais ?

MARGUERITE. — Non... oui.

ARMAND. — Pourquoi ce trouble, cette pâleur ? À qui écrivais-tu, Marguerite ? Donne-moi cette lettre.

MARGUERITE. — Cette lettre était pour toi, Armand ; mais je te demande, au nom du ciel, de ne pas te la donner.

ARMAND. — Je croyais que nous en avions fini avec les secrets et les mystères ?

MARGUERITE. — Pas plus qu'avec les soupçons, à ce qu'il paraît.

ARMAND. — Pardon, mais je suis moi-même préoccupé.

MARGUERITE. — De quoi ?

ARMAND. — Mon père est arrivé !

MARGUERITE. — Tu l'as vu ?

ARMAND. — Non ; mais il a laissé chez moi une lettre sévère. Il a appris ma retraite ici, ma vie avec toi. Il doit venir ce soir. Ce sera une longue explication, car Dieu sait ce qu'on lui aura dit et de quoi j'aurai à le dissuader ; mais il te verra, et, quand il t'aura vue, il t'aimera ! Puis, qu'importe ! Je dépends de lui, soit ; mais, s'il le faut, je travaillerai.

MARGUERITE, *à part.* — Comme il m'aime ! *(Haut.)* Mais il ne faut pas te brouiller avec ton père, mon ami. Il va venir, m'as-tu dit ? Eh bien, je vais m'éloigner pour qu'il ne me voie pas tout d'abord ; mais je reviendrai, je serai là, près de toi. Je me jetterai à ses pieds, je l'implorerai tant, qu'il ne nous séparera pas.

ARMAND. — Comme tu me dis cela, Marguerite ! Il se passe quelque chose. Ce n'est pas la nouvelle que je t'annonce qui t'agite ainsi. C'est à peine si tu te soutiens. Il y a un malheur ici... Cette lettre... *(Il étend la main.)*

MARGUERITE, *l'arrêtant.* — Cette lettre renferme une chose que je ne puis te dire ; tu sais, il y a des choses qu'on ne peut ni dire soi-même, ni laisser lire devant soi. Cette lettre est une preuve d'amour, que je te donnais, mon Armand, je te le jure par notre amour ; ne m'en demande pas davantage.

ARMAND. — Garde cette lettre, Marguerite, je sais tout. Prudence m'a tout dit ce matin, et c'est pour cela que je suis allé à Paris. Je sais le sacrifice que tu voulais me faire. Tandis que tu t'occupais de notre bonheur, je m'en occupais aussi. Tout est arrangé maintenant. Et c'est là le secret que tu ne voulais pas me confier ! Comment reconnaîtrai-je jamais tant d'amour, bonne et chère Marguerite ?

MARGUERITE. — Eh bien, maintenant que tu sais tout, laisse-moi partir.

ARMAND. — Partir !

MARGUERITE. — M'éloigner, du moins ! Ton père ne peut-il pas arriver d'un moment à l'autre ? Mais je serai là à deux pas de toi, dans le jardin, avec Gustave et Nichette, tu n'auras qu'à m'appeler pour que je revienne. Comment pourrais-je me séparer de toi ? Tu calmeras ton père, s'il est irrité, et puis notre projet s'accomplira, n'est-ce pas ? Nous vivrons ensemble tous les deux, et nous nous aimerons comme auparavant, et nous serons heureux comme nous le sommes depuis trois mois. Car tu es heureux, n'est-ce pas ? car tu n'as rien à me reprocher ? Dis-le-moi, cela me fera du bien. Mais, si je t'ai causé jamais quelque peine, pardonne-moi, ce n'était pas ma faute, car je t'aime plus que tout au monde. Et toi aussi, tu m'aimes, n'est-ce pas ?... Et, quelque preuve d'amour que je t'eusse donnée, tu ne m'aurais ni méprisée ni maudite...

ARMAND. — Mais pourquoi ces larmes ?

MARGUERITE. — J'avais besoin de pleurer un peu ; maintenant, tu vois, je suis calme. Je vais rejoindre Nichette et Gustave. Je suis là, toujours à toi, toujours prête à te rejoindre, t'aimant toujours. Tiens, je souris ; à bientôt, pour toujours ! *(Elle sort.)*

SCÈNE 7

Armand, *puis* Nanine.

ARMAND. — Bonne Marguerite ! comme elle s'effraye à l'idée d'une séparation ! *(Il sonne.)* Comme elle m'aime ! *(À Nanine qui paraît.)* Nanine, s'il vient un monsieur me demander, mon père, vous le ferez entrer tout de suite ici.

NANINE. — Bien, monsieur ! *(Elle sort.)*

ARMAND. — Je m'alarmais à tort. Mon père me comprendra. Le passé est mort. D'ailleurs, quelle différence entre Marguerite et les autres femmes ! J'ai rencontré cette Olympe, toujours occupée de fêtes et de plaisirs ; il faut bien que celles qui n'aiment pas emplissent de bruit la solitude de leur cœur. Elle donne un bal dans quelques jours ; elle m'a invité, moi et Marguerite, comme si, Marguerite et moi, nous devions jamais retourner dans ce monde ! Ah ! que le temps me semble long, quand elle n'est pas là !... Quel est ce livre ? *Manon Lescaut* ! La femme qui aime ne fait pas ce que tu faisais, Manon !... Comment ce livre se trouve-t-il ici ? *(Nanine rentre avec une lampe, et sort. — Lisant au hasard.)* « Je te jure, mon cher chevalier, que tu es l'idole de mon cœur, et qu'il n'y a que toi au monde que je puisse aimer de la façon dont je t'aime ; mais ne vois-tu pas, ma pauvre chère âme, que, dans l'état où nous sommes réduits, c'est une sotte vertu que la fidélité ? Crois-tu que l'on puisse être bien tendre lorsqu'on manque de pain ? La faim me causerait quelque méprise fatale, je rendrais quelque jour le dernier soupir en croyant pousser un soupir d'amour. Je t'adore, compte là-dessus, mais laisse-moi quelque temps le ménagement de notre fortune ; malheur à qui va tomber dans mes filets ! je travaille pour rendre mon chevalier riche et heureux. Mon frère t'apprendra des nouvelles de ta Manon, il te dira qu'elle a pleuré de la nécessité de te quitter... » *(Armand repousse le livre avec tristesse et reste quelques instants soucieux.)* Elle avait raison, mais elle n'aimait pas, car l'amour ne sait pas raisonner... *(Il va à la fenêtre.)* Cette lecture m'a fait mal, ce livre n'est pas vrai !... *(Il sonne.)* Sept heures. Mon père ne viendra pas ce soir, dites à madame de rentrer.

NANINE, *embarrassée.* — Madame n'est pas ici, monsieur.

ARMAND. — Où est-elle donc ?

NANINE. — Sur la route ; elle m'a chargée de dire à monsieur qu'elle allait rentrer tout de suite.

ARMAND. — Madame Duvernoy est sortie avec elle ?

NANINE. — Madame Duvernoy est partie un peu avant madame.

ARMAND. — C'est bien... *(Seul.)* Elle est capable d'être allée à Paris pour s'occuper de cette vente ! Heureusement, Prudence, qui est prévenue, trouvera moyen de l'en empêcher !... *(Il regarde par la fenêtre.)* Il me semble voir une ombre dans le jardin. C'est elle sans doute. *(Il appelle.)* Marguerite ! Marguerite ! Marguerite ! Personne !... *(Il sort et appelle.)* Nanine ! Nanine !... *(Il rentre et sonne.)* Nanine, non plus, ne répond pas. Qu'est-ce que cela veut dire ? Ce vide me fait froid. Il y a un malheur dans ce silence. Pourquoi ai-je laissé sortir Marguerite ? Elle me cachait quelque chose. Elle pleurait ! Me tromperait-elle ?... Elle, me tromper ! À l'heure où elle pensait à me sacrifier tout... Mais il lui est peut-être arrivé quelque chose !... elle est peut-être blessée !... peut-être morte ! Il faut que je sache... *(Il se dirige vers le jardin. Un commissionnaire se trouve face à face avec lui à la porte.)*

SCÈNE 8

Armand, un commissionnaire.

LE COMMISSIONNAIRE. — M. Armand Duval ?

ARMAND. — C'est moi.

LE COMMISSIONNAIRE. — Voici une lettre pour vous.

ARMAND. — D'où vient-elle ?

LE COMMISSIONNAIRE. — De Paris.

ARMAND. — Qui vous l'a donnée ?

LE COMMISSIONNAIRE. — Une dame.

ARMAND. — Et comment êtes-vous arrivé jusqu'à ce pavillon ?

LE COMMISSIONNAIRE. — La grille du jardin était ouverte, je n'ai rencontré personne, j'ai vu de la lumière dans ce pavillon, j'ai pensé...

ARMAND. — C'est bien, laissez-moi ! *(Le commissionnaire se retire.)*

SCÈNE 9

Armand, *puis* M. Duval.

ARMAND. — Cette lettre est de Marguerite... Pourquoi suis-je si ému ?... Sans doute elle m'attend quelque part, et m'écrit d'aller la retrouver... *(Il va pour ouvrir la lettre.)* Je tremble. Allons, que je suis enfant ! *(Pendant ce temps, M. Duval est entré et se tient derrière son fils, Armand lit.)* « À l'heure où vous recevrez cette lettre, Armand... » *(Il pousse un cri de colère. Il se retourne et voit son père. Il se jette dans ses bras en sanglotant.)* Ah ! mon père ! mon père !

ACTE IV

SCÈNE 1

*Un salon très élégant chez Olympe. — Bruit d'orchestre ;
danse ; mouvement, lumières.*

Gaston, Arthur, le docteur, Prudence, Anaïs, invités ;
puis Saint-Gaudens *et* Olympe.

GASTON. *Il taille une banque de baccara..* — Allons, vos
jeux, messieurs !

ARTHUR. — Combien y a-t-il en banque ?

GASTON. — Il y a cent louis.

ARTHUR. — Je mets cinq francs à droite.

GASTON. — C'était bien la peine de demander ce qu'il y
avait pour mettre cinq francs !

ARTHUR. — Aimes-tu mieux que je joue dix louis sur
parole ?

GASTON. — Non, non, non. *(Au docteur.)* Et vous, docteur, vous ne jouez pas ?

LE DOCTEUR. — Non.

GASTON. — Qu'est-ce que vous faites donc là-bas ?

LE DOCTEUR. — Je cause avec des femmes charmantes ;
je me fais connaître.

GASTON. — Vous gagnez tant à être connu !

LE DOCTEUR. — Je ne gagne même qu'à cela. *(On cause,
on rit autour de la table.)*

GASTON. — Si c'est ainsi qu'on joue, je passe la main.

PRUDENCE. — Attends, je joue dix francs.

GASTON. — Où sont-ils ?

PRUDENCE. — Dans ma poche.

GASTON, *riant.* — Je donnerais quinze francs pour les voir.

PRUDENCE. — Allons, bon ! j'ai oublié ma bourse.

GASTON. — Voilà une bourse qui sait son métier. Tiens,
prends ces vingt francs.

PRUDENCE. — Je te les rendrai.

GASTON. — Ne dis donc pas de bêtises. *(Donnant les cartes.)* J'ai neuf. *(Il ramasse l'argent.)*

PRUDENCE. — Il gagne toujours.

ARTHUR. — Voilà cinquante louis que je perds.

ANAÏS. — Docteur, guérissez donc Arthur de la maladie de faire de l'embarras.

LE DOCTEUR. — C'est une maladie de jeunesse qui passera avec l'âge.

ANAÏS. — Il prétend avoir perdu mille francs ; il avait deux louis dans sa poche quand il est arrivé.

ARTHUR. — Comment le savez-vous ?

ANAÏS. — Avec ça qu'il faut regarder longtemps une poche, pour savoir ce qu'il y a dedans.

ARTHUR. — Qu'est-ce que ça prouve ? Ça prouve que je dois neuf cent soixante francs.

ANAÏS. — Je plains celui à qui vous les devez.

ARTHUR. — Vous avez tort, ma chère : je paye toutes mes dettes, vous le savez bien.

GASTON. — Allons, messieurs, à vos jeux, nous ne sommes pas ici pour nous amuser.

OLYMPE, *entrant avec Saint-Gaudens.* — On joue donc toujours ?

ARTHUR. — Toujours.

OLYMPE. — Donnez-moi dix louis, Saint-Gaudens, que je joue un peu.

GASTON. — Olympe, votre soirée est charmante.

ARTHUR. — Saint-Gaudens sait ce qu'elle lui coûte.

OLYMPE. — Ce n'est pas lui qui le sait, c'est sa femme !

SAINT-GAUDENS. — Le mot est joli ! Ah ! vous voilà, docteur. *(Bas.)* Il faut que je vous consulte ; j'ai quelquefois des étourdissements.

LE DOCTEUR. — Dame !

OLYMPE. — Qu'est-ce qu'il demande ?

LE DOCTEUR. — Il croit avoir une maladie du cerveau.

OLYMPE. — Le fat ! J'ai perdu, Saint-Gaudens, jouez pour moi, et tâchez de gagner.

PRUDENCE. — Saint-Gaudens, prêtez-moi trois louis ? *(Il les donne.)*

ANAÏS. — Saint-Gaudens, allez me chercher une glace !

SAINT-GAUDENS. — Tout à l'heure !

ANAÏS. — Alors, racontez-nous l'histoire du fiacre jaune.

SAINT-GAUDENS. — J'y vais ! j'y vais ! *(Il sort.)*

PRUDENCE, *à Gaston*. — Te rappelles-tu l'histoire du fiacre jaune ?

GASTON. — Si je me la rappelle ! Je le crois bien ; c'est chez Marguerite qu'Olympe a voulu nous conter ça. À propos, est-ce qu'elle est ici, Marguerite ?

OLYMPE. — Elle doit venir.

GASTON. — Et Armand ?

PRUDENCE. — Armand n'est pas à Paris... Vous ne savez donc pas ce qui est arrivé ?

GASTON. — Non.

PRUDENCE. — Ils sont séparés.

ANAÏS. — Bah !

PRUDENCE. — Oui, Marguerite l'a quitté !

GASTON. — Quand donc ?

ANAÏS. — Il y a un mois, et qu'elle a bien fait !

GASTON. — Pourquoi cela ?

ANAÏS. — On doit toujours quitter les hommes avant qu'ils vous quittent.

ARTHUR. — Voyons, messieurs, joue-t-on, ou ne joue-t-on pas ?

GASTON. — Oh ! que tu es assommant, toi ! Crois-tu pas que je vais m'user les doigts à te retourner des cartes pour cent sous que je joue ? Tous les Arthurs sont les mêmes. Heureusement, tu es le dernier Arthur.

SAINT-GAUDENS, *rentrant*. — Anaïs, voici la glace demandée.

ANAÏS. — Vous avez été bien long, mon pauvre vieux ; après ça, à votre âge...

GASTON, *se levant*. — Messieurs, la banque a sauté. — Quand on pense que, si l'on me disait : « Gaston, mon ami, on va te donner cinq cents francs, à condition que tu retourneras des cartes pendant toute une nuit », je ne le voudrais pas, certainement. Eh bien, voilà deux heures que j'en retourne pour perdre deux mille francs ! Ah ! le jeu est un joli métier. *(Un autre invité prend la banque.)*

SAINT-GAUDENS. — Vous ne jouez plus ?

GASTON. — Non.

SAINT-GAUDENS, *montrant deux joueurs d'écarté au fond*. — Parions-nous dans le jeu de ces messieurs ?

GASTON. — Pas de confiance. Est-ce que c'est vous qui les avez invités ?

SAINT-GAUDENS. — Ce sont des amis d'Olympe. Elle les a connus à l'étranger.

GASTON. — Ils sont jolis.
PRUDENCE. — Tiens ! voilà Armand !

SCÈNE 2

Les mêmes, Armand.

GASTON, *à Armand*. — Nous parlions de toi tout à l'heure.
ARMAND. — Et que disiez-vous ?
PRUDENCE. — Nous disions que vous étiez à Tours, et que vous ne viendriez pas.
ARMAND. — Vous vous trompiez.
GASTON. — Quand es-tu arrivé ?
ARMAND. — Il y a une heure.
PRUDENCE. — Eh bien, mon cher Armand, qu'est-ce que vous me conterez de neuf ?
ARMAND. — Mais rien, chère amie ; et vous ?
PRUDENCE. — Avez-vous vu Marguerite ?
ARMAND. — Non.
PRUDENCE. — Elle va venir.
ARMAND, *froidement*. — Ah ! je la verrai, alors.
PRUDENCE. — Comme vous dites cela !
ARMAND. — Comment voulez-vous que je le dise ?
PRUDENCE. — Le cœur est donc guéri ?
ARMAND. — Est-ce que je serais ici sans cela ?
PRUDENCE. — Ainsi, vous ne pensez plus à elle ?
ARMAND. — Vous dire que je n'y pense plus du tout serait mentir ; mais Marguerite m'a donné mon congé d'une si verte façon, que je me suis trouvé bien sot d'en avoir été amoureux comme je l'ai été ; car j'ai été vraiment fort amoureux d'elle.
PRUDENCE. — Elle vous aimait bien aussi, et elle vous aime toujours un peu, mais il était temps qu'elle vous quittât. On allait vendre chez elle.
ARMAND. — Et maintenant, c'est payé ?
PRUDENCE. — Entièrement.
ARMAND. — Et c'est M. de Varville qui a fait les fonds ?
PRUDENCE. — Oui.
ARMAND. — Tout est pour le mieux, alors.
PRUDENCE. — Il y a des hommes faits exprès pour ça. Bref, il en est arrivé à ses fins, il lui a rendu ses chevaux, ses

bijoux, tout son luxe d'autrefois. Pour heureuse, elle est heureuse.

ARMAND. — Et elle est revenue à Paris ?

PRUDENCE. — Naturellement. Elle n'a jamais voulu retourner à Auteuil, mon cher, depuis que vous en êtes parti. C'est moi qui suis allée y chercher toutes ses affaires, et même les vôtres. Cela me fait penser que j'ai des objets à vous remettre ; vous les ferez prendre chez moi. Il n'y a qu'un petit portefeuille avec votre chiffre, que Marguerite a voulu garder ; si vous y tenez, je le lui redemanderai.

ARMAND, *avec émotion*. — Qu'elle le garde !

PRUDENCE. — Du reste, je ne l'ai jamais vue comme elle est maintenant ; elle ne dort presque plus ; elle court les bals, elle passe les nuits. Dernièrement, après un souper, elle est restée trois jours au lit, et, quand le médecin lui a permis de se lever, elle a recommencé, au risque d'en mourir. Si elle continue, elle n'ira pas loin. Comptez-vous aller la voir ?

ARMAND. — Non, je compte même éviter toute espèce d'explications. Le passé est mort d'apoplexie, que Dieu ait son âme, s'il en avait une !

PRUDENCE. — Allons ! vous êtes raisonnable, j'en suis enchantée.

ARMAND, *apercevant Gustave*. — Ma chère Prudence, voici un de mes amis, à qui j'ai quelque chose à dire ; vous permettez ?

PRUDENCE. — Comment donc ! *(Elle va au jeu.)* Je fais dix francs !

SCÈNE 3

Les mêmes, Gustave.

ARMAND. — Enfin ! Tu as reçu ma lettre ?

GUSTAVE. — Oui, puisque me voilà.

ARMAND. — Tu t'es demandé pourquoi je te priais de venir à une de ces fêtes qui sont si peu dans tes habitudes ?

GUSTAVE. — Je l'avoue.

ARMAND. — Tu n'as pas vu Marguerite depuis longtemps ?

GUSTAVE. — Non ; pas depuis que je l'ai vue avec toi.

ARMAND. — Ainsi tu ne sais rien ?

GUSTAVE. — Rien ; instruis-moi.

ARMAND. — Tu croyais que Marguerite m'aimait, n'est-ce pas ?

GUSTAVE. — Je le crois encore.

ARMAND, *lui remettant la lettre de Marguerite.* — Lis !

GUSTAVE, *après avoir lu.* — C'est Marguerite qui a écrit cela ?

ARMAND. — C'est elle.

GUSTAVE. — Quand ?

ARMAND. — Il y a un mois.

GUSTAVE. — Qu'as-tu répondu à cette lettre ?

ARMAND. — Que voulais-tu que je répondisse ? Le coup était si inattendu, que j'ai cru que j'allais devenir fou. Comprends-tu ? elle, Marguerite ! me tromper ! moi qui l'aimais tant ! Ces filles n'ont décidément pas d'âme. J'avais besoin d'une affection réelle pour m'aider à vivre après ce qui venait de se passer. Je me laissai conduire par mon père, comme une chose inerte. Nous arrivâmes à Tours. Je crus d'abord que j'allais pouvoir y vivre, c'était impossible ; je ne dormais plus, j'étouffais. J'avais trop aimé cette femme pour qu'elle pût me devenir indifférente tout d'un coup ; il fallait ou que je l'aimasse, ou que je la haïsse ; enfin, je ne pouvais plus y tenir ; il me semblait que j'allais mourir, si je ne la revoyais pas, si je ne l'entendais pas me dire elle-même ce qu'elle m'avait écrit. Je suis venu ici, car elle y viendra. Ce qui va se passer, je n'en sais rien, mais il va évidemment se passer quelque chose, et je puis avoir besoin d'un ami.

GUSTAVE. — Je suis tout à toi, mon cher Armand ; mais, au nom du ciel, réfléchis, tu as affaire à une femme ; le mal qu'on fait à une femme ressemble fort à une lâcheté.

ARMAND. — Soit ! elle a un amant ; il m'en demandera raison. Si je fais une lâcheté, j'ai assez de sang pour la payer !

UN DOMESTIQUE, *annonçant.* — Mademoiselle Marguerite Gautier ! M. le baron de Varville !

ARMAND. — Les voilà !

SCÈNE 4

Les mêmes, Varville, Marguerite.

OLYMPE, *allant au-devant de Marguerite.* — Comme tu arrives tard !

VARVILLE. — Nous sortons de l'Opéra. *(Varville donne des poignées de main aux hommes qui sont là.)*

PRUDENCE, *à Marguerite*. — Cela va bien ?

MARGUERITE. — Très bien !

PRUDENCE, *bas*. — Armand est ici.

MARGUERITE, *troublée*. — Armand ?

PRUDENCE. — Oui ! *(En ce moment, Armand, qui s'est approché de la table de jeu, regarde Marguerite ; elle lui sourit timidement ; il la salue avec froideur.)*

MARGUERITE. — J'ai eu tort de venir à ce bal.

PRUDENCE. — Au contraire ; il faut qu'un jour ou l'autre vous vous retrouviez avec Armand, mieux vaut plus tôt que plus tard.

MARGUERITE. — Il vous a parlé ?

PRUDENCE. — Oui.

MARGUERITE. — De moi ?

PRUDENCE. — Naturellement.

MARGUERITE. — Et il vous a dit ?...

PRUDENCE. — Qu'il ne vous en veut pas, que vous avez eu raison.

MARGUERITE. — Tant mieux, si cela est ; mais il est impossible que cela soit ; il m'a saluée trop froidement, et il est trop pâle.

VARVILLE, *bas, à Marguerite*. — M. Duval est là, Marguerite.

MARGUERITE. — Je le sais.

VARVILLE. — Vous me jurez que vous ignoriez sa présence ici quand vous y êtes venue ?

MARGUERITE. — Je vous le jure.

VARVILLE. — Et vous me promettez de ne pas lui parler ?

MARGUERITE. — Je vous le promets ; mais je ne puis pas vous promettre de ne pas lui répondre, s'il me parle. — Prudence, restez auprès de moi.

LE DOCTEUR, *à Marguerite*. — Bonsoir, madame.

MARGUERITE. — Ah ! c'est vous, docteur. Comme vous me regardez !

LE DOCTEUR. — Je crois que c'est ce que j'ai de mieux à faire, quand je suis en face de vous.

MARGUERITE. — Vous me trouvez changée, n'est-ce pas ?

LE DOCTEUR. — Soignez-vous, soignez-vous, je vous en prie. J'irai vous voir demain, pour vous gronder à mon aise.

MARGUERITE. — C'est cela ! grondez-moi, je vous aimerai bien. Est-ce que vous vous en allez déjà ?

LE DOCTEUR. — Non, mais cela ne tardera pas ; j'ai le même malade à voir tous les jours à la même heure, depuis six mois.

MARGUERITE. — Quelle fidélité ! *(Il lui serre la main et s'éloigne.)*

GUSTAVE. — Bonsoir, Marguerite.

MARGUERITE. — Oh ! que je suis heureuse de vous voir, mon bon Gustave ! Est-ce que Nichette est là ?

GUSTAVE. — Non.

MARGUERITE. — Pardon ! Nichette ne doit pas venir ici. — Aimez-la bien, Gustave ; c'est si bon d'être aimé ! *(Elle essuie ses yeux.)*

GUSTAVE. — Qu'avez-vous ?

MARGUERITE. — Je suis bien malheureuse, allez !

GUSTAVE. — Voyons, ne pleurez pas ! Pourquoi êtes-vous venue ?

MARGUERITE. — Est-ce que je suis ma maîtresse ? et, d'ailleurs, est-ce qu'il ne faut pas que je m'étourdisse ?

GUSTAVE. — Eh bien, si vous m'en croyez, quittez ce bal bientôt.

MARGUERITE. — Pourquoi ?

GUSTAVE. — Parce qu'on ne sait pas ce qui peut arriver... Armand...

MARGUERITE. — Armand me hait et me méprise, n'est-ce pas ?

GUSTAVE. — Non, Armand vous aime. Voyez comme il est fiévreux ! il n'est pas maître de lui. Il pourrait y avoir une affaire entre lui et M. de Varville. Prétextez une indisposition, et partez.

MARGUERITE. — Un duel pour moi, entre Varville et Armand ! C'est juste, il faut que je parte. *(Elle se lève.)*

VARVILLE, *s'approchant d'elle.* — Où allez-vous ?

MARGUERITE. — Mon ami, je suis souffrante, et désire me retirer.

VARVILLE. — Non, vous n'êtes pas souffrante, Marguerite : vous voulez vous retirez parce que M. Duval est là, et qu'il ne paraît pas faire attention à vous ; mais vous comprenez que, moi, je ne veux ni ne dois quitter l'endroit où je suis parce qu'il y est. Nous sommes à ce bal, restons-y.

OLYMPE. — Qu'est-ce qu'on jouait ce soir à l'Opéra ?

VARVILLE. — *La Favorite.*

ARMAND. — L'histoire d'une femme qui trompe son amant.

PRUDENCE. — Fi ! que c'est commun !

ANAÏS. — C'est-à-dire que ce n'est pas vrai ; il n'y a pas de femme qui trompe son amant.

ARMAND. — Je vous réponds qu'il y en a, moi.

ANAÏS. — Où donc ?

ARMAND. — Partout.

OLYMPE. — Oui, mais il y a amant et amant.

ARMAND. — Comme il y a femme et femme.

GASTON. — Ah çà ! mon cher Armand, tu joues un jeu d'enfer.

ARMAND. — C'est pour voir si le proverbe est vrai : « Malheureux en amour, heureux au jeu. »

GASTON. — Ah ! tu dois être crânement malheureux en amour, car tu es crânement heureux au jeu.

ARMAND. — Mon cher, je compte faire ma fortune ce soir, et, quand j'aurai gagné beaucoup d'argent, je m'en irai vivre à la campagne.

OLYMPE. — Seul ?

ARMAND. — Non, avec quelqu'un qui m'y a déjà accompagné une fois, et qui m'a quitté. Peut-être quand je serai plus riche... *(À part.)* Elle ne répondra donc rien !

GUSTAVE. — Tais-toi, Armand ! vois dans quel état est cette pauvre fille !

ARMAND. — C'est une bonne histoire ; il faut que je vous la raconte. Il y a là-dedans un monsieur qui apparaît à la fin, une espèce de *Deus ex machina*, qui est un type adorable.

VARVILLE. — Monsieur !

MARGUERITE, *bas, à Varville.* — Si vous provoquez M. Duval, vous ne me revoyez de votre vie.

ARMAND, *à Varville.* — Ne me parlez-vous pas, monsieur ?

VARVILLE. — En effet, monsieur ; vous êtes si heureux au jeu que votre veine me tente, et je comprends si bien l'emploi que vous voulez faire de votre gain, que j'ai hâte de vous voir gagner davantage et vous propose une partie.

ARMAND, *le regardant en face.* — Que j'accepte de grand cœur, monsieur.

VARVILLE, *passant devant Armand.* — Je tiens cent louis, monsieur.

ARMAND, *étonné et dédaigneux.* — Va pour cent louis ! de quel côté, monsieur ?

VARVILLE. — Du côté que vous ne prendrez pas.

ARMAND. — Cent louis à gauche.

VARVILLE. — Cent louis à droite.

GASTON. — À droite, quatre ; à gauche, neuf. Armand
a gagné !

VARVILLE. — Deux cents louis, alors.

ARMAND. — Va pour deux cents louis ; mais prenez garde,
monsieur, si le proverbe dit : « Malheureux en amour, heureux au jeu », il dit aussi : « Heureux en amour, malheureux
au jeu. »

GASTON. — Six ! huit ! c'est encore Armand qui gagne.

OLYMPE. — Allons ! c'est le baron qui payera la campagne de M. Duval.

MARGUERITE, *à Olympe*. — Mon Dieu, que va-t-il se
passer ?

OLYMPE, *pour faire diversion*. — Allons, messieurs ! à
table, le souper est servi.

ARMAND. — Continuons-nous la partie, monsieur ?

VARVILLE. — Non ; pas en ce moment.

ARMAND. — Je vous dois une revanche, je vous la promets au jeu que vous choisirez.

VARVILLE. — Soyez tranquille, monsieur, je profiterai de
votre bonne volonté !

OLYMPE, *prenant le bras d'Armand*. — Tu as une rude
veine, toi.

ARMAND. — Ah ! tu me tutoies quand je gagne.

VARVILLE. — Venez-vous, Marguerite ?

MARGUERITE. — Pas encore, j'ai quelques mots à dire à
Prudence.

VARVILLE. — Si dans dix minutes vous n'êtes pas venue
nous rejoindre, je reviens vous chercher ici, Marguerite, je
vous en préviens.

MARGUERITE. — C'est bien, allez !

SCÈNE 5

Prudence, Marguerite.

MARGUERITE. — Allez trouver Armand, et, au nom de
ce qu'il a de plus sacré, priez-le de venir m'entendre ; il faut
que je lui parle.

PRUDENCE. — Et s'il refuse ?

MARGUERITE. — Il ne refusera pas. Il me déteste trop pour
ne pas saisir l'occasion de me le dire. Allez !

SCÈNE 6

MARGUERITE, *seule*. — Tâchons d'être calme, il faut qu'il continue de croire ce qu'il croit. Aurai-je la force de tenir la promesse que j'ai faite à son père ? Mon Dieu ! faites qu'il me méprise et me haïsse, puisque c'est le seul moyen d'empêcher un malheur... Le voici !

SCÈNE 7

Marguerite, Armand.

ARMAND. — Vous m'avez fait demander, madame ?

MARGUERITE. — Oui, Armand, j'ai à vous parler.

ARMAND. — Parlez, je vous écoute. Vous allez vous disculper ?

MARGUERITE. — Non, Armand, il ne sera pas question de cela, je vous supplierai même de ne plus revenir sur le passé.

ARMAND. — Vous avez raison ; il y a trop de honte pour vous.

MARGUERITE. — Ne m'accablez pas, Armand. Écoutez-moi sans haine, sans colère, sans mépris. Voyons, Armand, donnez-moi votre main.

ARMAND. — Jamais, madame ! Si c'est là tout ce que vous avez à me dire... *(Il fait mine de se retirer.)*

MARGUERITE. — Qui aurait cru que vous repousseriez un jour la main que je vous tendrais ? Mais ce n'est pas de cela qu'il s'agit, Armand, il faut que vous repartiez.

ARMAND. — Que je reparte ?

MARGUERITE. — Oui ! que vous retourniez auprès de votre père, et cela tout de suite.

ARMAND. — Et pourquoi, madame ?

MARGUERITE. — Parce que M. de Varville va vous provoquer, et que je ne veux pas qu'il arrive un malheur pour moi. Je veux être seule à souffrir.

ARMAND. — Ainsi vous me conseillez de fuir une provocation ! vous me conseillez une lâcheté ! Quel autre conseil, en effet, pourrait donner une femme comme vous ?

MARGUERITE. — Armand, je vous jure que depuis un mois j'ai tant souffert, que c'est à peine si j'ai la force de le dire ; je sens bien le mal qui augmente et me brûle. Au nom de notre amour passé, au nom de ce que je souffrirai encore, Armand, au nom de votre mère et de votre sœur, fuyez-moi, retournez auprès de votre père et oubliez jusqu'à mon nom, si vous pouvez.

ARMAND. — Je comprends, madame : vous tremblez pour votre amant qui représente votre fortune. Je puis vous ruiner d'un coup de pistolet ou d'un coup d'épée. Ce serait là, en effet, un grand malheur.

MARGUERITE. — Vous pouvez être tué, Armand, voilà le malheur véritable !

ARMAND. — Que vous importe que je vive ou que je meure ! Quand vous m'avez écrit : « Armand, oubliez-moi, je suis la maîtresse d'un autre ! » vous êtes-vous souciée de ma vie ? Si je ne suis pas mort, après cette lettre, c'est qu'il me restait à me venger. Ah ! Vous avez cru que cela se passerait ainsi ? que vous me briseriez le cœur, et que je ne m'en prendrais ni à vous ni à votre complice ? Non, madame, non. Je suis revenu à Paris, c'est entre M. de Varville et moi une question de sang ! Dussiez-vous en mourir aussi, je le tuerai, je vous le jure.

MARGUERITE. — M. de Varville est innocent de tout ce qui se passe.

ARMAND. — Vous l'aimez, madame ! c'est assez pour que je le haïsse.

MARGUERITE. — Vous savez bien que je n'aime pas, que je ne puis aimer cet homme !

ARMAND. — Alors, pourquoi vous êtes-vous donnée à lui ?

MARGUERITE. — Ne me le demandez pas, Armand ! Je ne puis vous le dire.

ARMAND. — Je vais vous le dire, moi. Vous vous êtes donnée à lui, parce que vous êtes une fille sans cœur et sans loyauté, parce que votre amour appartient à qui le paye, et que vous avez fait une marchandise de votre cœur ; parce qu'en vous trouvant en face du sacrifice que vous alliez me faire le courage vous a manqué, et que vos instincts ont repris le dessus ; parce qu'enfin cet homme qui vous dévouait sa vie, qui vous livrait son honneur, ne valait pas pour vous les chevaux de votre voiture et les diamants de votre cou.

MARGUERITE. — Eh bien, oui, j'ai fait tout cela. Oui, je suis une infâme et misérable créature, qui ne t'aimait pas ;

je t'ai trompé. Mais plus je suis infâme, moins tu dois te souvenir de moi, moins tu dois exposer pour moi ta vie et la vie de ceux qui t'aiment. Armand, à genoux, je t'en supplie, pars, quitte Paris et ne regarde pas en arrière !

ARMAND. — Je le veux bien, mais à une condition.

MARGUERITE. — Quelle qu'elle soit, je l'accepte.

ARMAND. — Tu partiras avec moi.

MARGUERITE, *reculant*. — Jamais !

ARMAND. — Jamais !

MARGUERITE. — Oh ! mon Dieu ! donnez-moi le courage.

ARMAND, *courant à la porte et revenant*. — Écoute, Marguerite ; je suis fou, j'ai la fièvre, mon sang brûle, mon cerveau bout, je suis dans cet état de passion où l'homme est capable de tout, même d'une infamie. J'ai cru un moment que c'était la haine qui me poussait vers toi ; c'était l'amour, amour invincible, irritant, haineux, augmenté de remords, de mépris et de honte, car je me méprise de le ressentir encore, après ce qui s'est passé. Eh bien, dis-moi un mot de repentir, rejette ta faute sur le hasard, sur la fatalité, sur ta faiblesse, et j'oublie tout. Que m'importe cet homme ? Je ne le hais que si tu l'aimes. Dis-moi seulement que tu m'aimes encore, je te pardonnerai, Marguerite ; nous fuirons Paris, c'est-à-dire le passé, nous irons au bout de la terre s'il le faut, jusqu'à ce que nous ne rencontrions plus un visage humain, et que nous soyons seuls dans le monde avec notre amour.

MARGUERITE, *épuisée*. — Je donnerais ma vie pour une heure du bonheur que tu me proposes, mais ce bonheur est impossible.

ARMAND. — Encore !

MARGUERITE. — Un abîme nous sépare, nous serions trop malheureux ensemble. Nous ne pouvons plus nous aimer ; pars, oublie-moi, il le faut, je l'ai juré.

ARMAND. — À qui ?

MARGUERITE. — À qui avait le droit de demander ce serment.

ARMAND, *dont la colère va croissant*. — À M. de Varville, n'est-ce pas ?

MARGUERITE. — Oui.

ARMAND, *saisissant le bras de Marguerite*. — À M. de Varville que vous aimez ; dites-moi que vous l'aimez, et je pars.

MARGUERITE. — Eh bien, oui, j'aime M. de Varville.

ARMAND *la jette à terre et lève les deux mains sur elle,*

puis il se précipite vers la porte, et, voyant les invités qui sont dans l'autre salon, il crie. — Entrez tous !

MARGUERITE. — Que faites-vous ?

ARMAND. — Vous voyez cette femme ?

TOUS. — Marguerite Gautier !...

ARMAND. — Oui ! Marguerite Gautier. Savez-vous ce qu'elle a fait ? Elle a vendu tout ce qu'elle possédait pour vivre avec moi, tant elle m'aimait. Cela est beau, n'est-ce pas ? Savez-vous ce que j'ai fait, moi ? Je me suis conduit comme un misérable. J'ai accepté le sacrifice sans lui rien donner en échange. Mais il n'est pas trop tard, je me repens et je reviens pour réparer tout cela. Vous êtes tous témoins que je ne dois plus rien à cette femme. *(Il lui jette des billets de banque.)*

MARGUERITE, *poussant un cri et tombant à la renverse.* — Ah !

VARVILLE, *à Armand, avec mépris.* — Décidément, monsieur, vous êtes un lâche ! *(On se précipite entre eux.)*

ACTE V

SCÈNE 1

Chambre à coucher de Marguerite. — Lit au fond ; rideaux à moitié fermés. — Cheminée à droite ; devant la cheminée, un canapé sur lequel est étendu Gaston. — Pas d'autre lumière qu'une veilleuse.

Marguerite, *couchée et endormie* ; Gaston.

GASTON, *relevant la tête et écoutant.* — Je me suis assoupi un instant... Pourvu qu'elle n'ait pas eu besoin de moi pendant ce temps-là ! Non, elle dort... Quelle heure est-il ?... Sept heures... Il ne fait pas encore jour... Je vais rallumer le feu. *(Il tisonne.)*

MARGUERITE, *s'éveillant.* — Nanine, donne-moi à boire.

GASTON. — Voilà, chère enfant.

MARGUERITE, *soulevant la tête.* — Qui donc est là ?...

GASTON, *préparant une tasse de tisane.* — C'est moi, Gaston.

MARGUERITE. — Comment vous trouvez-vous dans ma chambre ?

GASTON, *lui donnant la tasse.* — Bois d'abord, tu le sauras après. — Est-ce assez sucré ?

MARGUERITE. — Oui.

GASTON. — J'étais né pour être garde-malade.

MARGUERITE. — Où est donc Nanine ?

GASTON. — Elle dort. Quand je suis venu sur les onze heures du soir, pour savoir de tes nouvelles, la pauvre fille tombait de fatigue ; moi, au contraire, j'étais tout éveillé. Tu dormais déjà... Je lui ai dit d'aller se coucher. Je me suis mis là, sur le canapé, près du feu, et j'ai fort bien passé la nuit. Cela me faisait du bien, de t'entendre dormir ; il me semblait que je dormais moi-même. Comment te sens-tu ce matin ?

MARGUERITE. — Bien, mon brave Gaston ; mais à quoi bon vous fatiguer ainsi ?...

GASTON. — Je passe assez de nuits au bal ! quand j'en passerais quelques-unes à veiller une malade ! — Et puis j'avais quelque chose à te dire.

MARGUERITE. — Que voulez-vous me dire ?

GASTON. — Tu es gênée ?

MARGUERITE. — Comment gênée ?

GASTON. — Oui, tu as besoin d'argent. Quand je suis venu hier, j'ai vu un huissier dans le salon. Je l'ai mis à la porte, en le payant. Mais ce n'est pas tout. — Il n'y a pas d'argent ici, et il faut qu'il y en ait. Moi, je n'en ai pas beaucoup. J'ai perdu pas mal au jeu, et j'ai fait un tas d'emplettes inutiles pour le premier jour de l'an. *(Il l'embrasse.)* Et je te réponds que je te la souhaite bonne et heureuse... Mais enfin voilà toujours vingt-cinq louis que je vais mettre dans le tiroir là-bas. Quand il n'y en aura plus, il y en aura encore.

MARGUERITE, *émue*. — Quel cœur ! et dire que c'est vous, un écervelé, comme on vous appelle, vous qui n'avez jamais été que mon ami, qui me veillez et prenez soin de moi...

GASTON. — C'est toujours comme ça... Maintenant, sais-tu ce que nous allons faire ?

MARGUERITE. — Dites.

GASTON. — Il fait un temps superbe ! Tu as dormi huit bonnes heures ; tu vas dormir encore un peu. De une heure à trois heures, il fera un bon soleil, je viendrai te prendre, tu t'enveloppperas bien, nous irons nous promener en voiture ; et qui dormira bien la nuit prochaine ? ce sera Marguerite. Jusque-là, je vais aller voir ma mère, qui va me recevoir Dieu sait comment ; il y a plus de quinze jours que je ne l'ai vue ! Je déjeune avec elle, et à une heure je suis ici. Cela te va-t-il ?

MARGUERITE. — Je tâcherai d'avoir la force...

GASTON. — Tu l'auras, tu l'auras ! *(Nanine entre.)* Entrez, Nanine, entrez ! Marguerite est réveillée.

SCÈNE 2

Les mêmes, Nanine.

MARGUERITE. — Tu étais donc bien fatiguée, ma pauvre Nanine ?

NANINE. — Un peu, madame.

MARGUERITE. — Ouvre la fenêtre et donne un peu de jour. Je veux me lever.

NANINE, *ouvrant la fenêtre et regardant dans la rue.* — Madame, voici le docteur.

MARGUERITE. — Bon docteur ! sa première visite est toujours pour moi. — Gaston, ouvrez la porte en vous en allant. — Nanine, aide-moi à me lever.

NANINE. — Mais, madame...

MARGUERITE. — Je le veux.

GASTON. — À tantôt. *(Il sort.)*

MARGUERITE. — À tantôt. *(Elle se lève et retombe ; enfin, soulevée par Nanine, elle marche vers le canapé, le docteur entre à temps pour l'aider à s'y asseoir.)*

SCÈNE 3

Marguerite, Nanine, le docteur.

MARGUERITE. — Bonjour, mon cher docteur ; que vous êtes aimable de penser à moi dès le matin ! — Nanine, va voir s'il y a des lettres.

LE DOCTEUR. — Donnez-moi votre main. *(Il la prend.)* Comment vous sentez-vous ?

MARGUERITE. — Mal et mieux ! mal de corps, mieux d'esprit. Hier au soir j'ai eu tellement peur de mourir, que j'ai envoyé chercher un prêtre. J'étais triste, désespérée, j'avais peur de la mort ; cet homme est entré, il a causé une heure avec moi, et désespoir, terreur, remords, il a tout emporté avec lui. Alors, je me suis endormie, et je viens de me réveiller.

LE DOCTEUR. — Tout va bien, madame, et je vous promets une entière guérison pour les premiers jours du printemps.

MARGUERITE. — Merci, docteur... C'est votre devoir de me parler ainsi. Quand Dieu a dit que le mensonge serait un péché, il a fait une exception pour les médecins, et il leur a permis de mentir autant de fois par jour qu'ils verraient de malades. *(À Nanine, qui rentre.)* Qu'est-ce que tu apportes là ?

NANINE. — Ce sont des cadeaux, madame.

MARGUERITE. — Ah ! oui, c'est aujourd'hui le 1er janvier !... Que de choses depuis l'année dernière ! Il y a un an, à cette heure, nous étions à table, nous chantions, nous donnions à l'année qui naissait le même sourire que nous venions de donner à l'année morte. Où est le temps, mon bon docteur, où nous riions encore ? *(Ouvrant les paquets.)* Une bague, avec la carte de Saint-Gaudens. — Brave cœur ! Un bracelet, avec la carte du comte de Giray, qui m'envoie cela de Londres. — Quel cri il pousserait s'il me voyait dans l'état où je suis !... et puis des bonbons... Allons, les hommes ne sont pas aussi oublieux que je le croyais ! Vous avez une petite nièce, docteur ?

LE DOCTEUR. — Oui, madame.

MARGUERITE. — Portez-lui tous ces bonbons, à cette chère enfant ; il y a longtemps que je n'en mange plus, moi ! *(À Nanine.)* Voilà tout ce que tu as ?

NANINE. — J'ai une lettre.

MARGUERITE. — Qui peut m'écrire ? *(Prenant la lettre et l'ouvrant.)* Descends ce paquet dans la voiture du docteur. *(Lisant.)* « Ma bonne Marguerite, je suis allée vingt fois pour te voir, et je n'ai jamais été reçue ; cependant, je ne veux pas que tu manques au fait le plus heureux de ma vie ; je me marie le 1er janvier : c'est le présent de nouvelle année que Gustave me gardait ; j'espère que tu ne seras pas la dernière à assister à la cérémonie, cérémonie bien simple, bien humble, et qui aura lieu à neuf heures du matin, dans la chapelle de Sainte-Thérèse, à l'église de la Madeleine. — Je t'embrasse de toute la force d'un cœur heureux. NICHETTE. » Il y aura donc du bonheur pour tout le monde, excepté pour moi ! Allons, je suis une ingrate. — Docteur, fermez cette fenêtre, j'ai froid, et donnez-moi de quoi écrire. *(Elle laisse tomber sa tête dans ses mains, et le docteur prend l'encrier sur la cheminée et donne un buvard à Marguerite.)*

NANINE, *bas, au docteur, quand il s'est éloigné.* — Eh bien, docteur ?...

LE DOCTEUR, *secouant la tête.* — Elle est bien mal !

MARGUERITE, *à part.* — Ils croient que je ne les entends pas... *(Haut.)* Docteur, rendez-moi le service, en vous en allant, de déposer cette lettre à l'église où se marie Nichette, et recommandez qu'on ne la lui remette qu'après la cérémonie. *(Elle écrit, plie la lettre et la cachette.)* Tenez, et merci. *(Elle lui serre la main.)* N'oubliez pas, et revenez tantôt, si vous pouvez... *(Le docteur sort.)*

SCÈNE 4

Marguerite, Nanine.

MARGUERITE. — Maintenant, mets un peu d'ordre dans cette chambre. *(On sonne.)* On a sonné, va ouvrir. *(Nanine sort.)*

NANINE, *rentrant*. — C'est madame Duvernoy qui voudrait voir madame.

MARGUERITE. — Qu'elle entre !

SCÈNE 5

Les mêmes, Prudence.

PRUDENCE. — Eh bien, ma chère Marguerite, comment allez-vous ce matin ?

MARGUERITE. — Mieux, ma chère Prudence, je vous remercie.

PRUDENCE. — Renvoyez donc Nanine un instant ; j'ai à vous parler, à vous seule.

MARGUERITE. — Nanine, va ranger de l'autre côté ; je t'appellerai quand j'aurai besoin de toi... *(Nanine sort.)*

PRUDENCE. — J'ai un service à vous demander, ma chère Marguerite.

MARGUERITE. — Dites.

PRUDENCE. — Êtes-vous en fonds ?...

MARGUERITE. — Vous savez que je suis gênée depuis quelque temps ; mais, enfin, dites toujours.

PRUDENCE. — C'est aujourd'hui le premier de l'an ; j'ai des cadeaux à faire, il me faudrait absolument deux cents francs ; pouvez-vous me les prêter jusqu'à la fin du mois ?

MARGUERITE, *levant les yeux au ciel*. — La fin du mois !

PRUDENCE. — Si cela vous gêne...

MARGUERITE. — J'avais un peu besoin de l'argent qui reste là...

PRUDENCE. — Alors, n'en parlons plus.

MARGUERITE. — Qu'importe ! ouvrez ce tiroir...

PRUDENCE. — Lequel ? Ah ! c'est celui du milieu.

MARGUERITE. — Combien y a-t-il ?

PRUDENCE. — Cinq cents francs.

MARGUERITE. — Eh bien, prenez les deux cents francs dont vous avez besoin.

PRUDENCE. — Et vous aurez assez du reste ?

MARGUERITE. — J'ai ce qu'il me faut ; ne vous inquiétez pas de moi.

PRUDENCE, *prenant l'argent*. — Vous me rendez un véritable service.

MARGUERITE. — Tant mieux, ma chère Prudence !

PRUDENCE. — Je vous laisse ; je reviendrai vous voir. Vous avez meilleure mine.

MARGUERITE. — En effet, je vais mieux.

PRUDENCE. — Les beaux jours vont venir vite, l'air de la campagne achèvera votre guérison.

MARGUERITE. — C'est cela.

PRUDENCE, *sortant*. — Merci encore une fois !

MARGUERITE. — Renvoyez-moi Nanine.

PRUDENCE. — Oui. *(Elle sort.)*

NANINE, *rentrant*. — Elle est encore venue vous demander de l'argent ?

MARGUERITE. — Oui.

NANINE. — Et vous le lui avez donné ?…

MARGUERITE. — C'est si peu de chose que l'argent, et elle en avait un si grand besoin, disait-elle. Il nous en faut cependant, il y a des étrennes à donner. Prends ce bracelet qu'on vient de m'envoyer, va le vendre et reviens vite.

NANINE. — Mais pendant ce temps…

MARGUERITE. — Je puis rester seule, je n'aurai besoin de rien ; d'ailleurs, tu ne seras pas longtemps, tu connais le chemin du marchand, il m'a assez acheté depuis trois mois. *(Nanine sort.)*

SCÈNE 6

MARGUERITE, *lisant une lettre qu'elle prend dans son sein*. — « Madame, j'ai appris le duel d'Armand et de M. de Varville, non par mon fils, car il est parti sans même venir m'embrasser. Le croiriez-vous, madame ? je vous accusais de ce duel et de ce départ. Grâce à Dieu, M. de Varville est déjà hors de danger, et je sais tout. Vous avez tenu votre serment au-delà même de vos forces, et toutes ces secousses ont ébranlé votre santé. J'écris toute la vérité à Armand. Il est loin, mais il reviendra vous demander non seulement son pardon, mais le mien, car j'ai été forcé de vous faire du mal et je veux le réparer. Soignez-vous bien, espérez ; votre courage et votre abnégation méritent un meilleur avenir ; vous l'aurez, c'est moi qui vous le promets. En attendant, recevez l'assurance de mes sentiments de sympathie, d'estime et de dévouement. — GEORGES DUVAL. — 15 novembre. » Voilà six semaines que j'ai reçu cette lettre et que je la relis sans cesse pour me rendre un peu de courage. Si je recevais seulement un mot d'Armand, si je pouvais atteindre au printemps ! *(Elle se lève et se regarde dans la glace.)* Comme je suis changée ! Cependant, le docteur m'a promis de me guérir. J'aurai patience. Mais tout à l'heure avec Nanine ne me condamnait-il pas ? Je l'ai entendu, il disait que j'étais bien mal. Bien mal ! c'est encore de l'espoir, c'est encore quelques mois à vivre, et, si pendant ce temps Armand revenait, je serais sauvée. Le premier jour de l'année, c'est bien le moins qu'on espère. D'ailleurs, j'ai toute ma raison. Si j'étais en danger réel, Gaston n'aurait pas le courage de rire à mon chevet, comme il faisait tout à l'heure. Le médecin ne me quitterait pas. *(À la fenêtre.)* Quelle joie dans les familles ! Oh ! le bel enfant, qui rit et gambade en tenant ses jouets, je voudrais embrasser cet enfant.

SCÈNE 7

Nanine, Marguerite.

NANINE, *venant à Marguerite, après avoir déposé sur la cheminée l'argent qu'elle apporte.* — Madame...

MARGUERITE. — Qu'as-tu, Nanine ?

NANINE. — Vous vous sentez mieux aujourd'hui, n'est-ce pas ?

MARGUERITE. — Oui ; pourquoi ?

NANINE. — Promettez-moi d'être calme.

MARGUERITE. — Qu'arrive-t-il ?

NANINE. — J'ai voulu vous prévenir... une joie trop brusque est si difficile à porter !

MARGUERITE. — Une joie, dis-tu ?

NANINE. — Oui, madame.

MARGUERITE. — Armand ! Tu as vu Armand ?...
Armand vient me voir !... *(Nanine fait signe que oui. — Courant à la porte.)* Armand ! *(Il paraît, pâle, elle se jette à son cou, elle se cramponne à lui.)* Oh ! ce n'est pas toi, il est impossible que Dieu soit si bon !

SCÈNE 8

Marguerite, Armand.

ARMAND. — C'est moi, Marguerite, moi, si repentant, si inquiet, si coupable, que je n'osais franchir le seuil de cette porte. Si je n'eusse rencontré Nanine, je serais resté dans la rue à prier et à pleurer. Marguerite, ne me maudis pas ! Mon père m'a tout écrit ! j'étais bien loin de toi, je ne savais où aller pour fuir mon amour et mes remords... Je suis parti comme un fou, voyageant nuit et jour, sans repos, sans trêve, sans sommeil, poursuivi de pressentiments sinistres, voyant de loin la maison tendue de noir. Oh ! si je ne t'avais pas trouvée, je serais mort, car c'est moi qui t'aurais tuée ! Je n'ai pas encore vu mon père ; Marguerite, dis-moi que tu nous pardonnes à tous deux. Oh ! que c'est bon de te revoir !

MARGUERITE. — Te pardonner, mon ami ? Moi seule étais coupable ! Mais, pouvais-je faire autrement ? je voulais ton bonheur, même aux dépens du mien. Mais maintenant, ton père ne nous séparera plus, n'est-ce pas ? Ce n'est plus ta Marguerite d'autrefois que tu retrouves ; cependant, je suis jeune encore, je redeviendrai belle, puisque je suis heureuse. Tu oublieras tout. Nous commencerons à vivre à partir d'aujourd'hui.

ARMAND. — Je ne te quitte plus. Écoute, Marguerite, nous allons à l'instant même quitter cette maison. Nous ne reverrons jamais Paris. Mon père sait qui tu es. Il t'aimera comme le bon génie de son fils. Ma sœur est mariée. L'avenir est à nous.

MARGUERITE. — Oh ! parle-moi ! parle-moi ! Je sens mon âme qui revient avec tes paroles, la santé qui renaît sous ton souffle. Je le disais ce matin, qu'une seule chose pouvait me sauver. Je ne l'espérais plus, et te voilà ! Nous n'allons pas perdre de temps, va, et, puisque la vie passe devant moi, je vais l'arrêter au passage. Tu ne sais pas ? Nichette se marie. Elle épouse Gustave ce matin. Nous la verrons. Cela nous fera du bien d'entrer dans une église, de prier Dieu et d'assister au bonheur des autres. Quelle surprise la Providence me gardait pour le premier jour de l'année ! Mais dis-moi donc encore que tu m'aimes !...

ARMAND. — Oui, je t'aime, Marguerite, toute ma vie est à toi.

MARGUERITE, *à Nanine qui est rentrée.* — Nanine, donne-moi tout ce qu'il faut pour sortir.

ARMAND. — Bonne Nanine ! Vous avez eu bien soin d'elle ; merci !

MARGUERITE. — Tous les jours, nous parlions de toi toutes les deux ; car personne n'osait plus prononcer ton nom. C'est elle qui me consolait, qui me disait que nous nous reverrions ! elle ne mentait pas. Tu as vu de beaux pays. Tu m'y conduiras.

ARMAND. — Qu'as-tu, Marguerite. Tu pâlis !...

MARGUERITE, *avec effort.* — Rien, mon ami, rien ! Tu comprends que le bonheur ne rentre pas aussi brusquement dans un cœur désolé depuis longtemps, sans l'oppresser un peu. *(Elle s'assied et rejette sa tête en arrière.)*

ARMAND. — Marguerite, parle-moi ! Marguerite, je t'en supplie !

MARGUERITE, *revenant à elle.* — Ne crains rien, mon ami ; tu sais, j'ai toujours été sujette à ces faiblesses instantanées. Mais elles passent vite ; regarde, je souris, je suis forte, va ! C'est l'étonnement de vivre qui m'oppresse !

ARMAND, *lui prenant la main.* — Tu trembles !

MARGUERITE. — Ce n'est rien ! — Voyons, Nanine, donne-moi donc un châle ; un chapeau...

ARMAND, *avec effroi.* — Mon Dieu ! mon Dieu !

MARGUERITE, *ôtant son châle avec colère, après avoir essayé de marcher.* — Je ne peux pas ! *(Elle tombe sur le canapé.)*

ARMAND. — Nanine, courez chercher le médecin !

MARGUERITE. — Oui, oui, dis-lui qu'Armand est revenu, que je veux vivre, qu'il faut que je vive... *(Nanine sort.)* Mais, si ce retour ne m'a pas sauvée, rien ne me sauvera. Tôt ou tard, la créature humaine doit mourir de ce qui l'a fait vivre. J'ai vécu de l'amour, j'en meurs.

ARMAND. — Tais-toi, Marguerite ; tu vivras, il le faut !

MARGUERITE. — Assieds-toi près de moi, le plus près possible, mon Armand, et écoute-moi bien. J'ai eu tout à l'heure un moment de colère contre la mort ; je m'en repens ; elle est nécessaire, et je l'aime, puisqu'elle t'a attendu pour me frapper. Si ma mort n'eût été certaine, ton père ne t'eût pas écrit de revenir...

ARMAND. — Écoute, Marguerite, ne me parle plus ainsi, tu me rendrais fou. Ne me dis plus que tu vas mourir, dis-moi que tu ne le crois pas, que cela ne peut être, que tu ne le veux pas !

MARGUERITE. — Quand je ne le voudrais pas, mon ami, il faudrait bien que je cédasse, puisque Dieu le veut. Si j'étais une sainte fille, si tout était chaste en moi, peut-être pleurerais-je à l'idée de quitter un monde où tu restes, parce que l'avenir serait plein de promesses, et que tout mon passé m'y donnerait droit. Moi morte, tout ce que tu garderas de moi sera pur ; moi vivante, il y aura toujours des taches sur mon amour... Crois-moi, Dieu fait bien ce qu'il fait...

ARMAND, *se levant.* — Ah ! j'étouffe !

MARGUERITE, *le retenant.* — Comment ! c'est moi qui suis forcée de te donner du courage ? Voyons, obéis-moi. Ouvre ce tiroir, prends-y un médaillon... c'est mon portrait, du temps que j'étais jolie ! Je l'avais fait faire pour toi ; garde-le, il aidera ton souvenir, plus tard. Mais si, un jour, une belle jeune fille t'aime et que tu l'épouses, comme cela doit être, comme je veux que cela soit, et qu'elle trouve ce portrait, dis-lui que c'est celui d'une amie qui, si Dieu lui permet de se tenir dans le coin le plus obscur du ciel, prie Dieu tous les jours pour elle et pour toi. Si elle est jalouse du passé, comme nous le sommes souvent, nous autres femmes, si elle te demande le sacrifice de ce portrait, fais-le-lui sans crainte, sans remords ; ce sera justice, et je te pardonne d'avance. — La femme qui aime souffre trop quand elle ne se sent pas aimée... — Entends-tu, mon Armand, tu as bien compris ?

SCÈNE 9

Les mêmes, Nanine, *puis* Nichette, Gustave *et* Gaston.
(Nichette entre avec effroi, et devient plus hardie à mesure qu'elle voit Marguerite lui sourire et Armand à ses pieds.)

NICHETTE. — Ma bonne Marguerite, tu m'avais écrit que tu étais mourante, et je te retrouve souriante et levée.

ARMAND, *bas*. — Oh ! Gustave, je suis bien malheureux !

MARGUERITE. — Je suis mourante, mais je suis heureuse aussi, et mon bonheur cache ma mort. — Vous voilà donc mariés ! — Quelle chose étrange que cette première vie, et que va donc être la seconde ?... Vous serez encore plus heureux qu'auparavant. — Parlez de moi quelquefois, n'est-ce pas ? Armand, donne-moi ta main... Je t'assure que ce n'est pas difficile de mourir. *(Gaston entre.)* Voilà Gaston qui vient me chercher... — Je suis aise de vous voir encore, mon bon Gaston. Le bonheur est ingrat : je vous avais oublié... *(À Armand.)* Il a été bien bon pour moi... Ah ! c'est étrange. *(Elle se lève.)*

ARMAND. — Quoi donc ?...

MARGUERITE. — Je ne souffre plus. On dirait que la vie rentre en moi... j'éprouve un bien-être que je n'ai jamais éprouvé... Mais je vais vivre !... Ah ! que je me sens bien ! *(Elle s'assied et paraît s'assoupir.)*

GASTON. — Elle dort !

ARMAND, *avec inquiétude, puis avec terreur*. — Marguerite ! Marguerite ! Marguerite ! *(Un grand cri. — Il est forcé de faire un effort pour arracher sa main de celle de Marguerite.)* Ah ! *(Il recule épouvanté.)* Morte ! *(Courant à Gustave.)* Mon Dieu ! mon Dieu ! que vais-je devenir ?...

GASTON, *à Armand*. — Elle t'aimait bien, la pauvre fille !

NICHETTE, *qui s'est agenouillée*. — Dors en paix, Marguerite ! il te sera beaucoup pardonné, parce que tu as beaucoup aimé !

LES CLÉS DE L'ŒUVRE

I - AU FIL DU TEXTE

II - DOSSIER HISTORIQUE ET LITTÉRAIRE

Pour approfondir votre lecture, LIRÉ vous propose une sélection commentée :

- de morceaux « classiques » devenus incontournables, signalés par ➡ (droit au but).
- d'extraits représentatifs de l'œuvre, signalés par ➩ (en flânant).

AU FIL DU TEXTE

Par Gérard Gengembre,
professeur de littérature française à l'université de Caen.

AU FIL DU TEXTE

I - DÉCOUVRIR

La phrase clé

• **Le roman :**

« Je ne tire pas de ce récit la conclusion que toutes les filles comme Marguerite sont capables de faire ce qu'elle a fait ; loin de là, mais j'ai connaissance qu'une d'elles avait éprouvé dans sa vie un amour sérieux, qu'elle en avait souffert et qu'elle en était morte. J'ai raconté au lecteur ce que j'avais appris. C'était un devoir » (p. 250).

• **Le drame :**

« Dors en paix, Marguerite ! il te sera beaucoup pardonné, parce que tu as beaucoup aimé ! » (p. 331).

• LA DATE

Le roman a été publié en 1848. Une nouvelle édition revue et corrigée paraît en 1852 avec une préface. Créé le 2 février 1852 au théâtre du Vaudeville, le drame en cinq actes mêlé de chants tirés du roman est publié la même année. Sur un livret italien de Francesco Maria Piave, l'opéra de Verdi, *Violetta ossia la Traviata*, est créé au théâtre de la Fenice à Venise le 6 mars 1853. C'est un échec, mais un succès en 1854 au San Benedetto de Venise. L'opéra est joué à Paris en 1864, le livret ayant été publié en 1862. En 1865 paraît l'adaptation française.

La courtisane Marie Duplessis, qui a inspiré le personnage de Marguerite Gautier, a vécu de 1824 à 1847 (voir le dossier historique et littéraire, pp. 339-341).

• LE TITRE

Il s'agit du surnom de Marguerite Gautier, l'héroïne du roman, dont le camélia est l'emblème et dont le prénom est également synonyme d'une fleur (mais on se souviendra que c'est aussi le prénom de l'héroïne de *Faust*). Alors que la pièce ne reprend pas ce détail significatif, le roman souligne que la courtisane arbore un camélia blanc, sauf pendant cinq jours du mois, où la fleur est rouge.

Il est possible que le titre évoque « l'homme au camélia », le journaliste et dandy Latour-Mézeray qui lança dans les années 1830 le port du camélia à la boutonnière et en fit une fleur à la mode. On désignait également de cette façon un type parisien. Sur le type de l'homme aux camélias, voici un extrait d'Edmond Texier, *Tableau de Paris*, 1852 :

> « Cette variété se compose de quelques messieurs, entre deux âges, toujours bien mis, vivant dans les meilleurs restaurants, fumant les cigares les plus chers et fréquentant les cafés du boulevard Italien. Leurs moyens d'existence sont très problématiques ; on ne voit entre leurs mains qu'un certain capital roulant, composé d'une vingtaine de napoléons, capital qui diminue chaque soir pour reprendre son niveau chaque matin. [...] Ce monsieur a pour clientes des beautés sur le retour qui paient ses faveurs. »

• COMPOSITION

Le point de vue de l'auteur

Le pacte de lecture

Le roman donne la parole à un narrateur qui, apprenant la vente des biens d'une courtisane célèbre, Marguerite Gautier, qu'il connaissait un peu, achète un exemplaire de *Manon Lescaut* avec une mystérieuse dédicace. Il reçoit alors la visite d'Armand Duval, qui lui fait lire une lettre de Marguerite et le prie de lui céder le livre. Puis, il lui raconte l'histoire de leur liaison.

Le drame, lui, est conforme aux contraintes de l'écriture théâtrale. Il substitue à la présentation indirecte et rétrospective du roman une présentation directe de l'action. Il simplifie l'intrigue du roman, ajoute des scènes gaies pour respecter la loi du théâtre de boulevard et incorpore une intrigue secondaire, l'amour qui finit par un mariage entre Gustave, un jeune avocat, et Nichette, une ex-lingère, amie fidèle et vertueuse de la courtisane.

Les objectifs d'écriture

Le roman présente une héroïne qui allie la candeur aux prestiges de la volupté. Devenue courtisane par accident, elle reste susceptible d'un amour pur. En respectant les valeurs de la bourgeoisie par son sacrifice, elle inspire la pitié, et en passe par un processus d'élévation, sans que l'adultère ni la débauche ne soient glorifiés. Libre mais soumise en dernier ressort à l'ordre social, Marguerite accède au pathétique.

Le drame simplifie, car Armand revient pour pardonner et se faire pardonner, alors que dans le roman il ne revenait qu'après la mort de Marguerite. Il échappe ainsi à la mauvaise conscience et se marie tranquillement. Le couple Gustave-Nichette embourgeoise la pièce en incarnant la voie morale. Au total, il s'agit de respecter la bienséance en édulcorant et de renforcer les caractérisations.

L'opéra accentuera la transfiguration de Marguerite et insistera sur son sacrifice et sa mort pathétique en exaltant la nostalgie de l'amour pur.

Structure de l'œuvre

Le roman

Il est organisé en vingt-sept chapitres, et commence le 12 mars 1847 par la vente des biens de Marguerite. Le narrateur retrouve Armand qui avait disparu après lui avoir rendu visite. Malade, il a fait exhumer Marguerite pour la revoir. Guéri, il raconte son histoire.

Il est tombé amoureux au premier regard. Introduit chez Marguerite par la modiste Prudence Duvernoy, il rejoint la dame aux camélias dans sa chambre alors qu'elle est victime d'une crise d'hémoptysie. Il obtient un rendez-vous, mais ne peut supporter la vie mondaine effrénée de Marguerite. Celle-ci demande alors de l'argent à l'un de ses amants pour passer l'été à la campagne en compagnie d'Armand. Jaloux, il lui envoie une lettre de rupture, mais Marguerite pardonne et ils vivent ensemble, après qu'Armand lui a offert un exemplaire de *Manon Lescaut*.

Cependant, l'argent vient à manquer. Marguerite vend ses biens, et Armand veut payer. Arrive son père averti par le notaire, qui lui demande en vain de rompre. Un soir, il trouve la maison vide. Par une lettre, Marguerite le supplie de l'oublier. Armand apprend qu'elle a repris son ancienne vie. Pour se venger, il prend pour maîtresse Olympe, la meilleure amie de la dame aux camélias. Celle-ci lui revient, mais la jalousie d'Armand est la plus forte. Elle disparaît, il part en voyage. Près de mourir, Marguerite lui écrit : tout en ne cessant de l'aimer, elle a cédé aux raisons de M. Duval, qui voulait préserver sa famille. Atteinte de tuberculose, elle meurt en sainte. Le lecteur suit son agonie dans une série de lettres.

La pièce

Dans l'**acte I** est présentée la rencontre d'Armand et Marguerite lors d'une fête demi-mondaine. Nous sommes dans le boudoir de la courtisane.

L'**acte II** se déroule dans son cabinet de toilette. Marguerite prépare l'idylle campagnarde, et le comte de Givray, son protecteur, disparaît de l'action.

L'**acte III** se situe à Auteuil. M. Georges Duval, le père d'Armand, convainc Marguerite de quitter son fils.

Dans l'**acte IV**, Armand humilie publiquement son ancienne maîtresse en lui jetant des billets de banque au visage lors d'une fête chez Olympe. Varville, l'amant en titre de Marguerite, le traite de lâche.

Le **Vᵉ acte** a lieu dans la chambre de Marguerite et montre l'agonie de la dame aux camélias. Elle reçoit une lettre de M. Duval qui lui annonce que lui et son fils lui demanderont pardon du mal qu'ils lui ont fait. Armand revient, et l'on assiste à une pathétique réconciliation. Elle meurt heureuse, Nichette prononçant le mot de la fin : « Dors en paix, Marguerite ! il te sera beaucoup pardonné, parce que tu as beaucoup aimé ! »

L'opéra

Le dossier historique et littéraire donne un extrait du livret français de *La Traviata* (pp. 390-393). À titre d'information, nous donnons ici l'argument du livret italien de Piave.

Il s'organise en 3 actes.

Acte I. Violetta Valéry (de Saint-Ys dans la version française) mène une vie de plaisir mais ignore le véritable amour dont elle rêve cependant. Cette femme dévoyée (c'est le sens du titre, *La Traviata*) se fait présenter lors d'une fête Alfredo Germont (Rodolphe d'Orbel dans la version française) qui désirait plus que tout la rencontrer. Il porte un toast à l'amour et elle répond par un hymne au plaisir. Il se déclare, elle le congédie en lui donnant un camélia, le priant de le rapporter quand il sera fané. Restée seule, elle refuse de s'abandonner à ce bonheur qui semble s'annoncer.

Acte II. Dans une maison de campagne, Annina (Annette dans la version française) apprend à Alfredo que Violetta vend ses biens pour payer les dépenses que le couple a faites depuis trois mois. Immédiatement, il veut régler cette situation et part chercher de l'argent. Arrive Giorgio Germont, son père (Georges d'Orbel dans la version française). Il vient dire à Violetta que la sœur d'Alfredo ne peut se marier à cause du scandale causé par la conduite de son frère. Bouleversée, Violetta accepte de se sacrifier. Elle écrit à son amant, qui décide de se venger en se rendant chez Flora, amie de Violetta qui l'a invitée à une fête. Il y insulte Violetta en lui jetant au visage l'argent qu'il vient de gagner au jeu. La société présente et son père, qui vient d'arriver, condamnent son comportement, alors que la Traviata s'évanouit.

Acte III. Violetta agonise dans sa chambre. Elle relit la lettre de Giorgio Germont. Alfredo arrive, et le dénouement reprend celui du drame.

II - LIRE

Pour approfondir votre lecture, LIRE *vous propose une sélection commentée :*
- *de morceaux « classiques » devenus incontournables, signalés par* ●◆ *(droit au but).*
- *d'extraits représentatifs de l'œuvre, signalés par* ◌◆ *(en flânant).*

●◆ 1 - *Contemplation* **post mortem**	VI
De « La bière était en chêne… » à la fin du chap.	pp. 66-69

La liberté du roman permet cette scène macabre d'exhumation de Marguerite Gautier. Il s'agit à la fois d'authentifier le corps, de faire resurgir une figure aimée encore reconnaissable malgré les ravages de la décomposition et de permettre le travail du deuil chez Armand, dont la fièvre cérébrale sera salutaire.

En faisant précéder le récit des amours par cette vision horrible, le romancier impose le spectacle de la mort, qui sera dès lors le destin inscrit et qui programme toute la suite. De plus, la mort apparaît comme un châtiment terrifiant. En dégradant la beauté et la chair, elle détruit ce qui faisait la séduction de Marguerite. Réduite à la charogne, comme dirait Baudelaire, elle rejoint le lot commun. Marguerite n'est plus rien qu'une somme de souvenirs.

Enfin, l'état d'Armand est à mettre en parallèle avec la fin du roman qui détaille la progression de l'agonie de Marguerite. Il la rejoint symboliquement par cette souffrance, mais lui sera sauvé, comme il convient au système de valeurs qui organise idéologiquement le texte.

Cette scène ne figure évidemment pas dans la pièce, car elle aurait choqué le public. Le drame doit idéaliser la mort pour que son pathétisme fonctionne à plein.

●◆ 2 - *L'idylle campagnarde*	XVIII
Du début à « … elle l'était à la campagne ».	pp. 170-172

L'histoire racontée se doit d'en passer par une phase heureuse, où l'amour atteint sa plénitude. On remarquera ici comment le récit d'Armand va accumuler les clichés pour célébrer cette harmonie. Ici Marguerite est une femme aimante et aimée qui n'a plus rien de la courtisane. L'opposition Paris/campagne est celle de la corruption et de la pureté. La question d'argent est abordée mais uniquement dans la perspective d'un voyage. Cependant une menace plane, liée à l'hiver, et donc à la maladie. Marguerite se sait condamnée. Par ailleurs, l'évocation par celle-ci de la vente de ses biens, si elle n'est pas comprise par Armand, annonce une autre menace, celle de la ruine. Physiologie et contrainte matérielle conjuguent leurs effets.

Dans le drame, ce début de chapitre correspond aux trois premières scènes de l'acte III. On soulignera les différences : Armand apprend de Prudence la vente des bijoux et autres biens précieux et il s'en va pour régler cette question. On ne retrouve pas entre eux les épanchements lyriques du roman. En revanche, Marguerite se confie à la vertueuse Nichette pour exposer la qualité de son amour. On retrouve dans sa bouche des propos que tenait Armand dans le roman. Il n'est pas question de l'inquiétude que suscite l'approche de l'hiver, mais des projets que Marguerite formule : vivre modestement avec son amant sans l'épouser, sacrifice qu'elle ne veut pas imposer à Armand.

| ●◆ 3 - *La confession de Marguerite* | XXV |
| Tout le chapitre. | pp. 227-234 |

Marguerite écrit une longue lettre à Armand pour lui raconter une scène qu'il ignorait et lui expliquer sa conduite. Cette lettre, qui se continue au chapitre suivant (voir ci-après), est transcrite dans son intégralité et elle constitue l'apogée de l'héroïne. En effet, tout est placé sous le signe de la mort prochaine et sous celui de l'ordre bourgeois. En reproduisant les propos de M. Duval père, en relatant son sacrifice, Marguerite se rallie aux valeurs morales et à la respectabilité. Elle accède ainsi à la grandeur et à la reconnaissance conquise. Elle s'assume comme fille, mais sa conduite est un véritable repentir et une assomption. En elle triomphe la femme qui aspirait à la pureté, fût-ce au prix de la mort symbolique ou réelle.

Dans la pièce, ce chapitre est transcrit en une confrontation entre M. Duval et Marguerite (acte III, scène 4). On comparera les deux versions pour noter ressemblances et différences. Il faut également se référer à l'acte V, scène 8 avec la dernière visite d'Armand à l'agonisante et le pardon mutuel.

| ●◆ 4 - *La mort exemplaire* | XXVI |
| Tout le chapitre. | pp. 235-248 |

Le choix narratif est intéressant : Dumas n'adopte pas la facilité de la description de la mort de son héroïne, mais continue sous la forme d'une longue lettre le chapitre précédent. On a comme le journal de l'agonie, poursuivi et achevé par Julie quand Marguerite n'a plus la force d'écrire. Déchéance physique, saisie, solitude : la maladie et la société ont raison de la dame aux camélias. Le récit prend une plus grande force que ne l'aurait eue une description. L'organisation temporelle, l'accent mis sur les détails révélateurs, tout accentue le pathétique.

Dans la pièce, le dramaturge doit au contraire représenter. À l'ampleur de la lettre journal correspond l'acte V. La chambre, le lit ne sont plus lieux du travail de la courtisane, mais se trouvent comme sanctifiés par la mort qui se profile. À la solitude progressive de Marguerite se substituent la lettre du père et la visite d'Armand. Le pardon général élève l'héroïne qui meurt heureuse. Il faut interroger ce changement par rapport au roman : la leçon morale est plus forte, plus rassurante. En même temps, le pathétique change de nature et de portée.

◅◈ 5 - *Qui aime le mieux : la jeune fille ou la courtisane ?*	XII
De « Être aimé d'une jeune fille… »	
à « … fermé à tout autre ».	pp. 120-122

Le roman autorise ce que le théâtre ne peut que maladroitement inclure : le discours didactique tenu par un personnage qui peut apparaître comme un porte-parole de l'auteur. Ici, Armand s'arrête sur ses sentiments quand il se sait aimé de Marguerite. Il compare alors la facilité avec laquelle on se fait aimer d'une jeune fille innocente et la difficulté qu'il y a à faire naître un sentiment vrai chez une courtisane. Amusant retournement de la morale convenable, où se donnent à lire bien des préjugés idéologiques sur la femme. Sous couvert d'une célébration de l'amour authentique, l'expérience érotique semble se reverser au bénéfice du sentiment permis par… Dieu, comme il est dit p. 121. La courtisane retrouve alors les vertus de l'innocence tempérée par l'expérience et renvoie la jeune fille à ses attentes et à ses désirs.

☞ **6 - *La goujaterie d'Armand***
Du début à « ... évanouie ».

XXIV
pp. 216-219

C'est le moment du roman où Armand n'a pas le beau rôle. Tenaillé par la jalousie, il veut se venger et il torture Marguerite. Le récit rétrospectif permet de placer cette attitude sous le signe du remords, ce qui atténue la cruauté du personnage. La pièce, elle, donne toute sa force à l'humiliation qu'inflige Armand à Marguerite. On mesure les différences : dans le roman il est l'amant d'Olympe qui ne joue qu'un rôle instrumental dans la vengeance ; dans la pièce il fait un esclandre public (acte IV).

Dans le roman, il s'agit d'humilier par le changement de maîtresse ; dans la pièce, il s'agit d'exhiber l'argent. Le drame accentue donc le côté spectaculaire de cette jalousie.

• **LES THÈMES CLÉS**

1. La vie d'une courtisane de haut vol.
2. La vie de plaisir.
3. L'argent.
4. La courtisane aliénée par les valeurs morales mais sanctifiée par l'amour.
5. La purification par la vie à la campagne.
6. Les impératifs de la respectabilité bourgeoise.
7. La beauté du sacrifice et un destin pathétique.
8. Le mélodramatisme.

III - POURSUIVRE

• LECTURES CROISÉES

– Le dossier historique et littéraire propose un vaste choix de documents (pp. 353-408).

– On ajoutera la lecture croisée de *Manon Lescaut* de l'abbé Prévost (Pocket Classiques, n° 6031) et de *La Dame aux camélias*.

– Aux documents du dossier historique et littéraire concernant Marie Duplessis, on ajoutera les extraits suivants de Nestor Roqueplan (*Parisine*) qui se vante d'avoir découvert en 1840 la future dame aux camélias, de Villemessant (*Mémoires d'un journaliste*, 1884) et d'un avocat resté anonyme qui publia ses souvenirs dans *La Revue normande* (extrait reproduit dans *L'Intermédiaire des chercheurs et des curieux*, 20 septembre 1910), numérotés respectivement de 1 à 3.

1. Texte de Roqueplan :

« Je gravissais un soir, dit-il, les premières marches du Pont-Neuf dont on a depuis si artistement raclé l'échine. Une graisse turbulente chantait dans la poêle d'un friturier, et devant ce grésil harmonieux se tenait ébahie, et comme alléchée par le spectacle d'une félicité suprême, une jeune fille jolie, délicate, et malpropre comme un colimaçon mal tenu.

Elle grignotait une pomme verte qu'elle semblait mépriser. La pomme de terre frite était son rêve. Je lui en offris un gros cornet.

Cet acte de munificence, imposant comme la foudre, la fit rougir ; mais, revenue de son éblouissement, elle n'attendit pas les approches coriaces du trognon de sa pomme mâchée de travers pour la laisser choir, et fit si gloutonnement le va-et-vient du cornet à sa bouche, qu'elle semblait avoir engraissé en trois minutes.

Comme je n'avais rien à lui dire, je prévoyais qu'elle n'avait rien à me répondre, et je lui tournai le dos en jetant au hasard ce mot : À demain.

Je n'y pensais plus le lendemain matin ; mais il ne fallait pas être un Parisien bien perspicace pour porter un diagnostic sur cette enfant. C'était assurément une de ces fillettes du quartier Latin si improprement appelées grisettes. »

N. Roqueplan, *Parisine*.

2. Texte de Villemessant :

« Sept membres de la fashion parisienne conçurent l'idée d'une association en participation pour subvenir au luxe de Marie. Ils étaient déjà liés par mille liens d'amitié ; en se donnant à tous la même maîtresse, ils en formaient un nouveau. On m'a assuré que pour célébrer la signature des conventions, ils firent un cadeau en commun. C'était un meuble de première nécessité : une toilette munie de sept tiroirs et qui coûta un prix fou.

Avec un peu d'ordre, la confusion devenait impossible. Ainsi le fils d'un général de l'Empire qui tenait de son père une barbe noire et un air de belle santé ouvrait-il le tiroir d'un jeune homme blond au teint de rose délicat, qui avait peu l'air d'un chêne et qui s'était étiolé au faubourg Saint-Germain, il le repoussait aussitôt en apercevant une boîte de poudre en poudre. Il en était de même des autres. Chacun avec son signe distinctif. L'un des collyres, l'autre de l'eau de Madame Ma, etc.

Un jour, l'association se rompit. Marie était tombée malade, on en désespérait. La toilette lui resta, mais chacun vida son tiroir et porta son paquet ailleurs. »

M. de Villemessant, *Mémoires d'un journaliste*, 1884.

3. Texte anonyme :

« Je venais, dit-il, de terminer mon droit à la Faculté de Paris, quand je fus consulté par un entrepreneur de serrurerie de la rue Neuve-des-Capucines, sur le recouvrement difficile d'un mémoire de travaux effectués dans l'appartement d'une jeune dame, demeurant au boulevard de la Madeleine, à côté du grand magasin Gallois-Gignoux Aux trois quartiers. "Quoique tout y soit somptueux et d'un grand luxe indiquant la richesse et l'opulence – disait-il – cependant mes réclamations réitérées sont demeurées sans résultat." Et le brave homme ajoutait naïvement : "Je ne sais pas trop ce qu'est en réalité cette jeune dame, mais je serais porté à croire que c'est comme une sorte de lorette…"

En vue du recouvrement en question, j'écrivis à la débitrice, la priant de vouloir bien passer à mon cabinet pour une communication qui l'intéressait.

La réponse se fit peu attendre. Elle était ainsi conçue :

"Monsieur,

Vous devez savoir que les malades ont de tristes privilèges ; très souffrante en ce moment, permettez-moi de les invoquer, en vous priant de vouloir bien vous déranger et venir chez moi me parler de l'affaire en question.

Veuillez agréer, monsieur, mes salutations distinguées.

Marie Duplessis."

L'écriture était fine, anglaise, le papier légèrement parfumé…

Le lendemain, je sonnais à la porte d'un entresol, au n° 8 du boulevard de la Madeleine.

Introduit dans une antichambre assez spacieuse, son aspect original me frappa tout d'abord. Elle était tapissée dans toute son étendue d'un élégant treillage en bois doré sur lequel grimpaient et se développaient des plantes, des fleurs diverses, des camélias qui s'élevaient de jardinières en palissandre entourant la pièce…

La femme de chambre s'excusa, en raison de ce que Madame était retenue au salon, de me recevoir dans la chambre à coucher.

J'eus alors le loisir de l'inspecter en détail…

La tenture était en satin blanc, décoré d'un semis de roses mousseuses du plus charmant effet.

Au fond de la pièce, le lit, un nid de soie rose, était entouré de rideaux somptueusement et élégamment drapés.

Un canapé occupait un des côtés. En face du canapé, la toilette où s'épanouissait un fouillis de dentelles, guipures, nœuds de rubans chiffonnés avec art, et, devant la glace de Venise, rayonnant dans le ravissant entourage, s'alignait toute une série étincelante d'ustensiles variés, de vases en vermeil richement ciselés, sculptés, et du plus beau style, de brosseries, de flacons en cristal rehaussés d'or… Puis, çà et là, étaient disséminés tableaux, statuettes et objets d'art… »

Auteur anonyme.

• PISTES DE RECHERCHES

Le personnage de la courtisane et le thème romantique de la courtisane réhabilitée par l'amour

Manon Lescaut, Marion de Lorme, les grisettes dans *Scènes de la vie de bohème* de Murger, Esther dans *Splendeurs et misères des courtisanes* de Balzac (Pocket Classiques, n° 6073). Dans la comparaison avec le roman de Balzac, on remarquera le même triangle formé par la courtisane, l'amant de cœur et le riche protecteur (Esther, Lucien, Nucingen), avec un quatrième personnage qui tire en fait les ficelles (Vautrin, et le père chez Dumas fils). Comme Marguerite, Esther incarne la volupté et, consciente de son abjection, aspire à la pureté et à une vie respectable. Toutes deux ont une inépuisable capacité au dévouement sacrificiel. En revanche, si Armand est aveugle, Lucien accepte lâchement la situation et fait figure de prostitué. Il est d'une certaine façon l'autre courtisane du roman, surtout si l'on tient compte de la passion homosexuelle que lui voue Vautrin. Ce dernier n'agit pas pour les mêmes motifs que M. Duval. Il veut pour Lucien un grand mariage dans le monde avec l'aide de l'argent soutiré à Nucingen.

La courtisane chez Balzac

Parmi les nombreuses figures, on pourra choisir Aquilina dans *La Peau de chagrin* (Pocket Classiques, n° 6017) ou Josepha Mirah dans *La Cousine Bette* (n° 6120).

Le théâtre bourgeois à partir du milieu du XIXe siècle

On pourra consulter *Le Théâtre en France des origines à nos jours*, sous la direction d'Alain Viala, P.U.F., 1997.

Comparaison entre écriture romanesque et écriture théâtrale

Quels changements note-t-on dans le passage à la scène ? Quels personnages demeurent ? Quels personnages disparaissent ? Quels personnages apparaissent ? Quel est le traitement du temps et de l'espace ? Comment passe-t-on du dialogue romanesque au dialogue théâtral ? Comment s'opère la caractérisation des personnages ?

Comparaison entre le roman, la pièce et l'opéra

On pourra pour ce dernier s'aider du numéro de *L'Avant-Scène Opéra* consacré à *La Traviata*, n° 51, avril 1983.

• PARCOURS CRITIQUE

« Ami lecteur, j'ai écrit toutes ces comédies avec l'amour et le respect de mon art, sauf la première, que j'ai mise au monde en huit jours, sans trop savoir comment, en vertu des audaces et des bonnes chances de la jeunesse, et plutôt par besoin d'argent que par inspiration sacrée » (Alexandre Dumas fils, à propos de *La Dame aux camélias*, préface à son *Théâtre complet*, 1868).

« Le mythe central de *La Dame aux camélias*, ce n'est pas l'Amour, c'est la Reconnaissance, Marguerite aime pour se faire reconnaître, et à ce titre sa passion (au sens plus étymologique que sentimental) vient tout entière d'autrui. Armand, lui (c'est le fils d'un receveur général), témoigne de l'amour classique, bourgeois, […]. L'Amour de Marguerite est tout à l'opposé. Marguerite a d'abord été touchée de se sentir *reconnue* par Armand et la passion n'a été ensuite pour elle que la sollicitation permanente de cette reconnaissance » (Roland Barthes, « La Dame aux camélias », *Mythologies*, Le Seuil, collection « Points », 1970 [édition originale 1957], pp. 179-180).

« […] le théâtre d'Alexandre Dumas fils poursuit celui de son père… en inversant le mouvement : Armand Duval est à l'opposé d'Antony. Il n'en demeure pas moins que *La Dame aux camélias* propose une morale conformiste sous l'apparence de l'audace et que, comme telle, elle pouvait satisfaire un public qui refusait ses bravos aux comédies "rosses" d'Henry Becque » (Daniel Couty et Jean-Pierre Ryngaert, dans *Le Théâtre*, Bordas, 1980, p. 64).

DOSSIER HISTORIQUE ET LITTÉRAIRE

I - REPÈRES HISTORIQUES ET LITTÉRAIRES

A - REPÈRES BIOGRAPHIQUES

1. *Alexandre Dumas fils*

1824   27 juillet : naissance à Paris d'Alexandre Dumas, fils du romancier Alexandre Dumas (1802-1870) et de Catherine-Laure Labay (1793-1868), couturière. Il est déclaré « enfant naturel », de père et de mère inconnus.

1830   Alexandre Dumas père installe Catherine Labay et son fils à Passy.

1831   Le père reconnaît son fils le 17 mars, la mère le 24. Après un combat déchirant pour l'enfant, Dumas obtient la garde de son fils, qui supporte mal la présence de la maîtresse de son père, l'actrice Belle Krelsamer. Le jeune Alexandre Dumas est mis en pension à l'Institution Vauthier, rue de la Montagne-Sainte-Geneviève où ses condisciples le traitent de bâtard.

1833   Entre à la pension Saint-Victor, rue Blanche, dont le directeur était un ancien collaborateur de son père. L'un de ses condisciples est Edmond de Goncourt.

1839   Il poursuit, comme externe, ses études au collège Bourbon (l'actuel lycée Condorcet).

1840   Le mariage de son père avec une comédienne, Ida Ferrier, suscite une crise.

1841   Il habite chez son père qui lui fait partager son mode de vie mondaine. Écrit ses premiers vers, obtient de bons résultats scolaires, mais échoue au baccalauréat.

1842   Accompagne son père à Florence, est mêlé à ses occupations, le suit dans le tourbillon parisien. Puis il mène une vie de célibataire mondain, fort endetté ; sa première maîtresse est la femme du sculpteur Pradier.

1844   Rapprochement avec le père, à qui il rend souvent
        visite dans sa villa de Saint-Germain-en-Laye. Projets
        de collaboration. Rencontre de Marie Duplessis, qui
        devient sa maîtresse et l'héroïne de *La Dame aux
        camélias*.

1845   Avec 50 000 francs de dettes pour sa majorité, il écrit
        un roman, *Aventures de quatre femmes et d'un
        perroquet* qui paraît en feuilleton l'année suivante.
        Rupture avec Marie Duplessis.

1846   Il est l'amant d'une actrice du Vaudeville, Anaïs Lié-
        venne, fait jouer *Le Bijou de la reine*, un acte en vers
        (représentation unique à l'hôtel de Castellane en 1855).
        En octobre, voyage avec son père en Espagne, en Algé-
        rie et en Tunisie.

1847   De retour à Toulon le 4 janvier. À Marseille, il apprend
        le décès de Marie Duplessis le 3 février, compose un
        poème à sa mémoire, dédié à Théophile Gautier, publié
        la même année dans un recueil de poésies, *Péchés de
        jeunesse*.

1848   Publie *Le Roman d'une femme* et *La Dame aux camé-
        lias*. Fait jouer *Atala*, scène lyrique en un acte, au
        Théâtre Historique fondé par son père. Ne prend pas
        part aux journées révolutionnaires.

1849   Publie *Le Docteur Servans* ; *Césarine* ; *Antonine*. Il
        compose la pièce *La Dame aux camélias*, à l'intention
        du Théâtre Historique qui, en raison de difficultés
        financières, ne peut la représenter. Voyage en Hollande
        avec son père.

1850   Publie *La Vie à vingt ans* ; *Tristan le Roux* et *Trois
        hommes forts*. *La Dame aux camélias* est reçue au
        Vaudeville, mais interdite par la censure de la IIᵉ Ré-
        publique. Liaison avec la comtesse russe Lydie Nes-
        selrode, belle-fille du ministre des Affaires étrangères
        du tsar.

1851   Voyage en Belgique, Allemagne et Pologne à la suite
        de la comtesse Nesselrode (qui accompagne son mari).
        Son passeport pour la Russie lui est refusé. En Polo-
        gne, il entre en possession des lettres de George Sand
        à Chopin, qu'il rend à l'auteur, laquelle les brûle. En

décembre, après le coup d'État de Louis-Napoléon Bonaparte, Dumas père et fils sont à Bruxelles, pour des raisons financières.

1852   2 février : création de *La Dame aux camélias*, drame en 5 actes, sur la scène du Vaudeville. La censure a été levée par le duc de Morny, ministre de Napoléon III. Immense succès, le plus important du siècle au théâtre. Publie *Le Régent Mustel* (paru en feuilleton l'année précédente dans le quotidien *Le Pays*). Devient l'amant de Nadejda Naryschkine, dont le mari refuse le divorce.

1853   Publie un volume de *Contes et nouvelles* et *La Dame aux camélias*, roman. 6 mars : théâtre de La Fenice à Venise, création de *La Traviata*, opéra en 4 actes de Giuseppe Verdi, livret de Francesco-Maria Piave, d'après *La Dame aux camélias*. Échec : seulement dix représentations. 15 novembre : création de *Diane de Lys*, drame en 5 actes adapté du roman du même titre, au théâtre du Gymnase.

1854   Publie *Sophie Printems*, roman, et *Un cas de rupture*, nouvelle. 6 mai : reprise triomphale de *La Traviata* à Venise, théâtre San Benedetto.

1855   Création, le 20 mars, d'une comédie en 5 actes, *Le Demi-Monde*, au théâtre du Gymnase. Important succès.

1857   31 janvier : création de *La Question d'argent*, comédie en 5 actes, au théâtre du Gymnase. Voyage avec son père à Londres. Séjour à Plombières. Décoré de la Légion d'honneur.

1858   16 janvier : création du *Fils naturel*, comédie en 5 actes, au théâtre du Gymnase.

1859   30 novembre : création d'*Un père prodigue*, comédie en 5 actes, au théâtre du Gymnase.

1860   Naissance de sa fille Colette (1860-1907) qu'il a eue avec la princesse Naryschkine.

1861   Passe l'été chez George Sand à Nohant, où il prête la main à l'adaptation théâtrale du *Marquis de Villemer*, de George Sand (joué à l'Odéon en 1864 avec un succès triomphal).

1864   5 mars : création de *L'Ami des femmes*, comédie en 5 actes, au théâtre du Gymnase. 27 octobre : première représentation à Paris de *La Traviata* sous le titre *Violetta*, au Théâtre Lyrique. À la fin de l'année, Alexandre Dumas fils épouse sa princesse, veuve de Naryschkine depuis sept mois. Ils reconnaissent leur enfant, Colette, et se rendent régulièrement à Puys, près de Dieppe, où Dumas aime écrire.

1865   20 avril : création à la Comédie-Française du *Supplice d'une femme*, drame en 3 actes écrit en collaboration avec Émile de Girardin, dont celui-ci s'attribue l'entière paternité.

1866   Publie *L'Affaire Clemenceau*, roman.

1867   16 mars : création des *Idées de Madame Aubray*, comédie en 4 actes, au théâtre du Gymnase. Naissance, le 3 mai, de sa fille Jeanine.

1868   Publication du *Théâtre complet* (1re série) chez Michel Lévy. Décès de sa mère, Laure Labay.

1869   Voyage à Constantinople, Athènes et Venise. Publication du *Théâtre complet* (2e série).

1870   Mort du père, au domicile de son fils, en Normandie.

1871   Divers articles sur l'actualité politique, dictés par la peur de la Commune. Création, au théâtre du Gymnase, de *Une visite de noces*, comédie en un acte (10 octobre) et de *La Princesse Georges*, pièce en 3 actes (2 décembre).

1872   Publie *La Question de la femme* et *L'Homme-femme*.

1873   16 janvier : création de *La Femme de Claude*, pièce en 3 actes, au théâtre du Gymnase. Échec. 26 novembre : *Monsieur Alphonse*, pièce en 3 actes, au même théâtre.

1874   Élection à l'Académie française.

1876   Collabore à la comédie *Les Danicheff*, jouée sous le pseudonyme de Pierre Newski. 14 février : création de *L'Étrangère* à la Comédie-Française.

1877-1879 : *Entr'actes*, recueil en 3 volumes d'articles divers.

1879   Publie *La Question du divorce*, essai.

1880   Publie *Les Femmes qui tuent et les femmes qui votent*, essai.

1881   31 janvier : création de *La Princesse de Bagdad*, pièce en 3 actes, à la Comédie-Française, échec.

1882   Publie la *Lettre à M. Naquet* à propos de la loi sur le divorce.

1883   Publie *La Recherche de paternité, lettre à M. Rivet, député*.

1885   19 janvier : création de *Denise*, pièce en 4 actes, à la Comédie-Française.

1887   17 janvier : création de *Francillon*, pièce en 3 actes, à la Comédie-Française. Il devient l'amant d'une femme mariée, Henriette Régnier.

1894   Publie *Théâtre des autres*, recueil en 2 volumes de ses pièces écrites en collaboration.

1895   Mort de sa femme Nadejda. Épouse Henriette Régnier le 26 juin. Meurt le 28 novembre à Marly-le-Roi. Il est enterré au cimetière Montmartre.

2. *Marie Duplessis*

1824   16 janvier : naissance à Nonant (Orne) d'Alphonsine Plessis (qui se dira Marie Duplessis), fille de Marin Plessis, colporteur, et de Marie Deshayes. Cette dernière descendrait de la famille des seigneurs du Mesnil d'Argentelle. L'enfant et sa sœur aînée Delphine sont confiées à leur tante.

1838   À quatorze ans, Marie Duplessis est à Paris, rue des Deux-Écus, chez des parents éloignés tenant boutique de fruits et légumes. Puis elle est employée chez une corsetière, rue de l'Échiquier, et une modiste, rue Saint-Honoré.

1840   Épris d'elle, Nollet, restaurateur rue Montpensier, l'installe dans un appartement rue de l'Arcade.

1840   Agénor, duc de Guiche (né en 1819, qui prendra le titre de duc de Gramont à la mort de son père et deviendra ministre des Affaires étrangères de Napoléon III), en fait sa maîtresse et la lance dans le monde en lui conseillant de se nommer Marie Duplessis. Elle est la partenaire attitrée de plusieurs membres du Jockey-Club.

1842   Guiche l'installe 28, rue du Mont-Thabor, et lui fait donner une éducation. Peu après, devenue la femme la plus élégante de la société parisienne, elle habite 22, rue d'Antin. Édouard Perregaux (héritier du banquier de Napoléon Ier) s'éprend d'elle.

1844   Un noble russe de 80 ans, le comte de Stackelberg, la prend sous sa protection et l'installe au 11, boulevard de la Madeleine. Alexandre Dumas fils rencontre Marie Duplessis.

1845   30 août : rupture d'Alexandre Dumas. Elle lui a écrit : « Mon cher Adet, pourquoi ne me parles-tu pas *franchement* ? Je crois que tu devrais me traiter comme une amie, j'espère donc un mot de toi, et je te baise tendrement comme une maîtresse, ou comme une amie. À ton choix. Dans tous les cas je te serai toujours dévouée. Marie. » Il répond : « Ma chère Marie. Je ne suis pas assez riche pour vous aimer comme je le voudrais ni assez pauvre pour être aimé comme vous le voudriez. Oublions donc tous deux, vous un nom qui doit vous être à peu près indifférent, moi un bonheur qui me devient impossible. Il est inutile de vous dire combien je suis triste, puisque vous savez déjà combien je vous aime. Adieu donc, vous... avez trop de cœur pour ne pas comprendre la cause de ma lettre, et trop d'esprit pour ne pas me la pardonner. Mille souvenirs. A. D. 30 août, minuit. » En novembre, elle s'éprend du compositeur Franz Liszt, avec lequel elle a une brève liaison.

1846   21 février : mariage à Londres avec Édouard de Perregaux. Retour immédiat à Paris et séparation des époux. Atteinte de tuberculose, elle est soignée par le Dr Koreff. Elle prend des cures à Spa, Baden, Wiesbaden...
       18 octobre : Alexandre Dumas fils, qui la sait malade, lui écrit de Madrid : « ... Voulez-vous me permettre de m'inscrire au nombre de ceux qui s'attristent de vous voir souffrir ? Huit jours après que vous aurez reçu cette lettre, je serai à Alger. Si je trouve, à la poste restante, un mot à mon nom, et qui me pardonne une faute que j'ai commise il y a un an environ, je reviendrai moins triste en France, si je suis absous, et tout à fait heureux si vous êtes guérie... »

1847 3 février : meurt à Paris, après trois jours d'agonie. Le service funèbre est célébré à l'église de la Madeleine. Elle est inhumée au cimetière Montmartre, dans un caveau provisoire d'abord, puis, le 16 février, dans sa sépulture définitive, 15e division, 4e ligne. Édouard de Perregaux procède aux formalités d'usage. Du 24 au 27 février, vente aux enchères publiques de ses biens, qui produit 89 017 F (soit près de deux millions de francs actuels). Dumas compose une élégie pour M. D. qu'il publie à la fin de son recueil de vers, *Péchés de jeunesse.*

B - REPÈRES CHRONOLOGIQUES
*Les événements historiques et littéraires
entre 1824 et 1895*

1824 Carnot : *Réflexions sur la puissance motrice du feu* (lois sur la thermodynamique). Charles Nodier réunit le Cénacle romantique dans son salon de l'Arsenal.

1825 Paul-Louis Courier est assassiné. La revue *Le Mercure français* cesse de paraître.

1827 Grand succès du mélodrame de Victor Ducange, *Trente Ans ou La vie d'un joueur.*

1828 Jules Janin crée le roman « frénétique » avec *L'Âne mort et la Femme guillotinée.*

1829 21 février : *Henri III et sa cour*, d'Alexandre Dumas, à la Comédie-Française (première représentation du drame romantique). Fondation de *La Revue de Paris* et de *La Revue des Deux-Mondes.* Charles Fourier publie *Le Nouveau Monde industriel* (1829-1830).

1830 25 février : *Hernani*, drame en vers de Victor Hugo à la Comédie-Française. Loi instituant l'autorisation préalable pour les journaux et les périodiques.
26, 27, 28 juillet : les Trois Glorieuses, révolution de Juillet, fin de la deuxième Restauration. Premières manifestations des Bousingos (Célestin Nanteuil, Gautier, Nerval, P. Borel, Lassailly, O'Neddy).

1830-1842 : Auguste Comte publie son *Cours de philosophie positive*.

1830-1848 : Règne de Louis-Philippe, monarchie de Juillet.

1831   Publication de *L'Artiste* (revue).

1833   Loi Guizot sur l'enseignement primaire. *La Revue encyclopédique, l'Almanach des Muses*, cessent de paraître.

1834   Représentation à succès de *Robert Macaire*, mélodrame de Benjamin Antier, avec Frédérick Lemaître.

1835   Groupe du Doyenné, réunissant les Bousingos ou Jeune-France.

1837-1838 : Frédéric Soulié publie *Les Mémoires du Diable*, premier roman populaire en feuilleton.

1838   Balzac préside la Société des Gens de Lettres. Michelet entre au Collège de France. Daguerre et Niepce inventent la photographie.

1840   Lamennais est emprisonné pour son opuscule *Le Pays et le Gouvernement*. P. Proudhon publie *Qu'est-ce que la propriété ?*

1841   23 mars : loi sur la propriété littéraire. Vigny : « De Mademoiselle Sedaine et de la propriété littéraire ». Edgar Quinet entre au Collège de France.

1842   16 avril : premier volume de *La Comédie humaine* de Balzac.

1843   7 mars : échec des *Burgraves* de Victor Hugo ; déclin du romantisme.

1843-1850 : Construction de la bibliothèque Sainte-Geneviève par Henri Labrouste.

1845   Fin de *La Revue de Paris*.

1846   Pierre Dupont, *Le Chant des ouvriers*.

1848   2 janvier : le gouvernement suspend le cours de Michelet au Collège de France.
22-24 février : insurrection parisienne : Louis-Philippe abdique. 25 février : proclamation de la IIIᵉ République, gouvernement provisoire, liberté de la presse. 10 décembre : Louis-Napoléon Bonaparte président de la République.

1849 1er octobre : Sainte-Beuve : « Causeries du lundi » dans *Le Constitutionnel*. Renan achève *L'Avenir de la Science*, commencé en 1846, édité seulement en 1890.

1850 Lois Falloux réglementant l'enseignement primaire et secondaire. Restriction du suffrage universel.

1851 2 décembre : coup d'État de Napoléon ; A. Dumas exilé à Bruxelles ; Victor Hugo à Jersey.

1852 Michelet, Quinet, Mickiewicz sont exclus du Collège de France. Rétablissement de la censure dramatique. *Revue contemporaine* (1852-1857 et 1858-1870).

1852-1870 : Napoléon III : empereur des Français.

1854 Le Félibrige, mouvement littéraire occitan.

1855 26 janvier : Nerval est découvert pendu à un réverbère, rue de la Vieille-Lanterne.

1857 Flaubert acquitté au procès de *Madame Bovary*. Juin : funérailles nationales de Béranger.

1857-1880 : Le Réalisme (comme groupement littéraire).

1858 Paul Féval, *Le Bossu ou le Petit Parisien* (roman populaire).

1859-1877 : Ponson Du Terrail, *Les Exploits de Rocambole* (roman feuilleton).

1862 Suspension du cours de Renan au Collège de France.

1863 Création de la revue *Le Nain jaune* (jusqu'en 1865 puis de 1867 à 1909). Grand succès de *La Vie de Jésus* de Renan.

1865 Claude Bernard, *Introduction à l'étude de la médecine expérimentale*.

1866 *Le Parnasse contemporain*. Début du mouvement parnassien. Droits d'auteur fixés à cinquante ans après le décès de l'écrivain.

1867 Émile Gaboriau, *Le Dossier n° 113* (roman policier). Loi sur l'enseignement primaire : création du certificat d'études.

1870   Guerre avec la Prusse, défaite de Sedan. 4 septembre : proclamation de la République. Victor Hugo revient à Paris après dix-neuf ans d'exil.

1871   18 mars-28 mai : Commune de Paris — Eugène Pottier compose *L'Internationale*. Thiers élu président de la République. *Le Parnasse contemporain*, deuxième livraison. *Revue politique et littéraire* (1871-1939).

1872   Littré, *Dictionnaire de la langue française*. Jules Vallès, réfugié à Bruxelles, est condamné à mort par contumace.

1874   Adolphe Dennery : *Les Deux Orphelines* (mélodrame).

1875   *Le Parnasse contemporain* (troisième série). Victor Hugo préside le congrès sur la propriété littéraire.

1875   Loi sur l'enseignement supérieur.

1879   Flaubert reçoit une pension du ministère de l'Instruction publique.

1880   « Mardis » de Mallarmé — Zola, *Le Roman expérimental*. Les soirées de Médan (Zola, Maupassant, Alexis, Céard, Huysmans) : formation du groupe naturaliste.

1880   Loi Camille Sée : enseignement secondaire pour les jeunes filles.

1881   E. Goudeau et R. Salis ouvrent le cabaret « le Chat noir ». Jules Vallès : retour d'exil.

1881-1882 : Lois de Jules Ferry : enseignement primaire gratuit, laïque et obligatoire.

1881   Zola : « Le naturalisme au théâtre » ; 29 juillet : liberté de la presse.

1883   Fondation de la revue *Les Annales politiques et littéraires* (qui cessera de paraître en 1907).

1884   Félix Fénéon fonde *La Revue indépendante* qui dure jusqu'en 1895. Loi sur le divorce.

1885   22 mai : funérailles nationales de Victor Hugo. 9 sept. : Union internationale pour la protection des œuvres littéraires et artistiques. 18 sept. : Jean Moréas : « Manifeste du symbolisme » dans le *Figaro*.

1886   Convention de Berne sur le droit d'auteur. Anatole Baju fonde la revue *Le Décadent* (1886-1888). 24 décembre : conversion de Claudel.

1887-1897 : Théâtre Libre d'Antoine.

1887   « Manifeste des cinq » (Maupassant, Rosny, Guiches, Bonnetain, P. Margueritte) contre *La Terre* de Zola.

1889   Création de *La Revue blanche* (jusqu'en 1903).

1890   Création de la revue *Le Mercure de France* (jusqu'en 1965), et de *L'Ermitage* (jusqu'en 1906).

1890-1892 : Paul Fort anime Le Théâtre d'Art.

1890-1900 : Hatzfeld, Darmesteter et Thomas publient le *Dictionnaire général de la langue française*.

1891   Enquête de Jules Huret sur l'évolution littéraire. Début de l'École Romane (Jean Moréas).

1893   Lugné-Poe fonde le théâtre de l'Œuvre.

1894   Condamnation du capitaine Dreyfus. Verlaine, élu « Prince des poètes » reçoit une pension (500 francs) du ministère de l'Instruction publique.

1895   Maurice Pottecher fonde le théâtre du Peuple. 28 décembre : première projection cinématographique à Paris.

II - DICTIONNAIRE ENCYCLOPÉDIQUE DE *LA DAME AUX CAMÉLIAS*
contenant les mots rares ou difficiles, noms de lieux, noms propres et titres cités

AFFINITÉ DES FLUIDES : sorte de sympathie magnétique, à ne pas confondre avec les « affinités électives », terme de chimie désignant les affinités qui détruisent un composé au profit de nouvelles combinaisons, dont Goethe a montré l'incidence dans son roman du même nom.

AFRIQUE : « se faire tuer en Afrique », ici allusion à la conquête de l'Algérie par les troupes du général Bugeaud (1840-1848).

AM RAUCHEN : récit d'Alphonse Karr publié en 1842 à Paris.

ANTIN (rue d') : rue du 2e arrondissement de Paris, située entre l'ancienne rue des Petits-Champs (aujourd'hui rue Danielle-Casanova) et la rue Port-Mahon, où Marie Duplessis vécut, au numéro 22.

AUCOC : orfèvre célèbre.

AUTEUIL : dans les années 1840, à l'époque où se déroule la pièce, Auteuil est encore un village au charme agreste, où les Parisiens aiment à passer l'été.

BAGNÈRES : dans les notes de l'édition des comédiens, Alexandre Dumas mentionne Bagnères-de-Luchon (mais l'édition de 1872 du roman précise Bagnères-de-Bigorre). C'est une station thermale (Hautes-Pyrénées) dont les eaux très limpides contiennent des sels de soude et des substances alcalines et ferrugineuses : elles étaient supposées favoriser le traitement de la tuberculose et des maladies nerveuses.

BARRES : jeu de course entre deux camps délimités par une barre ; « prendre barres » : prendre l'avantage sur quelqu'un.

BERNERETTE : *Frédéric et Bernerette* est un conte d'Alfred de Musset (1838) dont *La Dame aux camélias* paraît reprendre une partie de l'intrigue. Bernerette est une grisette qui renonce à son amour pour Frédéric et le trompe, à la demande de son père (voir dossier, p. 381).

BOIS : le Bois, sans autre précision, est, bien entendu, le bois de Boulogne, rendez-vous de la haute société parisienne, à l'époque du récit.

BOUGIVAL : village à 18 km de Paris, sur la rive gauche de la Seine, fréquenté par les peintres et les bourgeois, les pêcheurs et les artistes dès avant les impressionnistes, comme en témoignent *Les Aventures de Mlle Mariette* de Champfleury (1857) et celles de *Rocambole* (1859) de Ponson du Terrail.

BOULE : meubles fabriqués par le célèbre ébéniste André Boule (1642-1732) ou, à son imitation, faits d'incrustations d'écaille, d'or et de cuivre. En posséder dénote richesse et bon goût.

CACHEMIRE : on disait alors, indifféremment, « un châle de cachemire », « un châle cachemire » ou, par ellipse, « un cachemire ». Châle en poil de chèvre du Cachemire, très fin, à dessins particuliers.

CAFÉ ANGLAIS : café à la mode, situé au 13 boulevard des Italiens, à l'angle de la rue Marivaux. Il figure chez Balzac et Flaubert. Fermé en 1913.

CALÈCHE : voiture à cheval découverte, à quatre roues, traînée par deux ou quatre chevaux, fort coûteuse.

CAMÉLIA : arbuste introduit du Japon en Europe par un jésuite, le père Camelli (d'où l'orthographe des botanistes : *camellia*) comprenant plus de 1 500 variétés. C'est une plante fragile et coûteuse au milieu du XIXe siècle.

CANDÉLABRE : chandelier à plusieurs branches.

CAUTIONNEMENT : dépôt de garantie versé obligatoirement, à l'époque, par les percepteurs et receveurs des deniers publics.

CAVEAU (café du) : installé au Palais-Royal, galerie de Beaujolais, depuis 1784.

CHAISE DE POSTE : voiture légère à deux ou quatre roues, tirée par un ou deux chevaux, conçue pour voyager rapidement. Les chaises de postes furent établies par Colbert en 1664.

CHAMPS-ÉLYSÉES : cette célèbre artère parisienne, constamment embellie depuis 1828, avait alors des trottoirs et des contre-allées asphaltées, éclairées au gaz par 1 200 candélabres. C'était la promenade favorite des grandes dames et des courtisanes, qui aimaient à s'y montrer.

CHEVAUX DE MARLY : l'entrée des Champs-Élysées est encadrée par ces chevaux de marbre, œuvre des frères Coustou (1745), primitivement destinés à l'abreuvoir de Marly. Ils sont aujourd'hui installés dans le Grand Louvre.

CHOUX : ruban en forme de chou.

CLOAQUE : pris au sens moral, lieu malsain, souillé d'impureté.

COMMENSAL : personne qui mange à la même table qu'une autre. Par extension, qui vit à ses frais.

CONTREDANSE : danse d'origine anglaise *(country dance)*, rapide et légère, qui s'exécute à huit, douze ou seize personnes.

COUPÉ : voiture à cheval fermée à deux roues et à deux places.

CRÂNEMENT : expression du superlatif, courante à l'époque.

DÉBARCADÈRE : ce substantif, comme son antonyme *embarcadère*, est utilisé depuis l'invention des chemins de fer pour désigner la gare, ici Saint-Lazare, installée en 1842.

DÉLISSÉS (cheveux) : dépeignés.

DEMOISELLE : lorsque Marguerite Gautier court après une demoiselle, cela ne prouve pas qu'elle ait des mœurs douteuses, puisqu'elle cherche seulement à attraper une libellule.

DENIER : *c'est un joli denier*, une belle somme !

DES GRIEUX : Armand Duval est comparé par son père, et se compare lui-même, au héros du roman de l'abbé Prévost, qu'il offre à Marguerite Gautier. Pour Alexandre Dumas fils, il ne fait pas de doute qu'il récrit l'*Histoire du chevalier des Grieux et de Manon Lescaut*.

DEUS EX MACHINA : cette expression latine, qualifiant au théâtre un dénouement heureux, se répand vers 1845.

ÉCU : 3 francs ; 1 000 écus = 3 000 francs soit 66 000 francs actuels.

ÉTOILE (barrière) : barrière de l'octroi, installée de 1787 à 1860 sur l'avenue des Champs-Élysées, au débouché des actuelles rues de Presbourg et de Tilsitt.

FAVORITE (LA) : opéra du compositeur italien Donizetti, sur un livret français d'Alphonse Royer, représenté à Paris en 1840.

FERNANDE : roman d'Alexandre Dumas père (1844). Orpheline d'une noble famille, Fernande devient à 17 ans, sous la contrainte, la maîtresse de son tuteur, et, à 20 ans, l'une des courtisanes les plus en vue à Paris. Elle découvre l'amour pur et désintéressé avec Maurice. Elle rompt avec lui en découvrant son mariage. Celui-ci se meurt d'amour. Appelée au chevet du malade, elle le guérit et le rend à sa femme légitime. Elle renonce au luxe parisien et se retire sur ses terres. (Voir dossier, p. 385).

FOY (café) : à l'angle du boulevard des Italiens et de la rue de Richelieu, ne pas confondre avec le café de Foy, installé de 1784 à 1863 sous les arcades du Palais-Royal, mentionné dans *César Birotteau* (1837) de Balzac, *les Cariatides* de Banville (1842), *La Vie de jeunesse* (1851) de Murger, etc.

FRANC : un franc de Louis-Philippe vaut environ 22 francs de 1994. La journée de travail d'une blanchisseuse est payée 4 francs.

FRASCATI : café, restaurant, maison de jeu, situé 23, boulevard Montmartre, créé par son propriétaire sur le modèle des salons-jardins de Frascati, à Naples. Il était fréquenté par les dames galantes et les hommes en quête de bonne fortune. Ses jardins étaient illuminés la nuit, jusqu'à deux heures du matin.

GOETHE : l'auteur de *Faust* et des *Souffrances du jeune Werther* a aussi composé des *Lieder* qui renouvelèrent la poésie allemande.

GUINGUETTE : café populaire en plein air, où l'on danse le dimanche et les jours de fête.

GUIPURE : dentelle à larges mailles.

HYPOCONDRIAQUE : triste, mélancolique.

INVITATION À LA VALSE : pièce pour piano composée en 1819 par le musicien allemand Karl-Maria von Weber.

ITALIENS (théâtre des) : il abrita les comédiens italiens chassés de l'hôtel de Bourgogne, à l'emplacement de l'actuel Opéra-Comique.

KARR (Alphonse) : journaliste et romancier français (1808-1890) cultivant l'humour et les pointes acerbes à l'égard de ses contemporains dans son journal, *La Guêpe*. *Sous les tilleuls* (1832) fut un grand succès de librairie au XIXe siècle.

LAFFITTE (rue) : cette rue, ouverte en 1771 sous le nom de rue d'Artois, pour faire pendant à la rue de Provence sa voisine (cf. Louis XVIII et Charles X), a pris le nom du banquier Laffitte en 1830 lorsqu'il vint s'y installer. C'est tout un symbole, à l'ouverture du récit !

LAMARTINE (Alphonse de) : poète français, 1790-1869. Armand Duval songe à ses *Méditations poétiques* (1820) ou encore aux *Harmonies poétiques et religieuses* (1830), accordées au lyrisme des amants.

LOUIS : pièce d'or de 20 francs.

MAISON D'OR : (ou Maison Dorée) café-restaurant à la mode, fondé en 1840, fermé en 1909, situé à l'angle du boulevard des Italiens et de la rue Laffitte. Il comportait des cabinets particuliers et recevait des cocottes.

MANON LESCAUT : le roman de l'abbé Prévost (1731) revient à plusieurs reprises dans le récit, comme modèle par rapport auquel il s'inscrit, Marguerite Gautier étant considérée comme une nouvelle Manon.

MARION DELORME : drame de Victor Hugo (1831), mettant en scène l'une des plus célèbres courtisanes du XVIIᵉ siècle, purifiée par l'amour respectueux et chaste de Didier. (Voir dossier, p. 379).

MARLY (aqueduc) : une machine, considérée comme la huitième merveille du monde, faisait monter l'eau de la Seine, captée à Bougival, par un aqueduc jusqu'aux réservoirs de Louveciennes et aux jardins de Versailles.

MONTMARTRE (cimetière) : cimetière du Nord, établi sur les « Grandes-Carrières » en 1783. Il renferme les sépultures de personnalités célèbres au XIXᵉ siècle (Berlioz, Stendhal, Renan) et notamment celle de Marie Duplessis et d'Alexandre Dumas fils.

NÉCESSAIRE : boîte, étui, renfermant les ustensiles de toilette.

ODIOT : orfèvre français (1753-1850) de réputation internationale, symbole du style Empire, mentionné par les Goncourt dans leur *Journal* en 1863.

OPÉRA (théâtre de l') : il est installé depuis 1821 au 6, rue Le Peletier, avant la construction de l'opéra de Garnier, inauguré en 1875.

OPÉRA-COMIQUE (théâtre de l') : édifié en 1783 pour accueillir les comédiens italiens installés à l'hôtel de Bourgogne, il tourne le dos au boulevard des Italiens (qui lui doit son nom). La salle, maintes fois incendiée, et toujours reconstruite au même emplacement, est aujourd'hui dénommée salle Favart, du nom de son premier directeur.

OTHELLO : personnage de la tragédie de Shakespeare *Othello ou Le Maure de Venise* (1604), il symbolise la jalousie la plus noire, provoquée par un confident démoniaque. Le texte a été « adapté » en français par J.-F. Ducis (1792) et traduit par Vigny (1829).

PALAIS-ROYAL (théâtre du) : situé dans la galerie de Montpensier, au Palais-Royal, ce théâtre, qui existe toujours, fut reconstruit en 1831 et rouvert sous ce nom. La Déjazet et Hortense Schneider firent son succès.

PELISSE : manteau ou mantelet de femme, en soie ou en laine, garni de fourrures.

PENSION : allocation perçue régulièrement.

PÉRISTYLE : colonnade décorant la façade d'un édifice, ici le théâtre.

PHAÉTON : petite calèche découverte à quatre roues.

PHTISIE : nom donné à la tuberculose pulmonaire, au XIXᵉ siècle.

POITRINAIRE : substantif désignant, dans le langage commun, toute personne atteinte de tuberculose, scientifiquement dénommée « phtisie », à l'époque.

POLKA : danse qu'on venait d'importer de Pologne, vers 1845. D'où le verbe *polker*, danser la polka.

PORT-MAHON (rue de) : rue de Paris, percée en 1795 sur les terrains de l'ancien hôtel de Richelieu. Ainsi dénommée pour rappeler la victoire du maréchal de Richelieu en 1756 sur la flotte anglaise devant la capitale de l'île de Minorque (Baléares).

PORTEFAIX : porteur. Au figuré, homme brutal et grossier.

POSTE : manière de voyager avec des chevaux de poste ; *prendre, courir la poste.*

PUNCH : (prononcé « ponche ») boisson d'origine anglaise à base de rhum flambé, parfumé au citron et à la cannelle.

RENTE : revenu annuel d'un bien familial.

ROSSELLEN (Henri) : pianiste et compositeur français (1811-1876), auteur de pièces très populaires : *Rêverie, Nocturne, Tarentelle, 12 Études brillantes*, de Fantaisies, d'airs d'opéra et d'un *Manuel du pianiste.*

ROULIER : conducteur de chariots et charrettes à cheval.

SAINT-DENIS : cette commune de la banlieue, au nord de Paris, est évoquée pour son ancienne abbaye, affectée en 1809 par Napoléon Iᵉʳ à l'éducation des filles des membres de la Légion d'honneur.

SAINT-ROCH : située rue Saint-Honoré, c'est l'église la plus proche de la rue d'Antin où demeure Marguerite Gautier.

SAINTE-MARGUERITE (île) : l'une des îles de Lérins, au large de Toulon.

SAXE : porcelaine de Saxe.

SCHUBERT (Franz) : compositeur allemand (1797-1828) dont on retient surtout les lieder, la *Berceuse,* la *Sérénade.*

SCUDO (Pierre) : critique et compositeur français (1806-1864). Il est resté célèbre comme critique de *La Revue des Deux-Mondes* en attaquant Berlioz, Liszt et Wagner.

SI FAIT : (familièrement) affirmation, « mais oui ».

STALLE : au théâtre, nom qu'on donne aux sièges séparés et numérotés.

SUSSE : marchand d'objets d'art et de tableaux. Il est évoqué par les Goncourt dans leur *Journal.*

TONY : marchand de chevaux des Champs-Élysées. Mentionné par les Goncourt dans leur *Journal* en 1862.

TOQUÉ : épris de, amoureux fou.

TRAITE : lettre de change.

VARIÉTÉS : d'abord ouvert au Palais-Royal en 1790 par la Montansier qui y admit des courtisanes, ce théâtre s'installa en 1807 sur le boulevard Montmartre, n° 7, à l'emplacement qu'il occupe actuellement.

VAUDEVILLE : théâtre situé depuis 1840 à l'angle de la rue Vivienne et de la place de la Bourse, fermé en 1869 pour le percement de ce qui deviendra la rue du Quatre-Septembre. On y jouait des pièces obligatoirement accompagnées de musique.

VERTU (une) : (familièrement) femme vertueuse.

VÉRY (café) : le premier restaurant à prix fixe, installé en 1808 sous les arcades du Palais-Royal, galerie de Beaujolais. Il fusionna en 1859 avec le Grand-Véfour, qui existe toujours.

VIDAL (Vincent) : peintre français (1811-1887) spécialisé dans les portraits de la société parisienne élégante.

III - TEXTES COMPLÉMENTAIRES

Très tôt, le roman comme le drame se sont trouvés dotés de préfaces ou de notes qui, d'une certaine manière, en orientaient la lecture ou la représentation qu'on s'en faisait.

À la suite de la publication du roman, La Dame aux camélias, *le critique Jules Janin écrivit une chronique sur l'héroïne véritable de ce récit, « Mademoiselle Marie Duplessis », qu'Alexandre Dumas fils fit insérer, la même année, en préface à la réédition de l'œuvre chez Cadot. Elle fut reprise l'année suivante dans l'édition Michel Lévy et, depuis, figure pratiquement en tête de toutes les éditions ultérieures. C'est dire que Marguerite Gautier est, désormais, obligatoirement identifiée à Marie Duplessis, telle une clé unique. Janin authentifie le personnage romanesque, en insistant sur son ascension sociale, sa distinction remarquable, sa rencontre avec Liszt, l'absence de scandales autour de sa personne, l'ennui qui la caractérise (Baudelaire aurait parlé de* spleen*), les progrès de sa maladie qui l'incitent à jouer gros jeu dans la station thermale où elle tente de prolonger sa vie. Tous les hommes qui l'accompagnent ont l'air de fantoches par rapport à elle. Contrairement au roman, Janin précise qu'à sa mort ses anciens admirateurs se retrouvèrent à son chevet. Il fait état de la vente de ses biens après décès, et d'une famille restée très loin des aventures de cette femme exceptionnelle. En somme, l'auteur du très romantique roman* L'Ane mort et la femme assassinée *donne l'impulsion nécessaire au mythe, en assurant que le roman prend racine dans la vie authentique.*

C'est pour la première édition de son Théâtre complet *qu'Alexandre Dumas fils écrivit sa préface intitulée « À propos de* La Dame aux camélias *», en 1867. Et c'est là, vingt ans après, comme aurait dit son père, qu'il trahit sa jeunesse. Son œuvre étant devenue légende, pièce archéologique, il s'en détache absolument pour traiter d'autre chose que ce qui l'animait au départ. Il se réjouit de constater que la littérature*

donne vie, par un jeu de ricochet, à ce qui n'est plus que pous-
sière et, dès lors, endosse la pelisse du moraliste. Abandon-
nant la censure à son déclin inéluctable, il place le débat sur
le plan de la morale, qui est désormais son champ de bataille
favori. Loin d'expliquer sa pièce, il dénonce l'hypocrisie des
mœurs contemporaines qui condamnent la courtisane mais
tolèrent la femme adultère. Semblables toutes deux, elles sont
le produit d'une société capitaliste incohérente. D'où cette
magnifique formule, qui sera souvent reprise, par laquelle
la vertu doit être considérée comme un capital, faute de quoi
le monde court à sa perte, vers une prostitution universelle.
C'est alors qu'il brosse à grands traits vigoureux une socio-
logie de la prostitution (quel que soit le nom que l'on donne
à la victime), favorisée par l'essor des richesses, la vitesse des
déplacements et les migrations vers la capitale. L'argent du
vice est lui-même recyclé par le système bancaire. Tel Rous-
seau, écartant tous ces faits, il revient à un hypothétique état
de nature, où l'amour n'aurait plus partie liée avec la véna-
lité, qu'elle soit prostitution ou son équivalent l'adultère.
Constant dans son combat personnel pour la reconnaissance
des enfants naturels, il en vient à proposer des mesures
concrètes, telles que la conscription obligatoire des femmes
(au même titre que les hommes), ce qui entraînerait une véri-
table égalité des sexes, donc des droits et des devoirs. On le
voit, si l'on est au cœur du mythe personnel d'Alexandre
Dumas fils, tardivement reconnu par son père, on est loin
du mythe de Marguerite Gautier.

Il y revient cependant dans les deux notes qu'il rédige pour
« l'édition des comédiens » du même Théâtre complet, *en*
1881. Il s'agit là d'un tirage limité à 99 exemplaires, qui jus-
tifie une confidence plus intime (cependant ces notes figure-
ront dans toutes les éditions ultérieures). Dans la première
de ces notes (la seule que nous donnons), sur le ton de l'anec-
dote, il fournit des indications sur les conditions de la trans-
formation du roman en drame et sur les tribulations de la
pièce, de théâtre en théâtre, jusqu'à son succès bien établi.
Les termes les plus significatifs relèvent de la thématique des
sentiments et des larmes. Écrit sous le coup de l'émotion, le
drame suscite les pleurs de son père comme de tous les
comédiens qui ont à l'interpréter, et même de Rachel, qui,
elle, n'a pas prêté son talent à l'héroïne. Sa nouveauté, il le

*souligne au passage, est dans l'expression de la vérité (remarquée à la lecture par l'auteur d'*Antony*) tant de l'écriture que de la mise en scène qu'il a conseillée lui-même. Tout ceci justifie qu'il relate à son tour ce que Jules Janin n'a pu que pressentir, la véritable relation d'Alexandre Dumas fils et de Marie Duplessis, qu'il date très précisément en l'émaillant de notations véridiques, renvoyant au roman comme à un journal fidèle. Enfin, il révèle le sujet authentique du poème jadis dédié à Théophile Gautier, publié dans* Péchés de jeunesse, *qu'il cite pour finir.*

A - JULES JANIN

MADEMOISELLE MARIE DUPLESSIS

Il y avait en l'an de grâce 1845, dans ces années d'abondance et de paix où toutes les faveurs de l'esprit, du talent, de la beauté et de la fortune entouraient cette France d'un jour, une jeune et belle personne de la figure la plus charmante, qui attirait à elle, par sa seule présence, une certaine admiration mêlée de déférence pour quiconque, la voyant pour la première fois, ne savait ni le nom ni la profession de cette femme. Elle avait en effet, et de la façon la plus naturelle, le regard ingénu, le geste décevant, la démarche hardie et décente tout ensemble, d'une femme du plus grand monde. Son visage était sérieux, son sourire était imposant, et rien qu'à la voir marcher, on pouvait dire ce que disait un jour Elleviou d'une femme de la cour : « Évidemment, voici une fille ou une duchesse. »

Hélas ! ce n'était pas une duchesse, elle était née au bas de l'échelle difficile, et il avait fallu qu'elle fût en effet belle et charmante pour avoir remonté d'un pied si léger les premiers échelons, dès l'âge de dix-huit ans qu'elle pouvait avoir en ce temps-là. Je me rappelle l'avoir rencontrée un jour, pour la première fois, dans un abominable foyer d'un théâtre du boulevard, mal éclairé et tout rempli de cette foule bourdonnante qui juge d'ordinaire les mélodrames à grand spectacle. Il y avait là plus de blouses que d'habits, plus de bonnets ronds que de chapeaux à plumes, et plus de paletots usés que de frais costumes ; on causait de tout, de l'art dramatique et des pommes de terre frites ; des pièces du Gymnase et de la galette du Gymnase ; eh bien, quand cette femme parut sur ce seuil étrange, on eût dit qu'elle illuminait toutes ces choses burlesques ou féroces d'un regard de ses beaux yeux. Elle touchait du pied ce parquet boueux, comme si en effet elle eût traversé le boulevard un jour de pluie ; elle relevait sa robe par instinct, pour ne pas effleurer ces fanges desséchées, et sans songer à nous montrer, à quoi bon ? son pied bien chaussé, attaché à une jambe ronde que recouvrait un bas de soie à petits jours. Tout l'ensemble de sa toilette était en harmonie avec cette taille souple et jeune ; ce visage d'un bel ovale, un peu pâle, répondait à la grâce qu'elle répandait autour d'elle comme un indicible parfum.

Elle entra donc ; elle traversa, la tête haute, cette cohue étonnée, et nous fûmes très surpris, Liszt et moi, lorsqu'elle vint s'asseoir familièrement sur le banc où nous étions, car ni moi ni Liszt ne lui avions jamais parlé ; elle était femme d'esprit, de goût et de bon sens, et elle s'adressa tout d'abord au grand artiste, elle lui raconta qu'elle l'avait entendu naguère, et qu'il l'avait fait rêver. Lui, cependant, semblable à ces instruments sonores qui répondent au premier souffle de la brise de mai, il écoutait avec une attention soutenue ce beau langage plein d'idées, cette langue sonore, éloquente et rêveuse tout ensemble. Avec cet instinct merveilleux qui est en lui, et cette grande habitude du plus grand monde officiel, et du plus grand monde parmi les artistes, il se demandait quelle était cette femme, si familière et si noble, qui l'abordait la première et qui, après les premières paroles échangées, le traitait avec une certaine hauteur, et comme si ce fût lui-même qui lui eût été présenté, à Londres, au cercle de la reine ou de la duchesse de Sutherland.

Cependant les trois coups solennels du régisseur avaient retenti dans la salle, et le foyer s'était vidé de toute cette foule de spectateurs et de jugeurs. La dame inconnue était restée seule avec sa compagne et nous — elle s'était même approchée du feu, et elle avait posé ses deux pieds frissonnants à ces bûches avares, si bien que nous pouvions la voir, tout à notre aise, des plis brodés de son jupon aux crochets de ses cheveux noirs, sa main gantée à faire croire à une peinture, son mouchoir merveilleusement orné d'une dentelle royale ; aux oreilles, deux perles d'Orient à rendre une reine jalouse. Elle portait toutes ces belles choses, comme si elle fût née dans la soie et dans le velours, sous quelque lambris doré des grands faubourgs, une couronne sur la tête, un monde de flatteurs à ses pieds. Ainsi son maintien répondait à son langage, sa pensée à son sourire, sa toilette à sa personne, et l'on eût cherché vainement, dans les plus hauts sommets du monde, une créature qui fût en plus belle et plus complète harmonie avec sa parure, ses habits et ses discours.

Liszt cependant, très étonné de cette merveille en un pareil lieu, de cet entracte galant à un si terrible mélodrame, s'abandonnait à toute sa fantaisie. C'est non seulement un grand artiste, mais encore un homme éloquent. Il sait parler aux femmes, passant comme elles d'une idée à l'autre idée, et choisissant les plus opposées. Il adore le paradoxe, il touche au sérieux, au burlesque, et je ne saurais vous dire avec quel art, quel tact, quel goût infini il parcourut, avec cette femme dont il ne savait pas le nom, toutes les gammes vulgaires et toutes les fioritures élégantes de la conversation de chaque jour.

Ils causèrent ainsi pendant tout le troisième acte du susdit mélodrame, car, pour ma part, je fus à peine interrogé une ou deux fois, par politesse ; mais comme j'étais justement dans un de ces moments de mauvaise humeur, où toute espèce d'enthousiasme est défendu à l'âme humaine, je me tins pour assuré que la dame me trouva parfaitement maussade, parfaitement absurde, et qu'elle eut complètement raison.

Cet hiver passa, puis l'été, et à l'automne suivant une fois encore, mais cette fois dans tout l'éclat d'une représentation à bénéfice, en plein Opéra, nous vîmes tout à coup s'ouvrir, avec un certain fracas, une des grandes loges de l'avant-scène, et, sur le devant de cette loge, s'avancer, un bouquet à la main, cette même beauté que j'avais vue au boulevard. C'était elle ! mais, cette fois, dans le grand habit d'une femme à la mode, et brillante de toutes les splendeurs de la conquête. Elle était coiffée à ravir, ses beaux cheveux mêlés aux diamants et aux fleurs, et relevés avec cette grâce étudiée qui leur donnait le mouvement et la vie ; elle avait les bras nus et la poitrine nue, et des colliers, et des bracelets, et des émeraudes. Elle tenait à la main un bouquet : de quelle couleur ? je ne saurais le dire ; il faut avoir les yeux d'un jeune homme et l'imagination d'un enfant pour bien distinguer la couleur de la fleur sur laquelle se penche un beau visage. À notre âge on ne regarde que la joue et l'éclat du regard, on s'inquiète peu de l'accessoire, et si l'on s'amuse à tirer des conséquences, on les tire de la personne même, et l'on se trouve assez occupé, en vérité.

Ce soir-là, Duprez venait d'entrer en lutte avec cette voix rebelle dont il pressentait déjà les révoltes définitives ; mais il était seul à les pressentir, et le public ne s'en doutait pas encore. Seulement, dans le public le plus attentif, quelques amateurs devinaient la fatigue sous l'habileté, et l'épuisement de l'artiste sous ses efforts immenses pour se mentir à lui-même. Évidemment, la belle personne dont je parle était un juge habile, et, après les premières minutes d'attention, on put voir qu'elle n'était pas sous le charme habituel, car elle se rejeta violemment au fond de sa loge, et, n'écoutant plus, elle se mit à interroger, sa lorgnette à la main, la physiono-mie de la salle.

À coup sûr elle connaissait beaucoup de gens parmi les spec-tateurs les plus choisis. Rien qu'au mouvement de sa lorgnette, on jugeait que la belle spectatrice aurait pu raconter plus d'une histoire, à propos de jeunes gens du plus grand nom ; elle regardait tantôt l'un, tantôt l'autre, sans choisir, n'accordant pas à celui-ci plus d'attention qu'à celui-là, indifférente à tous, et chacun lui rendant, d'un sourire ou d'un petit geste très bref, ou d'un regard vif et rapide, l'attention qu'elle lui avait accordée. Du fond des loges obscures et du milieu de l'orches-tre, d'autres regards, brûlants comme des volcans, s'élan-çaient vers la belle personne, mais ceux-là elle ne les voyait pas. Enfin, si par hasard sa lorgnette se portait sur les dames du vrai monde parisien, il y avait soudain, dans son attitude, je ne sais quel air résigné et humilié qui faisait peine. Au contraire, elle détournait la tête avec amertume, si par mal-heur son regard venait à se poser sur quelqu'une de ces renom-mées douteuses et de ces têtes charmantes qui usurpent les plus belles stalles du théâtre dans les grands jours.

Son compagnon, car cette fois elle avait un cavalier, était un beau jeune homme à moitié parisien, et conservant encore quelques reliques opulentes de la maison paternelle qu'il était venu manger, arpent par arpent, dans cette ville de perdition. Le jeune homme, à son aurore, était fier de cette beauté à son apogée, et il n'était pas fâché de s'en faire honneur en montrant qu'elle était bien à lui, et en l'obsédant de ces mille prévenances si chères à une jeune femme quand elles vien-nent de l'amant aimé, si déplaisantes lorsqu'elles s'adressent à une âme occupée autre part... On l'écoutait sans l'enten-dre, on le regardait sans le voir... Qu'a-t-il dit ? La dame n'en savait rien ; mais elle essayait de répondre, et ces quelques paroles, qui n'avaient pas de sens, devenaient pour elle une fatigue.

Ainsi, à leur insu, ils n'étaient pas seuls dans cette loge dont le prix représentait le pain d'une famille pour six mois. Entre elle et lui s'était placé le compagnon assidu des âmes malades, des cœurs blessés, des esprits à bout de tout : l'ennui, cet immense Méphistophélès des Marguerites errantes, des Clarisses perdues, de toutes ces divinités, filles du hasard, qui s'en vont dans la vie, à l'abandon.

Elle s'ennuyait donc, cette pécheresse, entourée des adorations et des hommages de la jeunesse, et cet ennui même doit lui servir de pardon et d'excuse, puisqu'il a été le châtiment de ses prospérités passagères. L'ennui a été le grand mal de sa vie. À force d'avoir vu ses affections brisées, à force d'obéir à la nécessité de ses liaisons éphémères et de passer d'un amour à un autre amour, sans savoir, hélas ! pourquoi donc elle étouffait si vite ce penchant qui commençait à naître et ces tendresses à leur aurore, elle était devenue indifférente à toutes choses, oubliant l'amour d'hier et ne songeant guère plus à l'amour d'aujourd'hui qu'à la passion de demain.

L'infortunée ! elle avait besoin de solitude..., elle se voyait obsédée. Elle avait besoin de silence..., elle entendait sans fin et sans cesse les mêmes paroles à son oreille lassée ! Elle voulait être calme !... on la traînait dans les fêtes et dans les tumultes. Elle eût voulu être aimée !... on lui disait qu'elle était belle ! Aussi s'abandonnait-elle, sans résistance, à ce tourbillon qui la dévorait ! Quelle jeunesse !... et comme on comprend cette parole de mademoiselle de Lenclos, lorsque, arrivée au comble de ses prospérités, pareilles à des fables, amie du prince de Condé et de madame de Maintenon, elle disait avec un profond soupir de regret : « Qui m'eût proposé une pareille vie, je serais morte d'effroi et de douleur ! »

L'opéra achevé, cette belle personne quitta la place ; la soirée était à peine au milieu de son cours. On attendait Bouffé, mademoiselle Déjazet et les farceurs du Palais-Royal, sans compter le ballet où la Carlotta devait danser, légère et charmante, à ses premiers jours d'enivrement et de poésie... Elle ne voulut pas attendre le vaudeville ; elle voulut partir tout de suite et rentrer chez elle, quand tant de gens avaient encore trois heures de plaisir, au son de ces musiques et sous ces lustres enflammés !

Je la vis sortir de sa loge, et s'envelopper elle-même dans

son manteau doublé de la fourrure d'une hermine précoce. Le jeune homme qui l'avait amenée là paraissait contrarié, et comme il n'avait plus à se parer de cette femme, il ne s'inquiétait plus qu'elle eût froid. Je me souviens même de lui avoir aidé à relever son manteau sur son épaule, qui était très blanche, et elle me regarda, sans me reconnaître, avec un petit sourire douloureux qu'elle reporta sur le grand jeune homme, qui était occupé en ce moment à payer l'ouvreuse de loges et à lui faire changer une pièce de cinq francs. « Gardez tout, madame », dit-elle à l'ouvreuse en lui faisant un beau salut. Je la vis descendre le grand escalier à droite, sa robe blanche se détachant de son manteau rouge, et son mouchoir attaché sur sa tête, par-dessous son manteau ; la dentelle jalouse retombait un peu sur ses yeux, mais qu'importe ! la dame avait joué son rôle, sa journée était achevée, et elle ne songeait plus à être belle... Elle a dû laisser le jeune homme à sa porte ce soir-là.

Une chose digne de remarque et tout à sa louange, c'est que cette jeune femme, qui a dépensé dans les heures de sa jeunesse l'or et l'argent à pleines mains, car elle unissait le caprice à la bienfaisance, et elle estimait peu ce triste argent qui lui coûtait si cher, n'a été l'héroïne d'aucune de ces histoires de ruine et de scandale, de jeu, de dettes et de duels, que tant d'autres femmes, à sa place, eussent soulevées sur leur passage. Au contraire, on n'a parlé autour d'elle que de sa beauté, de ses triomphes, de son goût pour les beaux ajustements, des modes qu'elle savait trouver et de celles qu'elle imposait. On n'a jamais raconté, à son propos, les fortunes disparues, les captivités de la prison pour dettes, et les trahisons, qui sont l'accompagnement ordinaire des ténébreuses amours. Il y avait certainement autour de cette personne, enlevée si tôt par la mort, une certaine tenue, une certaine décence irrésistible. Elle a vécu à part, même dans le monde à part qu'elle habitait, et dans une région plus calme et plus sereine, bien qu'à tout prendre, hélas ! elle habitât les régions où tout se perd.

Je l'ai revue une troisième fois, à l'inauguration du chemin de fer du Nord, dans ces fêtes que donna Bruxelles à la France, devenue sa voisine et sa commensale. Dans cette gare, immense rendez-vous des chemins de fer de tout le Nord, la Belgique avait réuni toutes ses splendeurs : les arbustes de ses serres, les fleurs de ses jardins, les diamants de ses couronnes. Une foule incroyable d'uniformes, de cordons, de diamants et de robes de gaze encombraient cet emplacement d'une fête qu'on ne reverra pas. La pairie française et la noblesse allemande, et la Belgique espagnole, et les Flandres et la Hollande parée de ses antiques bijoux, contemporains du roi Louis XIV et de sa cour, toutes les lourdes et massives fortunes de l'industrie, et plus d'une élégante Parisienne, semblables à autant de papillons dans une ruche d'abeilles, étaient accourues à cette fête de l'industrie et du voyage, et du fer dompté et de la flamme obéissant au temps vaincu. Pêle-mêle étrange, où toutes les forces et toutes les grâces de la création étaient représentées, depuis le chêne jusqu'à la fleur, et de la houille à l'améthyste. Au milieu de ce mouvement des peuples, des rois, des princes, des artistes, des forgerons et des grandes coquettes de l'Europe, on vit apparaître, ou plutôt moi seul je vis apparaître, plus pâle encore et plus blanche que d'habitude, cette charmante personne déjà frappée du mal invisible qui devait la traîner au tombeau.

Elle était entrée dans ce bal, malgré son nom, et à la faveur de son éblouissante beauté ! Elle attirait tous les regards, elle était suivie de tous les hommages. Un murmure flatteur la saluait sur son passage, et ceux même qui la connaissaient s'inclinaient devant elle ; elle cependant, toujours aussi calme et retranchée dans son dédain habituel, elle acceptait ces hommages, comme si ces hommages lui étaient dus. Elle ne s'étonnait pas, tant s'en faut, de fouler les tapis que la reine elle-même avait foulés ! Plus d'un prince s'arrêta pour la voir, et ses regards lui firent entendre ce que les femmes comprennent si bien : je vous trouve belle et je m'éloigne à regret ! Elle donnait le bras, ce soir-là, à un autre étranger, à un nouveau venu, blond comme un Allemand, impassible comme un Anglais, très vêtu, très serré dans son habit, très roide, et qui croyait faire, en ce moment, on le voyait à sa démarche, une de ces hardiesses sans nom que les hommes se reprochent jusqu'à leur dernier jour.

L'attitude de cet homme était déplaisante certes pour la sensitive qui lui donnait le bras ; elle le sentait, avec ce sixième sens qui était en elle, et elle redoublait de hauteur, car son merveilleux instinct lui disait que plus cet homme était étonné de son action, plus elle-même en devait être insolente, et fouler d'un pied méprisant les remords de ce garçon effarouché. Peu de gens ont compris ce qu'elle a dû souffrir en ce moment, femme sans nom, au bras d'un homme sans nom, cet homme semblant donner le signal de l'improbation, et son attitude menaçante indiquant suffisamment une âme inquiète, un cœur indécis, un esprit mal à l'aise. Mais cet Anglo-Allemand fut cruellement châtié de ses angoisses intimes, lorsqu'au détour d'un grand sentier de lumière et de verdure, notre Parisienne eut fait la rencontre d'un ami à elle, d'un ami sans prétention, qui lui demandait, de temps à autre, un doigt de sa main et un sourire de ses lèvres ; un artiste de notre monde, un peintre qui savait mieux que personne, l'ayant si peu vue, à quel point elle était un parfait modèle de toutes les élégances et de toutes les séductions de la jeunesse.

« Ah ! vous voilà, lui dit-elle, donnez-moi le bras et dansons ! » Et, quittant le bras officiel de son cavalier, la voilà qui se met à valser la valse à deux temps, qui est la séduction même, quand elle obéit à l'inspiration de Strauss, et qu'elle arrive tout enamourée des bords du Rhin allemand, sa vraie patrie ! Elle dansait à merveille, ni trop vive, ni trop penchée, obéissant à la cadence intérieure autant qu'à la mesure visible, touchant à peine d'un pied léger ce sol élastique, et bondissante et reposée, et les yeux sur les yeux de son danseur.

On fit cercle autour de l'un et de l'autre, et c'était à qui serait touché par ces beaux cheveux qui suivaient le mouvement de la valse rapide, et c'était à qui frôlerait cette robe légère empreinte de ces parfums légers, et peu à peu, le cercle se retrécissant, et les autres danseurs s'arrêtant pour les voir, il advint que le grand jeune homme... celui qui l'avait amenée en ce bal, la perdit dans la foule, et qu'il voulut en vain retrouver ce bras charmant, auquel il avait prêté le sien avec tant de répugnance... Le bras et la personne et l'artiste, on ne put pas les retrouver.

Le surlendemain de cette fête, elle vint de Bruxelles à Spa, par une belle journée, à l'heure où ces montagnes couvertes de verdure laissent pénétrer le soleil, heure charmante ! On voit alors accourir toute sorte de malades heureux, qui viennent se reposer des fêtes de l'hiver passé, afin d'être mieux préparés aux joies de l'hiver à venir. À Spa on ne connaît pas d'autre fièvre que la fièvre du bal, et pas d'autres langueurs que celles de l'absence, et pas d'autres remèdes que la causerie et la danse et la musique, et l'émotion du jeu, le soir, lorsque la Redoute s'illumine de toutes ses clartés, que l'écho des montagnes renvoie en mille éclats les sons enivrants de l'orchestre. À Spa, la Parisienne fut accueillie avec un empressement assez rare dans ce village un peu effarouché, qui abandonne volontiers à Bade, sa rivale, les belles personnes sans nom, sans mari et sans position officielle. À Spa aussi, ce fut un étonnement général quand on apprit qu'une si jeune femme était sérieusement malade, et les médecins affligés avouèrent qu'en effet ils avaient rarement rencontré plus de résignation unie à plus de courage.

Sa santé fut interrogée avec un grand soin, avec un grand zèle, et après une consultation sérieuse on lui conseilla le calme, le repos, le sommeil, le silence, ces beaux rêves de sa vie ! À ces conseils elle se prit à sourire en hochant la tête d'un petit air d'incrédulité, car elle savait que tout lui était possible, excepté la possession de ces heures choisies, qui sont le partage de certaines femmes, et qui n'appartiennent qu'à elles seules. Elle promit cependant d'obéir pendant quelques jours, et de s'astreindre à ce régime d'isolement mais, vains efforts ! on la vit quelque temps après ivre et folle d'une joie factice, franchissant, à cheval, les passages les plus difficiles, étonnant de sa gaieté cette allée de *Sept-Heures* qui l'avait trouvée rêveuse et lisant tout bas sous les arbres.

Bientôt elle devint la lionne de ces beaux lieux. Elle présida à toutes les fêtes ; elle donnait le mouvement au bal ; elle imposait ses airs favoris à l'orchestre, et, la nuit venue, à l'heure où un peu de somme lui eût fait tant de bien, elle épouvantait les plus intrépides joueurs par les masses d'or qui s'amoncelaient devant elle, et qu'elle perdait tout d'un coup, indifférente au gain, indifférente à la perte. Elle avait appelé le jeu comme un appendice à sa profession, comme un moyen de tuer les heures qui la tuaient. Telle qu'elle était, cependant, elle eut encore cette chance heureuse, dans le jeu cruel de sa vie, qu'elle avait conservé des amis, chose rare ! et c'est même un des signes de ces liaisons funestes de ne laisser que cendre et poussière, vanité et néant, après les adorations ! — et que de fois l'amant a passé près de sa maîtresse sans la reconnaître, et que de fois la malheureuse a appelé mais en vain, à son secours !... Que de fois cette main vouée aux fleurs s'est vainement tendue à l'aumône et au pain dur !

Il n'en fut pas ainsi pour notre héroïne, elle tomba sans se plaindre, et tombée, elle retrouva aide, appui et protection parmi les adorateurs passionnés de ses beaux jours. Ces gens qui avaient été rivaux, et peut-être ennemis, s'entendirent pour veiller au chevet de la malade, pour expier les nuits folles par des nuits sérieuses, quand la mort approche, et que le voile se déchire, et que la victime couchée là et son complice comprennent enfin la vérité de cette parole sérieuse : *Væ ridentibus !* Malheur à celles qui rient ! Malheur ! c'est-à-dire malheur aux joies profanes, malheur aux amours vagabondes, malheur aux changeantes passions, malheur à la jeunesse qui s'égare dans les sentiers mauvais, car, à certains détours du sentier, il faut nécessairement revenir sur ses pas, et tomber dans les abîmes où l'on tombe à vingt ans.

Elle mourut ainsi, doucement bercée et consolée en mille paroles touchantes, en mille soins fraternels ; elle n'avait plus d'amants…, jamais elle n'avait eu tant d'amis, et cependant elle ne regretta pas la vie. Elle savait ce qui l'attendait si elle revenait à la santé, et qu'il faudrait reporter, de nouveau, à ses lèvres décolorées, cette coupe du plaisir dont elle avait touché la lie avant le temps ; elle mourut donc en silence, cachée en sa mort encore plus qu'elle ne s'était montrée dans sa vie, et après tant de luxe et tant de scandales, elle eut le bon goût suprême de vouloir être enterrée à la pointe du jour, à quelque place cachée et solitaire, sans embarras, sans bruit, absolument comme une honnête mère de famille qui s'en irait rejoindre son mari, son père, sa mère et ses enfants, et tout ce qu'elle aimait, dans ce cimetière qui est là-bas.

Il arriva cependant, malgré elle, que sa mort fut une espèce d'événement ; on en parla trois jours ; et c'est beaucoup dans cette ville des passions savantes et des fêtes sans cesse renaissantes et jamais assouvies. On ouvrit, au bout de trois jours, la porte fermée de sa maison. — Les longues fenêtres qui donnaient sur le boulevard, vis-à-vis de l'église de la Madeleine, sa patronne, laissèrent de nouveau pénétrer l'air et le soleil dans ces murailles où elle s'était éteinte. On eût dit que la jeune femme allait reparaître en ces demeures. Pas une des senteurs de la mort n'était restée entre ces rideaux soyeux, dans ces longues draperies aux reflets favorables, sur ces tapis des Gobelins où la fleur semblait naître, touchée à peine par ce pied d'enfant.

Chaque meuble de cet appartement somptueux était encore à la même place ; le lit sur lequel elle était morte était à peine affaissé. Au chevet du lit, un tabouret conservait l'empreinte des genoux de l'homme qui lui avait fermé les yeux. Cette horloge des temps anciens qui avait sonné l'heure à Mme de Pompadour et à Mme du Barry sonnait l'heure encore, comme autrefois ; les candélabres d'argent étaient chargés de bougies préparées pour la dernière causerie du soir ; dans les jardinières, la rose des quatre saisons et la bruyère durable se débattaient, à leur tour, contre la mort. Elles se mouraient faute d'un peu d'eau..., leur maîtresse était morte faute d'un peu de bonheur et d'espérance.

Hélas ! aux murailles étaient suspendus les tableaux de Diaz qu'elle avait adopté une des premières, comme le peintre véritable du printemps de l'année, et son portrait que Vidal avait tracé aux trois crayons. Vidal avait fait de cette belle tête une tête ravissante et chaste, d'une élégance finie, et depuis que cette déesse est morte, il n'a plus voulu dessiner que d'honnêtes femmes, ayant fait pour celle-là une exception qui a tant servi à la naissante renommée du peintre et du modèle !

Tout parlait d'elle encore ! Les oiseaux chantaient dans leur cage dorée ; dans les meubles de Boule, à travers les glaces transparentes, on voyait réunis, choix admirable et digne d'un antiquaire excellent et riche, les plus rares chefs-d'œuvre de la manufacture de Sèvres, les peintures les plus exquises de la Saxe, les émaux de Petitot, les nudités de Klinstadt, les Pampines de Boucher. Elle aimait ce petit art coquet, gracieux, élégant, où le vice même a son esprit, où l'innocence a ses nudités ; elle aimait les bergers et les bergères en biscuit, les bronzes florentins, les terres cuites, les émaux, toutes les recherches du goût et du luxe des sociétés épuisées. Elle y voyait autant d'emblèmes de sa beauté et de sa vie. Hélas ! elle était, elle aussi, un ornement inutile, une fantaisie, un jouet frivole qui se brise au premier choc, un produit brillant d'une société expirante, un oiseau de passage, une aurore d'un instant.

Elle avait poussé si loin la science du bien-être intérieur et l'adoration de soi-même, que rien ne saurait se comparer à ses habits, à son linge, aux plus petits détails de son service, car la parure de sa beauté était, à tout prendre, la plus chère et la plus charmante occupation de sa jeunesse.

J'ai entendu les plus grandes dames et les plus habiles coquettes de Paris s'étonner de l'art et de la recherche de ses moindres instruments de toilette. Son peigne fut poussé à un prix fou ; sa brosse pour les cheveux s'est payée au poids de l'or. On a vendu des gants qui lui avaient servi, tant sa main était belle. On a vendu des bottines qu'elle avait portées, et les honnêtes femmes ont lutté entre elles à qui mettrait ce soulier de Cendrillon. Tout s'est vendu, même son plus vieux châle qui avait déjà trois ans, même son ara au brillant plumage, qui répétait une petite mélodie assez triste que sa maîtresse lui avait apprise ; on a vendu ses portraits, on a vendu ses billets d'amour, on a vendu ses cheveux, tout y passa, et sa famille, qui détournait la vue quand cette femme se promenait dans sa voiture armoriée, au grand galop de ses chevaux anglais, se gorgea triomphalement de tout l'or que ces dépouilles avaient produit. Ils n'ont rien gardé de ce qui lui avait appartenu, pour eux-mêmes. Chastes gens !

Telle était cette femme à part, même dans les passions parisiennes, et vous pensez si je fus étonné quand parut ce livre d'un intérêt si vif, et surtout d'une vérité toute récente et toute jeune, intitulé : *La Dame aux camélias*. On en a parlé tout d'abord, comme on parle d'ordinaire des pages empreintes de l'émotion sincère de la jeunesse, et chacun se plaisait à dire que le fils d'Alexandre Dumas, à peine échappé du collège, marchait déjà d'un pas sûr à la trace brillante de son père. Il en avait la vivacité et l'émotion intérieure ; il en avait le style vif, rapide et avec un peu de ce dialogue si naturel, si facile et si varié qui donne aux romans de ce grand inventeur le charme, le goût et l'accent de la comédie.

Ainsi le livre obtint un grand succès, mais bientôt les lecteurs, en revenant sur leur impression fugitive, firent cette observation que *La Dame aux camélias* n'était pas un roman en l'air, que cette femme avait dû vivre et qu'elle avait vécu d'une vie récente ; que ce drame n'était pas un drame imaginé à plaisir, mais au contraire une tragédie intime, dont la représentation était toute vraie et toute saignante. Alors on s'inquiéta fort du nom de l'héroïne, de sa position dans le monde, de la fortune, de l'ornement et du bruit de ses amours. Le public, qui veut tout savoir et qui sait tout en fin de compte, apprit l'un après l'autre tous ces détails, et le livre lu, on voulait le relire, et il arriva naturellement que la vérité, étant connue, rejaillit sur l'intérêt du récit.

Or, voilà comme il se fait, par un bonheur extraordinaire, que ce livre imprimé avec le sans-gêne d'un futile roman, à peine destiné à vivre un jour, se réimprime aujourd'hui, avec tous les honneurs d'un livre accepté de tous ! Lisez-le, et vous reconnaîtrez dans ses moindres détails l'histoire touchante dont ce jeune homme si heureusement doué a écrit l'élégie et le drame avec tant de larmes, de succès et de bonheur.

JULES JANIN, 1851.

B - ALEXANDRE DUMAS FILS

À PROPOS

DE *LA DAME AUX CAMÉLIAS*

La personne qui m'a servi de modèle pour l'héroïne du roman et du drame *La Dame aux camélias* [1]* se nommait Alphonsine Plessis, dont elle avait composé le nom plus euphonique et plus relevé de Marie Duplessis. Elle était grande, très mince, noire de cheveux, rose et blanche de visage. Elle avait la tête petite, de longs yeux d'émail comme une Japonaise, mais vifs et fins, les lèvres du rouge des cerises, les plus belles dents du monde ; on eût dit une figurine de Saxe. En 1844, lorsque je la vis pour la première fois, elle s'épanouissait dans toute son opulence et dans toute sa beauté. Elle mourut en 1847, d'une maladie de poitrine, à l'âge de vingt-trois ans.

Elle fut une des dernières et des seules courtisanes qui eurent du cœur. C'est sans doute pour ce motif qu'elle est morte si jeune. Elle ne manquait ni d'esprit ni de désintéressement. Elle a fini pauvre dans un appartement somptueux, saisi par ses créanciers. Elle possédait une distinction native, s'habillait avec goût, marchait avec grâce, presque avec noblesse. On la prenait quelquefois pour une femme du monde. Aujourd'hui, on s'y tromperait continuellement. Elle avait été fille de ferme. Théophile Gautier lui consacra quelques lignes d'oraison funèbre, à travers lesquelles on voyait s'éva-

---

1. Les notes appelées par un astérisque proviennent de l'édition d'origine.

* Ce n'est pas pour protester contre l'étymologie du mot *camellia*, que j'écris ce mot avec une seule *l*, c'est parce que je croyais jadis qu'on l'écrivait ainsi ; et, si je me tiens à cette orthographe, malgré les critiques des érudits, c'est que madame Sand écrivant ce mot comme moi, j'aime mieux mal écrire avec elle que bien écrire avec d'autres.

porer dans le bleu cette aimable petite âme que devait, comme quelques autres, immortaliser le péché d'amour.

Cependant, Marie Duplessis n'a pas eu toutes les aventures pathétiques que je prête à Marguerite Gautier, mais elle ne demandait qu'à les avoir. Si elle n'a rien sacrifié à Armand, c'est qu'Armand ne l'a pas voulu. Elle n'a pu jouer, à son grand regret, que le premier et le deuxième acte de la pièce. Elle les recommençait toujours, comme Pénélope sa toile : seulement, c'était le jour que se défaisait ce qu'elle avait commencé la nuit. Elle n'a jamais, non plus, de son vivant, été appelée la Dame aux Camélias. Le surnom que j'ai donné à Marguerite est de pure invention. Cependant, il est revenu à Marie Duplessis par ricochet, lorsque le roman a paru, un an après sa mort. Si, au cimetière Montmartre, vous demandez à voir le tombeau de la Dame aux camélias, le gardien vous conduira à un petit monument carré qui porte sous ces mots : *Alphonsine Plessis*, une couronne de camélias blancs artificiels, scellée au marbre, dans un écrin de verre. Cette tombe a maintenant sa légende. L'art est divin. Il crée ou ressuscite.

Ce drame, écrit en 1849, fut présenté d'abord et reçu au Théâtre-Historique, dont la fermeture eut lieu avant la représentation. C'est à l'insistance d'un comédien de ce théâtre, M. Hippolyte Worms, qui avait assisté à la première lecture, qu'il dut d'être accepté au Vaudeville par M. Bouffé, devenu directeur de cette scène avec MM. Lecourt et Cardaillac ; et c'est grâce à M. de Morny qu'il vit enfin le jour, le 2 février 1852.

Pendant un an, cette pièce avait été défendue par la censure, sous le ministère de M. Léon Faucher. M. Bouffé connaissait M. Fernand de Montguyon. M. Fernand de Montguyon était l'ami de M. de Morny, M. de Morny était l'ami du prince Louis-Napoléon, le prince Louis était président de la République, M. Léon Faucher était ministre de l'Intérieur, il y avait peut-être moyen, en montant cette échelle de recommandations, d'arriver à faire lever l'interdit.

Les recommandations se mirent en mouvement. Rien n'est facile en France. On se demande où vont tous ces gens qu'on rencontre dans les rues, à pied ou en voiture. Ils vont demander quelque chose à quelqu'un. M. de Montguyon alla trouver M. de Morny, lui exposa notre situation, et M. de Morny, accompagné de M. de Montguyon, trouva le temps d'assister à une de nos répétitions, afin de se rendre compte par lui-même de la valeur de l'œuvre, avant d'en parler au prince. Il ne la jugea pas aussi dangereuse qu'on le disait. Cependant, il me conseilla de communiquer mon manuscrit à deux ou trois de mes confrères, qui adresseraient une demande à l'appui de sa recommandation, afin que le ministre ne cédât pas seulement à l'influence d'un homme du monde, mais aussi à l'intercession d'écrivains compétents. Le conseil était bon et digne. J'allai trouver Jules Janin, qui avait écrit une charmante préface pour la deuxième édition du roman, Léon Gozlan et Émile Augier, qui venait d'obtenir avec *Gabrielle* le prix de vertu à l'Académie. Tous trois lurent ma pièce et tous trois me signèrent un brevet de moralité que je remis à M. de Morny, qui porta le tout au prince, qui l'envoya à M. Léon Faucher, lequel refusa net et sans appel.

Franchement, on serait porté à croire et il paraîtrait tout naturel et tout simple que, dans un grand pays comme la France dont l'esprit et la littérature alimentent deux mondes, ce grand pays possédant un écrivain populaire, européen, universel, et cet écrivain ayant un jeune fils, qui veut tenter la carrière, on serait porté à croire, dis-je, et il paraîtrait tout naturel, que le père, dès les premières difficultés administratives, n'eût qu'à se montrer pour que l'administration s'inclinât et lui dît : « Comment donc, monsieur Dumas ! trop heureux de faire quelque chose pour un homme comme vous, qui êtes une des gloires de notre temps. Vous désirez que la pièce de votre fils soit jouée. Vous la trouvez bonne. Vous vous y connaissez mieux que nous. Voici la pièce de votre fils. » Vous feriez cela, vous qui me lisez ; moi aussi. Eh bien, non, les choses ne se passent pas de la sorte. Il faut d'abord que le fils de cet homme illustre passe par la filière que je viens de vous montrer, et, quand, après ces démarches inutiles, il s'adresse enfin à son père et que celui-ci demande une audience à M. Léon Faucher, M. Léon Faucher ne le reçoit pas et le passe à son chef du cabinet, fort galant homme du reste, lequel accueille très bien le père et le fils, qui sont venus ensemble, mais leur répond, à tous les deux, que la chose sera impossible tant que M. Faucher sera ministre, car il est bon de le taquiner de temps en temps, cet homme supérieur, et de lui rappeler qu'il est au-dessous des chefs de division, des préfets et du ministre. Or, il y avait juste vingt ans que, dans le même bureau peut-être, M. de Lourdoueix avait fait la même réponse à M. Alexandre Dumas, à propos d'une demande semblable. Seulement, en 1829, il s'agissait de

Christine, arrêtée par la censure de la Restauration, comme *La Dame aux camélias* l'était en 1849 par la censure de la République ; — ce n'était plus le même gouvernement, ce n'était plus le même ministre, mais c'était toujours la même chose. Alors, puisque le passé peut toujours servir, je me retirai en disant comme mon père avait dit : « J'attendrai. »

J'attendis — d'autant plus patiemment que M. de Morny m'avait conseillé de ne pas perdre tout espoir, en ajoutant : « On ne sait pas ce qui peut arriver », et que madame Doche, qui désirait autant jouer son rôle que je désirais voir jouer ma pièce, m'avait appris en confidence que M. de Persigny agissait de son côté. Et, en effet, M. de Persigny, à la sollicitation de madame Doche, s'était déclaré le coprotecteur de cette pauvre Dame aux Camélias.

Le 2 décembre arriva. M. de Morny remplaça M. Faucher. Ceux qui me connaissent savent que je ne suis pas très méchant ; mais voir tout à coup remplacer un ministre qui vous gêne par un ministre qui vous sert, c'est ce qu'on appelle avoir de la chance, surtout quand on n'a rien fait pour cela. Je ne crus donc pas devoir verser plus de larmes qu'il ne fallait sur le sort de M. Faucher, et je dois même dire que je fus aussi heureux de sa mésaventure qu'on pouvait l'être en ce moment. Trois jours après sa nomination, M. de Morny autorisa la pièce, sous ma seule responsabilité ; c'est donc à lui que je dois mon entrée dans la carrière, car certainement, sans lui, cette première pièce n'eût jamais été représentée. Ce n'eût été qu'un malheur personnel, mais c'est justement ces malheurs-là qu'on tient à éviter. M. de Morny n'est plus là pour recevoir la nouvelle expression de ma reconnaissance, je l'offre donc à sa mémoire au lieu de la lui offrir à lui-même. La mort de celui qui a rendu le service n'acquitte pas celui qui l'a reçu.

La pièce, après un gros succès, fut interrompue par l'été. Dans l'intervalle, M. de Morny avait quitté le ministère. Lorsqu'au mois d'octobre suivant le théâtre voulut la reprendre, elle fut derechef interdite par le nouveau ministre, qui était — vous allez rire — qui était son ancien protecteur M. de Persigny. M. de Morny reprit alors le chemin du ministère comme du temps de M. Léon Faucher, non plus en homme qui sollicite une grâce, mais en homme qui réclame un droit, et la pièce nous fut rendue définitivement.

[...]

Maintenant, avais-je ou n'avais-je pas, moralement, le droit de mettre en lumière et de présenter sur la scène cette classe de femmes ? Évidemment oui, j'avais ce droit. Toutes les classes de la société appartiennent au Théâtre et principalement celles qui, aux époques de transformation, surgissent tout à coup et impriment à une société un caractère d'exception. Parmi celles-ci, il faut ranger nécessairement les femmes entretenues qui ont sur les mœurs actuelles une influence indiscutable.

[...] Marguerite Gautier ou Marie Duplessis, comme vous voudrez, sortait des rangs de ces femmes. Elle avait été grisette, voilà pourquoi elle avait encore du cœur.

On créa les chemins de fer. Les premières fortunes rapides faites par les premiers agioteurs se jetèrent sur le plaisir, dont l'amour instantané est un des premiers besoins. Ce qui, chez les filles pauvres, n'était qu'une conséquence finale, devint une cause première. Les facilités nouvelles de transport amenèrent à Paris une foule de jeunes gens riches de la province et de l'étranger. Les nouveaux enrichis dont le plus grand nombre était sorti des plus basses classes ne craignaient pas de se compromettre avec telle ou telle fille à surnom à qui le bal *Mabille* et le *Château des Fleurs* avaient acquis une grande célébrité. Il fallut fournir à la consommation sensuelle d'une population progressante, comme à son alimentation physique. La liberté de la boucherie, dans un autre genre.

La femme fut un luxe public, comme les meutes, les chevaux et les équipages. On s'amusait à couvrir de velours et à secouer dans une voiture une fille qui vendait du poisson à la halle huit jours auparavant, ou qui versait des petits verres aux maçons matineux ; on ne tint plus ni à l'esprit, ni à la gaieté, ni à l'orthographe ; enrichi aujourd'hui, on pouvait être ruiné demain, il fallait dans l'intervalle avoir soupé avec telle ou telle renommée. Dans ce tohu-bohu d'entreprises toutes fraîches et de bénéfices quand même, la beauté devint une mise de fonds, la virginité une valeur, l'impudeur un placement. Les magasins se vidèrent ; les grisettes disparurent, les entremetteuses se mirent en campagne. Il s'établit des correspondances entre la province, l'étranger et Paris. On faisait des commandes sur mesure ; on s'expédiait ces colis humains. Il fallait bien nourrir ce minotaure rugissant et satisfaire à cette boulimie érotique. On se plut à découvrir des beautés bizarres et singulières. On les excitait les unes contre les autres comme des coqs anglais, on montrait leurs jambes dans des pièces *ad hoc*, ou, si elles étaient trop bêtes pour parler devant le monde, on les plantait à demi nues, avec une tringle dans le dos, sur les chars branlants de l'Hippodrome, et on vous les montrait de bas en haut. Des hommes du monde, blasés, épuisés, usés, pour se distraire un moment, se firent les contrôleurs de ce métal impur. La corruption eut ses jurés assermentés. Ces malheureuses sollicitaient l'honneur de leur couche froide, afin de pouvoir dire le lendemain : « J'ai vécu avec un tel », ce qui haussait leur prix pour les parvenus de la veille, tout fiers de posséder une créature sortant non pas des bras, mais des mains du comte X ou du marquis Z. On les façonnait, on les renseignait, on leur apprenait le grand art de ruiner les imbéciles, et on les lançait dans la carrière. La *Maison d'or*, les *Provençaux*, le *Moulin rouge*, flambèrent du matin au soir et du soir au matin. Le lansquenet et le baccara se ruèrent à travers la ronde ; on se ruina, on se battit, on tricha, on se déshonora, on vola ces filles, on les épousa. Bref, elles devinrent une classe, elles s'érigèrent puissance ; ce qu'elles auraient caché comme un ulcère, elles l'arborèrent comme un plumet. Elles prirent le pas sur les honnêtes femmes, elles achevèrent les femmes coupables, dont les amants étaient assez lâches pour raconter les histoires, elles firent le vide dans les salons et dans les chambres à coucher des meilleures familles. Les femmes du monde, étourdies, ébahies, épouvantées, humiliées de la désertion des hommes, acceptèrent la lutte avec ces dames sur le terrain où celles-ci l'avaient placée. Elles se mirent à rivaliser de luxe, de dépenses, d'excentricités extérieures avec des créatures dont elles n'eussent jamais dû connaître le nom. Il y eut communion volontaire entre les filles des portières et les descendantes des preux sous les espèces de la crinoline, du maquillage et du roux vénitien. On se prêta des patrons de robe entre courtisanes et femmes du monde, par l'entremise d'un frère, d'un ami, d'un amant, d'un mari quelquefois. Non seulement on eut les mêmes toilettes, mais on eut le même langage, les mêmes danses, les mêmes aventures, les mêmes amours, disons tout, les mêmes spécialités.

Voilà ce que les mères et les épouses ont laissé faire. Voilà où nous sommes tombés. Je vais vous dire maintenant où nous allons.

Nous allons à la prostitution universelle. Ne criez pas ! je sais ce que je dis.

Le cœur a complètement disparu de ce commerce clandestin des amours vénales. *La Dame aux camélias*, écrite il y a quinze ans, ne pourrait plus être écrite aujourd'hui. Non seulement elle ne serait plus vraie, mais elle ne serait même pas possible. On chercherait vainement autour de soi une fille donnant raison à ce développement d'amour, de repentir et de sacrifice. Ce serait un paradoxe. Cette pièce vit sur sa réputation passée, mais elle rentre déjà dans l'archéologie. Les jeunes gens de vingt ans qui la lisent par hasard ou la voient représenter doivent se dire : « Est-ce qu'il y a eu des filles comme celle-là ! » Et ces demoiselles doivent s'écrier : « En voilà une qui était bête ! » Ce n'est plus une pièce, c'est une légende ; quelques-uns disent une complainte. J'aime mieux légende. [...]

Décembre 1867.

C. NOTE SUR LE DRAME

Dans cette édition nouvelle, tirée à un très petit nombre d'exemplaires pour quelques amis, quelques artistes et quelques curieux, il m'est permis, comme dans une conversation particulière, de donner certains détails et d'évoquer certains souvenirs qui, livrés au public dans l'édition courante, auraient pu me faire accuser de minutie et de complaisance.

Cette pièce a été écrite dans l'été de 1849, en huit jours à peine, au petit bonheur, comme on dit, sur tous les morceaux de papier carrés ou longs que j'ai trouvés sur ma table. J'ai encore le manuscrit. Le deuxième acte, entre autres, a été écrit de midi à cinq heures. Il n'y a certainement pas vingt-cinq ratures dans toute la pièce. J'avais toujours été convaincu que j'étais sans aucune disposition pour le théâtre. M. Antony Béraud, ex-directeur de l'Ambigu, et qui avait écrit quelques mélodrames en collaboration, me donna un soir, dans les coulisses du Théâtre-Historique, le conseil de tirer une pièce de mon roman, et m'offrit de la faire avec moi. Il passait pour très habile du côté du boulevard. J'acceptai. Nous eûmes de longues conférences et d'inutiles discussions sur ce sujet. Je ne comprenais absolument rien à ce qu'il voulait faire. Il voyait dans mon sujet un gros drame pour l'Ambigu, et tout l'intérêt, selon lui, devait porter sur le duc de Mauriac. La même actrice, et c'était pour M. Antony Béraud d'un effet sûr, aurait joué le rôle de la fille du duc, dans un prologue à la fin duquel elle serait morte en scène. On l'aurait transportée morte dans la coulisse. Le père, au milieu de ses amis impuissants à le consoler, serait resté en scène le temps nécessaire pour que l'actrice pût changer de costume et de visage, et au moment où son désespoir allait le pousser au suicide, on aurait vu apparaître, riant et chantant, Marguerite Gautier, le portrait vivant de celle qui venait de mourir. Seulement, quelle différence entre la jeune duchesse morte et la jeune courtisane déjà condamnée aussi à la mort et dont le duc entreprenait le salut moral et physique, en mémoire de sa fille bien-aimée ! Vous voyez les scènes pathétiques où ce père aurait reproché à cette ressuscitée insoumise son abominable conduite, sans avoir jamais le courage de renoncer à la voir. Saint-Ernest aurait joué ce rôle. Un acte aussi se serait passé dans le petit logement de Gustave et de Nichette, avec scènes d'étudiants et de grisettes, rondes chantées sur la musique de Pilati, alors fort en vogue, etc., etc. Je ne comprenais pas, et, de guerre lasse, je donnai à M. Antony Béraud l'autorisation de faire avec mon roman une pièce comme il l'entendrait, qu'il signerait seul et dont je toucherais tout bonnement la moitié des droits. Au bout de dix-huit mois, M. Béraud m'envoya le scénario des trois tableaux qu'il voulait intercaler dans le sujet. L'un de ces tableaux nous transportait à Bagnères-de-Luchon, un autre chez Armand et le troisième chez Nichette. J'ai conservé ce travail. Je me garderai bien de le publier ici, même comme spécimen d'un procédé de théâtre disparu aujourd'hui. Je continuais à ne pas comprendre ; mais, un beau matin, n'ayant rien à faire, sans rien dire à personne, je m'essayai à écrire cette pièce comme il me semblait qu'elle devait être écrite. Pas de scénario, pas de plan. J'allais tout droit devant moi, emporté par mon émotion personnelle. La pièce écrite, je la portai au copiste demeurant chez mon père, mais sans songer à la communiquer à mon père. Il m'avait souvent dit qu'il ne croyait pas à la possibilité de mettre en scène un pareil sujet. Voilà pourquoi j'avais si facilement accepté les propositions de M. Béraud, pourquoi je lui avais ensuite si facilement abandonné l'exécution de l'ouvrage, et pourquoi, l'ayant exécuté tout seul, je ne songeais même pas à le montrer à l'auteur d'*Antony* et de *Mademoiselle de Belle-Isle*, dont la première opinion troublait encore en moi les espérances secrètes que ce travail rapide et fiévreux avait cependant fait naître. Le copiste occupait une chambre séparée de l'appartement par un long couloir. Je me rendis tout droit à cette chambre, et j'exposais à Viellot (pauvre Viellot ! il est mort depuis), j'exposais à Viellot le but de ma visite, lui recommandant bien la discrétion, quand mon père entra inopinément, lui apportant, de son côté, un nouveau travail à copier. J'étais pris. J'avouai, en riant, à mon père que je n'avais tenu aucun compte de ce qu'il avait préjugé et que j'avais écrit une pièce d'après mon roman de *La Dame aux camélias*. Mon père me dit alors : « Eh bien, voyons, lis-moi le premier acte. »

Nous passâmes dans son cabinet et je commençai ma lecture, en proie à une des plus fortes émotions que j'aie eues de ma vie. J'étais là devant mon juge suprême. Après le premier acte, il me dit amicalement et gravement à la fois : « C'est très bien, continue. » Enhardi par ce début, je lus le deuxième acte et je le lus aussi bien que possible. Mon grand auditeur était très ému ; il avait les larmes dans les yeux ; la scène entre Armand et Marguerite l'avait saisi : « Va toujours », me dit-il. Je lus le troisième acte. Là, il ne put contenir son émotion, et les deux derniers tiers de cet acte le firent pleurer comme un enfant. « Allons, lis-moi le reste », et, en me parlant ainsi, il me regardait comme il ne m'avait jamais regardé. Il y avait toujours, et plus que jamais, dans ce grand et clair regard la tendresse à laquelle j'étais habitué, mais il s'y mêlait un peu d'étonnement, une joie délicate et retenue encore par la crainte que la fin de ma lecture ne répondît pas au commencement.

Il était deux ou trois heures. J'avais un rendez-vous auquel il m'était impossible de manquer. « Je vais à mon rendez-vous, dis-je à mon père, dans une heure je serai ici et je te lirai le reste. — Va et reviens vite. J'ai hâte de connaître la fin. » L'affaire qui m'appelait au dehors fut promptement expédiée, et je revins en courant à l'avenue Frochot. Au moment où j'ouvrais la porte de son cabinet, mon père se leva tout en larmes, et me serrant dans ses bras : « Je n'ai pas pu résister, me dit-il ; je voulais savoir si tu t'en étais bien tiré jusqu'au bout ; j'ai lu tes deux derniers actes. C'est original ! c'est touchant ! c'est audacieux ! c'est nouveau ! Ce sera un immense succès, si la censure laisse jouer la pièce, mais elle ne la laissera jamais jouer. C'est trop vrai. En attendant, tu vas la lire au Théâtre-Historique. Je suis curieux de voir l'effet de ta lecture sur les comédiens. » Nous nous embrassâmes encore une fois, une longue fois, en pleurant

tous les deux, et le grand succès de la pièce ne m'a certainement pas causé le quart du bonheur que j'ai éprouvé ce jour-
là. [...]

Après bien des déboires, la pièce est enfin montée sur scène.
[...] La pièce eut, dès le premier acte, un succès éclatant
et qui alla toute la soirée en montant toujours. Arrivé à la
phrase sur laquelle j'avais tant insisté, Fechter se rappela tout
à coup ce que je lui avais dit, et le mouvement n'ayant pas
été réglé d'avance et madame Doche n'y étant pas préparée,
il dut la saisir par les poignets et la jeter de force par terre,
sans qu'elle sût ce que cela signifiait. L'effet fut immense.
Fechter était tellement emporté par la situation et il poussa
si violemment la porte du fond, qu'un des candélabres posés
sur une table voisine de cette porte tomba sur le tapis, ce qui
augmenta encore l'émotion et l'enthousiasme du public complètement entraîné par les deux artistes. [...]

Cette pièce, qui devait avoir tant de mésaventures et me
causer tant de soucis avant son apparition, devait encore être,
malgré moi, la source de cette indépendance matérielle d'où
découle, pour qui sait la diriger, l'indépendance morale. La
défiance que cette pièce inspirait à tant de monde devait tourner à mon avantage. Ainsi, ayant grand besoin d'argent,
j'offrais aux marchands de billets, aux chefs de claque, à tous
les agioteurs des coulisses, de leur vendre la totalité de mes
droits pour une somme de cinq mille francs une fois payée.
Je n'en trouvai jamais plus de trois mille francs ! Elle me resta
donc heureusement. Il est vrai que je ne pouvais disposer que
d'une moitié de propriété ; l'autre appartenait à M. Antony
Béraud. Il y avait eu projet de collaboration entre nous, commencement d'exécution par le scénario qu'il m'avait envoyé,
et pour reprendre le droit de tirer tout seul une pièce d'un
roman que j'avais écrit tout seul, je dus lui céder la moitié
des produits de cette pièce où il n'y avait pas un mot de lui.
Il toucha ainsi une quarantaine de mille francs. Puis il mourut, au bout de deux cent cinquante ou trois cents représentations. Sa veuve me fit offrir alors de me vendre la part de
son mari pour quelques mille francs payés comptant. J'acceptai. C'est ainsi que je redevins unique propriétaire de ma pièce
et que je pris la sage résolution, à laquelle je suis toujours
resté fidèle, de ne jamais accepter la collaboration de personne. Tous les enfants que j'ai eus de la Comédie et à qui
j'ai donné mon nom, sont bien de moi. [...]

29 septembre 1881.

IV - L'INTERTEXTE

Toute littérature s'inscrit dans une continuité, particulièrement chez un très jeune auteur tel que celui de La Dame aux camélias. Il faudrait pouvoir citer toutes ses lectures possibles, ne serait-ce qu'à partir de la Bible, pour montrer comment il les a assimilées, faites siennes en les transformant. De la formule du Christ : « C'est pourquoi, je le le dis, ses nombreux péchés ont été pardonnés : car elle [la pécheresse] a beaucoup aimé » (Luc, VII, 47) il fera cette réplique théâtrale, si mémorable qu'on en oublie l'auteur : « Il te sera beaucoup pardonné, parce que tu as beaucoup aimé ! »

Exagérant peut-être sa dette à l'égard de ses prédécesseurs, Alexandre Dumas fils a lui-même indiqué quelques antécédents, depuis Manon Lescaut *(1731) de l'abbé Prévost. Les commentateurs n'ont pas manqué de s'y référer, au point de considérer* La Dame aux camélias *comme une adaptation, une mise au goût moderne, de la triste aventure du chevalier Des Grieux et de Manon Lescaut. Les relations d'une œuvre à l'autre sont manifestes. Brièvement signalées dans notre préface, on aura intérêt à les repérer systématiquement en lisant l'ouvrage publié dans la présente collection (Lire et voir les classiques n° 6031).*

Au-delà de ce récit éponyme, le narrateur se réfère à trois œuvres littéraires proches qui traitent du thème de la courtisane réhabilitée par l'amour. Afin de permettre une comparaison, nous donnons pour chacune un extrait significatif.

Marion Delorme, le drame de Victor Hugo (1831), s'achève sur la montée à l'échafaud de Saverny et de Didier, qui ont enfreint l'édit de Richelieu sur le duel en se battant pour la courtisane célèbre. Au moment suprême (acte V, scène 7), Didier ne peut refuser d'avouer son amour pour celle qu'il ne connaissait que sous le nom de Marie, et de lui accorder son pardon, non sans une certaine grandiloquence. L'ultime intervention de Marion auprès de « l'homme rouge » sera sans effet (document n° 1).

D'un ton autrement plus léger, la nouvelle de Musset, Frédéric et Bernerette *(1838), conte les aventures d'une grisette qui s'éprend de Frédéric pour se débarrasser de son amant. Celui-ci se suicide, et Frédéric effrayé la quitte. Ils se retrouvent néanmoins, vivent un bonheur intense durant trois mois, mais doivent se quitter par manque d'argent. Frédéric connaît alors les tourments de la jalousie. Bernerette s'empoisonne. Sauvée in extremis, elle le quitte malgré tout, de manière incompréhensible. Il part comme attaché d'ambassade à Berne, où il se lie avec une jeune Anglaise qu'il épouse. C'est alors qu'il apprend la mort de Bernerette, dont une dernière lettre lui explique qu'elle a renoncé à lui sur l'intervention de son père (document n° 2). Alexandre Dumas fils n'aura pas à chercher bien loin pour trouver l'obstacle qui suscitera la séparation de Marguerite Gautier et d'Armand Duval, même s'il le justifie par des raisons sociales discutables à l'époque, qui n'ont pas échappé à la critique (la belle-famille de Blanche n'a pas à demander des comptes sur le comportement d'un frère).*

Fernande, un roman publié par Alexandre Dumas père en 1844, contient de nombreux épisodes, narrés sur le mode emphatique, que son fils s'est plu à réécrire à sa façon. Nous citons ici un fragment des chapitres VI et VII, montrant le libre choix de la courtisane amoureuse (document n° 3). Cependant, Alexandre Dumas fils inverse l'intrigue imaginée par son père, qui faisait de Fernande une sœur de charité, en quelque sorte, dont l'abnégation produisait un miracle.

La Dame aux camélias utilise ces textes pour les transformer, les modifier, en changer la direction et la signification. Mais la chaîne intertextuelle n'a jamais de fin. Après le roman et le drame est venu l'opéra de Verdi, La Traviata *(« la dévoyée ») dont le livret italien est dû à Francesco Maria Piave. Il n'est pas possible, dans le cadre de ce dossier, d'aborder les problèmes de transposition d'un langage à la musique, le lecteur le comprendra aisément. Toutefois, on pourra observer ce qui se passe sur le plan strictement textuel. Dans l'adaptation française d'Édouard Duprez (1862), l'action se passe sous le règne de Louis XV, et les personnages ont changé de nom. Marguerite Gautier est Violetta de Saint-Ys, Armand Duval est Georges d'Orbel, etc. Les contraintes du genre, la subordination du texte à la musique entraînent une extrême concentration de l'action et du texte. Ce phénomène ressort bien à la lecture du premier duo d'amour de Violetta et de Rodolphe, acte I scène 3 où, de manière significative, le camélia est devenu une rose ! (document n° 4)*

Parmi d'autres transpositions d'art, le lecteur appréciera certainement la bande dessinée conçue par Gotlib et Alexis en 1974 pour son caractère paradoxalement fidèle, irrévérencieux et démystificateur (voir bibliographie, p. 417).

Document n° 1

VICTOR HUGO

MARION DELORME
(V, 7)

MARION, *courant à lui.*

Et moi ! vous ne m'embrassez pas ? Didier, embrassez-moi !

DIDIER, *montrant Saverny.*

C'est mon ami, madame.

MARION, *joignant les mains.*

Oh ! que vous m'accablez durement, faible femme
Qui, sans cesse aux genoux ou du juge ou du roi,
Demande grâce à tous pour vous, à vous pour moi !

DIDIER, *il se précipite vers Marion,
haletant et fondant en larmes.*

Hé bien non ! non ! mon cœur se brise ! c'est horrible !
Non, je l'ai trop aimée ! il est bien impossible
De la quitter ainsi ! — Non ! c'est trop malaisé
De garder un front dur quand le cœur est brisé !
Viens ! oh ! viens dans mes bras !

(Il la serre convulsivement dans ses bras.)

Je vais mourir ; je t'aime !
Et te le dire ici, c'est le bonheur suprême !

MARION

Didier !

(Il l'embrasse de nouveau avec emportement.)

DIDIER

Viens, pauvre femme ! — Ah ! dites-moi, vraiment,
Est-il un seul de vous qui dans un tel moment
Refusât d'embrasser la pauvre infortunée
Qui s'est à lui sans cesse et tout à fait donnée ?
J'avais tort ! j'avais tort ! Messieurs, voulez-vous donc
Que je meure à ses yeux sans pitié, sans pardon ?
— Oh ! viens, que je te dise ! — Entre toutes les femmes,
Et ceux qui sont ici m'approuvent dans leurs âmes,
Celle que j'aime, celle à qui reste ma foi,
Celle que je vénère enfin, c'est encor toi ! —
Car tu fus bonne, douce, aimante, dévouée ! —
Écoute-moi : — ma vie est déjà dénouée,
Je vais mourir, la mort fait tout voir au vrai jour.
Va, si tu m'as trompé, c'est par excès d'amour !
— Et ta chute d'ailleurs, l'as-tu pas expiée ?
— Ta mère en ton berceau t'a peut-être oubliée
Comme moi. — Pauvre enfant ! toute jeune, ils auront
Vendu ton innocence !... — Ah ! relève ton front ! —
Écoutez tous : — à l'heure où je suis, cette terre
S'efface comme une ombre, et la bouche est sincère !
Hé bien, en ce moment, — du haut de l'échafaud,
— quand l'innocent y meurt, il n'est rien de plus haut ! —
Marie, ange du ciel que la terre a flétrie,
Mon amour, mon épouse, — écoute-moi, Marie, —
Au nom du Dieu vers qui la mort va m'entraînant,
Je te pardonne !

MARION, *étouffée de larmes.*

Ô ciel !

DIDIER

À ton tour maintenant,

(Il s'agenouille devant elle.),

Pardonne-moi !

MARION

Didier !...

DIDIER, *toujours à genoux.*

Pardonne-moi, te dis-je !
C'est moi qui fus méchant. Dieu te frappe et t'afflige
Par moi. Tu daigneras encor pleurer ma mort.

Avoir fait ton malheur, va, c'est un grand remors.
Ne me le laisse pas, pardonne-moi, Marie !

MARION

Ah !...

DIDIER

    Dis un mot, tes mains sur mon front, je t'en prie,
Ou si ton cœur est plein, si tu ne peux parler,
Fais-moi signe... je meurs, il faut me consoler !

(Marion lui impose les mains sur le front. Il se relève et l'embrasse étroitement, avec un sourire de joie céleste.)
Adieu ! — Marchons, messieurs !

MARION

(Elle se jette égarée entre lui et les soldats.)
       Non, c'est une folie !
Si l'on croit t'égorger aisément, on oublie
Que je suis là ! — Messieurs, messieurs, épargnez-nous !
Voyons, comment faut-il qu'on vous parle ? à genoux ?
M'y voilà. Maintenant, si vous avez dans l'âme
Quelque chose qui tremble à la voix d'une femme,
Si Dieu ne vous a pas maudits et frappés tous,
Ne me le tuez pas ! —

(Aux spectateurs.)
       Et vous, messieurs, et vous,
Lorsque vous rentrerez ce soir dans vos familles,
Vous ne manquerez pas de mères et de filles
Qui vous diront : — Mon Dieu ! c'est un bien grand forfait !
Vous pouviez l'empêcher, vous ne l'avez pas fait !
— Didier ! on doit savoir qu'il faut que je vous suive.
Ils ne vous tûront pas s'ils veulent que je vive !

DIDIER

Non, laisse-moi mourir. Cela vaut mieux, vois-tu ?
Ma blessure est profonde, amie ! elle aurait eu
Trop de peine à guérir. Il vaut mieux que je meure.
Seulement si jamais, — vois-tu comme je pleure ? —
Un autre vient vers toi, plus heureux ou plus beau,
Songe à ton pauvre ami couché dans le tombeau !

MARION

Non ! tu vivras pour moi. Sont-ils donc inflexibles ?
Tu vivras !

Document n° 2

MUSSET

FRÉDÉRIC ET BERNERETTE

Les plaisirs et les fatigues du voyage, l'attrait du changement, les occupations de sa nouvelle carrière, rendirent bientôt le calme à son esprit. Il ne pensait plus qu'avec horreur à la fatale passion qui avait failli le perdre. Il trouva à l'ambassade l'accueil le plus gracieux : il était bien recommandé ; sa figure prévenait en sa faveur ; une modestie naturelle donnait plus de prix à ses talents, sans leur ôter leur relief ; il occupa bientôt dans le monde une place honorable, et le plus riant avenir s'ouvrit devant lui.

Bernerette lui écrivit plusieurs fois. Elle lui demandait gaiement s'il était parti pour tout de bon, et s'il comptait bientôt revenir. Il s'abstint d'abord de répondre ; mais, comme les lettres continuaient et devenaient de plus en plus pressantes, il perdit enfin patience. Il répondit et déchargea son cœur. Il demanda à Bernerette, dans les termes les plus amers, si elle avait oublié sa double trahison, et il la pria de lui épargner à l'avenir de feintes protestations dont il ne pouvait plus être la dupe. Il ajouta que, du reste, il bénissait la Providence de l'avoir éclairé à temps ; que sa résolution était irrévocable, et qu'il ne reverrait probablement la France qu'après un long séjour à l'étranger. Cette lettre partie, il se sentit plus à l'aise et entièrement délivré du passé. Bernerette cessa de lui écrire depuis ce moment, et il n'entendit plus parler d'elle.

Une famille anglaise assez riche habitait une jolie maison aux environs de Berne. Frédéric y fut présenté ; trois jeunes personnes, dont la plus âgée n'avait que vingt ans, faisaient les honneurs de la maison. L'aînée était d'une beauté remarquable ; elle s'aperçut bientôt de la vive impression qu'elle produisait sur le jeune *attaché*, et ne s'y montra pas insensible. Il n'était pourtant pas assez bien guéri pour se livrer à un nouvel amour. Mais, après tant d'agitations et de chagrins, il éprouvait le besoin d'ouvrir son cœur à un sentiment calme et pur. La belle Fanny ne devint pas sa confidente, comme l'avait été mademoiselle Darcy ; mais, sans qu'il lui fît le récit

de ses peines, elle devina qu'il venait de souffrir, et, comme
le regard de ses yeux bleus semblait consoler Frédéric, elle
les tournait souvent de son côté.

La bienveillance mène à la sympathie et la sympathie à
l'amour. Au bout de trois mois, l'amour n'était pas venu,
mais il était bien près de venir. Un homme d'un caractère
aussi tendre et aussi expansif que Frédéric ne pouvait être
constant qu'à la condition d'être confiant. Gérard avait eu
raison de lui dire autrefois qu'il aimerait Bernerette plus longtemps qu'il ne le croyait ; mais il eût fallu pour cela que Bernerette l'aimât aussi, du moins en apparence. En révoltant
les cœurs faibles, on met leur existence en question ; il faut
qu'ils se brisent ou qu'ils oublient, car ils n'ont pas la force
d'être fidèles à un souvenir dont ils souffrent. Frédéric s'habi-
tua donc de jour en jour à ne plus vivre que pour Fanny ;
il fut bientôt question de mariage. Le jeune homme n'avait
pas grande fortune ; mais sa position était faite, ses protec-
tions puissantes ; l'amour, qui lève tout obstacle, plaidait
pour lui ; il fut décidé qu'on demanderait une faveur à la cour
de France, et que Frédéric, nommé second secrétaire, devien-
drait l'époux de Fanny.

Cet heureux jour arriva enfin ; les nouveaux mariés
venaient de se lever, et Frédéric, dans l'ivresse du bonheur,
tenait sa femme entre ses bras. Il était assis près de la cheminée ; un pétillement du feu et un jet de flamme le firent tressaillir. Par un bizarre effet de la mémoire, il se souvint tout
à coup du jour où pour la première fois il s'était trouvé ainsi
avec Bernerette, près de la cheminée d'une petite chambre.
Je laisse à commenter ce hasard étrange à ceux dont l'imagination se plaît à admettre que l'homme pressent la destinée.
Ce fut en ce moment qu'on remit à Frédéric une lettre timbrée de Paris, qui lui annonçait la mort de Bernerette. Je n'ai
pas besoin de peindre son étonnement et sa douleur ; je dois
me contenter de mettre sous les yeux du lecteur l'adieu de
la pauvre fille à son ami : on y trouvera l'explication de sa
conduite en quelques lignes, écrites de ce style à moitié gai
et à moitié triste qui lui était particulier :

« Hélas ! Frédéric, vous saviez bien que c'était un rêve.
Nous ne pouvions pas vivre tranquillement et être heureux.
J'ai voulu m'en aller d'ici ; j'ai reçu la visite d'un jeune
homme dont j'avais fait la connaissance en province, du
temps de ma gloire ; il était fou de moi à Bordeaux. Je ne
sais où il avait appris mon adresse ; il est venu et s'est jeté

à mes pieds, comme si j'étais encore une reine de théâtre. Il m'offrait sa fortune qui n'est pas grand'chose, et son cœur qui n'est rien du tout. C'était le lendemain, ami, souviens-t'en ! tu m'avais quittée en me répétant que tu partais. Je n'étais pas trop gaie, mon cher, et je ne savais trop où aller dîner. Je me suis laissé emmener ; malheureusement je n'ai pu y tenir ; j'avais fait porter mes pantoufles chez lui : je les ai envoyé redemander, et je me suis décidée à mourir.

« Oui, mon pauvre bon, j'ai voulu te laisser là. Je ne pourrais pas vivre en apprentissage. Cependant la seconde fois j'étais décidée. Mais ton père est revenu chez moi : voilà ce que tu n'as pas su. Que voulais-tu que je lui dise ? J'ai promis de t'oublier ; je suis retournée chez mon adorateur. Ah ! que je me suis ennuyée ! Est-ce ma faute si tous les hommes me semblent laids et bêtes depuis que je t'aime ? Je ne peux pourtant pas vivre de l'air du temps. Qu'est-ce que tu veux que j'y fasse ?

« Je ne me tue pas, mon ami, je m'achève ; ce n'est pas un grand meurtre que je fais. Ma santé est déplorable, à jamais perdue. Tout cela ne serait rien sans l'ennui. On dit que tu te maries : est-elle belle ? Adieu, adieu. Souviens-toi, quand il fera beau temps, du jour où tu arrosais tes fleurs. Ah ! comme je t'ai aimé vite ! En te voyant, c'était un soubresaut en moi, une pâleur qui me prenait. J'ai été bien heureuse avec toi. Adieu.

« Si ton père l'avait voulu, nous ne nous serions jamais quittés ; mais tu n'avais point d'argent : voilà le malheur ; et moi non plus. Quand j'aurais été chez une lingère, je n'y serais pas restée ; ainsi, que veux-tu ? voilà maintenant deux essais que je fais de recommencer : rien ne me réussit.

« Je t'assure que ce n'est pas par folie que je veux mourir : j'ai toute ma raison. Mes parents (que Dieu leur pardonne !) sont encore revenus. Si tu savais ce qu'on veut faire de moi ! C'est trop dégoûtant d'être un jouet de misère et de se voir tirailler ainsi. Quand nous nous sommes aimés autrefois, si nous avions eu plus d'économie, cela aurait mieux été. Mais tu voulais aller au spectacle et nous amuser. Nous avons passé de bonnes soirées à *La Chaumière*.

« Adieu, mon cher, pour la dernière fois, adieu. Si je me portais mieux, je serais rentrée au théâtre ; mais je n'ai plus que le souffle. Ne te fais jamais reproche de ma mort ; je sens bien que, si tu avais pu, rien de tout cela ne serait arrivé ;

je le sentais, moi, et je n'osais pas le dire ; j'ai vu tout se préparer, mais je ne voulais pas te tourmenter.

« C'est par une triste nuit que je t'écris, plus triste, sois-en sûr, que celle où tu es venu sonner et où tu m'as trouvée sortie. Je ne t'avais jamais cru jaloux ; quand j'ai su que tu étais en colère, cela m'a fait peine et plaisir. Pourquoi ne m'as-tu pas attendue d'autorité ? Tu aurais vu la mine que j'avais en rentrant de ma bonne fortune ; mais c'est égal, tu m'aimais plus que tu ne le disais.

« Je voudrais finir, et je ne peux pas. Je m'attache à ce papier comme à un reste de vie ; je serre mes lignes ; je voudrais rassembler tout ce que j'ai de force et te l'envoyer. Non, tu n'as pas connu mon cœur. Tu m'as aimée parce que tu es bon ; c'était par pitié que tu venais, et aussi un peu pour ton plaisir. Si j'avais été riche, tu ne m'aurais pas quittée : voilà ce que je me dis ; c'est la seule chose qui me donne du courage. Adieu.

« Puisse mon père ne pas se repentir du mal dont il a été cause ! Maintenant, je le sens, que ne donnerais-je pas pour savoir quelque chose, pour avoir un gagne-pain dans les mains ! Il est trop tard. Si, quand on est enfant, on pouvait voir sa vie dans un miroir, je ne finirais pas ainsi ; tu m'aimerais encore ; mais peut-être que non, puisque tu vas te marier.

« Comment as-tu pu m'écrire une lettre si dure ? Puisque ton père l'exigeait et puisque tu allais partir, je ne croyais pas mal faire en essayant de prendre un autre amant. Jamais je n'ai rien éprouvé de pareil, et jamais je n'ai rien vu de si drôle que sa figure, quand je lui ai déclaré que je retournais chez moi.

« Ta lettre m'a désolée, je suis restée au coin de mon feu pendant deux jours, sans pouvoir dire un mot ni bouger. Je suis née bien malheureuse, mon ami. Tu ne saurais croire comme le bon Dieu m'a traitée depuis une pauvre vingtaine d'années que j'existe : c'est comme une gageure. Enfant, on me battait, et, quand je pleurais, on m'envoyait dehors : "Va voir s'il pleut", disait mon père. Quand j'avais douze ans, on me faisait raboter des planches ; et quand je suis devenue femme, m'a-t-on assez persécutée ! Ma vie s'est passée à tâcher de vivre, et finalement à voir qu'il faut mourir.

« Que Dieu te bénisse, toi qui m'as donné mes seuls, seuls jours heureux ! J'ai respiré là une bonne bouffée d'air ; que Dieu te la rende ! Puisses-tu être heureux, libre, ô ami ! Puisses-tu être aimé comme t'aime ta mourante, ta pauvre Bernerette ! »

« Ne t'afflige pas ; tout va être fini. Te souviens-tu d'une tragédie allemande que tu me lisais un soir chez nous ? Le héros de la pièce demande : "Qu'est-ce que nous crierons en mourant ? — *Liberté !*" répond le petit Georges. Tu as pleuré en lisant ce mot-là. Pleure donc ! c'est le dernier cri de ton amie.

« Les pauvres meurent sans testament ; je t'envoie pourtant une boucle de mes cheveux. Un jour que le coiffeur me les avait brûlés avec son fer, je me rappelle que tu voulais le battre. Puisque tu ne voulais pas qu'on me brûlât mes cheveux, tu ne jetteras pas au feu cette boucle.

« Adieu, adieu encore, pour jamais.

« Ta fidèle amie,

« BERNERETTE. »

On m'a dit qu'après avoir lu cette lettre, Frédéric avait fait sur lui-même une funeste tentative. Je n'en parlerai pas ici ; les indifférents trouvent trop souvent du ridicule à des actes semblables, lorsqu'on y survit. Les jugements du monde sont tristes sur ce point ; on rit de celui qui essaye de mourir, et celui qui meurt est oublié.

(Chap. X.)

Document n° 3

ALEXANDRE DUMAS

FERNANDE

— Si, au milieu des mille choses qu'on n'a pas manqué de vous dire de moi, reprit Fernande, on ne vous a pas dit que ma fortune m'assure aujourd'hui l'indépendance, je dois tout d'abord vous l'apprendre ; puis, si l'on vous a dit que je n'étais pas entièrement maîtresse de mon cœur et de ma personne, on vous a fait un mensonge, et ce mensonge, je dois le rectifier : je suis indépendante de toute façon, monsieur ; de l'homme que j'aimerai, je ne veux donc rien que son amour, si j'ai pu le faire naître ; à cette condition et sur ce serment, je consens à tout. Bonheur pour bonheur. Le voulez-vous ? Je vous aime.

En achevant ces mots, la voix de Fernande lui manqua,

et la main qu'elle avançait toute tremblante vers Maurice ne put attendre l'adhésion du jeune homme, et retomba sur ses genoux.

Un autre se serait jeté aux pieds de Fernande, eût baisé mille fois cette main, eût tenté de la convaincre par des serments cent fois répétés ; Maurice se leva.

— Écoutez-moi, madame, dit-il ; sur l'honneur d'un gentil-homme, je vous aime comme jamais je n'ai aimé, et, il y a plus, je crois à cette heure que je n'ai jamais aimé que vous. Maintenant, oubliez mes cent mille livres de rente comme je les oublie, et traitez-moi comme si je n'avais que ma vie à vous offrir ; seulement, disposez d'elle.

Puis, se mettant à deux genoux devant Fernande :

— Croyez-vous à ma parole ? dit-il ; croyez-vous à mon amour ?

— Oh ! oui, s'écria Fernande en lui faisant un collier de ses deux bras, oh ! oui, vous n'êtes pas un Fabien, vous !

Et les lèvres des deux jeunes gens se rencontrèrent comme celles de Julie et de Saint-Preux dans un âcre et long baiser ; puis, comme Maurice devenait plus pressant :

— Écoutez, Maurice, lui dit-elle ; j'ai renversé toutes les convenances ; je vous ai dit la première que je vous aimais, la première j'ai approché mes lèvres des vôtres. Laissez-moi l'initiative en toutes choses.

Maurice se releva, et regarda Fernande avec un regard d'indicible amour.

— Vous êtes ma reine, mon âme, ma vie ! dit-il. Ordonnez, j'obéis.

— Venez, dit Fernande.

[...]

Et, s'élançant toute rougissante d'une pudeur de jeune fille, elle alla dans l'angle du salon pousser un ressort invisible, et une porte s'ouvrit.

Cette porte donnait dans un charmant boudoir tout tendu de mousseline blanche ; des rideaux blancs retombaient devant la croisée, des rideaux blancs enveloppaient le lit ; cette chambre avait un aspect de calme virginal qui reposait doucement l'œil et la pensée.

— Oh ! demanda Maurice en dévorant Fernande de ses beaux yeux noirs ; oh ! Fernande, où me conduisez-vous ?

— Où jamais homme n'est entré, Maurice ; car j'ai fait faire ce boudoir pour celui-là seul que j'aimerais. Entre, Maurice.

Maurice franchit le seuil de la blanche cellule, et la porte se referma derrière eux.

[...]

(Chap. VI)

Pour Fernande aussi venait de s'ouvrir une existence plus conforme à ses désirs et à ses volontés. La sainteté d'un amour vrai semblait en quelque sorte la purifier, effacer le passé, rendre à son âme sa candeur native. Fernande chassait tous les souvenirs anciens pour ne pas souiller un avenir dont les promesses la berçaient mollement. On eût dit que, par un effort de volonté, elle retournait à son enfance pour disposer cette fois les événements de sa nouvelle vie d'après les exigences de sa raison ; et cette force de vouloir, par laquelle tout prenait un autre aspect, donnait à la fois à sa beauté un charme plus puissant et à son esprit une allure plus vive. Le bonheur de son âme rayonnait autour d'elle, comme la lueur d'un ardent foyer.

Un tel accord de sympathie venait accroître rapidement une passion dont l'un et l'autre ressentaient pour la première fois l'impression profonde. Chaque jour ajoutait quelque chose au charme du tête-à-tête, au bonheur de l'intimité. Plus ils s'appréciaient l'un l'autre, plus ils se sentaient étroitement unis. Tous deux à cet âge heureux de la vie où le temps qui passe ajoute encore aux grâces du corps, ils voyaient dans leur tendresse mystérieuse tant d'heureuses chances de bonheur, que la source de ce bonheur semblait ne pouvoir se tarir. Avec Fernande, l'âme presque toujours dominait les sens et excluait ce culte de soi-même qui use vite le sentiment et qui fait de certaines liaisons un lien si fragile. L'amour, ce feu qui ne brille qu'aux dépens de sa durée, était si chastement couvert sous les ressources du cœur et de l'esprit, qu'il semblait chez ces deux beaux jeunes gens devoir suffire à la durée de toute leur existence. Le temps s'écoulait rapidement, et cependant la jeune femme élégante ne se montrait plus ni dans les promenades ni dans les spectacles. Les plus belles journées d'hiver, ces journées que l'on met si âprement à profit, s'écoulaient sans qu'on aperçût la voiture de Fernande ni aux Champs-Élysées ni au Bois. Les spectacles les plus attrayants de l'Opéra et des Bouffes se passaient sans que les regards retrouvassent la loge où Fernande trônait au milieu de sa cour. Elle avait fait de ses heures un emploi si régulier et si complet, qu'il ne lui restait pas un instant à donner aux indifférents de tous les jours et aux flatteurs d'autrefois. Depuis que Maurice était entré dans son appartement, nul n'était plus admis chez elle, aucun n'avait part à sa confiance ; nul regard indiscret ne pouvait percer le secret de sa conduite, et, dans son ivresse, elle laissait la foule s'étonner et murmurer.

— Mon Dieu, que je suis heureuse ! disait-elle souvent en laissant tomber sa tête gracieuse sur l'épaule de Maurice et en parlant les yeux à demi fermés, la bouche à moitié entr'ouverte. Le ciel a pris mes maux en pitié, cher ami ; car il m'a envoyé cet ange, qui est venu trop tard pour être le gardien de mon passé, mais qui sera le sauveur de mon avenir. Je vous dois mon repos aujourd'hui et pour toujours, Maurice ; car, avec le bonheur, il n'y a que des vertus. Ah ! croyez-le bien, le juge d'en haut sera sévère pour ceux qui n'ont pas su employer les richesses qu'il avait déposées au fond de leur âme, et qui, pouvant se procurer le bonheur dont nous jouissons, l'ont laissé passer sans en vouloir. Le bonheur, vois-tu, Maurice, c'est une pierre de touche sur laquelle tous nos sentiments sont éprouvés, les bonnes et les mauvaises qualités n'y laissent pas la même marque. Le bonheur qui me vient de toi, Maurice, m'élève à ce point, que je suis fière d'exister maintenant, moi qui parfois ai eu honte de la vie. En effet, le monde pour moi se réduit maintenant à nous deux ; l'univers pour moi se concentre dans cette petite chambre, paradis que tu as animé, Éden où nul n'est entré avant toi, et où nul n'entrera après toi, car l'ange de notre amour veille au seuil. J'espère en toi comme en Dieu ; je crois en ton amour comme en la vie qui m'anime. Je ne dirai pas que je pense à toi à des moments donnés ; non, ton amour est en moi. Je ne pense pas au sang qui fait battre mon cœur, et cependant c'est ce sang qui me fait vivre. Je suis si certaine que tu m'aimes, Maurice, que jamais un doute n'est venu troubler ma sécurité à cet égard. Il me semble que j'assiste par la puissance de mon imagination à toutes les actions de votre vie. Je pénètre avec vous dans l'intérieur de votre famille, je vois votre mère, je l'aime pour vous avoir donné la vie, je la respecte à cause de son nom, je m'incline devant elle pour recevoir une part des bénédictions qu'elle vous donne ; que vous êtes heureux, Maurice ! Et, voyez comme je suis folle, il me semble que je suis de moitié dans les soins que vous lui rendez, dans l'amour que vous avez pour elle. Je me cache, en pensée, dans un coin de votre salon, comme une pauvre enfant mise en pénitence, qui peut tout

voir, tout entendre, mais à laquelle il est défendu de parler.
Oh ! non seulement, Maurice, je ne vis que pour vous, mais
encore je ne vis que par vous, je le sens. [...]

(Chap. VII)

Document n° 4

DUPREZ

LA TRAVIATA

Acte I, scène 3
Violetta, Rodolphe, *puis* Émile

VIOLETTA, *se croyant seule,*
va se regarder dans une glace.
Quelle pâleur !...
Dans la glace, elle voit Rodolphe.
Vous ici ?

RODOLPHE
Vous souffriez... et me voici !

VIOLETTA
Un malaise !

RODOLPHE
Non... non ! souffrance, maladie
Et de l'âme et du corps... Ménagez mieux vos jours.

VIOLETTA
Que vaut ma vie ?

RODOLPHE
Mille trésors pour moi qui voudrais pour toujours
La préserver de tous les maux.

VIOLETTA
Folie !...
Bah ! mes maux vont bientôt finir.

RODOLPHE

Vous blasphémez !... Dieu vous pardonne !

VIOLETTA, *pensive.*

Oui... Dieu !...

RODOLPHE

N'aimez-vous rien ?

VIOLETTA

Personne !
Jamais d'amour : j'appartiens au plaisir.

RODOLPHE

Personne !... Avez-vous un cœur ?

VIOLETTA

Un cœur ? Oui... peut-être...
Mais que vous importe, à vous ?

RODOLPHE

Le don d'un amour pur vous semblerait-il doux ?

VIOLETTA

Vous l'éprouvez ?

RODOLPHE

Il me pénètre.

VIOLETTA

Vous m'aimiez sans me connaître ?

RODOLPHE

Je vous aime à genoux !

DUO

Un jour, l'âme ravie,
Je vous vis... si jolie,
Que je vous crus sortie
Du céleste séjour.
Était-ce donc un ange, une femme
Qui venait d'embrasser mon âme ?
Las ! je ne sais encor... mais depuis ce beau jour,
Je sais que j'aime d'un pur amour.

VIOLETTA

S'il était vrai, moi, sans détour,
   Je dirais : « Fuyez vite ! »
Lorsque le cœur est mort, rien ne le ressuscite.
   Soyons amis, mais, croyez-moi,
    Mieux vaut que l'on m'évite ;
Je n'aurais plus d'amour, mon cœur n'a plus de foi.

RODOLPHE

   Oh ! non, point de blasphème !
   Un noble cœur vous aime :
    Aimez de même,
    C'est le bonheur.

VIOLETTA

   Amour, charmant délire,
   Tu ne peux me séduire :
    C'est le martyre
    De notre cœur.

ÉMILE, *paraissant sur le seuil de la porte.*
Eh bien, que faites-vous ?

VIOLETTA, *riant.*
    Du sentiment.

ÉMILE

       Vraiment ?
Courage !
    Il rentre dans la salle de bal.

VIOLETTA

Ami, vous voyez bien que je m'expose.

RODOLPHE

Vous dites vrai ; je pars.

VIOLETTA

   Oui. Prenez cette rose.
  Elle détache une rose de son bouquet de bal.
Pour me la rendre.

RODOLPHE
   Quand ?

VIOLETTA
Elle sera fanée.

RODOLPHE
Alors demain ?

VIOLETTA
Demain.

RODOLPHE
Ah ! ma vie enchaînée !...

VIOLETTA
Point de folle promesse.

RODOLPHE
Elle vous est donnée.
J'en jure devant Dieu !

VIOLETTA, *lui tendant la main.*
Adieu !

RODOLPHE
Adieu !
Je pars heureux... Adieu !

VIOLETTA
Adieu !

Rodolphe sort.

V - DUMAS ET LE THÉÂTRE

Alexandre Dumas fils est « le plus démodé de nos auteurs dramatiques » déclare Lucien Dubech, un historien du théâtre qu'on ne peut guère taxer d'avant-garde. Comment l'un des auteurs les plus joués au XIXᵉ siècle, le plus adulé du public, a-t-il pu disparaître aussi rapidement de la scène, si l'on excepte La Dame aux camélias, *dont Francisque Sarcey considérait, non sans raison, qu'elle était la seule œuvre de l'époque qui subsisterait ?*

De fait, Dumas est la première victime de la conception dramatique qu'il a défendue et illustrée. Pour lui, le théâtre devait fustiger les mœurs de son temps, défendre des idées jusqu'à ce qu'elles obtiennent gain de cause (document n° 1). Il a longtemps mené le bon combat en faveur d'une loi sur le divorce. Celle-ci votée en 1884, son œuvre était alors dépassée et n'avait plus qu'une valeur « archéologique », comme il le dit lui-même à propos de sa première pièce. Elle reste néanmoins une source capitale pour l'historien des mœurs, désirant connaître les passions françaises.

*À trop porter l'accent sur les idées, on risque de simplifier et de déformer une réalité toujours complexe. Il ne faut pas oublier que le théâtre est, avant tout, un art de la représentation. C'est ce que Dumas a saisi d'emblée, qu'il rappelle opportunément dans la préface d'*Un père prodigue *en 1859 (document n° 2). Si l'on peut acquérir du métier, une technique de composition en écrivant des œuvres dramatiques, il y faut d'abord un certain don, un art de la vision qui est inné. Les comédiens ne s'y trompent pas lorsqu'ils lisent un manuscrit et y trouvent un rôle à leur mesure.*

Loin de moi la prétention de ressusciter une œuvre dramatique oubliée par tous (encore que l'histoire, au théâtre comme ailleurs, se plaise à jouer des tours inattendus). Plutôt que de constituer une anthologie de ses plaidoiries les plus éloquentes pour la réforme des mœurs contemporaines (qu'il aurait pu s'appliquer à lui-même, au premier chef), je voudrais seulement mettre en évidence le savoir-faire de Dumas en donnant à la suite, sans commentaire, quelques scènes du Demi-Monde *(1856)*, qui susciteront peut-être le goût d'une lecture continue. Passée dans le domaine courant, l'expression a été inventée par Dumas, qui en cerne le sens pour les dictionnaires dans son « Avant-propos » (document n° 3). La cause initiale du drame tient en un seul mot : il y a eu tromperie sur le mariage, irrévocable de par la loi. D'où l'affrontement puis le développement sur l'adultère moderne. Mais toute la force dramatique repose sur un piège qu'on se donne le plaisir de révéler au public (document n° 4). Vient le moment des aveux. Au dénouement, l'intrigante est vaincue (document n° 5).

A. LE MÉTIER DRAMATIQUE

1. « À M. SARCEY »

Document n° 1

Ce qui rend la discussion facile entre nous, mon cher Sarcey, c'est que nous sommes d'un avis complètement opposé sur l'objet dont il s'agit. Votre opinion est que le théâtre doit rester ce qu'il a toujours été, selon vous, un lieu de récréation, d'émotion, où le poète a mission de traduire et de représenter les passions, les vices, les ridicules, les caractères des hommes sans ambitionner d'autre gloire que celle de faire une peinture vraie, d'autre récompense que le rire ou les larmes du spectateur, sans avoir d'autre but, enfin, que de s'immortaliser plus ou moins, en prouvant qu'il a bien vu, bien compris et bien rendu la nature humaine. Vous n'admettez même pas sans doute le *castigat ridendo mores*, car l'admettre ce serait déjà me fournir un argument. Du moment que je vous fustige sur et par le théâtre, c'est que le théâtre a un autre but que l'amusement et l'émotion, une autre valeur que la représentation plus ou moins mouvementée, plus ou moins dramatique des passions, des ridicules, des vices et des caractères déjà nommés ; si je vous fustige, je dois avoir action directe sur vous, sur votre conscience, sur vos mœurs, sur votre famille, sur votre milieu, sur votre avenir ; je ne suis plus simplement un observateur, un poète, je suis un philosophe, un moraliste, un législateur.

Donc vous n'admettez pas le *castigat*, ni moi non plus, je vous en préviens, ou du moins j'admets le mot dans son sens originel, qui est *fustiger*, et non dans le sens de *corriger* qu'on lui prête par extension, par corruption ou par ignorance. Le théâtre n'a jamais corrigé les mœurs ; c'est votre avis, c'est le mien, nous voilà d'accord sur ce point. Il y a autant d'avares, d'imposteurs, de libertins, de joueurs, de menteurs qu'avant les comédies qui ont traîné ces passions et ces vices sur la scène ; seulement ces vices et ces passions ont maintenant des noms d'homme ; on les appelle Harpagon, Tartuffe, Don Juan, etc. ; leurs dénonciateurs, devenus leurs parrains, sont immortels ; nous disons en revoyant ou en relisant leurs satires : « Comme c'est vrai ! » et nous restons ce que nous sommes.

Ce résultat vous paraît suffisant ? À moi, pas. Ainsi depuis trois mille ans, des hommes comme Eschyle, Sophocle, Euripide, Plaute, Térence, Shakespeare, Corneille, Racine, Molière, Goethe, Schiller, Beaumarchais, c'est-à-dire des hommes de premier ordre, tranchons le mot, des hommes de génie se sont épuisés sans aucun profit pour l'humanité. S'ils ont fait rire ou pleurer, s'ils ont passionné ou terrifié leurs contemporains, ce n'était que pour introduire quelques mots dans la langue, quelques types dans la légende, ils ont donné aux esprits distingués des jouissances agréables, et puis c'est tout, et pour vous c'est assez.

Ainsi quand, depuis trois mille ans, tout s'est modifié autour de nous, les nationalités, les langues, les religions, les lois, les politiques, les institutions, les gouvernements, les sciences, le commerce, l'industrie, les communications, les idées et les choses, le ciel et la terre, il faut que nous, nous restions toujours à la même place, toujours au même point de vue ; il faut que nous nous exténuions à recevoir toujours les mêmes impressions et à rendre toujours les mêmes formes ; il faut que nous refassions éternellement ce que Plaute et Térence ont fait, ce que Shakespeare et Racine ont fait, ce que Corneille et Beaumarchais ont fait, et toujours comme ça jusqu'à la fin des siècles. Il faut que nous nous contentions de faire rire, ou de faire trembler ; que nous soyons Jocrisse ou Croquemitaine, *ad vitam æternam*.

Ainsi nous resterons immobiles pendant que tout le monde marchera autour de nous, et, pendant que les idées sociales et morales se mettront en chemin, nous en serons toujours à faire épouser Henriette par Arthur, à faire tuer Desdémone par Othello, à faire bafouer Arnolphe par Agnès, avec des habits modernes, sous des noms nouveaux, à l'aide d'incidents plus ou moins ingénieux. Nous ne prendrons aucune part à la discussion des grandes questions humaines, et nous qui, depuis quelques années surtout, parlons à des foules énormes, nous qui avons prise sur la femme dont nous sommes les confesseurs publics, nous ne chercherons pas avec tout le monde la solution des grands problèmes de la société : éducation, mariage, adultère, amour ; nous ne brûlerons que de la poudre mouillée, nous ne brûlerons que des feux de bengale, nous serons des artificiers, jamais des soldats ? Oh non ! non ! mille fois non ! Si ça doit être toujours ainsi, je déclare pour ma part que j'en ai assez, et je donne ma démission.

Ce que nos grands ancêtres ont fait n'est plus à faire ni à refaire, ni par moi ni par d'autres. Nous n'avons à notre disposition ni leur talent, ni la pâte humaine encore vierge quand ils parurent, et dans laquelle ils ont du premier coup taillé leurs grands hommes, dont nous ne pouvons pas passer notre vie à tirer des réductions par le procédé Colas, comme Barbedienne fait des antiques. Eussé-je leur talent, si j'en extrayais ce qu'ils en ont extrait comme production, je n'en recueillerais pas même ce qu'ils en ont recueilli comme gloire, parce que les temps sont changés, que le milieu n'est plus disponible pour ces pures et simples vibrations de l'âme et que l'esprit moderne a contracté des besoins nouveaux, nés des préoccupations nouvelles. Les maîtres ont délimité et déterminé l'homme moral ; ils en ont fait la géographie et l'ethnographie. Ils ont dit : — cet animal est composé de telles et telles matières, il est à la fois prodigue et avare, héroïque et lâche, bon et mauvais, spiritualiste et grossier, ridicule et sublime, charmant et terrible ; il pleure, il rit, il aime, il tue. Il est borné au nord par telle qualité, au sud par tel défaut, à l'est par telle passion, à l'ouest par tel intérêt, à la base par des instincts, au sommet par des aspirations. Il vit, s'agite, se débat, tourne sur lui-même dans un ordre social que nous ne discutons pas. — Voilà son type, son activité, son atmosphère. Bravo ; applaudissons. Il fallait découvrir ça comme il fallait découvrir l'Amérique. C'est fait, l'Amérique est découverte, Christophe Colomb est un grand homme ! Admirons-le, glorifions-le, immortalisons-le ; mais l'Amérique, qu'est-ce que nous allons en faire ? Allons-nous retourner perpétuellement la découvrir sur des bateaux à vapeur, comme il y a été sur un bateau à voiles ? Allons-nous aborder sur toutes les côtes les unes après les autres, pour pouvoir dire : « Toi, tu y es entré par ici, mais moi j'y suis entré par là » ? À quoi bon, nous y sommes. Cherchons d'un autre côté, si nous sommes pour la recherche ; faisons comme M. Lambert, allons au pôle nord ; moi, je le veux bien ; mais, pour Dieu, faisons quelque chose, et ne découvrons pas toujours l'Amérique, puisqu'elle est découverte. Faisons-en un État, faisons-en une nation, rallions-la au mouvement de tous, cultivons-la, labourons-la, fécondons-la, donnons-lui une politique, une morale, une religion, un but, une destinée. En un mot, maintenant que, sur la scène, nous avons mis l'homme en lumière, en relief, en mouvement, mettons-le en valeur et en produit. Vous ne voulez pas, c'est impossible ; le théâtre ne peut pas servir à ça, parce qu'il n'a jamais servi à ça : adieu, alors, bonsoir ; il ne me suffit plus, votre théâtre, elle ne me satisfait plus, votre gloire ; je m'en vais à la campagne ; j'achète un lopin de terre avec ce que m'a donné l'éternel mariage d'Arthur et d'Henriette, et je vais planter des choux. Je servirai au moins à quelque chose, et les lapins m'en sauront peut-être gré.

Eh bien, oui, mon cher ami, cela me désespère de voir que mon art, le plus grand qui existe, vous le déclarez vous-même, ne soit absolument bon à rien qu'à amuser les oisifs, à faire pleurnicher les femmes et à charmer quelques délicats. Je connais, je sens sa puissance, je voudrais l'utiliser, et, si je ne puis le faire moi-même, en inspirer le désir aux autres, en leur apprenant qu'ils ne sont pas condamnés éternellement à marier deux amoureux comme un maire de village, après avoir verbalisé et inventorié pour la cent millième fois la nature humaine, comme un greffier du tribunal.

Et remarquez bien que je ne dis rien de nouveau. Je suis dans la tradition pure de ceux qui ont été vraiment maîtres parmi les maîtres que je citais tout à l'heure et qui, à un moment donné de leur vie, quand ils ont entendu en eux les exigences de l'homme moral crier contre le milieu conventionnel arbitraire, ont mis leur âme et leur génie au service de la cause commune. Qu'est-ce que faisait Eschyle ? Qu'est-ce que faisait Aristophane ? Quand l'un défendait les dieux, quand l'autre discutait les lois et les questions de paix ou de guerre ? Pourquoi ne se conformaient-ils pas tous les deux aux traditions de Thespis et ne se contentaient-ils pas du chariot des histrions de Bacchus ? Shakespeare serait-il ce qu'il est s'il n'avait écrit que *Roméo et Juliette* ou *Othello* même, ou *Macbeth* encore ? Non ; mais il a écrit *Hamlet*. Il a posé, il a discuté sur le théâtre le grand, l'éternel problème de l'immortalité de l'âme, dans le monologue d'Hamlet, dans la scène des fossoyeurs qui font longueur, soit, que vous pouvez retirer de *la pièce* sans empêcher la pièce de marcher scéniquement, au contraire *ça* fera une bonne coupure, mais *ça* lui ôtera toute sa valeur. Et voyez, comme en face de ces imposantes questions de la destinée de l'homme, voyez comme Shakespeare traite l'amour dont il a fait le principe et la base de ses autres créations ! Comme il envoie Ophélie se noyer et comme il en débarrasse la mission d'Hamlet ! Quand Corneille écrit *Polyeucte*, quand Racine écrit *Athalie*, croyez-vous qu'ils font du *théâtre* ? Ils se font pontifes, mon cher ami, ils officient comme Bossuet et ils font descendre Dieu sur la scène transformée en autel, à la plus grande gloire de la divinité et au plus grand profit de l'homme. Et Molière, quand il enfanta *Tartuffe*, pensez-vous qu'il n'eût d'autre intention que d'écrire une comédie agréable ou même de fustiger l'imposteur se servant du voile d'une religion sacrée pour tromper Elmire et voler Orgon ? Il n'en dit pas plus long à Louis XIV, parce que Louis XIV n'a pas besoin d'en savoir davantage ; mais, vous et moi, nous savons bien qu'il se fait justicier et vengeur, qu'il tire par-dessus son temps et nous voyons bien aujourd'hui où sa flèche est allée frapper. Enfin, si Beaumarchais, en jetant le *Mariage de Figaro* au nez de son époque, n'a pas aidé au mouvement des idées et des faits extérieurs au théâtre ; s'il n'a pas été révolutionnaire et *émeutier* comme un journaliste ou un tribun, comme Camille Desmoulins ou Mirabeau, je reconnais avec vous que je ne sais pas ce que je dis. Le jour où tous ces hommes ont été des hommes vraiment hors ligne, c'est le jour où ils ont fait craquer la scène en y introduisant les grandes causes et les grandes tendances de la conscience et de l'esprit humain. Le *Dies iræ*, le *De Profundis* et la *Marseillaise* sont de la pauvre musique, disent les musiciens, mais il n'y a pas un Rossini, un Meyerbeer, un Verdi ou un Gounod qui ne serait heureux et fier, avec raison, de les avoir implantés au milieu de *Guil-*

laume, des *Huguenots*, du *Trovatore* ou de *Faust* et de voir les âmes dans leur plus poignante douleur et les peuples dans leur plus grand enthousiasme se répandre avec ce cri ou combattre avec ce chant.

2. *UN PÈRE PRODIGUE*

Document n° 2

Préface

Aujourd'hui, si vous le voulez bien, nous parlerons métier.

Aussi bien doit-on faire au métier la part qui lui revient dans l'art dramatique ; part si grande, que l'un arrive quelquefois à passer pour l'autre. Du reste, de toutes les différentes formes de la pensée, le théâtre est celle qui se rapproche le plus des arts plastiques, que l'on ne peut exercer que si l'on en connaît tous les procédés matériels, avec cette différence que dans les autres arts on apprend ces procédés, et que dans celui-ci on les devine, ou, pour mieux dire, on les a en soi.

On peut devenir un peintre, un sculpteur, un musicien même à force d'étude ; on ne devient pas un auteur dramatique. On l'est tout de suite ou jamais, comme on est blond ou brun, sans le vouloir. C'est un caprice de la nature qui vous a construit l'œil d'une certaine façon pour que vous puissiez voir d'une certaine manière qui n'est pas absolument la vraie, et qui cependant doit paraître la seule, momentanément, à ceux à qui vous voulez faire voir ce que vous avez vu. L'homme qui est appelé à écrire pour le théâtre révèle cette faculté très rare dès sa première tentative, dans une farce de collège ou dans une charade de salon. C'est une science d'optique et de perspective qui permet de dessiner un personnage, un caractère, une passion, une action de l'âme d'un seul trait de plume. Le *trompe-l'œil* est si complet, qu'il arrive souvent au spectateur, quand il se fait lecteur et veut se donner de nouveau à lui seul l'émotion qu'il a ressentie avec la foule, non seulement de ne plus retrouver cette émotion dans la *chose* écrite, mais encore de ne plus retrouver l'endroit où elle est. Un mot, un regard, un geste, un silence, une combinaison purement atmosphérique, l'avaient tenu sous le charme. C'est là qu'est le génie du métier, si ces deux mots peuvent se trouver ensemble. On pourrait comparer l'œuvre de théâtre, par rapport aux autres formes littéraires, avec la peinture de plafond, par rapport aux peintures de muraille ou de chevalet. Malheur au peintre s'il oublie que sa composition doit être vue à distance, de bas en haut, la lumière en dessous !

Un homme sans aucune valeur comme penseur, comme moraliste, comme philosophe, comme écrivain, peut donc être un homme de premier ordre comme auteur dramatique, c'est-à-dire comme metteur en œuvre des mouvements purement extérieurs de l'homme ; et, d'un autre côté, pour être au théâtre un penseur, un moraliste, un philosophe, un écrivain que l'on écoute, il faut indispensablement être muni des qualités particulières et naturelles de cet homme sans valeur sonnante. Bref, pour être un maître dans cet art, il faut être un habile dans ce métier.

Si l'on ne peut jamais communiquer ces qualités naturelles à ceux qui ne les ont pas, rien n'est plus facile que de les reconnaître et de les développer dans ceux qui les ont.

La première de ces qualités, la plus indispensable, celle qui domine et commande, c'est la logique, — laquelle comprend le bon sens et la clarté. La vérité peut y être absolue ou relative, selon l'importance du sujet et le milieu qu'il occupe : la logique devra être implacable entre le point de départ et le point d'arrivée, qu'elle ne devra jamais perdre de vue dans le développement de l'idée ou du fait. Il y faut encore la mise en saillie continuelle sous les yeux du spectateur du côté de l'être ou de la chose pour ou contre lesquels on veut conclure ; puis la science des contre-parties, c'est-à-dire des *noirs*, des ombres, des oppositions en un mot qui constituent l'équilibre, l'ensemble et l'harmonie ; puis la concision, la rapidité, qui ne permettent pas à celui qui écoute d'être distrait, de réfléchir, de respirer, de discuter en lui-même avec l'auteur ; puis la connaissance des plans qui ne laisse pas s'en aller vers le fond la figure qui doit être en lumière ni avancer dans la lumière les figures de demi-teinte ; puis la progression mathématique, inexorable, fatale, qui multiplie la scène par la scène, l'événement par l'événement, l'acte par l'acte jusqu'au dénoûment, lequel doit être le total et la preuve ; enfin, la notion exacte de nos limites qui nous interdit de faire notre tableau

plus grand que notre cadre, car l'auteur dramatique qui a le
plus à dire doit dire tout de huit heures du soir à minuit, dont
une heure d'entr'actes et de repos pour le spectateur.

Je n'ai pas parlé d'imagination, parce que c'est le théâtre
qui, en dehors de l'auteur, la fournit dans ses interprètes, dans
ses décors, dans ses accessoires, puisqu'il met en chair, en
os, en verbe, en images enfin, devant le spectateur, les individus, les lieux et les choses que celui-ci serait forcé d'imaginer, s'il était en face d'un livre. Je n'ai pas parlé non plus
d'invention, par cette raison excellente que l'invention n'existe
pas pour nous. Nous n'avons rien à inventer, nous n'avons
qu'à voir, à nous souvenir, à sentir, à coordonner et à resti-
tuer, sous une forme spéciale, ce que tous les spectateurs doivent se rappeler immédiatement avoir senti ou vu sans avoir
pu s'en rendre compte jusqu'alors. Le réel dans le fond, le
possible dans le fait, l'ingénieux dans le moyen, voilà ce qu'on
peut exiger de nous.

B. *LE DEMI-MONDE*

1. AVANT-PROPOS

Document n° 3

Établissons donc ici, pour les dictionnaires à venir, que le
Demi-Monde ne représente pas, comme on le croit, comme
on l'imprime, la cohue des courtisanes, mais la classe des
déclassées. N'est pas du Demi-Monde qui veut. Il faut avoir
fait ses preuves pour y être admise. Madame d'Ange le dit
au deuxième acte : « Ce monde est une déchéance pour celles qui sont parties d'en haut, mais c'est un sommet pour celles
qui sont parties d'en bas. » Ce monde se compose, en effet,
de femmes, toutes de souche honorable, qui, jeunes filles,
épouses, mères, ont été de plein droit accueillies et choyées
dans les meilleures familles, et qui ont déserté. Les noms
qu'elles portent sont portés simultanément dans le vrai monde
qui les a exclues par des hommes, des femmes, des enfants
pour qui vous et moi professons l'estime la plus méritée, et
à qui, convention tacite, on ne parle jamais de leurs femmes,

de leurs filles ou de leurs mères. Cependant, comme il ne faut pas être trop sévère, surtout quand on veut s'amuser toujours, ce monde accueille aussi : — les jeunes filles qui ont débuté dans la vie par une faute, les femmes qui vivent maritalement avec un homme dont elles portent le nom, les étrangères élégantes et jolies recommandées et garanties par quelqu'un des familiers, sous sa responsabilité personnelle, enfin toutes les femmes qui ont eu des racines dans la société régulière, et dont la chute a pour excuse l'amour, mais l'amour seul : *nudus, sed pauper.*

Ce monde commence où l'épouse légale finit, et il finit où l'épouse vénale commence. Il est séparé des honnêtes femmes par le scandale public, des courtisanes par l'argent. Là, il est borné par un article du Code ; ici, par un rouleau d'or. Il se cramponne à ce dernier argument : « Nous donnons, nous ne vendons pas » ; et l'on en est bannie pour s'être vendue, comme on est bannie de l'autre pour s'être donnée. L'homme y reste éternellement débiteur de la femme, et celle-ci peut s'y croire encore respectée en voyant ce débiteur la traiter, dans la rue, comme si elle était encore son égale. À ces femmes devenues libres il ne faut pas donner son nom, mais en tout temps on peut offrir son bras. Elles sont à qui leur plaît, non à qui elles plaisent. Bref, tout s'y passe entre l'amour du plaisir et le plaisir de l'amour ; et ce monde pourrait être confondu maintenant plutôt avec celui des femmes qui ne veulent pas de lui qu'avec celui des femmes dont il ne veut pas. Malgré tout, il ne faut pas nier que les différents mondes se sont mêlés si souvent dans les dernières oscillations de la planète sociale, qu'il est résulté du contact quelques inoculations pernicieuses. Hélas ! j'ai grand'peur au train dont la terre tourne maintenant, que la bousculade ne devienne générale, que ma définition ne soit pour nos neveux un détail purement archéologique, et que, de bonne foi, ils n'en arrivent à confondre bientôt le haut, le milieu et le bas.

2. LE PIÈGE

Document n° 4

SUZANNE. — Aussi, n'y a-t-il pas moyen de vous en vouloir. Comment ! vous, un homme d'esprit, vous n'avez pas compris que vous donniez dans un piège ?

OLIVIER. — Dans un piège ?

SUZANNE. — Naturellement, mon pauvre ami. Vous voulez lutter avec une femme ! En êtes-vous encore à savoir que la femme la plus niaise, et je ne suis pas cette femme-là, est cent fois plus rusée que l'homme le plus spirituel ? Je me suis bien doutée hier, après votre conversation avec M. de Nanjac, que notre grande amitié n'irait pas loin, et que, du moment qu'il serait question de mariage, votre loyauté me déclarerait la guerre. Il fallait frapper un grand coup et terrasser si bien la vérité, que les médisances et les calomnies n'eussent plus, par la suite, la moindre chance de succès ; alors, je vous ai prié de me rapporter mes lettres aujourd'hui. Rien que ça aurait dû vous ouvrir les yeux ! Est-ce que je suis une femme à redemander mes lettres ? Mais vous n'avez pas fait la moindre supposition, et vous êtes gentiment venu ce matin, avec vos petites lettres dans votre poche. Voyant approcher l'heure à laquelle vous deviez venir, je suis sortie pour vous laisser seul avec M. de Nanjac. Vous avez fait votre métier d'honnête homme. Vous avez dit à M. de Nanjac ce que vous aviez été pour moi ; vous avez trouvé moyen de lui donner mes lettres... Je suis revenue... Il ne connaissait pas mon écriture, il m'a fait écrire devant lui, il a comparé les deux écritures...

OLIVIER. — Et ?...

SUZANNE. — Et, comme elles ne se ressemblent pas, il est déjà convaincu que je suis victime d'une calomnie ; il m'aime plus que jamais, et il n'a plus qu'une idée, c'est de se couper la gorge avec vous ! Comment ! à votre âge, vous ignorez encore que le moyen le plus infaillible de se brouiller avec son meilleur ami, c'est de lui dire du mal de la femme qu'il aime, quand bien même on pourrait le lui prouver, surtout si on le lui prouve ? Je l'ai congédié pour ses soupçons. Je lui ai dit que je ne voulais plus le revoir ; que je partais aujourd'hui ; que sais-je ? tout ce qu'une femme intelligente sait dire en pareil cas. Je lui ai signifié que je ne serais jamais sa femme ! Dans dix minutes, il sera ici, et, dans huit jours, nous serons mariés. Voilà ce que je vous dois, mon cher. Allons, vous avez perdu, vous devez un gage.

OLIVIER. — Ainsi vous avez deux écritures ?

SUZANNE. — Non, je n'en ai qu'une, c'est bien assez.

OLIVIER. — Comment se fait-il... ?

SUZANNE. — Je veux bien tout vous dire, parce qu'au fond je suis une bonne femme et que je ne vous en veux pas. Sachez donc, mon cher ami, que, lorsqu'une femme comme moi a mis dix ans à échafauder sa vie pièce par pièce, morceau par morceau, son premier soin a dû être d'écarter de l'échafaudage toutes les chances déjà connues de destruction. Or, parmi ces chances, il y a, au premier rang, la manie d'écrire. Sur cent femmes compromises, il y en a les deux tiers qui l'ont été par les lettres qu'elles ont écrites. Les lettres des femmes sont faites pour être perdues par celui à qui elles sont adressées, rendues à celles qui les ont écrites, interceptées dans le trajet par celui qui ne doit pas les connaître, volées par les domestiques, montrées à tout le monde. En amour, écrire est dangereux, sans compter que c'est inutile. Il résulte de ces théories que je me suis juré de ne jamais écrire une lettre compromettante, et, depuis dix ans, je me suis tenu parole.

OLIVIER. — Alors, les lettres que je recevais de vous... ?

SUZANNE. — Sont de madame de Santis, la plus grande écrivassière connue. Elle a la plume à la main toute la journée, c'est sa passion. Elle ne me quittait pas à Bade, et j'utilisais quelquefois sa manie en la chargeant de vous répondre, en mon lieu et place, des lettres que je ne lisais pas. Elle a, du reste, une belle écriture anglaise, longue, mince, aristocratique, élancée comme une lady à la promenade. Elle a été très bien élevée ! Ainsi, mon cher ami, vous avez été en correspondance avec Valentine ! Soyez tranquille je ne le dirai pas à votre ami, M. Richond, ça pourrait vous brouiller avec lui.

OLIVIER, *saluant*. — Il n'y a rien à répondre. Ah ! vous êtes d'une jolie force, vous...

[...]

(III, 12)

3. DÉNOUEMENT

Document n° 5

Les mêmes, Olivier, *très pâle.*

OLIVIER, *d'une voix faible.* — Vous ici, Suzanne ?
SUZANNE. — Ne comptiez-vous pas me voir ?
OLIVIER. — En effet.
SUZANNE. — Vous êtes blessé ?
OLIVIER. — Ce n'est rien !
SUZANNE. — Et Raymond ?...
OLIVIER, *dont la voix reprend de plus en plus de force.* —
Voyons, Suzanne, étais-je dans mon droit ? l'avais-je trompé,
cet homme ?
SUZANNE. — Non. Après ?...
OLIVIER. — Avais-je fait ce qu'un honnête homme doit
faire ?... Répondez.
SUZANNE. — Oui. Eh bien !...
OLIVIER. — En nous mettant l'épée à la main à tous deux,
dans votre conscience, à qui donniez-vous raison ?
SUZANNE. — À vous.
OLIVIER. — Alors, n'est-ce pas, sa mort est un malheur et
non un crime ?
SUZANNE. — Sa mort !...
OLIVIER. — Oui, sa mort ! Écoutez-moi, Suzanne. Depuis
le jour où vous êtes venue me dire ici que vous ne m'aimiez
plus, la jalousie s'est emparée de moi. J'ai voulu faire le cœur
fort, j'ai souri ; mais je vous aimais de cet amour étrange,
fatal, que vous avez inspiré à tous ceux qui vous ont aimée :
à M. de Thonnerins, à ce vieillard qui a un instant oublié sa
fille pour vous ; à Raymond, que rien n'a pu convaincre, qui
ne croyait qu'en vous, qui ne voulait rien savoir, qui aimait
mieux me tuer que d'être convaincu. Eh bien, si j'ai voulu
empêcher votre mariage, si j'ai dit à Raymond tout ce que
je lui ai dit, si enfin, sur le terrain, j'ai oublié qu'il était mon
ami, si j'ai... tué l'homme dont je pressais la main il y a huit
jours encore, ce n'est pas pour l'offense que j'avais reçue,
c'est pour que vous ne soyez pas à lui, parce que je vous
aimais, parce que je vous aime. En une minute je vous ai tout
fait perdre. Je ne puis être qu'à vous, vous ne pouvez être
qu'à moi. Ne me quittez plus. Partons.

SUZANNE, *après l'avoir regardé bien en face.* — Soit ! partons.

OLIVIER, *la prenant dans ses bras.* — Enfin !... *(En riant aux éclats.)* Oh !... j'ai eu de la peine.

SUZANNE. — Que dites-vous ?

OLIVIER. — Vous avez perdu, chère amie, vous devez un gage, regardez !

SUZANNE, *voyant paraître Raymond, suivi d'Hippolyte.* — Raymond !

MARCELLE, *se jetant dans les bras d'Olivier.* — Ah !

OLIVIER. — Pardonne-moi, chère enfant, il fallait sauver un ami.

RAYMOND, *à Olivier.* — Merci, Olivier. En vérité j'étais fou. Vous avez pris soin de mon honneur jusqu'à la fin. Rien ne vous a rebuté pour me convaincre, ni mon aveuglement, ni mon injuste haine, ni cette blessure qui heureusement est sans gravité. Il n'y a plus rien entre madame et moi, qu'une question d'intérêts que je vous prie de régler *(il lui remet un papier)*, afin que je n'aie même plus à lui adresser la parole. *(Marcelle s'approche de Raymond, qui lui prend amicalement les mains. Olivier s'approche de Suzanne.)*

SUZANNE. — Vous êtes un misérable !

OLIVIER. — Oh ! pas de grands mots. Quand on a engagé dans une partie la vie et l'honneur de deux hommes, il faut perdre en beau joueur. Je me suis bien fait donner un coup d'épée, moi, pour avoir le droit de prouver la vérité. Ce n'est pas moi qui empêche votre mariage, c'est la raison, c'est la justice, c'est la loi sociale qui veut qu'un honnête homme n'épouse qu'une honnête femme. Vous avez perdu la partie, mais vous sauvez votre mise.

SUZANNE. — Comment cela ?

OLIVIER. — Par cet acte, Raymond vous restitue la fortune qu'il vous a fait perdre.

SUZANNE, *avec une dernière espérance.* — Donnez ! *(Elle déchire le papier en regardant Raymond.)* Ce que je voulais de lui, c'était son nom et non sa fortune... Dans une heure, j'aurai quitté Paris. Demain, je serai hors de France. *(Raymond n'a pas l'air d'entendre.)*

OLIVIER. — Cependant, vous n'avez plus rien. Vous avez tout rendu au marquis.

SUZANNE. — Je ne sais pas comment cela se fait ; mais j'étais si troublée en remettant ces papiers à M. de Nanjac, qu'après son départ, j'en ai retrouvé la plus grande partie sur ma table. Adieu, Olivier. *(Elle sort.)*

OLIVIER. — Quand on pense qu'il n'aurait fallu à cette femme, pour faire le bien, qu'un peu de l'intelligence qu'elle a dépensée pour faire le mal !

RAYMOND, *à Marcelle*. — Vous serez heureuse, mademoiselle ; vous épousez le plus honnête homme que je connaisse.

(V, 5)

VI - RÉPERTOIRE DES REPRÉSENTATIONS
(théâtre, opéra, cinéma, télévision)

Le succès d'un livre se mesure au nombre de ventes, de réimpressions et de traductions, mais aussi à l'audience qu'il a auprès du public, sous des transformations diverses. *La Dame aux camélias* a bien vite connu des formes, dans l'ordre du spectaculaire, qui au XIXe siècle, comme aujourd'hui, étaient des facteurs de célébrité plus immédiats que le roman. Une pièce de théâtre, un opéra, un film ont contribué à la diffusion du mythe de la rédemption, quel que soit son nom : Marguerite Gautier, ou Violetta dans le livret de l'opéra de Verdi, ou encore Camille au cinéma. On trouvera ci-dessous, classées par genre et par ordre chronologique, les principales représentations publiques. Ces listes sont loin d'être exhaustives, et, pour des raisons pratiques, on a limité la distribution aux deux protagonistes. Il n'était pas dans notre propos de suivre toutes les métamorphoses de *La Traviata*, d'autant plus qu'on peut s'en procurer, aujourd'hui, plus de vingt interprétations, sous forme de disques, cassettes, compact-disques (voir Discographie).

Telles quelles, elles donnent une idée de la très grande audience de l'œuvre, à toutes les époques, jusqu'à ce jour. On observera que les plus grandes interprètes, dans leur art respectif, se sont fait un devoir, sinon un plaisir, de jouer le rôle de la « dévoyée » (pour reprendre le titre de l'opéra) ou de la pervertie : Sarah Bernhardt, Cécile Sorel, Ida Rubinstein, Ludmilla Pitoëff, Greta Garbo, Nellie Melba, Maria Callas, Victoria de Los Angeles, Kiri Te Kanawa, Ludmilla Tcherina, jusqu'à la fragile et volontaire Isabelle Huppert, ont incarné un aspect du mythe.

A. THÉÂTRE

1852   2 février : création de *La Dame aux camélias*, à Paris, théâtre du Vaudeville, avec Eugénie Doche (Marguerite) et Charles Fechter (Armand).

1878   Octobre : reprise à Paris, théâtre du Gymnase, avec Mlle Tessandier (Marguerite) et Lucien Guitry (Armand).

1892   20 septembre : au théâtre de la Renaissance.

1897   Tournée d'Eleonora Duse à Paris.

1898   31 décembre : au casino de Nice avec Sarah Bernhardt (Marguerite) et Darmont (Armand).

1901   31 octobre : Paris, théâtre de l'Athénée, adaptation en japonais par Kawakami, avec Sada Yacco (Marguerite) et Kosan (Armand).

1912   19 janvier : au théâtre du Gymnase, avec Cécile Sorel (Marguerite) et Albert Lambert (Armand).

1912   14 septembre : au Théâtre Nouveau de Belleville, avec Sarah Bernhardt.

1915   16 octobre : à Paris, théâtre Sarah Bernhardt, avec Blanche Dufrêne (Marguerite) et M. Bourdel (Armand).

1915-1916 : En tournée à travers la France avec Cécile Sorel et Henry Roussel.

1916   14 octobre : théâtre Sarah Bernhardt, avec Madeleine Lély (Marguerite) et Romuald Joubé (Armand).

1919   18 avril : théâtre Sarah Bernhardt, avec Blanche Dufrêne (Marguerite) et Jean Angelo (Armand). Reprise en octobre avec Andrée Méry et Louis Gauthier.

1920   À Bruxelles, Théâtre Royal, avec Madeleine Lély (Marguerite) et André Brulé (Armand).

1921   11 avril : théâtre Sarah Bernhardt, avec Madeleine Soria (Marguerite) et Jean Angelo (Armand).

1922   9 août : théâtre Sarah Bernhardt, avec Simone Frévalles (Marguerite) et Jean Worms (Armand), spectacle poursuivi l'année suivante avec Victor Francen dans le rôle d'Armand.

1923   27 novembre : théâtre Sarah Bernhardt, avec Ida Rubinstein (Marguerite) et Ernest Ferny (Armand).

1924   À Paris, théâtre Edouard VII, avec Ida Rubinstein (Marguerite) et André Brulé (Armand). Repris en tournée au théâtre du Gymnase à Marseille.

1924   2 mai : théâtre Sarah Bernhardt, avec Simone Frévalles (Marguerite) et Jean Yonnel (Armand).

1924   21 novembre : au théâtre du Vaudeville, avec Ida Rubinstein et Ernest Fourny, mise en scène d'Armand Bour.

1925   7 janvier : au théâtre de Monte-Carlo, avec Ludmilla Pitoëff (Marguerite) et Perray (Armand).

1926   10 juin : à Paris, au Théâtre National de l'Odéon (direction F. Gémier) avec Ida Rubinstein (Marguerite) et Rozat (Armand), mise en scène d'Armand Bour.

1927   22 mars : théâtre du Gymnase, avec Madeleine Clervanne (Marguerite) et Maurice Escande (Armand).

1937   10 juin : Odéon (direction Paul Abram) avec Suzy Prim (Marguerite) et Clairval (Armand).

1938   11 janvier : avec Hélène Privast (16 ans).

1939   19 juin : à Paris, au théâtre des Mathurins, par la compagnie Pitoëff, avec Ludmilla Pitoëff (Marguerite) et Georges Rollin (Armand).

1944   octobre : à Paris, théâtre Hébertot, avec Edwige Feuillère et Pierre-Richard Wilm.

1949   10 décembre : théâtre Sarah Bernhardt, avec Edwige Feuillère et Jacques Berthier, décors de Jean-Denis Maillart.

1952   30 septembre : la « représentation du centenaire » se produit au même théâtre Sarah Bernhardt (direction A.-M. Julien) avec Edwige Feuillère et Jean-Claude Pascal, décors et costumes de Jean-Denis Maillart.

1959   4 septembre : la 1 500ᵉ représentation se donne au Théâtre de Paris, avec Edwige Feuillère et Paul Guers.

1961   Tournée en Europe de l'Old Vic Theatre, *The Lady of the camelias*, avec Vivian Leigh. Elle se poursuit l'année suivante en Amérique du Nord et du Sud.

1963 4 octobre ; au théâtre Sarah Bernhardt, dans une mise en scène de Jean Leuvrais, décors et costumes de Bernadette Fenwick, avec Loleh Bellon (Marguerite) et Pierre Massimi (Armand), dans une version toilettée par A.-M. Julien (les dialogues sont empruntés au roman). Pour la première fois, *La Dame aux camélias* ne fait pas pleurer !

1971 18 avril : au Théâtre de Bourgogne, direction Michel Humbert, mise en scène du même, décors et costumes d'Yves Samson.

1972 À Bruxelles, par la compagnie Claude Volter, mise en scène, décors et costumes du même, avec Lucienne Troka (Marguerite) et Claude Volter (Armand).

1972 21 janvier : à Bordeaux, au théâtre Molière, direction Félix Rochebrune.

1977 19 mai : à Clermont-Ferrand, par la compagnie du Pélican, représentation de *Notre-Dame aux camélias*, mise en scène de Jacques Joly, décors de Monique Fleuriet, costumes de Catherine Jonglet. Avec Monique Fleuriet (Marguerite II), Bernard Franck (Marguerite I, Gustave), Dominique Freydefont (Armand I), Patrick Gay-Belbile (Armand II), etc.

1977 11 octobre : à Paris, cité universitaire, en italien, par la compagnie Gli Esauriti, mise en scène de Leo Pantaleone. Le rôle de Marguerite Gautier était tenu par un homme.

1981 17 février : à Créteil, Maison des Arts André Malraux, mise en scène de Jean-Louis Martin-Barbaz, décors et costumes de Pierre-Yves Leprince.

1986 7 janvier : à Marseille, théâtre du Gymnase, mise en scène de Pierre Roman, décors de Laurent Pedruzzi, costumes de Christian Gasc, avec Sabine Haudepin (Marguerite).

1993 Novembre : *L'Éperdu* au théâtre de Malakoff, mise en scène de Jean Bois avec Dominique Constantin. C'est une réécriture en vers de la pièce.

B. OPÉRA : *LA TRAVIATA*

1853   6 mars : à Venise, théâtre de La Fenice, création de l'opéra de Giuseppe Verdi, livret de Francesco-Maria Piave, d'après la pièce d'Alexandre Dumas fils, avec Fanny Salvini-Donatelli (Violetta) et Lodovico Graziani (Alfredo). C'est un fiasco.

1856   6 mai : à Venise, théâtre Gallo di San Benedetto, avec Maria Spezia, Candi, Coletti. Succès impérissable.

1856   À Londres : Her Majesty's Theatre, avec Piccolomini (Violetta) et Calzolari (Alfredo).

1856   À New York avec La Grange, Brignoli, Amado.

1856   À Paris, Théâtre Italien, avec Piccolomini (Violetta) et Mario (Alfredo).

1858   À Londres, Covent Garden, avec Bosio (Violetta) et Mario (Alfredo).

1883   À New York, au Metropolitan Opera, avec Sembrich, Capoul, Del Puente.

1886   À Paris, Opéra-Comique.

1900   22 février : au théâtre de Monte-Carlo, avec la Melba (Violetta) et Tamagno (Alfredo).

1903   9 mars : à Paris, Opéra-Comique, en français (traduction d'Édouard Duprez) avec Mary Garden (Violetta) et Léon Beyle (Rodolphe).

1908   9 mars : à Paris, théâtre de la Gaîté, avec Mlle Verlet (Violetta) et Devriès (Rodolphe).

1908   31 décembre : à Paris, théâtre de la République, Mlle Courtenay et Cazeneuve.

1912   20 octobre : à Paris, Opéra-Comique, avec Mlle Marchal (Violetta) et M. Francell (Rodolphe).

1917   13 décembre : à Paris, Opéra-Comique, avec Fanny Heldy (Violetta) et Léon David (Rodolphe).

1923   22 juin : à Paris, Opéra-Comique, avec Maria Kousnezoff (Violetta).

1926   À l'Opéra de Paris (Académie nationale de musique et de danse), avec Fanny Heldy (Violetta) et Georges Thill (Alfredo).

1929   23 février : à Paris, Théâtre Lyrique du XVIᵉ, avec Nini Roussel (Violetta) ; le 8 mars aux Bouffes du Nord avec Yvonne Couleard (Violetta), Edouard Vergez (Rodolphe) ; le 25 mars au Théâtre Moncey avec Épicaste (Violetta) et Vergez.

1929-1930 : À Chicago, création de l'opéra de Hamilton Forrest en français, avec Mary Garden et Charles Hackett.

1930   À l'Opéra de Paris, avec Fanny Heldy et Villabella ; à la Gaîté Lyrique avec Marcelle Stach et Chardy.

1930   À Londres, Covent Garden avec Ponselle, Gigli, Noble.

1932   8 janvier : à Paris, aux Gobelins, avec Agnès Veraldi, Émile Richaud.

1935   À Paris, Porte Saint-Martin, avec Mᵐᵉ Ritter-Ciampi et Marcel Claudel.

1955   À la Scala de Milan, avec Maria Callas (Violetta) et Di Stefano (Alfredo), mise en scène de Lucchino Visconti.

1960   Ballet, à l'Opéra de Paris, musique d'Henri Sauguet, chorégraphie de Tatiana Gvovsky, décors et costumes de Jacques Dupont, avec Yvette Chauviré (Marguerite) et Georges Skibine.

1967   À Londres, Covent Garden, mise en scène de L. Visconti, décors et costumes de Nato Frasca, avec Mirella Freni (Violetta).

1973   À Bruxelles, théâtre Royal de La Monnaie, mise en scène de Maurice Béjart, avec Vasso Papantoniou (Violetta).

1976   Au festival d'Aix-en-Provence, mise en scène de Georges Lavelli, avec Silvia Sass.

1979   À Rio de Janeiro, mise en scène de Franco Zeffirelli.

1980   À Strasbourg, mise en scène de Jean-Pierre Ponnelle, avec Adriana Malfitano (Violetta).

1993   À Paris, théâtre du Châtelet avec Veronica Villaroel.

C. FILMS DE CINÉMA ET DE TÉLÉVISION

1907   Réalisation de Viggo Larsen (Danemark) avec Oda Alstrup (Marguerite) et Lauritz Olsen (Armand).

1913   Mise en scène de Calmette et Pouctal avec Sarah Bernhardt (Marguerite) et Paul Capellani (Armand).

1917   *Camille*, réalisation de J. Gordon Edwards avec Theda Bara (USA).

1921   *La Dame aux camélias (Camille)* réalisation de Ray C. Smallwood avec Alla Nazimova et Rudolph Valentino.

1927   Norma Talmadge (Camille) et Gilbert Roland (Armand) dans une réalisation de Fred Niblo et King Vidor.

1934   Yvonne Printemps et Pierre Fresnay dans une réalisation de Fernand Rivers et Abel Gance (film parlant, musique de Reynaldo Hahn).

1937   *Le Roman de Marguerite Gautier, Camille* avec Greta Garbo et Robert Taylor, réalisation de George Cukor (USA).

1951   Réalisation italienne de Carmine Gallone, avec Nelly Corradi et Massimo Serrato (enregistrement filmé de l'opéra de Verdi, chœurs et orchestre de l'Opéra de Rome).

1952   Micheline Presle et Roland Alexandre dans une réalisation de Raymond Bernard, musique de Francis Lopez.

1953   *Fille d'amour*, de Vittorio Cottafavi (adaptation moderne de *La Dame aux camélias*) avec Barbara Laage (Margherita dite Rita) et Armando Francioli (Carlo Rivelli), film franco-italien.

1962   *Une dame aux camélias*, film d'Alfonso Balcazar avec Antonio Cifariello et Sara Montiel.

1962   Adaptation de Marcel Pagnol, réalisation de François Cir pour la télévision française, avec Yori Bertin (Marguerite) et Gérard Barnay (Armand).

1972   24 novembre projection à la Télévision française de l'adaptation réalisée par Robert Maurice et Pierre Cardinal, avec Ludmilla Tcherina et Philippe Cardinal.

1980   Film franco-italien de Mauro Bolognini, scénario de Jean Aurenche, Vladimir Pozner et Enrico Medioli, avec Isabelle Hupert (Alphonsine Plessis), Gian Maria

Volonte (Plessis père), Fabrizio Bentivoglio (Dumas fils), Fernando Rey (le comte Stackelberg), Bruno Ganz (Edouard de Perregaux). Il s'agit de la vie romancée d'Alphonsine Plessis, dont Bertrand Poirot-Delpech a écrit le texte ensuite (voir bibliographie).

1983 *La Traviata*, réalisation italienne de Franco Zeffirelli, d'après l'opéra de Verdi, avec Teresa Stratas (Violetta), Placido Domingo (Alfredo), orchestre et chœurs du Metropolitan Opera de New York.

VII - ORIENTATION BIBLIOGRAPHIQUE ET DISCOGRAPHIQUE

Textes d'Alexandre Dumas fils :

I. *LA DAME AUX CAMÉLIAS*

A. Le roman

La Dame aux camélias, Paris, Alexandre Cadot, 1848, 2 vol., 340 et 362 p. Même texte publié en 1851 chez le même éditeur, avec la préface de Jules Janin, en un volume.

La Dame aux camélias, édition entièrement revue et corrigée, préface de Jules Janin, Paris, Michel Lévy, 1852 (nombreuses rééditions, dont plusieurs au format de poche : Livre de poche n° 2682, Folio/Gallimard n° 704, GF n° 381).

La Dame aux camélias, roman, édition spéciale revue et corrigée par l'auteur, Paris, Michel Lévy, 1872.

La Dame aux camélias, adaptation en bande dessinée par Gotlib et Alexis, dans *Cinémastock*, Dargaud éditeur, 1974, pp. 41-64.

La Dame aux camélias, texte intégral lu par A. Faraoun, G. Béjean, J. Gouttenoire, P. Trabut, A. Devïègue, C. Deïs, Cora. Durée 3 h 30. Grenoble, La Voix de son livre, 1990, deux époques en six cassettes.

B. La pièce

La Dame aux camélias, pièce en cinq actes mêlés de chants, Paris, D. Giraud et L. Dagneau, 1852, 105 p. « S'adresser pour la musique *exacte* à M. R. Taranne » (édition originale). Le texte, corrigé, en a été repris dans le *Théâtre complet*, t. I, 1868, et toutes les éditions suivantes. Un manuscrit de second jet est conservé à la Bibliothèque nationale (NAF 24643) ; une copie manuscrite (sauf le troisième acte) se trouve à la bibliothèque de l'Arsenal, archives du Vaudeville, fonds Rondel.

C. L'opéra

Violetta ossia La Traviata, opéra en quatre actes, musique de Giuseppe Verdi, traduction française d'Edouard Duprez, Paris, Michel Lévy, 1865. Ce livret est édité par la Librairie Théâtrale à Paris.

II. AUTRES ŒUVRES

Entr'actes, Paris, Calmann-Lévy, trois volumes, 1878-1879.
Théâtre complet, Paris, Calmann-Lévy, 1868-1892, 7 vol.
Théâtre complet, Éditions des comédiens, Calmann-Lévy, 1882-1893. Édition à tirage limité en 7 volumes, avec des notes destinées aux comédiens, reprises dans les éditions suivantes.

ÉTUDES

BARBEY D'AUREVILLY Jules, *Romanciers d'hier et d'aujourd'hui*, Paris, Lemerre, 1904.
BARTHES Roland, « La Dame aux camélias », dans *Mythologies*, Le Seuil, 1954.
BONNEY M. Thérèse, *Les Idées morales dans le théâtre d'Alexandre Dumas fils*, Quimper, Vve Ed. Menez, 1921, 240 p.
GRELLET Isabelle et KRUSE Caroline, *Histoires de la tuberculose, Les fièvres de l'âme (1800-1940)*, Paris, Éditions Ramsay, 1983.
GROS Johannès, *Alexandre Dumas et Marie Duplessis*, Paris, Louis Conard, 1923.
ISSARTEL Christiane, *Les Dames aux camélias de l'histoire à la légende*, Paris, Chêne-Hachette, 1981.
JACQUES Georges, « *La Dame aux camélias*, roman de Dumas fils : une réhabilitation nécessaire », *Lettres romanes*, novembre 1983, n° 4, pp. 259-285.
KOWZAN Tadeusz, « Le mythe de la dame aux camélias : du mélodrame au mélodramatisme », *Revue des sciences humaines*, avril-juin 1976, n° 162, pp. 219-230.
LAMY Pierre, *Le Théâtre d'Alexandre Dumas fils*, Paris, Les Presses Universitaires de France, 1928.

LECARME-TABONE Éliane, « Manon, Marguerite, Sapho et les autres... », *Romantisme*, 1992, n° 76, pp. 23-41.

Livres anciens et modernes. Ensemble unique de documents concernant *La Dame aux camélias*. Pierre Chrétien expert, Hôtel Drouot, 23-24 mai 1967.

LYONNET Henry, *La Dame aux camélias de Dumas fils*, coll. « Les grands événements littéraires », Paris, Société française d'éditions littéraires et techniques, 1930.

MAUROIS André, *Les Trois Dumas*, Paris, Hachette, 1957.

NEUSCHÄFER Hans-Jörg, « L'évolution d'une image bourgeoise de la femme », introduction à *La Dame aux camélias*, Paris, Flammarion, GF, 1981.

POIROT-DELPECH Bertrand, *Marie Duplessis « la Dame aux camélias »*, une vie romancée, Paris, Éditions Ramsay, 1981.

ROBICHEZ Jacques, « La dame aux camélias », *Revue des sciences humaines*, octobre-décembre 1961, n° 104, pp. 477-489.

DISCOGRAPHIE

(Ne figurent ici, à la date de leur création, que les principales interprétations, disponibles dans le commerce et souvent reprises sur divers supports techniques.)

1946 Licia Albanese, Jan Peerce, chœurs et orchestre symphonique NBC, direction Arturo Toscanini.

1953 Maria Callas, Francesco Albanese, chœurs et orchestre de la RAI, Turin, direction Gabriele Santini.

1954 Renata Tebaldi, Gianni Poggi, chœurs et orchestre de l'académie Sainte-Cécile de Rome, direction Francesco Molinari Pradelli.

1955 Maria Callas, Giuseppe Di Stefano, chœurs et orchestre de la Scala de Milan, direction Carlo Maria Giulini.

1958 Maria Callas, Alfredo Krauss, chœurs et orchestre du théâtre San Carlos de Lisbonne, direction Franco Ghione.

1960   Anna Moffo, Richard Tucker, chœurs et orchestre de l'opéra de Rome, direction Fernando Previtalli.

1963   Joan Sutherland, Carlo Bergonzi, chœurs et orchestre du Mai musical florentin, direction John Pritchard.

1967   Montserrat Caballe, Carlo Bergonzi, chœurs et orchestre de la RCA italienne, direction Georges Pretre.

1972   Beverly Sills, Nicolai Gedda, Royal Philharmonic Orchestra, chorale J. Allais, direction Aldo Ceccato.

1974   Mirella Freni, Franco Bonisolli, chœurs et orchestre de l'opéra de Berlin, direction Lamberto Gardelli.

1977   Illeana Cortubas, Placido Domingo, chœurs et orchestre de l'Opéra de Bavière, direction Carlos Kleiber.

1981   Joan Sutherland, Pavarotti, National Philarmonic Orchestra, chœurs de l'Opéra de Londres, direction Bonynge.

1982   Renata Scotto, Alfredo Krauss, Ambrosian Opera, chœurs Band HM Royal Marines, orchestre Philarmonia, direction Ricardo Muti.

1983   Ponselle, Jagel, chœurs et orchestre du Metropolitan Opera de New York, direction Panizza.

1988   Mc Maughin, Mac Neil, Ellis B., orchestre philharmonique de Londres, chœurs de Glyndebourne, direction Haitnik, mise en scène et réalisation Hall.

1992   Cheryl Studer, Pavarotti, orchestre et chœurs de l'Opéra de New York, direction James Levine.

1993   Kiri Te Kanawa, Alfredo Kraus, chœurs et orchestre du Mai musical florentin, direction Zubin Mehta.

1993   Tizziana Fabbricini, Roberto Alagna, chœurs et orchestre de la Scala de Milan, direction Ricardo Mutti.

TABLE DES MATIÈRES

I - AU FIL DU TEXTE

- La date
- Le titre
- Composition :
  - Point de vue de l'auteur
  - Structure de l'œuvre

- ●◆ Droit au but
  - *Contemplations* post mortem
  - *L'idylle campagnarde*
  - *La confession de Marguerite*
  - *La mort exemplaire*

- ↩ En flânant
  - *Qui aime le mieux : la jeune fille ou la courtisane ?*
  - *La goujaterie d'Armand*
- Les thèmes clés

Cet ouvrage a été composé par
TÉLÉ-COMPO – 61290 BIZOU

Impression réalisée par

C P I
Brodard & Taupin

54589 – La Flèche (Sarthe), le 20-09-2009
Date initiale de dépôt légal : août 1994
Dépôt légal de la nouvelle édition : septembre 2009

POCKET – 12, avenue d'Italie - 75627 Paris cedex 13

Imprimé en France